普通高等教育"十一五"国家级规划教材
全国交通土建高职高专规划教材

Gongcheng Jixie Shigong

工程机械施工

（第二版）

王定祥　尚晓梅　主编
彭光裕[三一重工股份有限公司]
应立军[中南大学]　主审

人民交通出版社

内 容 提 要

本书为普通高等教育"十一五"国家级规划教材、全国交通土建高职高专规划教材。本书较全面地阐述了公路与桥梁工程机械化施工中常用的各种工程机械的施工技术、施工组织、施工作业方法、施工管理和机械选用原则，对各类工程机械的组成、构造和性能也作了简要的介绍。

全书共分八章，内容分别为：工程机械基础，土方机械施工，石方机械施工，压实机械施工，路面机械施工，桥梁机械施工，养护机械施工简介，工程机械施工管理等。

本书可供高职院校道路桥梁工程技术专业和工程机械相关专业师生使用，也可作为公路工程机械化施工企业技术人员和管理人员指导机械化施工使用，还可作为公路工程机械化施工人员的培训教材。

图书在版编目（CIP）数据

工程机械施工／王定祥等主编. --2 版. --北京：人民交通出版社，2008.4
ISBN 978-7-114-07114-0

I. 工… II. 王… III. ①道路工程－工程机械－高等学校：技术学校—教材②桥梁工程－工程机械－高等学校：技术学校—教材料 IV. U415.5 U445.3

中国版本图书馆 CIP 数据核字（2008）第 054036 号

书　　名：普通高等教育"十一五"国家级规划教材
全国交通土建高职高专规划教材
工程机械施工（第二版）
著 作 者：王定祥　尚晓梅
责任编辑：卢仲贤　郑蕉林
出版发行：人民交通出版社股份有限公司
地　　址：（100011）北京市朝阳区安定门外外馆斜街 3 号
网　　址：http://www.ccpress.com.cn
销售电话：（010）59757973
总 经 销：人民交通出版社股份有限公司发行部
经　　销：各地新华书店
印　　刷：北京市密东印刷有限公司
开　　本：787×1092　1/16
印　　张：19
字　　数：480 千
版　　次：2001 年 10 月　第 1 版　2008 年 4 月　第 2 版
印　　次：2018 年 8 月　第 12 次印刷　总第 22 次印刷
书　　号：ISBN 978-7-114- 07114- 0
印　　数：65001-67000 册
定　　价：35.00 元

全国交通土建高职高专规划教材编审委员会

总　　序

针对高职高专教材建设与发展问题，教育部在《关于加强高职高专教材建设的若干意见》中明确指出：先用2～3年时间，解决好高职高专教材的有无问题，再用2～3年时间，推出一批特色鲜明的高质量的高职高专教育教材，形成**一纲多本、优化配套**的高职高专教育教材体系。

2001年7月，由人民交通出版社发起组织，15所交通高职院校的路桥系主任和骨干教师相聚昆明，研讨交通土建高职高专教材的建设规划，提出了28种高职高专教材的编写与出版计划。后在交通部科教司路桥工程学科委员会的具体指导下，在人民交通出版社精心安排、精心组织下，于2002年7月前完成了28种路桥专业高职高专教材出版工作。

这套教材的出版发行，首先解决了交通高职教育教材的有无问题，有力支持了路桥专业高职教育的顺利发展，也受到了全国各高职院校的普遍欢迎。

随着高职教育教学改革的深入发展、高职教学经验的丰富与积累，以及本行业有关技术标准、规范的更新，本套教材在使用了2～3轮的基础上，对教材适时进行修订是十分必要的，时机也是成熟的。

2004年8月，人民交通出版社在新疆乌鲁木齐召开了有19所交通高职院校领导、系主任、骨干教师共41人参加的教材修订研讨会。会议商定了本套教材修订的基本原则、方法和具体要求。会议决定本套教材更名为"交通土建高职高专统编教材"，并成立了以吉林交通职业技术学院张洪滨为主任委员的"交通土建高职高专统编教材编审委员会"，全面负责本套教材的修订与后续补充教材的建设工作。

2005年6月，编委会在长春召开了同属交通土建大类、与路桥专业链接紧密的"工程监理专业、工程造价专业、高等级公路维护与管理专业"主干课程教材研讨会，正式规划和启动了这三个专业教材的编写出版工作。

2005年12月，教育部高等教育司发布了"关于申报普通高等教育'十一五'国家级规划教材"选题的通知（教高司函[2005]195号），人民交通出版社积极推荐本套教材参加了"十一五"国家级规划教材选题的评选。

2006年6月，经教育部组织专家评选、网上公示，本套教材中有十五种入选为"十一五"国家级规划教材，2008年1月，又有六种教材在"十一五"国家级规划教材补报中列选，共计21种，标志着广大参与本套教材编写的教师的辛勤劳动得到了社会的认可、本套教材的编写质量得到了社会的认同。

2006年7月，交通土建高职高专统编教材编审委员会及时在银川召开会议，有24所各省区交通高职院校或开办有交通土建类专业的高等学校系部主任、专业带头人、骨干教师以及人民交通出版社领导共39位代表出席了本次会议。会议就全面落实教育部"十一五"国家级规划教材的编写工作进行了研讨。与会代表一致认为必须以入选的十五种国家级规划教材为基本标准，进一步全面提升本套教材的编写质量，编审委员会将严格按照国家级规划教材的要求审稿把关，并决定本套教材更名为**"全国交通土建高职高专规划教材"**，原编委会相应更名为**"全国交通土建高职高专规划教材编审委员会"**。以期在全国绝大多数交通高职院校和开办有交通土建类专业的高等院校的参与、统筹、规划下，本套教材中有更多的进入"十一五"国家级规划教材行列。

2007年5月，编委会在湖南长沙召开工作会议，就“十一五”国家级规划教材主参编人员的确定和教材的编写原则作出了具体安排，全面启动“十一五”国家级规划教材的编写与出版工作。

2008年4月，编委会在广东珠海召开工作会议，研讨了**“工学结合”**高职高专教材编写思路，决定在“十一五”国家级规划教材编写过程中，注重高职教学改革新方向，注重工程实践经验的引入，倡导**“工学结合”**。

本套高职高专规划教材具有以下特色：

——顺应交通高职院校人才培养模式和教学内容体系改革的要求，按照专业培养目标，进一步加强教材内容的针对性和实用性，适应学制转变，合理精简和完善内容，调整教材体系，贴近模块式教学的要求；

——实施开放式的教材编审模式，聘请高等院校知名教授和生产一线专家直接介入教材的编审工作，更加有利于对教材基本理论的严格把关，有利于反映科研生产一线的最新技术，也使得技能培训与实际密切结合；

——全面反映2003年以来的公路工程行业已颁布实施的新标准、规范；

——服务于师生、服务于教学，重点突出，逐章均配有思考题或习题，并给出本教材的参考教学大纲；

——注重学生基本素质、基本能力的培养，教材从内容上、形式上力求更加贴近实际；

——为加强学生的实际动手能力，针对《工程测量》、《道路建筑材料》等课程，本套教材特别配套有实训类辅导教材；

——为方便教学，本套教材配套有《道路工程制图多媒体教材》、《公路工程试验实训多媒体教材》、《路基路面施工与养护技术多媒体教材》、《桥涵设计多媒体教材》、《桥涵施工技术多媒体教材》、《现代道路测量仪器与技术多媒体教材》等。

本套教材的出版与修订再版，始终得到了交通部科教司路桥工程学科委员会和全国交通职教路桥专业委员会的指导与支持，凝聚了交通行业专家、教师群体的智慧和辛勤劳动。愿我们共同向精品教材的目标持续努力。

向所有关心、支持本套教材编写出版的各级领导、专家、教师、同学和朋友们致以敬意和谢意。

全国交通土建高职高专规划教材编审委员会

人民交通出版社

2008年5月

第二版前言

本教材第一版于 2001 年 10 月出版。经过全国各交通职业院校近 7 年时间的教学实践检验,本书得到了相关院校师生的肯定与好评。随着我国公路建设的快速发展,公路施工机械化程度越来越高,因此本书的内容亦亟待更新。同时,本教材于 2006 年 6 月被教育部评为"普通高等教育'十一五'国家级规划教材"。针对以上情况,在全国交通土建高职高专规划教材编审委员会的统一协调下,根据"十一五"国家级规划教材的编写要求,在充分吸取各使用院校和工程单位意见的基础上对本书进行了重新编写。2007 年 4 月,交通土建高职高专规划教材编审委员会在湖南交通职业技术学院召开"'十一五'国家级规划教材编写工作会议",会议对所属专业的教材编写工作提出了新的要求。根据目前各院校的教学特点,会议决定将原《工程机械与施工用电》一书分为两本书进行编写,其一为《工程机械施工》,其二为《工程施工用电》,此教材正是基于本次会议精神而写。

从目前公路工程机械化施工的实际情况出发,基于施工过程考虑,全书共分八章:第一章,工程机械基础,主要叙述内燃机和工程机械底盘各系统的组成、构造原理及性能等最基本的知识;第二章,土方机械施工;第三章,石方机械施工;第四章,压实机械施工; 第五章,路面机械施工; 第六章,桥梁机械施工; 第七章,养护机械施工简介;第二章~第七章分别叙述了各种机械的组成、构造、用途、性能、选用原则、施工技术、施工组织、施工作业方法等内容,其中重点介绍了选用原则、施工技术、施工组织和施工作业方法;第八章,工程机械施工管理,主要叙述了机械的"管、用、养、修"方面的基本知识。本课程每一章均设有复习思考题,引导学生有重点的对所学内容进行思考,以便巩固和提高所学内容。

本书可供高职院校路桥专业和工程机械专业师生使用,也可作为公路工程机械化施工企业技术人员和管理人员指导机械化施工使用,还可作为公路工程机械化施工人员的培训教材。

本教材的主要读者对象是路桥专业的学生,而路桥专业的学生对机械构造、机械原理、材料性能与加工、机械制图与识图等知识相对比较缺乏。因此在编写过程中,以机械的施工技术、施工组织和选用为主,以机械构造为辅。在编写机械构造和原理时,尽量选用现用主打和先进超前的机型,并选配外貌图和简单平面图,以提高学生的兴趣和接受能力。在教学过程中,最重要的是与本地区公路与桥梁工程机械化施工的实际情况结合起来,注重实践性教学,注重工作过程教学。有条件的院校可采用试验、参观、电化教学、多媒体课件等多种教学手段,条件不够的也应创造条件,以提高学生学习的兴趣和接受能力。本课程的建议设置课时为 54 学时,各校可完全根据本地区教学的实际情况来执行。课程内容也可根据本地区生源及毕业生职业内容的差异,对教材中的内容进行适当取舍。

本教材由湖南交通职业技术学院王定祥主持编写,河北交通职业技术学院尚晓梅任副主编。编审委员会特邀三一重工股份有限公司彭光裕高级工程师、中南大学应立军教授对本书进行审定。本书具体执笔情况如下:第一章工程机械基础由河北交通职业技术学院尚晓梅编写,第二章土方机械施工由湖南交通职业技术学院王定祥编写,第三章石方机械施工由湖南交通职业技术学院周玉甲编写，第四章压实机械施工由河北交通职业技术学院宗明建编写，第五章路面机械施工由鲁东大学交通学院徐永杰编写，第六章桥梁机械施工由湖南交通职业技术学院单新周编写，第七章养护机械施工简介由南京交通职业技术学院沈旭编写，第八章工程机械施工管理由山西交通职业技术学院李云峰编写。

由于编写人员地区差异比较大，编者水平有限，书中谬误及疏漏之处在所难免，敬请使用本教材的师生和其他读者给予批评指正，以便我们不断改进和提高，不胜感激之至。

编者

2008 年 2 月 1 日

第一版前言

高等级公路建设的特点是:工程量浩大,工程质量要求高,施工工艺复杂,建设周期短,施工战线长,投资回收快。为了适应现代化建设的要求,达到提高施工质量、加快施工进度、降低施工成本的预期目标,就必须以现代化的生产模式进行机械化施工。

要实现机械化施工,每一项公路工程,无论是新建、改建还是大修,都必须配备足够种类、规格和型号的各种施工机械和电器设备。同时,以先进的施工技术、合理的施工组织、科学的施工管理进行施工。为了满足公路工程机械化施工的要求,目前,各个施工企业都特别注重对综合性人才的培养,并引进了许多性能优良、技术先进的大型(或专用)的施工机械和电器设备,以提高其机械化施工的水平。

一、《工程机械与施工用电》的编写

为了适应现代公路工程机械化施工的要求,根据交通教职委路桥工程学科委员会和路桥专业委员会意见。2000 年 7 月在贵州交通职业技术学院召开的"路桥专业教材及参考书编写工作会"决定,对原《工程机械》(朱保达主编)统编教材进行修订完善后,转为交通职业技术院校路桥专业通用教材,并委托人民交通出版社正式出版发行。

同年 8 月,在四川交通职业技术学院召开了《工程机械与施工用电》教材编写工作会。参加会议的人员有:人民交通出版社的卢仲贤,路桥工程学科委员会、专业委员会副主任、贵州交通职业技术学院的张润虎,路桥工程学科委员、四川交通职业技术学院的李全文,教材中工程机械部分主编、湖南交通职业技术学院的王定祥;教材中施工用电部分主编、四川交通职业技术学院的郭远辉;教材主审、烟台师范学院交通学院的徐永杰;教材参编:河北省交通学校的尚晓梅和四川交通职业技术学院的陈斌。本次会议的主题是:

1. 对新教材编写的基本思想和注意事项进行了研讨:强调突出职教特点,注重路桥工程的实用性,具有一定的超前意识,能适应高职和中专两个层次的教学,并纳入学分制评分标准;

2. 对编写教材注意事项做了详细说明。

2001 年 5 月,在河北省交通学校召开了《工程机械与施工用电》教材的审定会。本次会议的主题是:

1. 对已编写好的各部分内容进行审定,找出存在的不足,加以完善补充;

2. 统一编写格式,确定定稿时间。

以上三次会议,会议期间都及时向路桥工程学科委员会、专业委员会柴金义主任,学科委员会、专业委员会金仲秋、马健中、李加林等三位副主任和各委员通报了会议的具体情况。

二、《工程机械与施工用电》的内容和特点

本教材充分考虑了机械化施工的发展情况,从目前公路工程机械化施工的实际出发,按机电的用途归类编章:第一章工程机械基础,主要叙述内燃机和工程机械底盘各系统的组成、构造原理及性能等基本知识;第二章土石方工程机械;第三章压实机械;第四章路面工程机械;第五章桥梁工程机械;第六章养护机械,分别叙述了各种机械的组成、工作装置构造、操纵机构、

机械的用途和性能、施工技术、施工作业和机械选用等知识；第七章电工电子技术基础，主要叙述电工电子的基本知识；第八章 路桥施工常用电器，主要叙述各种常用电器的组成、工作原理和选用；第九章 路桥施工供电，主要叙述电网供电、工地照明和路桥施工供电设计；第十章 机械设备和施工管理，主要叙述机械和电的“管、用、养、修”方面的基本知识。

本教材公路工程机械部分由湖南交通职业技术学院的王定祥主编，施工用电部分由四川交通职业技术学院的郭远辉主编。第一、三章由河北省交通学校的尚晓梅编写，第二章土方机械由王定祥编写，第二章石方机械、第六章由南京交通职业技术学院的沈旭编写，第四章由烟台师范学院交通学院徐永杰编写，第五章由湖南交通职业技术学院的单新周编写，第八、九章由四川交通职业技术学院的郭远辉编写，第七、十章由四川交通职业技术学院的陈斌讲师编写。全书由烟台师范学院交通学院的徐永杰主审。

本教材适用于高职路桥专业和工程机械专业学生教学使用，也可作为公路工程机械化施工企业技术人员和管理人员指导机械化施工使用，同时也可作为公路工程机械化施工人员的培训教材。

本教材主要面向路桥专业学生的教学，而路桥专业的学生对机械构造、机械原理、材料性能与加工、机械制图与识图等知识相对比较缺乏。因此在编写过程中，以机械的施工技术、施工组织和选用为主，以机械构造为辅。在编写机械构造和原理时，尽量选用现用主打和先进超前的机型，并选配外貌图和简单平面图，以提高学生的兴趣和接受能力。

本教材在编写过程中，得到了各参编人员所在院校的领导和教师的大力支持，并提出了许多宝贵的意见，特别是四川交通职业技术学院的李全文、贵州交通职业技术学院的张润虎、湖南交通职业技术学院的彭运钧、烟台师范学院交通学院的于敦荣、人民交通出版社的卢仲贤，他们都对本教材的编写提出了指导性的意见。在此，我们所有参编人员表示衷心的感谢！

由于编写人员地区差异比较大，编者水平有限，一定存在不少缺点和不足，望使用本教材的师生和其他读者给予批评指正。

三、本课程的教学特点和教学方法

本课程设置课时为 70 ~ 80 学时，各校可根据本地区教学的实际情况来执行。课时不足时，可根据本地区生源及就业的需求差异，对教材中的内容进行适当取舍。

在本课程的教学过程中，尽量与本地区公路工程机械化施工的实际情况结合起来，注重实践性教学。有条件的院校可采用试验、参观、电化教学、多媒体课件等多种教学手段，以提高学生学习的兴趣和接受能力。

本课程每一章都有复习思考题，引导学生有重点的对所学内容进行复习，以便巩固和提高。

目　　录

第一章　工程机械基础

[重点内容和学习要求]

本章重点叙述工程机械内燃机和底盘的分类、组成、工作原理与结构；液压与液力传动的组成、工作原理、结构与特点。

通过学习，熟悉内燃机、底盘的分类、组成和工作原理；熟悉液压与液力传动的组成、工作原理与使用；了解工程机械基础车上主要部件的结构。

工程机械由基础车和工作装置两部分组成。工程机械的基础车又包括动力装置和底盘两部分。

第一节　内　燃　机

工程机械的动力装置，除一些固定工作或工作中很少移动的机械设备采用电动机外，多数采用内燃机。

内燃机是把燃料燃烧产生的热能在汽缸内部转变为机械能的装置。目前，工程机械用内燃机绝大多数采用往返活塞式内燃机。本章主要介绍这种类型的内燃机。

往返活塞式内燃机按分类方式不同，可以分为以下几种：

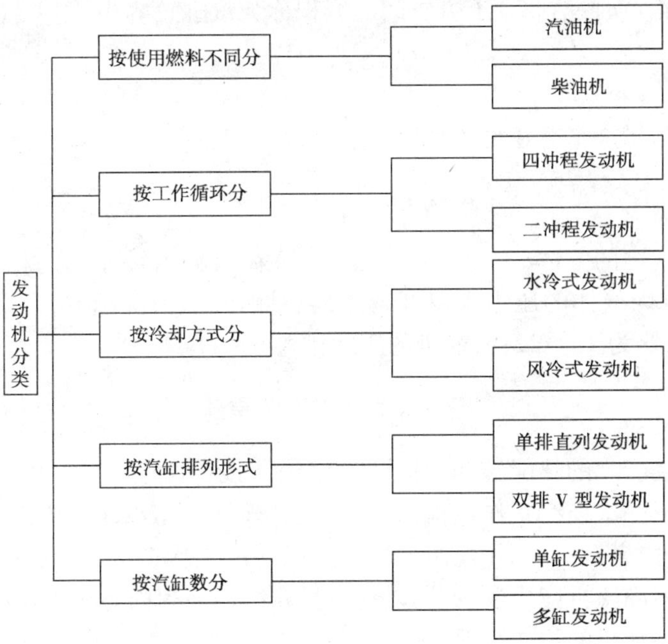

一、内燃机的基本术语

单缸内燃机示意图如图 1-1-1 所示，汽缸内装有可上下移动的活塞，连杆将活塞与曲轴相连，使活塞的往返运动转变为曲轴的旋转运动。

1. 上止点

即活塞顶离曲轴回转中心最远处，通常指活塞的最高位置。

2. 下止点

即活塞顶离曲轴回转中心最近处，通常指活塞的最低位置。

3. 活塞行程

活塞在上下止点间运动的过程叫冲程，上下两止点间的距离叫做活塞行程，用 S 表示。如果用符号"R"表示曲轴的回转半径，则 $S = 2R$。

4. 汽缸的工作容积

活塞从上止点运动到下止点所让出空间的容积叫汽缸工作容积，用 V_h 表示。

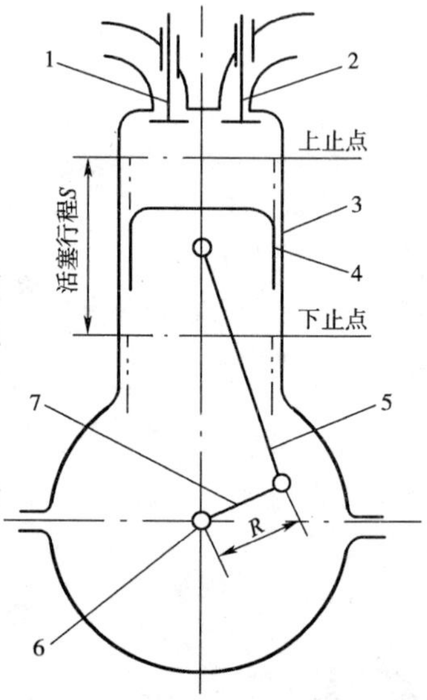

图 1-1-1　单缸四冲程内燃机示意图

1- 进气门；2-排气门；3-汽缸；4-活塞；5-连杆；6-曲轴中心；7-曲轴

$$V_h = \frac{\pi D^2 \times S}{4 \times 10^6} \quad (\mathrm{L})$$

式中：D——汽缸直径，mm；

S——活塞行程，mm。

多缸内燃机的各缸的工作容积之和，称为内燃机排量，用 V_L 表示。若内燃机缸数为 i 表示，则 $V_L = i \cdot V_h$。

5. 燃烧室容积

当活塞位于上止点时，活塞顶上方空间的容积，称为燃烧室容积，用 V_c 表示。

6. 汽缸的总容积

当活塞位于下止点时，活塞顶上方空间的容积称为汽缸总容积，用 V_a 表示。

$$V_a = V_c + V_h$$

7. 压缩比

汽缸的总容积与燃烧室容积之比称为压缩比，用 ε 表示。

$$\varepsilon = \frac{V_a}{V_c} = \frac{V_h + V_c}{V_c} = 1 + \frac{V_h}{V_c}$$

压缩比表示汽缸内的气体（空气或可燃混合气）在汽缸内被压缩的程度。一般压缩比越大，压缩终了时汽缸内气体的压力和温度越高，燃料的燃烧情况越好，但压缩比也不宜太大。目前，柴油机的压缩比为 15 ~ 22；汽油机的压缩比为 6 ~ 11。

二、内燃机的工作原理

为了使燃料燃烧产生的热能转变为机械能，内燃机必须经过进气、压缩、做功和排气的连续工作过程。每完成一次连续工作过程称为一个工作循环。活塞往返四个行程完成一个工作循环的，称为四冲程内燃机；活塞往返两个行程完成一个工作循环的，称为二冲程内燃机。因目前工程机械二冲程内燃机应用较少，所以这里只介绍四冲程内燃机工作原理。

1. 单缸四冲程柴油机的工作原理

进气行程[图 1-1-2a)]:在进气行程开始时,活塞位于上止点,此时进气门开,排气门关。当活塞在曲轴带动下由上止点向下止点移动时,汽缸内容积增大,压力降低到小于大气压。新鲜空气在内外压力差的作用下被吸入缸内,直至活塞到达下止点,进气门关闭,完成进气行程。

压缩行程[图 1-1-2b)]:随着曲轴继续旋转,活塞由下止点向上止点移动,此时进、排气门均关闭,汽缸容积减小,汽缸内气体的压力和温度不断升高,这为柴油喷入汽缸进行点火燃烧创造了有利条件,当活塞运行到上止点时,压缩行程结束。

做功行程[图 1-1-2c)]:当压缩行程接近终了时,喷油器将高压柴油呈雾状喷入汽缸,并迅速与空气形成可燃混合气。由于汽缸内温度高于柴油自燃的温度(约 500K),柴油便自行点火。汽缸内温度、压力升高,推动活塞下行做功。

排气行程[图 1-1-2d)]:此时排气门打开,曲轴由于惯性继续旋转,推动活塞由下止点向上止点移动,燃烧后的废气被排出汽缸。活塞到达上止点时,排气行程结束,排气门关闭,进气门重新开启,即开始第二个循环。这样周而复始地连续进行,柴油机就能持续运转。

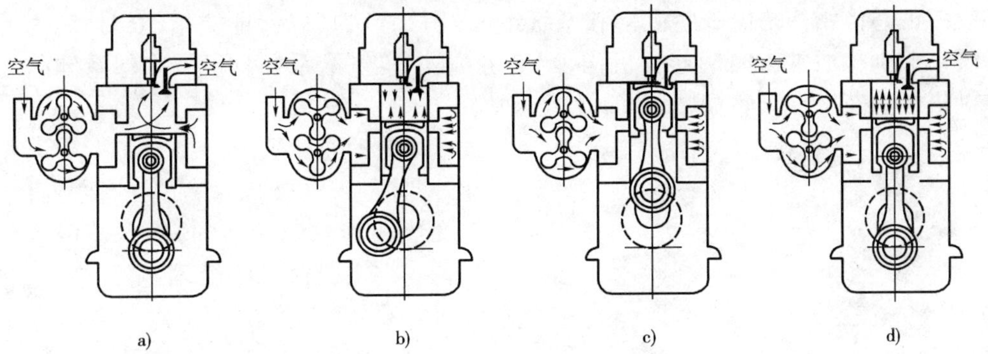

图 1-1-2　单缸四冲程柴油机的工作过程

a)进气;b)压缩;c)做功;d)排气

2. 单缸四冲程汽油机的工作原理

四冲程汽油机与柴油机一样,每个工作循环也经历进气、压缩、做功、排气四个行程。但因汽油机所用燃料是汽油,易挥发,其自燃温度比柴油高得多,所以可燃混合气的形成及点火方式与柴油机不同。

(1)汽油机在进气行程进入汽缸的一般不是纯空气。化油器汽油机是由化油器制备出来的混合气;电控汽油机缸外喷射的,在进气行程之前将汽油喷射在进气管内部。

(2)汽油机在压缩行程接近终了时,汽油机用火花塞强制点火燃烧汽油。

3. 增压柴油机工作原理

从柴油机的工作原理可以看出,在柴油机的进气行程中,是利用汽缸内的气压差将空气吸入汽缸里的,气体的密度较低,使内燃机的空气量不足,使柴油燃烧不完全。为了克服这一缺点,大部分柴油机增设了增压器。

增压器根据动力源不同,可分为机械增压和废气涡轮增压。由于废气涡轮增压结构紧凑、体积小、效率高、不消耗内燃机功率,所以它在内燃机上获得了广泛的应用。

废气涡轮增压器工作原理如图 1-1-3 所示。柴油机工作时,排出的高温废气以一定的压力和速度进入增压器的涡轮壳内,冲击涡轮,使涡轮高速运转,然后排入大气。涡轮与压力机叶轮装在同一根轴上,故叶轮同速旋转。一方面将经空气滤清器滤清的空气吸入压力机壳内,另一方面又把空气甩向叶轮边缘,使其降速增压。增压后的空气经进气管进入汽缸,提高了内燃机的空气量,从而使内燃机发出了更大的功率。同时由于柴油燃烧较完善,也降低了耗油率,减少排气污染,还可以改善内燃机对各种工作条件的适应,扩大内燃机的使用范围。

柴油机与汽油机相比较,各有特点,柴油机具有压缩比高、耗油率低、燃料经济性较好等特点,故柴油机广泛应用于大中型工程机械和载货汽车上;汽油机具有转速高、质量轻、工作噪声小、启动容易、制造维修费用低等特点,故常用在一些小型工程机械上。

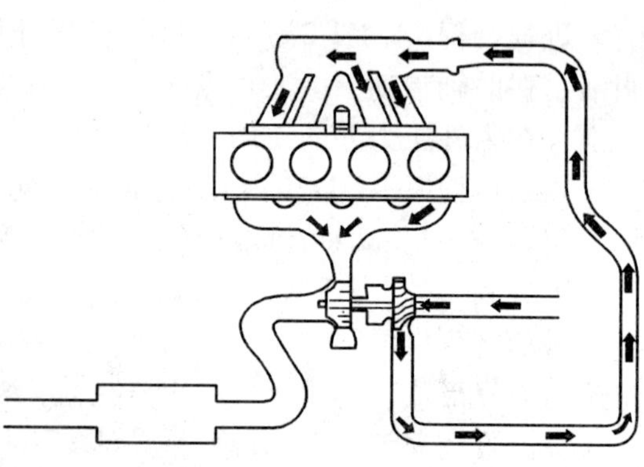

图 1-1-3 废气涡轮增压器工作原理示意图

三、内燃机构造

内燃机的总体结构是由一些机构和系统组成(图 1-1-4),以保证能量的转换和内燃机的正常运转。柴油机通常由曲柄连杆机构、配气机构、燃料供给系、润滑系、冷却系和起动系组成。汽油机用火花塞点火燃烧,所以增设了点火系。

图 1-1-4 内燃机的总体结构

1. 曲柄连杆机构

曲柄连杆机构是将活塞的往复直线运动转变成曲轴的旋转运动,并向外传递动力的机构。它主要由机体组、活塞连杆组、曲轴飞轮组三部分组成(图 1-1-5)。

(1)机体组主要由汽缸体、汽缸盖、曲轴箱、汽缸套和汽缸垫和油底壳等组成。

汽缸体是以汽缸组成的机体,是内燃机的安装机体。汽缸体的上平面安装汽缸盖,下平面安装下曲轴箱(也称油底壳),汽缸体内加工有镗孔,用以安装活塞,水冷式内燃机汽缸盖与汽缸体内壁铸有存装冷却液的水套。

汽缸筒是汽缸最易磨损的部位,为延长汽缸体使用寿命和避免采用过多优质材料,大多柴油机采用在汽缸内镶入用耐磨材料制成的汽缸套。

汽缸盖用来封闭汽缸的上部,并与汽缸、活塞顶部共同构成燃烧室。为了保证汽缸体与汽缸盖结合平面的密封,在汽缸体与汽缸盖间垫上汽缸垫。曲轴箱分为上、下两部分,上曲轴箱一般与汽缸体铸成一体,是安装曲轴和凸轮轴的基础;下曲轴箱(也称油底壳)是用钢板件冲压而成的盆状壳体,用来储存润滑油和封闭汽缸体下部。

(2)活塞连杆组主要由活塞、活塞环、活塞销和连杆组成(图 1-1-6)。

活塞的主要作用是承受气体压力,并通过连杆传给曲轴。活塞一般是由铝合金制成的。活塞上部制有若干环槽,用以安装活塞环,活塞中部有活塞销座,用来安装活塞销使活塞与连杆相连。

活塞环分为气环和油环两类。气环的作用是保证活塞与汽缸壁间的密封；油环是刮去汽缸壁上多余的润滑油。

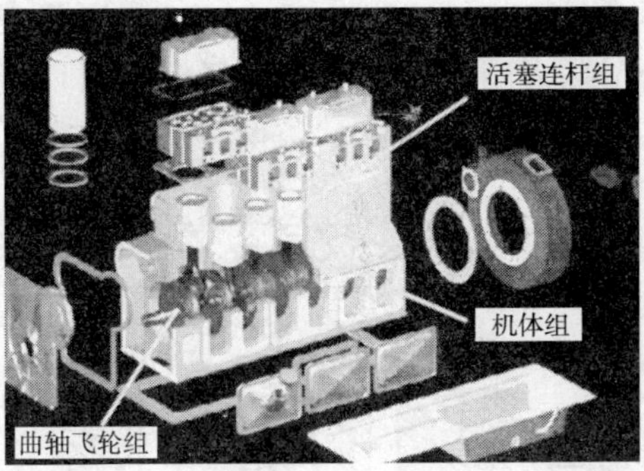

图 1-1-5　曲柄连杆机构

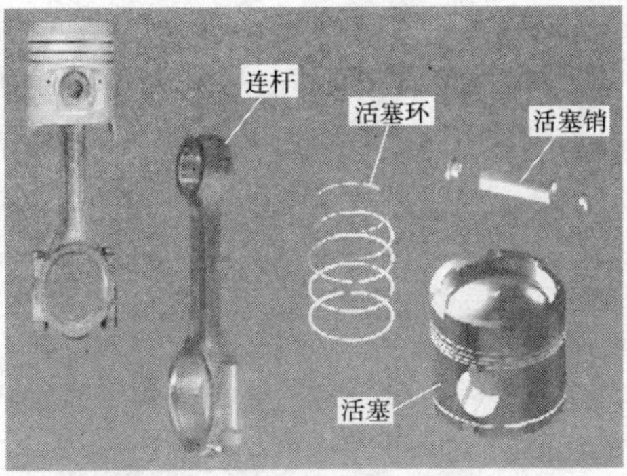

图 1-1-6　柴油机活塞连杆组

连杆的主要作用是连接活塞与曲轴，并将活塞的往复直线运动转变为曲轴的旋转运动。连杆的上端孔内压有青铜衬套，活塞销穿过衬套孔与连杆铰接，连杆的下端孔通过连杆轴承与曲轴的连杆轴颈铰接。连杆大头一般剖分为两部分，安装时连杆螺栓将连杆盖和曲轴及连杆铰接在一起。

(3)曲轴飞轮组主要由曲轴和飞轮等组成(图 1-1-7)。

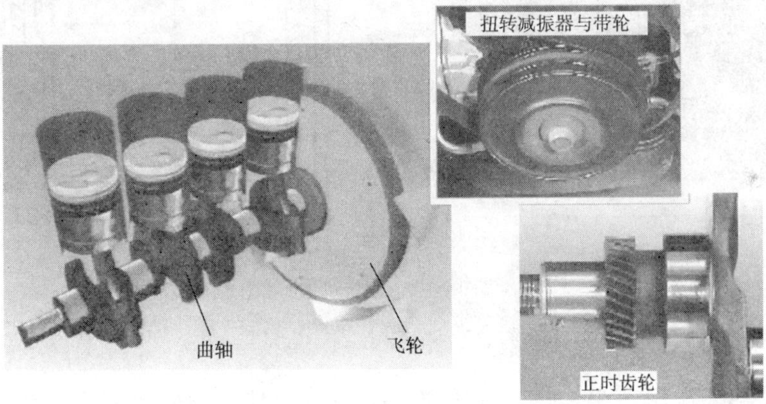

图 1-1-7　曲轴飞轮组

曲轴的功用是把活塞连杆组传来的气体压力转换为转矩对外输出和驱动配气机构及其他附属机构。曲轴主要由主轴颈、连杆轴颈与平衡重等组成。主轴颈是曲轴的支承部分，安装在汽缸体的主轴承座中。连杆轴颈与连杆大头相配合。平衡重的作用是平衡曲轴运转时产生的惯性力和惯性力矩，使内燃机运转平稳。曲轴的前端通过键槽和螺纹安装正时齿轮、皮带轮和起动爪等。后端通过凸缘盘安装飞轮。

飞轮是一个铸铁圆盘，其作用是将做功行程的部分能量储存起来，以便带动曲轴完成其他几个辅助行程，保证内燃机连续运转。飞轮外圆上装有起动齿圈，内燃机启动时与起动机齿轮啮合，使内燃机启动。飞轮上通常有第一缸上止点记号，有的还刻有供油提前角(或点火提前角)刻线，以便检验和调整气门间隙、喷油正时或点火正时等。

2. 配气机构

配气机构的作用是按照内燃机各缸工作行程要求，定时地开启和关闭进、排气门。进气门开启使新鲜空气或可燃混合气进入汽缸,排气门开启使燃烧后的废气排出汽缸,气门关闭使汽缸密封。

配气机构按凸轮轴的布置形式分为凸轮轴上置式、凸轮轴中置式和凸轮轴下置式三种;按配气机构的驱动分为齿轮驱动、链条驱动和皮带驱动。

柴油机由于驱动力大,采用齿轮驱动的较多,且布置为凸轮轴下置式配气机构,凸轮轴下置式配气机构凸轮轴装在下曲轴箱内,其结构如图 1-1-8 所示。

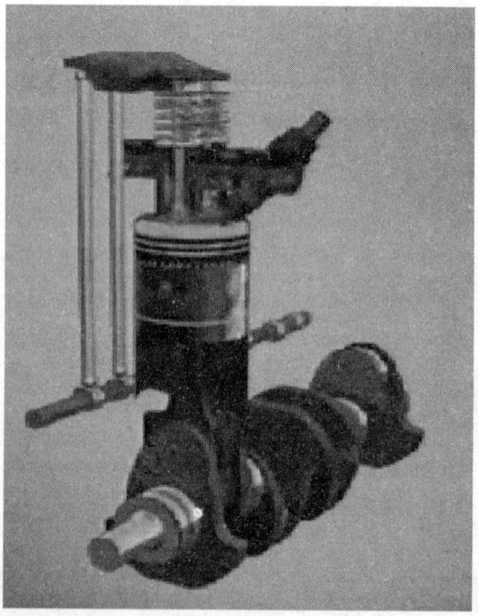

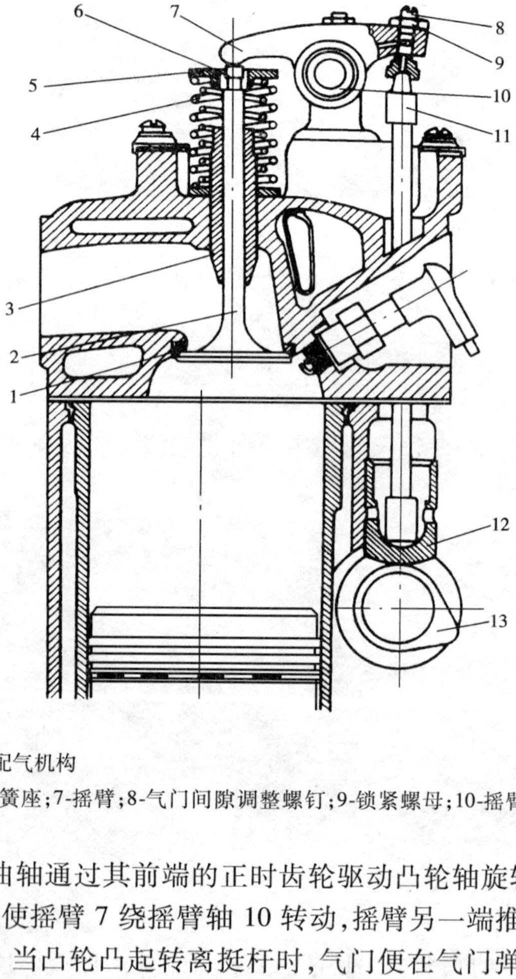

图 1-1-8　配气机构

1-气门座;2-气门;3-气门导管;4-气门弹簧;5-锁片;6-气门弹簧座;7-摇臂;8-气门间隙调整螺钉;9-锁紧螺母;10-摇臂轴;11-气门推杆;12-气门挺杆;13-凸轮

下置凸轮轴的工作原理:当内燃机运转时,曲轴通过其前端的正时齿轮驱动凸轮轴旋转,当凸轮的凸起部分顶起挺杆 12 时,通过推杆 11 使摇臂 7 绕摇臂轴 10 转动,摇臂另一端推动气门 2 克服气门弹簧 4 弹力下行,使气门开启。当凸轮凸起转离挺杆时,气门便在气门弹簧的张力作用下又紧压在气门座上,关闭气门。

上置和中置凸轮轴的配气机构的工作原理与下置凸轮轴配气机构的相似,只是结构上有差别,有的取消了摇臂和摇臂轴,有的推杆变短了,这里对它们的工作原理就不再叙述了。

上置和中置凸轮轴式配气机构由于其结构更简单,广泛用在小轿车上。

3. 柴油机燃料供给系

1)柴油机燃料供给系的功用、分类

柴油机燃料供给系的功用是按柴油机各种不同工况的要求,定时、定量、定压地将柴油喷入燃烧室,使其与汽缸内的高压空气进行混合和燃烧,并排出废气。

燃油供给部分目前常用的有柱塞式喷油泵、分配式喷油泵和 PT 泵和喷嘴泵等。由于柱塞式喷油泵供油装置工作可靠、使用寿命长,被广泛用在柴油机上。但分配式喷油泵、PT 泵和喷嘴泵随着性能的改进,也越来越多地被柴油机采用。

2)柴油机燃燃料供给系的组成和运行材料

柴油机燃燃料供给系(图 1-1-9)一般由柴油箱 1、输油泵 3、柴油滤清器 2 和 6、喷油泵 5、喷油器 7 等组成。柴油从柴油箱被输油泵吸出,经柴油滤清器滤清后被送入喷油泵,喷油泵将低压油提高压力后,经高压油管送入喷油器,由喷油器喷入燃烧室。

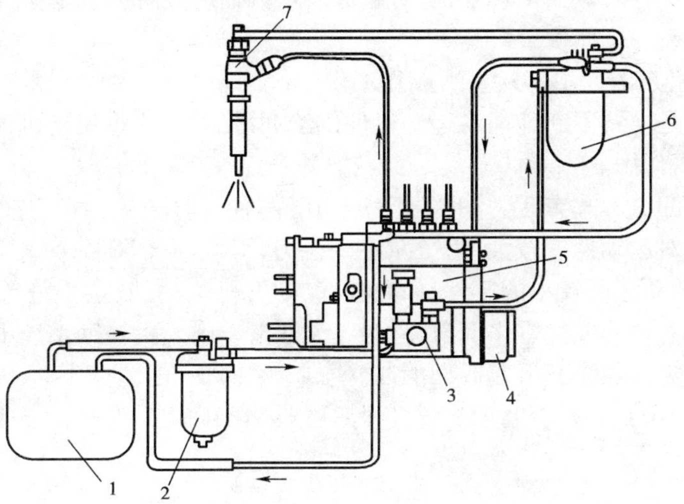

图 1-1-9　柴油机燃料系组成

1-柴油箱;2、6-柴油滤清器;3-输油泵;4-调速器;5-喷油泵;7-喷油器

(1)喷油泵。喷油泵又叫高压油泵。它的作用是根据内燃机不同工况,将一定量的柴油提高油压,并定时、定量地送入喷油器。多缸柴油机的喷油泵还应保证按内燃机做功顺序供油;对各缸的供油量应均匀;各缸供油提前角应相等。

柱塞式喷油泵是利用容积的变化来提高柴油的压力。

(2)调速器。调速器的作用是在柴油机工作时,能随外界负荷的变化自动调节供油量,使其转速保持稳定。

目前柴油机都采用离心式调速器。离心式调速器是利用随发动机一起旋转的离心件的离心力来调节供油量,从而使发动机自动地适应外界负荷的变化。

(3)输油泵。输油泵的作用是将柴油自油箱以一定压力送入喷油泵。活塞式喷油泵由于工作可靠被广泛使用。它是利用泵体内活塞的往复运动,在压差的作用下,将柴油吸入和压出。输油泵上的手油泵是在柴油机启动前向喷油泵泵油或排除油路中空气。

(4)喷油器。喷油器作用是将柴油雾化并喷入燃烧室。目前柴油机常用的喷油器有孔式和轴针式喷油器。

孔式喷油器一般有 1~8 个直径很小的喷孔,轴针式喷油器只有一个直径较大的喷孔,具有自洁作用,一般不容易堵塞。

(5)柴油。柴油机用燃料是从石油中提炼出来的轻柴油。国产轻柴油按质量分为优级品、一级品和合格品,每个等级又按凝点分为 10、0、-10、-20、-35 和 -50 六个牌号。10 号柴油代表它的凝点为 10℃,0 号柴油代表它的凝点为 0℃,依此类推。在选用柴油时,应保证柴油的凝点较当地最低气温低 4~6℃。

4. 汽油机燃料供给系

汽油机燃料供给系的功用是根据内燃机各种不同工况的要求，将汽油与空气混合成一定数量和浓度的可燃混合气，供入汽缸，在临近压缩终点时燃烧做功，将燃烧的废气排入大气。

在20世纪，汽油机燃料供给系用化油器式的较多，现在的汽油机燃料供给系多用电子喷射式，因汽油机在工程机械上的使用较少，这里就不叙述它的结构与工作原理了。

汽油机所用燃料也是从石油中提炼出来的汽油，国产车用汽油的牌号是根据辛烷值来规定的，常见的有90、93和97三个牌号，牌号越大表示汽油燃烧时的抗爆振性越好。

5. 内燃机润滑系

(1) 内燃机润滑系的作用、分类、组成和工作

润滑系的作用是连续不断地向各运动机件供给润滑油，以减小运动机件的磨损，同时还具有冷却、清洗和密封作用。

内燃机零件的润滑方式有压力润滑和飞溅润滑两种。曲轴主轴承、连杆轴承及凸轮轴承等承受的载荷及相对运动速度较大，为了减小摩擦力，形成液体润滑，采用压力润滑方式。其他载荷较轻、相对运动速度较小的零件，如汽缸壁、配气机构的凸轮、挺杆等，以内燃机工作时运转零件飞溅起来的油滴或油雾来润滑，称为飞溅润滑。内燃机辅助系统中的某些总成，如水泵、发电机等，只需定期加注润滑脂或润滑油。

润滑系（图1-1-10）一般由机油泵5、机油滤清器、限压阀6、旁通阀7、油压表及油道和油管等组成。

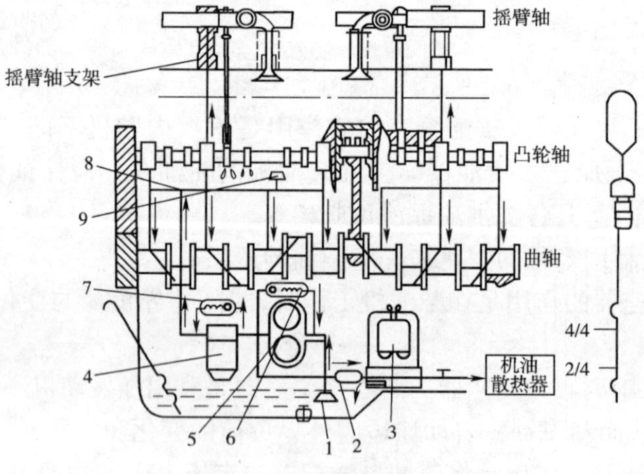

图1-1-10　柴油机润滑系示意图

1-集滤器；2-进油限压阀；3-细滤器；4-粗滤器；5-机油泵；6-限压阀；7-旁通阀；8-主油道；9-油压传感器

润滑系的油路也各有不同，大部分柴油机采用粗滤器与细滤器并联的油路。在内燃机工作时，机油经集滤器初步过滤后，分两路被油泵压送出来。其中大部分润滑油经粗滤器进入内燃机主油道，润滑各运动机件，小部分流经细滤器，最后两部分润滑油均流回油箱底部。限压阀安装在机油泵出口，用以限制润滑系内的油压。旁通阀与粗滤器并联，当粗滤器堵塞时，它被打开，以保证内燃机零件的润滑。

目前，也有部分工程机械的润滑系采用粗、细滤清器串联或只有一个滤清器，内燃机工作时，只有一个油路，即经过过滤的机油直接到主油道。

(2) 内燃机润滑系的运行材料

内燃机润滑系所用的运行材料是润滑油，也称机油。内燃机机油分为柴油机机油和汽油

机机油。美国石油协会 API 质量等级分类中，柴油机机油现有 CA、CB、CC、CD、CE 和 CF 六个等级。其性能水平逐级提高；汽油机机油的 API 分级有 SA、SB、SC、SD、SE 和 SF 六个等级（分别对应国内的 QA、QB、QC、QD、QE 和 QF 等级），性能水平亦逐渐提高。一般来说，负载大、工作条件恶劣的内燃机，应选用较高级别的机油。各种机油又按 SAE（汽车工程协会）规定，按黏度分为 0W、5W、10W、15W、20W、25W、20、30、40、50 共 10 个等级，黏度依次提高。选油时，要根据内燃机工作的环境温度、热负荷及机械负荷的苛刻程度选用合适的黏度，一般温度与选用黏度等级对应如表 1-1-1 所示。

环境温度与黏度等级的对应关系　　表 1-1-1

环境温度(℃)	选用黏度等级	环境温度(℃)	选用黏度等级
-20 ~ +10	SAE10W	0 ~ +40	SAE/30
-15 ~ +15	SAE10W/30	+5 ~ +50	SAE/40
-15 ~ +50	SAE5W/40		

注：SAE10W/30，SAE15W/40 为多级机油。

6. 内燃机冷却系

冷却系的任务是保证内燃机在正常温度下工作。因为内燃机温度过高会使部分零件受热膨胀变形，使配合间隙遭到破坏，润滑油也会因温度过高而黏度下降影响润滑。所以内燃机必须适度冷却。内燃机冷却系有风冷和水冷两种形式。风冷却系是利用风扇向铸件散热片、汽缸体和汽缸盖吹风，将热量直接散到大气中。水冷却系是利用冷却水循环流动带走热量的。

水冷却系冷却效率较好，目前在大多数内燃机上应用。

水冷却系（图 1-1-11）：一般由水泵 5、散热器 2、风扇 4、水套 8 和节温器 6 等组成。

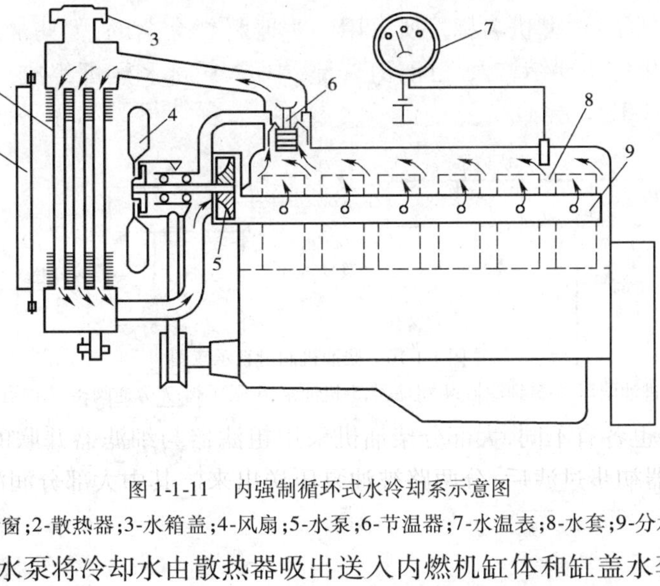

图 1-1-11　内强制循环式水冷却系示意图

1-百叶窗；2-散热器；3-水箱盖；4-风扇；5-水泵；6-节温器；7-水温表；8-水套；9-分水管

内燃机工作时，水泵将冷却水由散热器吸出送入内燃机缸体和缸盖水套。在此冷却水吸收热量，温度升高，然后流回散热器。由于风扇的强力抽吸，空气高速流经散热器，带走热量，使水冷却，冷却了的水流到散热器底部，又在水泵作用下，进行下一次循环，如此往复，使内燃机的温度降低。

节温器作用是在内燃机温度较低时，使冷却水进行小循环，即冷却水不经散热器直接流回水泵，使内燃机温度不至于太低。在内燃机温度较高时，进行正常水循环。

冷却系所用的冷却液一般是清洁的软水或防冻液。使用水冷却时，在北方地区冬季时，长时间停车应将水放净，否则易将机体冻裂。使用防冻液时，可冬夏通用。

7. 内燃机起动系

起动系的功用就是使内燃机由静止状态进入到工作状态，实现内燃机的启动。

内燃机启动方法较多，目前常用的有人力启动（手摇、绳拉）、电动机启动、汽油起动机启动、压缩空气启动等。现代高速内燃机广泛采用电动机启动。电动机启动的具体结构和工作将在《工程施工用电》的教材中叙述。

四、内燃机的主要性能指标

1. 有效转矩

有效转矩是指内燃机通过飞轮对外输出的转矩，以 M_e 表示，单位为牛顿・米（N・m）。

2. 有效功率

有效功率是指内燃机通过飞轮对外输出的功率，用 N_e 表示，单位为千瓦（kW）。

3. 有效耗油率

有效耗油率是指内燃机每发出 1kW 有效功率在 1h 内所消耗的燃油克数，用 g_e 表示，单位是 g/（kW・h）。

有效转矩和有效功率是反映内燃机动力性的指标，有效转矩和有效功率越大，表示内燃机的动力性越好。

有效耗油率是反映内燃机经济性的指标，有效耗油率越低，表示内燃机的经济性越好。

五、内燃机型号编制规则

根据国家标准规定：内燃机名称按所采用的主要材料命名的，如柴油机、汽油机等。内燃机型号反映了内燃机的主要结构及性能，由首部、中部、后部和尾部组成。其排列顺序及符号代表意义规定如图 1-1-12 所示。

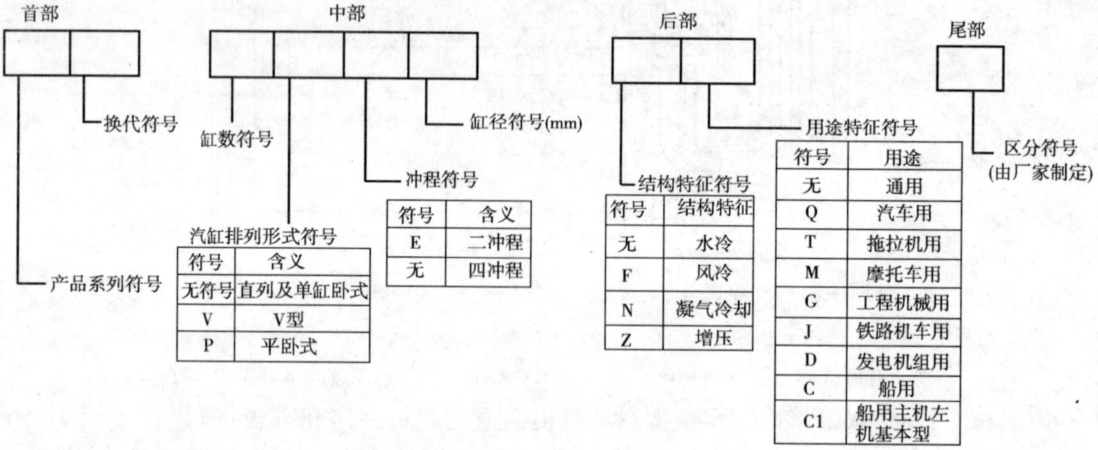

图 1-1-12　内燃机型号编制规则

型号编制示例：

（1）6135ZG——表示六缸、四冲程、缸径 135mm、水冷、增压、工程机械用柴油机。

（2）6100Q——表示六缸、四冲程、缸径 100mm、水冷、汽车用汽油机。

(3)12VE230ZC1——表示 12 缸、V 型、二冲程、缸径 230mm、水冷、增压、船用主机左机基本型。

练 习 题

1. 内燃机总体由哪些机构和系统组成？

2. 柴油机燃料供给系和汽油机燃料供给系有何区别？为什么？

3. 润滑系的作用是什么？6135 柴油机润滑系是如何工作的？

4. 冷却系的作用是什么？水冷却系是如何工作的？

第二节 工程机械底盘

工程机械底盘是全机的基础。内燃机、工作装置和电气设备均装在它上面。底盘由传动系、行驶系、转向系和制动系组成。

一、工程机械传动系

1. 传动系作用、分类及组成

工程机械传动系作用是将内燃机的动力传递给驱动轮和工作装置，使机械工作。

工程机械传动系按传动方式分为机械传动、液力机械传动、液压传动和电传动四种。传动系是以机械传动为基本形式，其他形式的传动系是在其基础上发展而成的。

图 1-2-1 为轮式机械传动系示意图，内燃机输出的转矩经离合器 1、变速器 2、万向节 3、主传动器 7、差速器 5 和半轴 6，最后传至驱动轮使机械行驶。

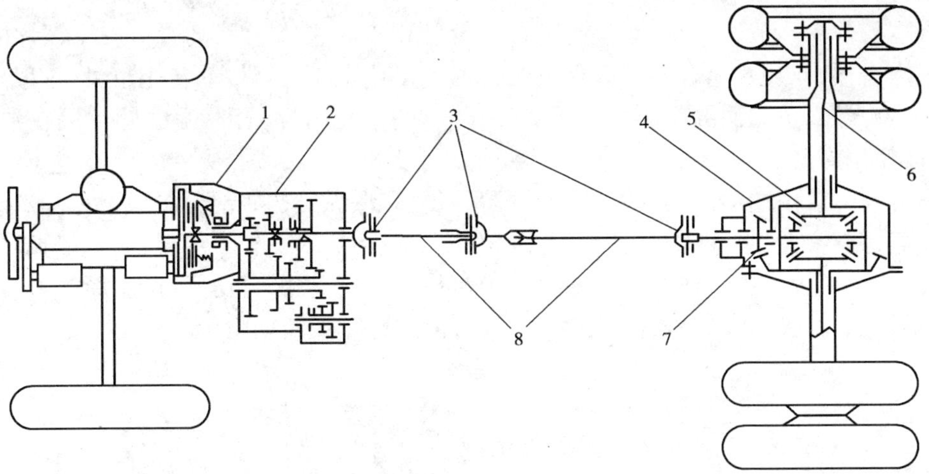

图 1-2-1 轮式机械传动系示意图

1-离合器；2-变速器；3-万向节；4-驱动桥壳；5-差速器；6-半轴；7-主传动器；8-传动轴

图 1-2-2 为履带式机械传动系示意图。内燃机输出的转矩经主离合器 3、变速器 4、主传动器、转向离合器 6、最终传动装置 7，最后传给驱动链轮，使拖拉机行驶。履带式轮式转向方式不同，驱动桥内设了转向离合器。另外，为了提高履带式机械牵引力，在动力传给驱动桥之前，增设了最终传动装置，进一步降速增扭。

2. 传动系主要部件

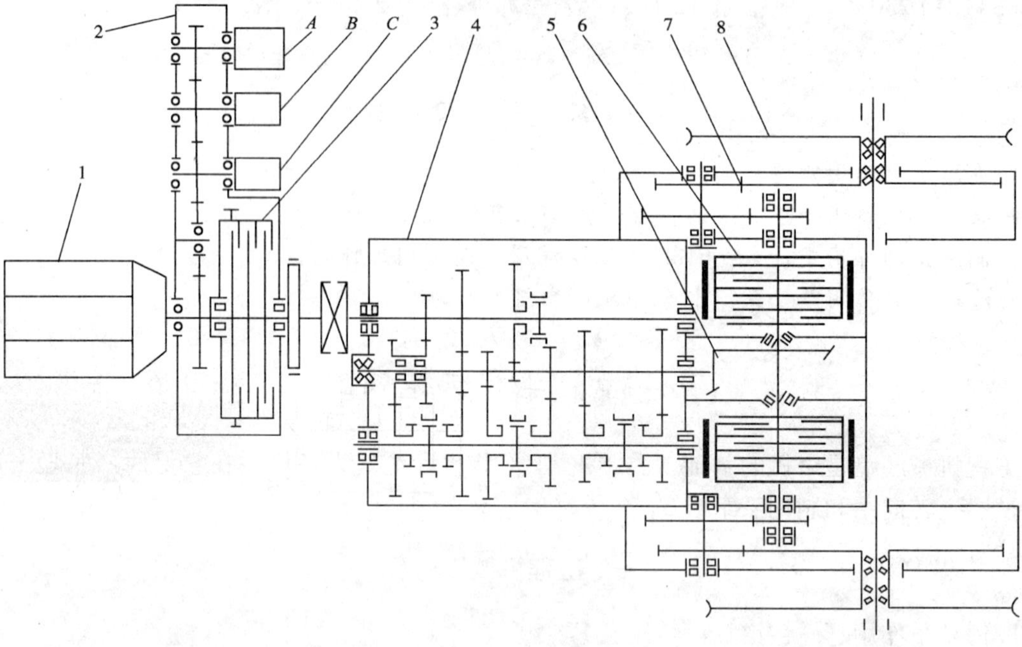

图 1-2-2　履带式机械传动系示意图

1-内燃机；2-齿轮箱；3-主离合器；4-变速器；5-主传动齿轮；6-转向离合器；7-最终传动装置；8-驱动链轮

A-工作装置液压油泵；B-离合器液压油泵；C-转向离合器液压油泵

(1)离合器

离合器主要用于接合或切断内燃机与传动系之间的动力。在工程机械启动、起步换挡和停车时使用。目前广泛采用摩擦式离合器，按其压紧机构的不同构造，分为常合式离合器和非常合式离合器。前者一般用在轮式工程机械，后者常用于履带式工程机械。按摩擦片的数目分为单片式离合器、双片式离合器和多片式离合器。多片式离合器传动转矩较大，一般多用于大型工程机械。按摩擦表面的干湿分为干式和湿式两种。湿式离合器的摩擦片浸在油液中，散热条件好，使用寿命长，重型、大功率工程机械采用较多。

摩擦离合器一般由主动部分、从动部分、压紧机构和操纵机构四部分组成。

常合式摩擦离合器(图 1-2-3)，驾驶员不操纵时，处于接合状态。离合器的主动部分是内燃机的飞轮，从动部分连接变速器，接合时，在弹簧作用下，主从部分压紧，产生摩擦力，输出动力；当驾驶员操纵时，在操纵机构的作用下主从动部分分离，切断动力。

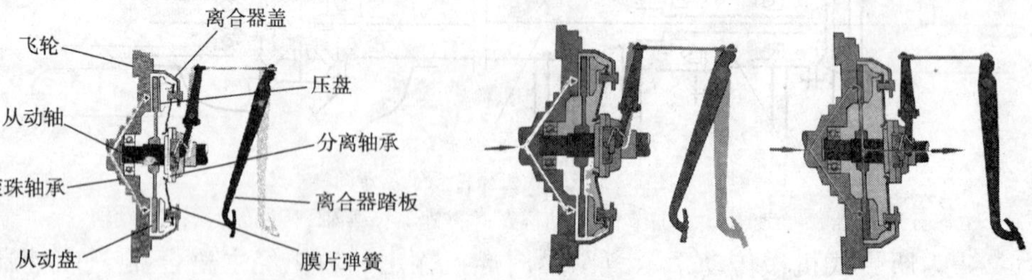

图 1-2-3　离合器的基本组成和工作原理示意图

非常合式摩擦离合器。驾驶员不操纵时，在拉杆作用下，离合器既可处于接合状态又可处于分离状态，便于驾驶员对其他操纵元件的操作，这对工程机械是十分重要。

(2)变速器

变速器的功用是根据工程机械的要求,改变驱动轮的转速或转矩以及行驶方向。

变速器按传动比变化方式分为有级式和无级式的。所谓传动比就是输入轴转速与输出轴转速的比值。有级变速器具有若干个数值一定的传动比,常用的是齿轮式变速器,无级变速器其传动比是无限等级连续变化的。按操纵方式分为机械换挡和动力换挡两种。目前大型工程机械常采用液力变矩器配动力换挡的变速器。

机械换挡变速器工作原理,如图 1-2-4 所示。

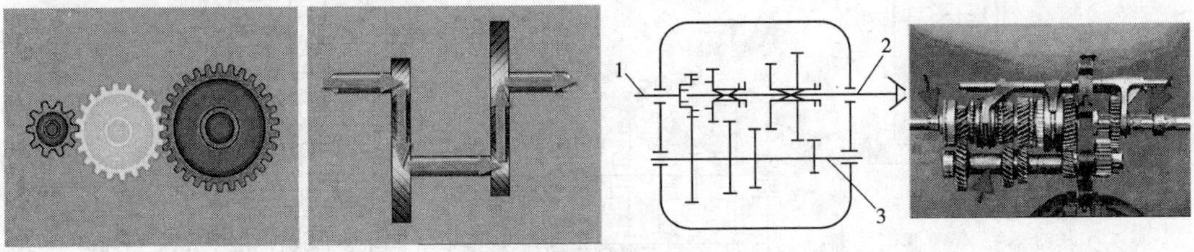

图 1-2-4　机械换挡变速器工作原理

1-输入轴;2-输出轴;3-中间轴

机械换挡变速器所设的齿轮副越多,就可获得越多的排挡。工程机械可根据工作需要,将变速器设计成多种不同的挡位,使机械具有不同的转速和转矩。例如,TY120 推土机变速器,具有五个前进挡和四个倒退挡。

机械换挡变速器是靠拨动变速杆和进退杆,通过拨叉拨动相应齿轮啮合来实现换挡的,机械换挡方式换挡时易造成打齿,操纵困难。动力换挡变速器是依靠液压传动的离合器进行换挡,操作轻便,可不停机换挡,有利于提高机械的生产效率。

(3)驱动桥

驱动桥是指变速器或传动轴之后、驱动轮之前的传动机构总称。其功用是将变速器或传动轴传来的动力,进一步降速增扭,并传给左右驱动轮。

轮式机械的驱动桥(图 1-2-5)包括主传动器 2、差速器 3、轮边减速器(有的机械未设)等。

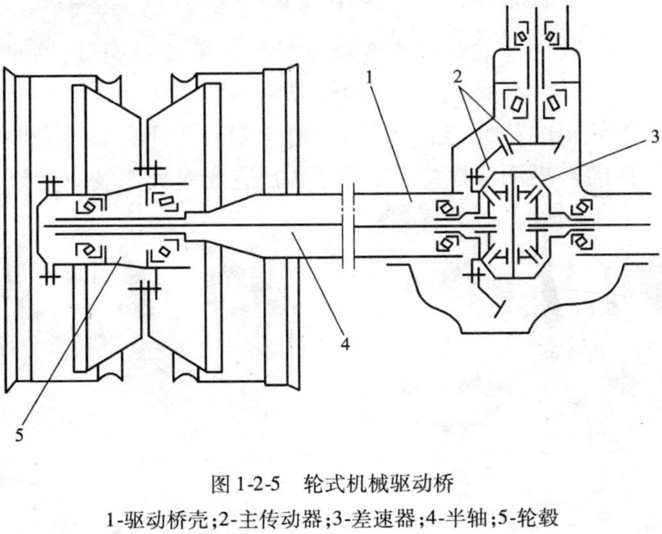

图 1-2-5　轮式机械驱动桥

1-驱动桥壳;2-主传动器;3-差速器;4-半轴;5-轮毂

履带式机械的驱动桥(图 1-2-6),包括主传动器 1、转向离合器 3、轮边减速器(也称终传动)4 等。

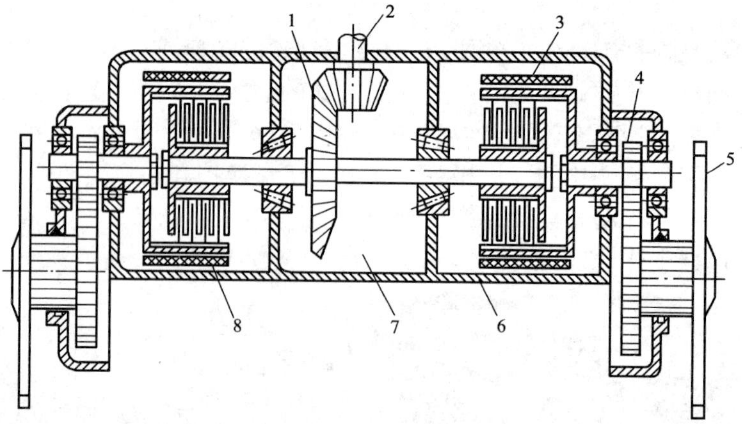

图 1-2-6　履带式机械的驱动桥

1-主传动器;2-变速器第二轴;3-转向离合器;4-最终传动;5-驱动轮;6-后桥箱;7-锥形齿轮室;8-制动器

(4)主传动器

主传动器的作用是降速增扭及改变动力传递方向。

主传动器按降速的次数分为单级主传动器(图 1-2-7)和双级主传动器。单级主传动器是利用一对减速齿轮实现降速;双级主传动器具有两组减速齿轮,传动比大,一般可用于大中型工程机械。轮式机械的主传动器一般与差速器制成一体,主动齿轮与传动轴制成一体,从动齿轮和差速器壳连接或与转向离合器连接。

(5)差速器

差速器的作用是使左右驱动轮存在转速差。当轮式机械转向时,外侧车轮滚过的距离要比内侧车轮的长,若两驱动轮通过一根刚性轴相连,则两轮同步旋转,必然使外轮边滚边滑,使轮胎磨损,转向困难。当轮式机械直线行驶时,由于路面凹凸不平,轮胎承载不均及轮胎充气压力不等也会造成同样的后果。目前,轮式机械大多采用行星差速器(图 1-2-8)。机械行驶时,动力经主传动器依次传给差速器壳 2、行星齿轮 6 和左右半轴齿轮。当机械直线行驶时,两侧驱动轮阻力相同,行星齿轮只起连接作用,随壳一起公转,差速器不起作用;当机械转弯时,内侧车轮阻力较大,与其相连的半轴齿轮就旋转得比差速器壳慢,这时,行星齿轮不仅随壳公转而且绕轴自转,使两半轴齿轮带动两驱动轮以不同转速转动。

差速器具有差速不差扭的特性,当一侧车轮由于附着力不足而打滑时,它就飞快地空转。另一侧车轮则获得一样的转矩而难以克服行驶阻力,造成机械停驶。所以,一般机械又装设了

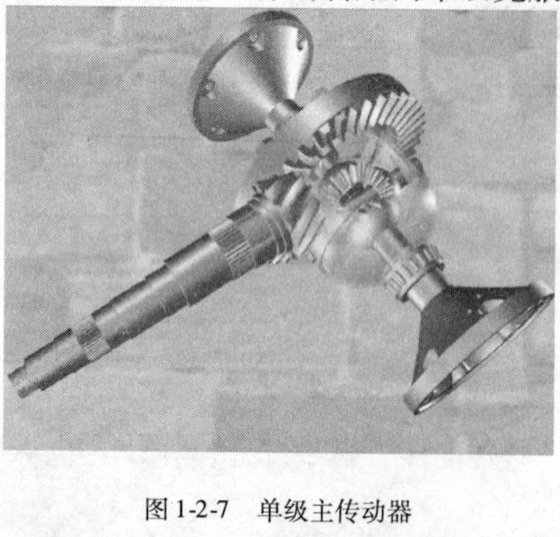

图 1-2-7　单级主传动器

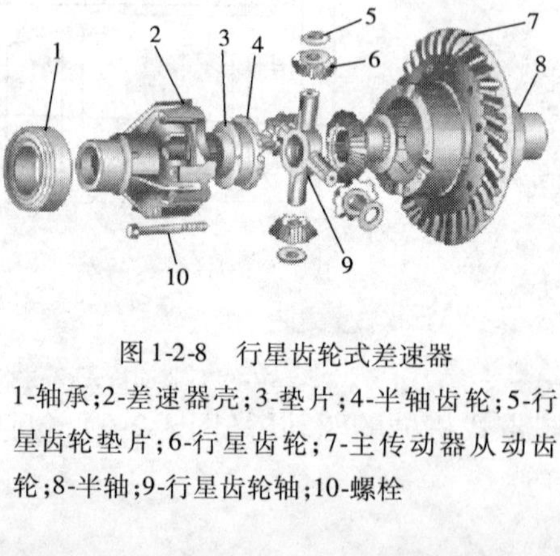

图 1-2-8　行星齿轮式差速器

1-轴承;2-差速器壳;3-垫片;4-半轴齿轮;5-行星齿轮垫片;6-行星齿轮;7-主传动器从动齿轮;8-半轴;9-行星齿轮轴;10-螺栓

差速锁,当出现上述情况时,差速锁将左右半轴刚性的连在一起,使差速器失去作用,使好路面上的车轮获得较大的转矩。

(6)轮边减速器(也称终行动)

轮边减速器的作用是进一步降速增扭,一般用在大型工程机械上。轮边减速器按齿轮形式分为平行轴式齿轮传动和行星齿轮传动两种形式。其工作原理与变速器相同,这里不再介绍。

3. 齿轮油与润滑脂

(1)齿轮油(俗称黑油)

齿轮油主要用以润滑齿轮传动,按使用范围分为车辆齿轮油和工业齿轮油两类。车辆齿轮油主要用于汽车和工程机械的变速器、转向器、前后驱动桥等。车辆齿轮油有 API 质量分级及 SAE 黏度分级,API 分级中有 GL-1、GL-2、GL-3、GL-4、GL-5 五种,现在常用后 3 种(表 1-2-1),分别对应国内的普通齿轮油、中负荷齿轮油和重负荷齿轮油。GL-3 适用一般工作条件;GL-4 适用中等工作条件,齿面压力小于 3 000MPa,滑动速度 1.5 ~8m/s;GL-5 用于工作条件苛刻、油温高的齿轮传动,齿面压力大于 3 000MPa,滑动速度大于 10m/s。

表 1-2-1

油品名称	主要用途
普通车辆齿轮油(GL-3)	装备有螺旋伞齿轮传动的各种汽车、拖拉机、施工机械的后桥和变速器;长城以北全年通用 80W/90;长城以南全年通用 90 或 85W/90;云南、海南岛可选用 85W/140
中负荷车辆齿轮油(GL-4)	高速低扭矩的小轿车、低速高扭矩的载货汽车和施工机械的后桥双曲线齿轮传动装置和差速器;严寒地区用 75W 号;寒区用 80W/90;长江以北全年通用 85W/90;长江以南全年通用 90 号或 85W/90;对齿轮油黏度要求较大的车辆和施工机械,使用 80W/140
重负荷车辆齿轮油(GL-5)	重负荷或高速冲击作业条件下的各种车辆和施工机械的后桥双曲线齿轮传动装置和变速器;严寒地区用 75W;寒区用 80W/90;长江以北全年通用 85W/90;长江以南全年通用 90 号或 85W/90

齿轮油常用的 SAE 黏度等级有 75W、80W、85W、90、140 等牌号,如温差较大,尽可能使用多级齿轮油,对照表 1-2-2 可作选油参考。

表 1-2-2

	系统温度	5 ~40℃	40 ~80℃
黏度	齿轮泵	VG32 46 68	VG100
	径向柱塞泵	VG32 46	VG68 100
	轴向柱塞泵	VG32 46	VG46 68 100

(2)润滑脂(俗称黄油)

润滑脂是一种不流动的半固体润滑剂,在机械上不宜用润滑油的部位,均使用润滑脂。我国润滑脂分类采用国际标准(ISO)分类方法。但目前生产和销售的润滑脂品种还没有纳入国标(GB 76318—1990)的分类体系。按旧的分类方法,筑养路机械常用润滑脂有钙基润滑脂、复合钙基脂、石墨钙基脂、钠基润滑脂、钙钠基脂、锂基润滑脂等。钙基润滑脂抗水性强,但耐热性差,主要用于中速机械的滚动轴承和易与水或潮气接触部位的润滑,使用温度为 -10 ~60℃。

复合钙基润滑脂耐热性好,具有良好的抗水性,适用于高温、高强度下工作的摩擦副,如施工机械的轮毂轴承和水泵轴承等。

石墨钙基脂:石墨是一种固体润滑剂和填充剂,具有良好的耐压抗磨性能和抗水性,适用于高负荷、低转速的粗糙机械和与水接触部位如钢板弹簧、起重机齿轮转盘、钢丝绳及绞车齿轮等的润滑。

钠基润滑脂耐热性好,但抗水性差,不能用在潮湿的部位。

钙钠基润滑脂特性介于钙基与钠基两种润滑脂之间,其耐热性优于钙基脂,而抗水性则优于钠基脂,适用于温度 80 ~ 100℃ 的摩擦部位。

锂基润滑脂是常用的一种多效能润滑脂,具有良好的抗水性和耐热性,广泛使用在施工机械的轴承上。

润滑脂的选用应根据车辆使用说明书的规定。一般机械需要润滑的节点较多,同一台机械应尽量减少用脂品种。

二、工程机械行驶系

工程机械行驶系的作用是将传动系传来的转矩转换成机械行驶的驱动力。工程机械行驶系一般可分为轮式机械行驶系和履带机械行驶系两大类。

1. 轮式机械行驶系

1)轮式机械行驶系组成和工作

轮式机械行驶系(图 1-2-9),由车架、车桥、悬架和车轮组成。

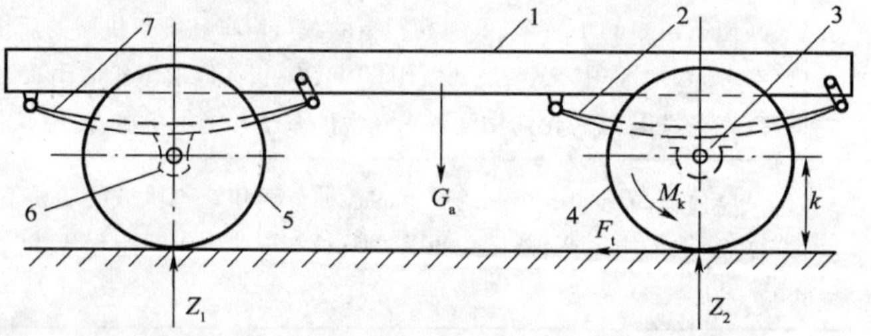

图 1-2-9　轮式机械行驶系

1-车架;2-悬架;3-驱动桥;4-后轮;5-前轮;6-从动桥;7-前悬架

当驱动轮转动时,通过车轮与地面的摩擦,使地面给驱动轮一个向前的推力,该推力通过驱动轮传给车架,再由车架传给从动桥,于是从动桥推动从动轮转动,机械便向前行驶。

2)轮式机械行驶系的主要部件

(1)车架

车架是整个机械的基础,机械所有的总成和部件都直接或间接地装在车架上。车架一般可分为整体式和铰接式两种。整体式车架由两根位于两边的纵梁和若干根横梁焊接或铆接而成。铰接式车架是将车架从中间断开,分为前后两部分,通过销轴连接。

(2)车桥

车桥的两端安装车轮,通过悬架与车架相连,以支承机械重力,并承受车轮的反作用力。根据车桥上车轮的作用不同,车桥分为驱动桥、转向桥、转向驱动桥和支承桥。一般轮式机械前桥为转向桥,后桥为驱动桥,也有既要转向又要驱动的转向驱动桥。驱动桥前已叙述;转向桥上的转向轮通过销轴与车轴相连,车轮可以相对车轴偏转一定角度,以实现转向,支承桥只起支承重量和安装车轮作用。

(3)悬架

悬架是车架与车桥之间弹性连接的传力部件。它的作用是吸收或缓和车轮在不平路面行驶时所产生的冲击与振动,保证机械行驶的稳定性。轮式机械悬架分独立悬架和非独立悬架。

非独立悬架[图1-2-10a)]车轮装在一根整体式车桥上,车桥通过弹性元件与车架相连。当一侧车轮跳动时,另一侧车轮也相应摆动。独立悬架[图1-2-10b)]每一侧车轮用弹性元件单独与车架相连,当一侧车轮跳动时,另一侧车轮不受影响。大中型工程机械一般采用非独立悬架。非独立悬架的弹性元件一般用钢板弹簧。钢板弹簧(图1-2-11)是由若干片宽度、厚度相等,长度不等的弹性钢板叠成的,中部用U形螺栓(骑马螺栓)固定在车桥上,后端通过销轴与铰接在车架上可前后摆动的吊环相连,保证了钢板弹簧变形时钢板长度的变化。一般后悬架加装副钢板弹簧,以适应大范围荷载变化。有的轮式机械不仅装钢板弹簧,又装减振器,其减振效果更佳。

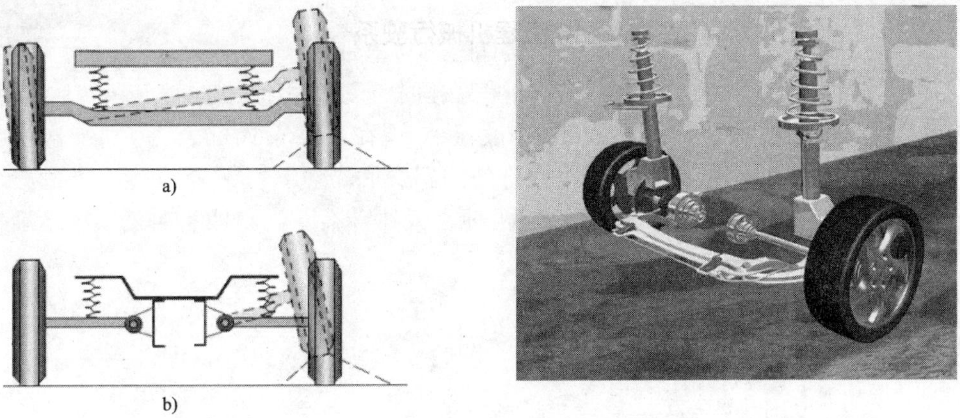

图1-2-10　悬架

a)非独立悬架;b)独立悬架

(4)车轮

车轮(图1-2-12)是由轮毂3、轮辋2以及两元件连接部分组成。

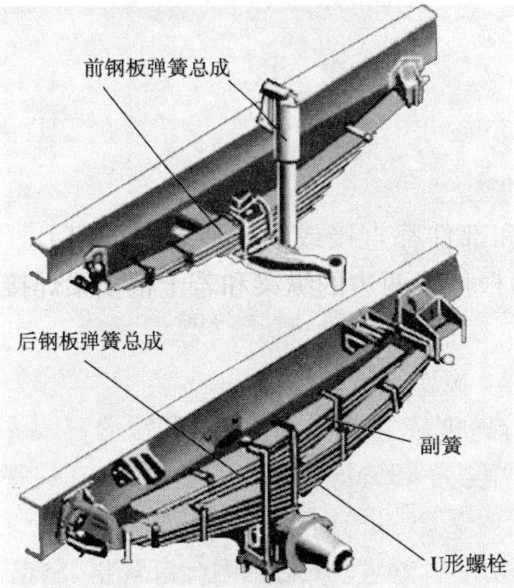

图1-2-11　钢板弹簧

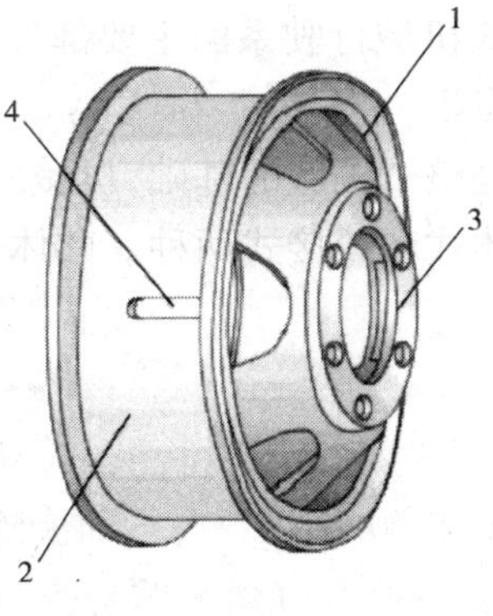

图1-2-12　盘式车轮

1-轮盘;2-轮辋;3-轮毂;4-气门嘴孔

轮辋也叫钢圈，是用来安装轮胎的；轮毂与车轴相连。

工程机械用轮胎按结构不同，分为斜交胎和子午线轮胎两种；按组件不同，分为有内胎轮胎和无内胎轮胎。

①有内胎充气轮胎（也称斜交轮胎）主要由外胎、内胎和垫带组成，外胎是轮胎的主体，直接与地面接触，胎面上制有花纹，大中型工程机械一般采用宽而深的花纹，以提高其防滑性。内胎是环形橡胶管，内胎上装有充放气用的气门嘴。

充气轮胎按充气压力又分为高压轮胎，其充气压力为 490 ~ 686kPa；低压轮胎，其充气压力为 196 ~ 490kPa；超低压轮胎，其充气压力在 196kPa 以下。目前工程机械大多采用低压轮胎。充气轮胎尺寸的标记方法，我国采用英制表示（如图 1-2-13）。高压胎是用 $D \times B$ 表示，D 为轮胎直径的英寸数，B 为轮胎断面宽度英寸数；低压胎用 $B—d$ 表示，d 为轮辋直径英寸数。

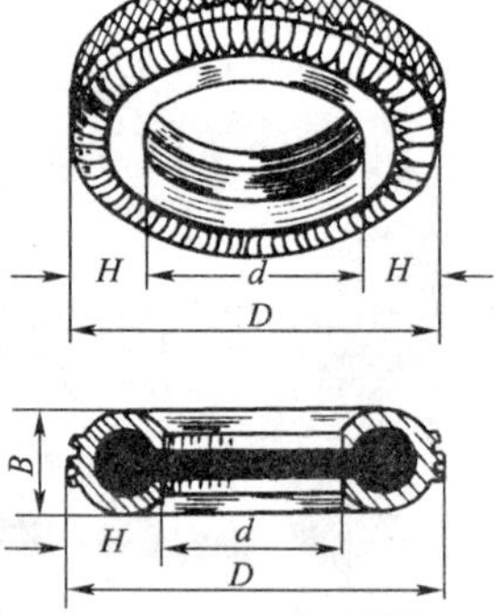

图 1-2-13　轮胎尺寸标记示意图

②无内胎充气轮胎（也称子午线轮胎）没有内胎与垫带，空气直接充入外胎中。这种轮胎寿命长，行驶安全，轮胎穿孔时，压力不会急剧下降，能继续行驶，气密封性好，结构简单，质量较小，现在不少轮式机械使用这种子午线轮胎，有的国家已经不允许使用斜交胎。

子午线轮胎的标记方法有米制和英制两种。我国米制、英制两种并存，并逐渐向米制过渡。

轮胎尺寸标注如下：

例 1：　175/70HR13

- 轮辋直径 13in
- 子午线轮胎标记
- 表示轮胎速度等级
- 表示 $H/B \times 100 = 70$，即扁平率为 70%
- 轮胎的断面宽度 175mm

例 2：　185/60SR13

- 轮辋直径 13in
- 子午线轮胎标记
- 表示轮胎速度等级
- 表示 $H/B \times 100 = 60$，即扁平率为 60%
- 轮胎的断面宽度 185mm

速度级别符号表示轮胎最高行驶速度，部分速度标志含义如表 1-2-3 所示。

例如：195/60HR14 表示子午线轮胎，断面宽度为 195mm，轮辋直径为 14in，扁平率（轮胎名义高宽比，数值为 $H/B \times 100$）为 60%，速度符号为 H（最高行驶速度为 210km/h）。

③轮胎标志。根据国际的有关规定和方便使用者购置，外胎两侧标有规格、制造厂商和厂名（或地点）、标准轮辋、生产编号、帘布材料及结构代号；轿车轮胎还标有速度级别代号、胎面

磨耗标志位置的符号；载货汽车轮胎还须有层级；胎面花纹有行驶方向的，还标有行驶方向标志。

表 1-2-3

轮胎结构	速度级别	名义直径		
		10in	12in	≥13in
斜交轮胎	P	120km/h	135km/h	150km/h
子午线轮胎	Q	135km/h	145km/h	160km/h
子午线轮胎	S	150km/h	165km/h	180km/h
子午线轮胎	H	—	195km/h	210km/h

我国胎体帘布材料用拼音表示，如 M 表示棉帘布，R 表示人造丝帘布，N 表示尼龙帘布，G 表示钢丝帘布，ZG 表示钢丝子午线帘布。

轮胎侧面注有"△"、"—"、"□"等符号或注有"W"、"D"等文字，表示轮胎最轻的部位，安装内胎时，应将气门嘴对准符号安装，以使轮胎周围的重量平均，保持轮胎高速运转时平稳。如箭头"→"则表示为有方向性的轮胎，应使箭头指的方向与旋转方向一致进行安装。

2. 履带机械行驶系

1）履带机械行驶系的组成

履带机械行驶系（图 1-2-14）一般由机架、悬架和行走装置组成。

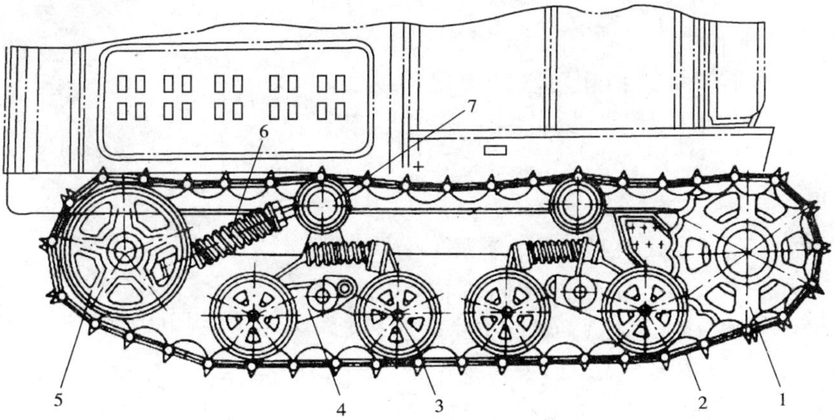

图 1-2-14 履带机械行驶系

1-驱动轮；2-履带；3-支重轮；4-台车架；5-张紧装置和引导轮；6-悬挂弹簧；7-托轮

2）履带机械行驶系的主要部件

（1）机架有全梁式、半梁架式等。半梁架式应用较多，机架梁后半部分由后桥壳代替。

（2）行走装置包括"四轮一带"，即驱动轮、支重轮、托轮、引导轮和履带。当机械行驶时，驱动轮旋转驱动履带前行（前进时），带动引导轮、支重轮和托轮旋转，使机械行驶。

驱动轮外圆周上有许多轮齿，与履带节销啮合，拨动履带运动。

支重轮用来将机械重量传给履带，并夹持履带。

托轮用来托住履带上方，防止履带因重量下垂过多。

引导轮中部有凸缘，卡在履带的左右履带节之间，用以引导机械的行驶方向。

履带装配与使用中容易过松或过紧，所以都设有张紧装置。张紧装置有机械张紧与液压张紧。机械张紧是利用滑块将引导轮前移而张紧；液压张紧从注油嘴向油缸内注润滑脂，油压将油缸前推，从而使引导轮前移而张紧。

履带的作用是产生驱动力使机械行驶。每条履带由几十块履带板组成。履带板用螺栓与履带节相连，履带节又通过销轴相互连接，履带节是支重轮行驶的轨道。

(3)悬架有刚性、半刚性和弹性三种。刚性悬架是将机架与支承轮刚性连接，一般用于作业时不行驶的机械，如挖掘机、起重机等；弹性悬架用弹性元件将机架与支重轮相连，一般用在行驶速度较高的机械，如履带式装载机；半刚性悬架一般前部是弹性连接，后部是刚性连接，推土机使用较多。

三、工程机械转向系

1. 轮式机械转向系

轮式机械转向方式有偏转车轮转向和铰接转向。偏转车轮转向是利用车轮相对行驶方向偏转来实现的，有机械式和液压助力式两种。机械式转向系(图1-2-15)由转向器和转向传动机构组成。转向时，转动转向盘1，通过传动轴2传给转向器8，转向器将操纵力放大传给左右转向车轮，使转向轮偏转，实现转向。

液压助力转向是将机械式转向器变成液压助力器，这样可以使驾驶员操纵省力，一般用在大中型工程机械上。

铰接转向(也称折腰转向)的车架是铰接式车架，它通过液压油缸来使车架绕铰销相对转过一定角度实现转向。折腰转向的转向半径小，机动性好，平地机、装载机应用较多。

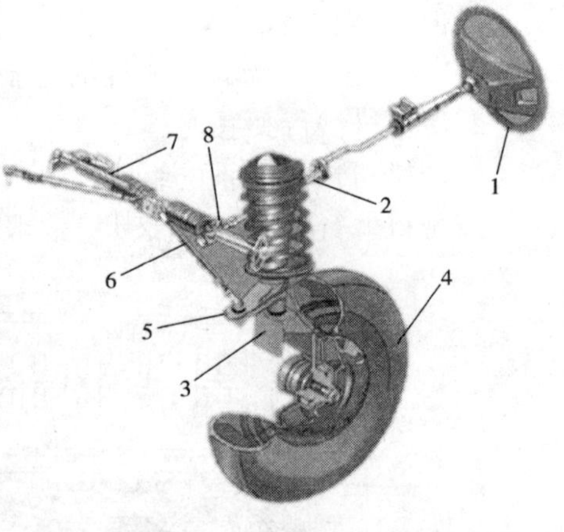

图1-2-15 机械式转向系示意图

1-转向盘;2-转向轴;3-转向节;4-车轮;5-转向臂;6-转向拉杆;7-转向齿条;8-转向器

2. 履带机械转向系

履带机械转向系与轮式机械不同，是靠改变两侧驱动轮上的驱动力来实现的。常用的转向机构是离合器式，离合器式转向机构(图1-2-16)是将两个转向离合器分别设置在后桥主传动器两侧。当机械直线行驶时，两个转向离合器接合，均等地向左右两侧驱动轮传递转矩；当转大弯时，一侧离合器分离，另一侧离合器接合；当转小弯时，一侧离合器分离，再

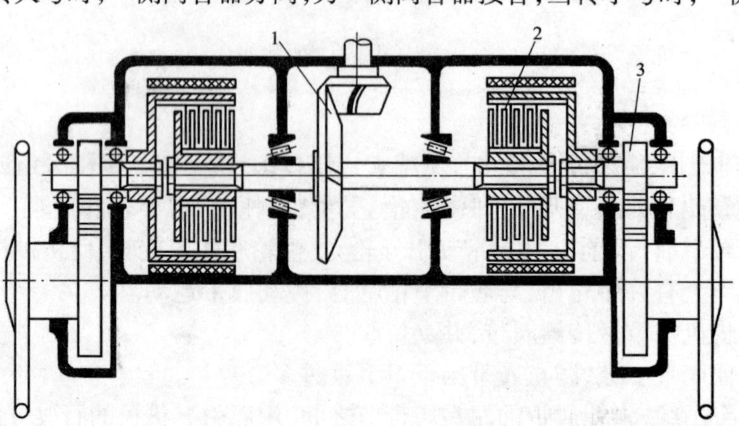

图1-2-16 履带机械转向原理

1-主减速器;2-转向离合器;3-轮边减速器

加以制动，另一侧离合器接合。

转向离合器结构、工作原理与主离合器大致相同，只是传递转矩大，常采用多片式。大功率工程机械为了减轻驾驶员疲劳，其转向离合器多采用液压操纵。

四、工程机械制动系

制动系的作用是可以强制机械减速或迅速停车，使机械可靠地停放在坡道或停车场而不致滑溜。制动系一般有若干套独立的系统，如行车制动装置（脚制动装置）、驻车制动装置（手制动装置）和辅助制动装置（排气制动装置）。

1. 行车制动系的组成

制动系由制动器和制动传动机构组成。

1）制动器

制动器按结构形式分为蹄式、盘式和带式三种。轮式机械多用蹄式和盘式制动器；履带机械多用带式制动器。

（1）蹄式制动器的工作原理（图 1-2-17）：当机械行驶时，制动鼓随车轮一起旋转，制动蹄通过支承销安装在固定不转的制动底板上，并与制动鼓保持一定间隙。当踩下制动踏板时，通过推杆，主缸活塞将压力油压入轮缸，使轮缸活塞向两侧移动，推动制动蹄绕支承销转动，使制动蹄摩擦片紧压制动鼓，产生制动。当放松制动踏板时，在复位弹簧作用下，制动蹄与制动鼓脱离接触，制动解除。

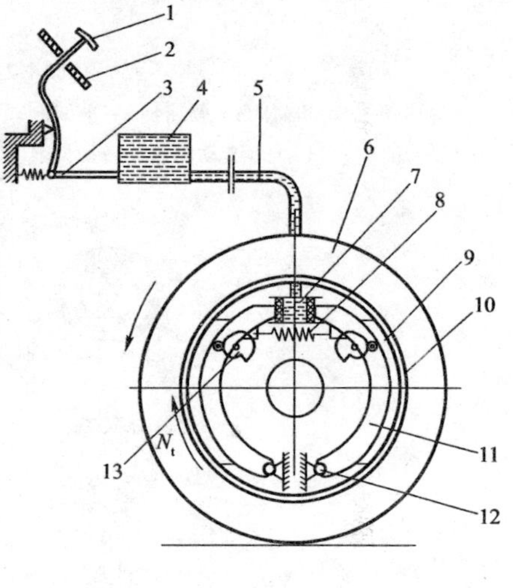

图 1-2-17　蹄式制动器的工作原理

1-制动踏板；2-固定底板；3-制动传动杆；4-制动主缸；5-油管；6-制动鼓；7-制动轮缸；8-复位弹簧；9-摩擦片；10-制动间隙；11-制动蹄；12-支撑销；13-调整凸轮

（2）盘式制动器的工作原理：盘式制动器分钳盘式和全盘，由于全盘式制动器工作时，制动力较大，在工程机械上应用较多。全盘式制动器分旋转部分、固定部分和操纵机构，主动部分是固定在车轮上的旋转元件，固定部分是与车架或车桥连成一体的不可旋转的圆盘，在操纵机构的作用下，固定元件与旋转元件接合，产生制动。反之，解除制动。

（3）带式制动器是利用制动带压紧旋转的制动鼓产生摩擦力来制动的。

2）制动传动机构

制动传动机构根据制动力源不同分为机械式、气压式、液压式和气液综合式。

机械式制动传动机构是一套杠杆系统，用于驻车制动系。

气压式制动传动机构（图 1-2-18）制动源是压缩空气。空气压缩机由内燃机带动，产生的压缩空气送入储气筒。储气筒内压力由调压器调节。当踩下制动踏板时，制动阀打开，气筒内压缩空气送入前后制动气室，使制动器产生制动作用。

液压式制动传动机构（图 1-2-19）：当踩下制动踏板时，制动主缸的高压油流入前后制动轮缸，使制动器产生制动作用。

气液综合式制动传动机构是气压传动机构与液压传动机构的组合，一般是利用压缩空气推动油液，使油液流入制动器分泵产生制动的。

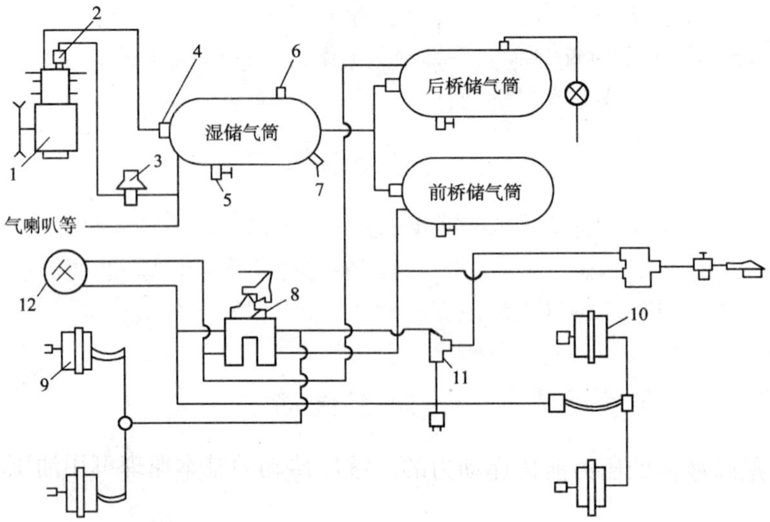

图1-2-18　气压制动传动机构示意图

1-空气压缩机;2-卸荷阀;3-调压器;4-止回阀;5-贮气筒;6-安全阀;7-油水放出阀;8-制动控制阀气压表;9-前制动气室;10-后制动气室;11-挂车继动阀;12-制动灯开关

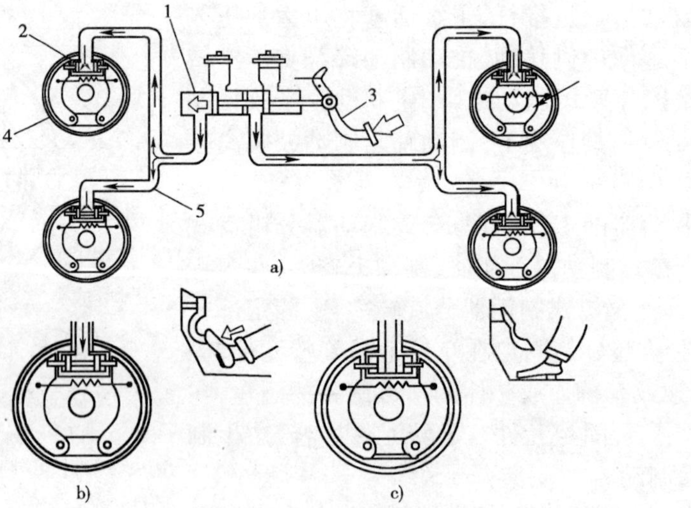

图1-2-19　液压式制动传动机构

a)双管路液压制动系统;b)制动时;c)不制动时

1-制动主缸;2-制动轮缸;3-制动踏板;4-制动器;5-油管

2. 制动液

液压制动、气液综合制动所用的液体是制动液(也称刹车油)。制动液按原料和工艺不同分为矿油型和合成型两类。矿油型制动液可在各种车辆上使用,但制动系须换用耐油橡胶件;合成型制动液适用于高速重负荷和制动频繁的车辆。使用中应注意,各种制动液绝对不能混用,制动液应密封存放,防止混入水分。

练　习　题

1. 工程机械传动系作用是什么？轮式机械的机械传动路线如何？各部件的作用是什么？

2. 工程机械行驶系作用是什么？履带机械行驶系由哪些部件组成？各部件的作用是什么？

3. 工程机械转向系的转向方式有哪几种？各有什么特点？

4. 工程机械制动系的制动原理是什么？

5. 齿轮油是如何分类的？如何选用？

6. 润滑脂分哪几种？各有什么特点？

第三节　工程机械液压与液力传动

以液体为工作介质进行能量传递的传动称为液体传动，液体传动按工作原理不同分为液压传动和液力传动。

一、液压传动

液压传动是以液体的压力能传递动力的。液压传动的基本原理可用油压千斤顶的工作过程来说明。

1. 液压传动基本原理

图 1-3-1 是油压千斤顶的工作原理示意图。千斤顶的小油缸 1、大油缸 2、油箱 5 以及它们之间的连接通道构成一个密闭的容器，里面充满液压油。在阀门 6 关闭的情况下，提起杠杆时，小油缸的柱塞上移，密封容积增大，形成部分真空，于是，油箱里的油液在大气压力的作用下，经过吸油管及止回阀 4 进入小油缸，即吸油；压下杠杆，小油缸的柱塞下移，小油缸的密封容积减小，油液压力升高，止回阀自动关闭，压力油通过止回阀 3 流入大油缸 2 内，即排油，推动大柱塞将重物顶起。再次提起杠杆时，大油缸内的压力油力图倒流入小油缸内，此时，止回阀 3 自动关闭，使油液不能倒流，保证重物不致自动落下。这样，当杠杆被反复提起和压下时，小油缸不断交替进行着吸油和排油过程。压力油不断进入大油缸，将重物不断顶起，从而达到起重的目的。将阀门 6 旋转 90°，在重物的重力作用下，大油缸的油液排回油箱。

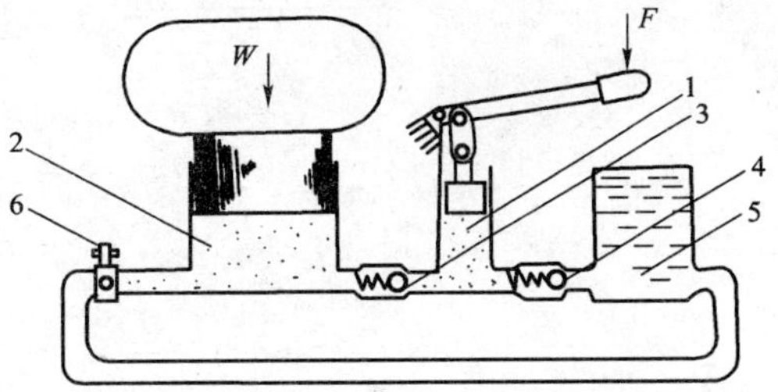

图 1-3-1　油压千斤顶工作原理示意图

1-小油缸；2-大油缸；3、4-止回阀；5-油箱；6-阀门

通过对油压千斤顶工作过程的分析，可见其工作需要两个条件：一是处于密封容积内的液体由于大小油缸工作容积的变化而能够流动；二是这些液体具有压力。能够流动并具有一定压力的液体能对外做功，我们说它具有压力能。油压千斤顶就是利用油液的压力能，将作用在杠杆上的力和杠杆的移动转变为顶起重物的力。压下杠杆，小油缸输出压力油，将机械能转换成油液的压力能；压力油进入油缸推动柱塞顶起重物，将油液的压力能又转换成机械能。

2. 液压传动系统的组成

液压系统是为完成某种工作任务而由各具特定功能的液压元件组成的整体。任何一个液压系统总是由以下四个部分组成。

动力元件——液压泵。它用以将原动机的机械能转换为油液的压力能，作为系统的能源。

执行元件——液压缸、液压马达。它们将油液的压力能转换为机械能；液压缸带动负荷作往复运动，液压马达带动负荷作回转运动。

控制元件——各种液压阀。它们用来控制油液的流动方向、流量和压力，以满足液压系统的工作要求。

辅助元件——油箱、滤油器、管类和密封件等。这些元件用以储存、输送、净化和密封工作液体并有散热作用。

现以图 1-3-2 所示的 120 推土机液压系统来说明液压传动系统的组成。

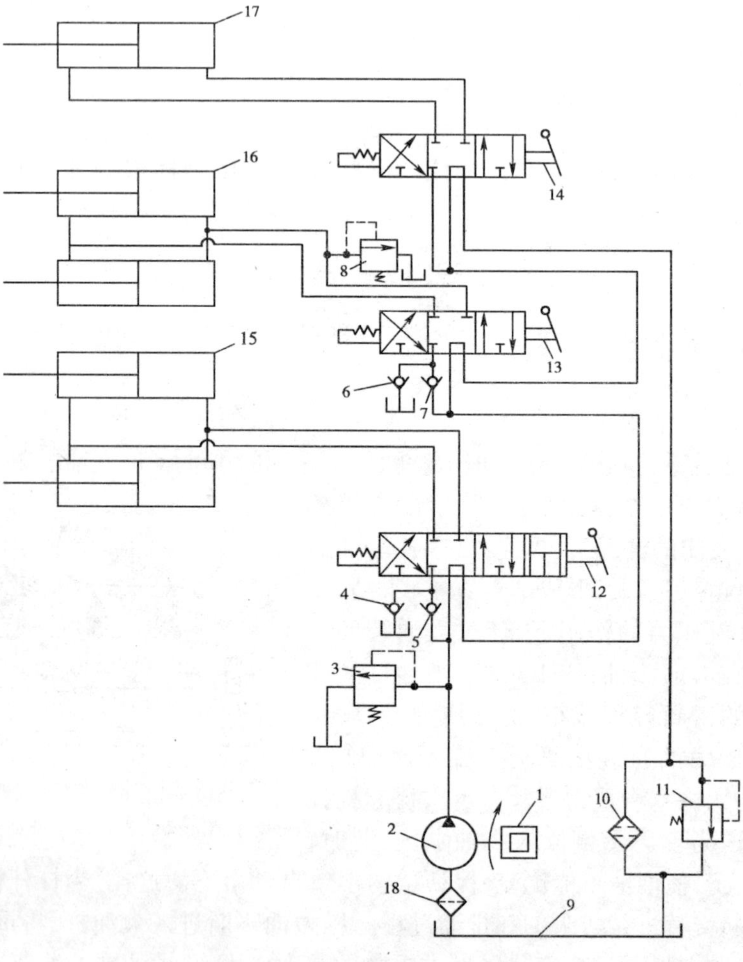

图 1-3-2 120 推土机液压系统图

1-柴油机;2-液压泵;3-安全阀;4、6-补油止回阀;5、7-止回阀;8-过载阀;9-油箱;10-精滤器;11-滤清器安全阀;12-铲刀升降操纵阀;13-松土器升降操纵阀;14-铲刀垂直倾斜操纵阀;15-铲刀升降液压缸;16-松土器升降液压缸;17-铲刀垂直倾斜液压缸;18-粗滤器

该系统动力元件是液压泵 2。

执行元件是一对铲刀升降液压缸 15、一个铲刀垂直倾斜液压缸 17 和一对松土器升降液压缸 16。

控制调节元件有四位五通换向阀 12、三位五通换向阀 13 和 14。阀 12 控制铲刀升降,阀 13 控制松土器升降,阀 14 控制铲刀垂直倾斜。

压力控制阀为溢流阀 3,用以调节控制系统工作压力,防止过载。过载阀 8 用于防止当松土齿于固定位置作业时突然过载。安全阀 11 与精滤器 10 并联,当回油中杂质堵塞滤油器时,回油压力增高,阀 11 被打开,油液直接通过阀 11 流回油箱。

止回阀 5 和 7 用以保证任意工况下压力油不倒流,避免作业装置意外反向动作。

补油止回阀 4 和 6 用于防止当铲刀和松土齿下降时,由于自重作用下降速度过快可能引起供油不足形成液压缸进油腔局部真空。在压力差作用下阀 4 及 6 打开,从油箱补油至液压缸进油腔,避免真空,使液压缸动作平稳。

TY120 推土机液压系统包括铲刀升降液压缸工作回路、铲刀垂直倾斜液压缸工作回路和松土器液压缸工作回路，三者构成串联回路。其特点是几个液压缸可同时动作，且易保持动作协调。

3. 液压元件的职能符号

图 1-3-2 所示的液压系统原理图中，各元件的图形是以规定的符号表示其职能的，我国于 1976 年制定了此种图形符号的国家标准，即“液压系统图图形符号（GB 786—1976）”，详见表 1-3-1。

表 1-3-1

名称	符号
单向定量泵	
双向定量泵	
单向变量泵	
双向变量泵	
单向定量马达	
双向定量马达	
单活塞杆缸	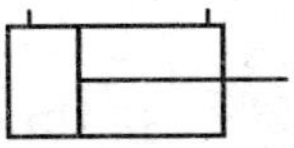
不可调单向缓冲式缸	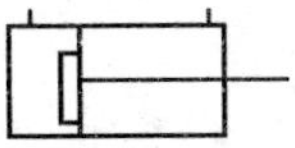
双活塞杆缸	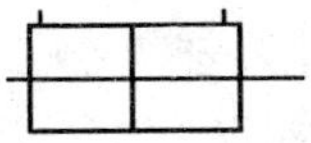

名称			符号
方向控制	二位二通阀	常闭式二位二通阀	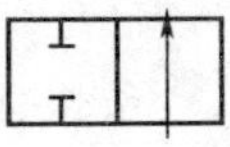
		常通式二位二通阀	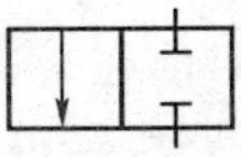
	二位三通阀		
	二位四通阀		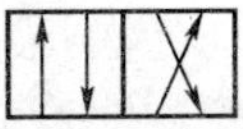
	三位三通阀		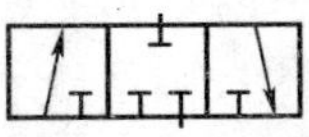
	三位四通阀		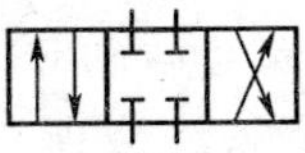
	止回阀	止回元件	
		止回阀	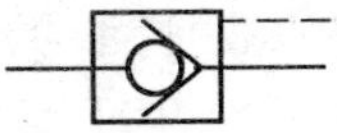
		液控止回阀	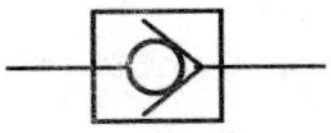
节流阀	固定式节流器		
	可调式节流阀		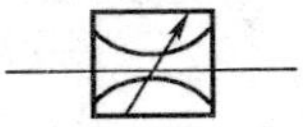
溢流阀	溢流阀		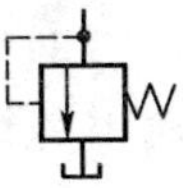
	外控溢流阀		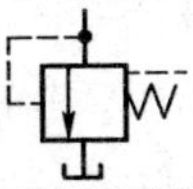

名称		符号
辅件及其他装置	冷却器	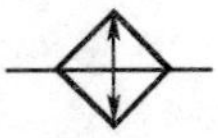
	粗过滤器	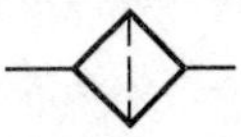
	精过滤器	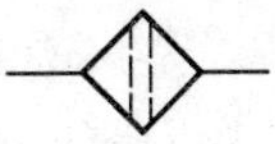
	压力继电器	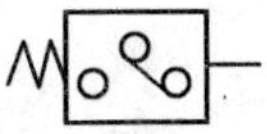
	交流电动机	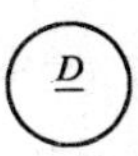
	指针式压力表	
通油箱管路	油管端部在油面之上	
	油管端部在油面之下	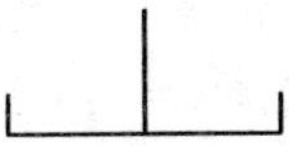

4. 液压传动的特点

液压传动与其他传动形式相比较有如下主要优点：

(1)与机械传动相比，传递同样荷载，液压传动体积小、质量轻。

(2)结构简单，易于完成各种复杂动作。

(3)操纵方便，易于实现自动化。

(4)容易实现无级调速，运转平稳。

(5)液压元件易于通用化、标准化、系列化，便于推广应用。

但液压传动也有以下不足：

(1)零件加工和部件装配精度高、价格贵，使用和维护技术水平要求高。

(2)油液的漏损和阻力损失大，系统效率低。

由于液压传动有其突出优点，目前在交通工程机械，如轮胎装载机、液压挖掘机、汽车起重机、液压推土机、平地机、铲运机、压路机等得到广泛应用。

5. 液压泵与液压马达

1)液压泵与液压马达基本工作原理

液压泵与液压马达均是液压系统中的能量转换装置，分别为动力元件和执行元件，两者在原理上是可逆的。现以单柱塞泵为例说明液压泵和液压马达的基本工作原理。

图 1-3-3 中柱塞 2 和泵体 4 构成一密封容积 V，当偏心轮 1 由原动机带动旋转时，偏心轮就使柱塞做上下往复运动。当柱塞向下运动时，密封容积增大，产生局部真空，油箱内油液在大气压作用下，通过止回阀 5 进入密封容积内，液压泵吸油；当柱塞向上运动时，密封容积减少，油压升高，这时止回阀 5 关闭，油液顶开止回阀 6 流到系统中，这样，单柱塞泵就将原动机工作时输入的机械能转换为油液的压力能。

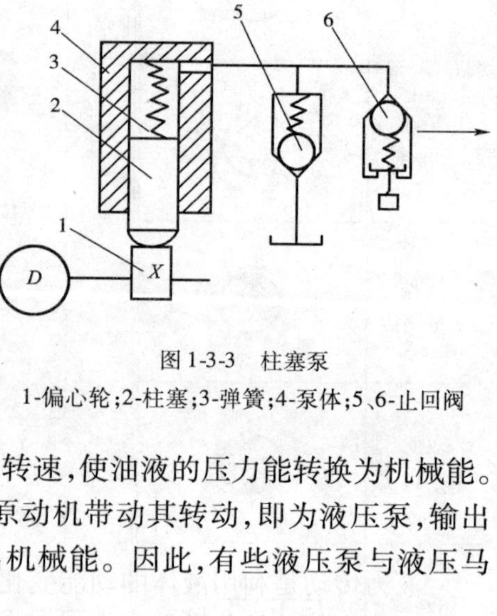

图 1-3-3　柱塞泵

1-偏心轮；2-柱塞；3-弹簧；4-泵体；5、6-止回阀

液压马达的工作原理与液压泵相反。若将图 1-3-3 的密封容积 V 中通入具有压力的油液时，油压力将推动柱塞向下移动，就可使偏心轮转过一个角度，输出转矩与转速，使油液的压力能转换为机械能。

从原理上讲，液压泵与液压马达是可逆的。如果由原动机带动其转动，即为液压泵，输出液压能；反之，如通入具有压力的油，即是液压马达，输出机械能。因此，有些液压泵与液压马达可互用。

液压泵种类较多。按其结构形式不同分为齿轮泵、叶片泵、柱塞泵等；按其压力大小可为低压泵、中压泵、高压泵等。

2)液压泵的形式

(1)齿轮泵

图 1-3-4 为齿轮泵的工作原理图。一对互相啮合的齿轮安装于壳体内部，齿轮两端面以端盖密封。两齿轮将壳体内部分成左右两个不相通的 A 腔和 B 腔。当齿轮按图示方向旋转时，右侧 A 腔的齿轮是逐渐脱离啮合，形成局部真空。油箱内油液在大气压力作用下，经吸油管道被吸入 A 腔。吸入到 A 腔齿间的油液随齿轮旋转，沿泵体内壁带入到 B 腔。而齿轮在 B 腔是逐渐进入啮合的，使密封容积减小，油液受挤压并从压油管道中挤出。

当齿轮不断旋转时，A 腔就不断吸油，B 腔就连续不断地输出压力油。

齿轮泵结构简单，体积小，质量轻，价格便宜，在交通工程机械上应用广泛。

(2)叶片泵

叶片泵按其每转吸油和排油的次数不同分为单作用叶片泵和双作用叶片泵两类。单作用叶片泵转子每转一周完成一次吸油及排油；双作用叶片泵转子每转一周完成两次吸油和排油。

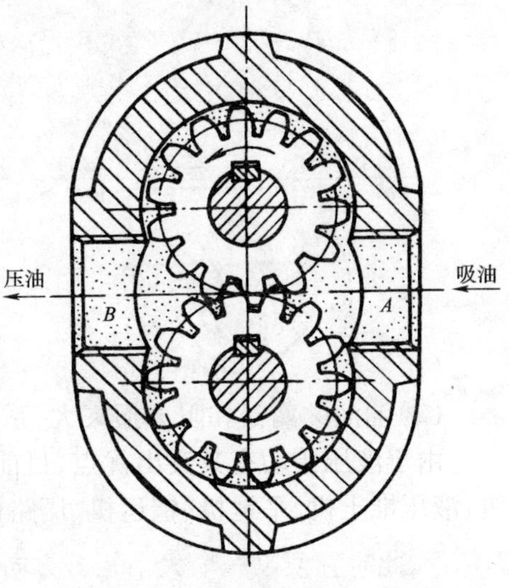

图 1-3-4　齿轮泵的工作原理图

单作用叶片泵工作原理如图 1-3-5 所示。泵体内压装定子，定子中偏心安置转子，转子径向槽中装有可伸缩的叶片。定子、转子两端装有侧板(配油盘)。侧板上开有吸油窗口和压油窗口，分别与泵体上进出油口相通。当转子在原动机带动下转动时，由于离心力的作用，使叶片伸出紧靠在定子内壁，这样在叶片、定子、转子等构件间形成若干个密封空间。当转子按图示方向旋转时，图右部叶片逐渐伸出，每两个叶片间密封空间逐渐增大，形成局部真空，在大气压作用下从吸油窗口吸入油液，随转子转动，吸入的油液被带到图的左部，在左部叶片被定子内壁压进槽内，密封空间逐渐缩小，将油液从油口压出。这样，转子每转一圈各密封空间吸油和压油各一次，因此称为单作用叶片泵。

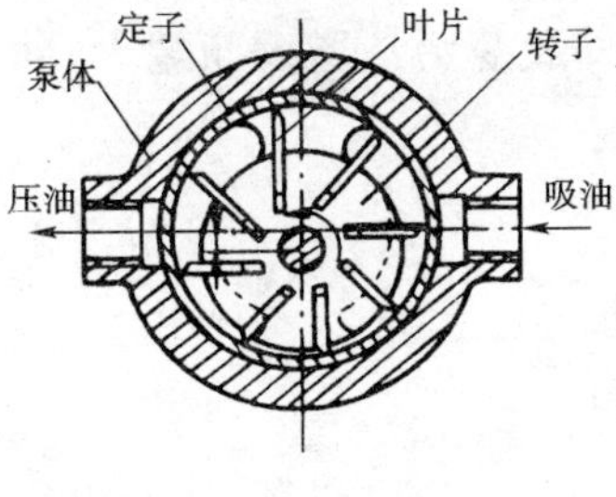

图 1-3-5　叶片泵

叶片泵具有运转平稳，噪声小，容积效率高等优点，但对油液污染敏感，结构也复杂。

(3)轴向柱塞泵

轴向柱塞泵可分为斜盘式和斜轴式两大类。其工作原理与图 1-3-3 所示的单柱塞基本相同，只是利用斜盘或斜轴使柱塞在泵体内作往复运动。

单作用叶片泵轴向柱塞泵具有结构紧凑，单位功率体积小，质量轻，容积效率高，工作压力高等优点；缺点是结构复杂，造价高，对油污染敏感，使用和维修要求严格，在工程机械上应用比较广泛。

二、液 力 传 动

液力传动是利用液体的动能变化来实现动力传递的，即将液体的动能转变为机械能。

1. 液力传动的分类与工作

液力传动常用的有液力耦合器和液力变矩器。液力变矩器能够改变内燃机输出的转矩，使得涡轮输出的转矩有可能超过内燃机转矩若干倍，从而改善了主机性能，目前应用较广。这里只介绍液力变矩器。

图 1-3-6 所示液力变矩器是由泵轮 3、涡轮 2、导轮 4 等元件组成。

泵轮由内燃机带动旋转，泵轮旋转时带动工作液体一起做圆周运动，工作液体获得动能和压力能。由泵轮输出的高速液体进入涡轮冲击涡轮叶片，使涡轮旋转，克服阻力做功。此时工作液体并不是立即从涡轮叶片出口直接流回泵轮叶片入口，而是流经导轮后才重新进入泵轮。

在液力变矩器工作过程中，液体自泵轮冲向涡轮使涡轮产生一个转矩，其大小与方向都与内燃机传给泵轮的转矩 M_B 相同。液体自涡轮冲向导轮也使导轮产生一个转矩，由于导轮是

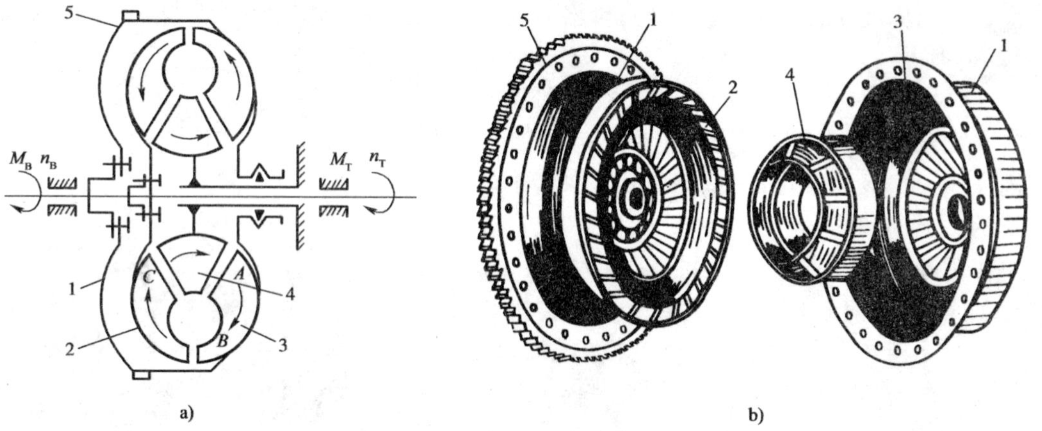

图 1-3-6　液力变矩器

1-变矩器壳;2-涡轮;3-泵轮;4-导轮;5-启动齿圈

固定的,此时它便以一个大小相等方向相反的反作用力矩 M_D 作用于涡轮上。因此,涡轮所受转矩 M_T 为泵轮转矩 M_B 与导轮反作用力矩 M_D 的向量和,即

$$M_T = M_B + M_D$$

这样,液力变矩器可以起增大转矩的作用。

2. 液力传动的特点

(1)使机械具有良好的自动适应性能,当外载荷减小时,自动减小牵引力而增加速度。因此,既保证了内燃机能经常在额定工况下工作,又避免了内燃机因外载荷突然增大而熄火,同时也满足了机械工作状态的要求。

(2)提高了机械的寿命。

(3)简化了机械操纵,提高了机械的舒适性。

(4)液力传动系统效率低,经济性差。

(5)液力传动结构复杂,造价较高。

液力传动由于具有以上优点,在现代工程机械如装载机、平地机、重型载重汽车上得到了广泛的应用。

3. 液力传动油

液力耦合器和液力变矩器中用的传动油称液力传动油。液力传动油按 100℃运动黏度分为 6 号和 8 号两个牌号。6 号油主要适用于施工机械的液力传动装置;8 号油主要适用于各种小轿车的液力传动装置。

思　考　题

1. 什么叫液压传动? 液压传动的主要特点有哪些?
2. 液压系统由哪几部分组成? 各起什么作用?
3. 什么叫液力传动? 液力传动的主要特点有哪些?
4. 液压油有哪几种? 如何选用?

第二章　土方机械施工

[重点内容和学习要求]

本章重点介绍了在公路建设中比较常见的推土机、挖掘机、装载机和平地机四种机型。对于每一种机型，重点放在施工方法的介绍上，其次是选用原则和生产率的计算，对机械的原理和组成只作简要的介绍。

通过学习，要求学生掌握所学机械的使用技术（施工方法）和选用原则及生产率的计算，能组织此类机械进行机械化施工，了解所学机械的特点。

用于工程施工的机械统称为工程机械。它涉及的内容很广泛，按其用途的不同共分为16大类，土方机械仅仅是其中一个较常见的重要子项。顾名思义，土方机械是用于土方施工的机械的总称，其内容也十分丰富，在现代公路工程施工中较常见的机种有：推土机、铲运机、挖掘机、装载机、平地机等。考虑到现场的实际需要和课时有限，同时又兼顾南北施工的较大差异，本章只对土方机械主要机种的工作原理、施工方法、选用原则予以讲解，不深究其具体结构（可参考其他相关书目）。

第一节　推土机施工

一、概　　述

1. 推土机的组成与工作原理简介

常见推土机的外观如图2-1-1所示。

它由发动机、底盘、工作装置、液压系统和电气系统等组成（图2-1-2）。推土机用的发动机多为柴油机，常布置在其前端，通过减振装置固定在机架上。底盘部分包括离合器（变矩器）、变速器、后桥、行走装置和机架等。底盘的作用是支承整机质量并将动力传给行走机构和液压操纵机构。主离合器装在柴油机和变速器之间，用来平稳地接合和分离动力，变速器和后桥用来改变推土机的行走速度、方向和牵引力。行走装置是支承机体并使推土机行走的机构。机架是整机的骨架，用来安装发动机、底盘和工作装置，使全机成为一个整体。电气系统包括发动机的电启动部分

图2-1-1　推土机整机外观图

1-推土铲；2-液压系统；3-动力系统；4-台车架总成；5-仪表台；6-驾驶室；7-防翻架；8-终减速器；9-空调系统；10-牵引架

和全机的照明系统、控制系统和发电机等。除此之外，推土机还有燃油箱、液压油箱和驾驶室等外部设备。

推土机工作时，先启动柴油机，一般通过主离合器和万向节把动力传给变速器（液力机械传动则通过液力变矩器直接传给变速器，没有主离合器），然后，再通过中央传动系统和左、右转向离合器，传到左、右最终传动装置，驱动行走机构的左、右驱动轮，从而使履带前进或后退。与此同时，通过操纵系统，放下或提起推土铲或松土器，随着推土机整机的前进或后退，即可完成推移土等作业。

推土机工作装置是指悬挂于整机前部的推土铲和后部的松土器，分别用来推土和松土，如图 2-1-3 所示。

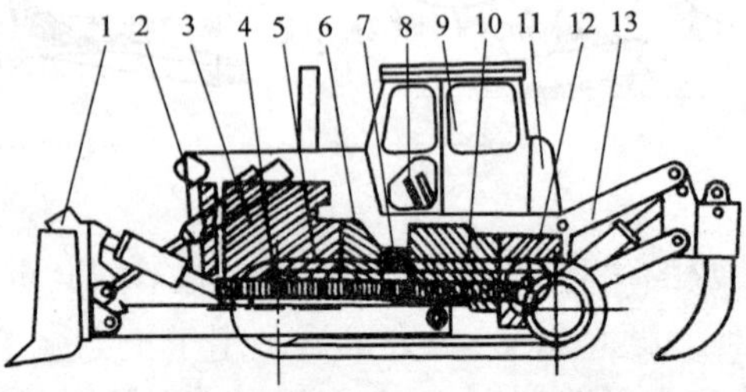

图 2-1-2　推土机的基本组成

1-推土铲；2-电气系统；3-发动机；4-行走装置；5-机架；6-主离合器；7-万向节；8-操纵机构；9-驾驶室；10-变速器；11-柴油箱；12-后桥；13-松土器

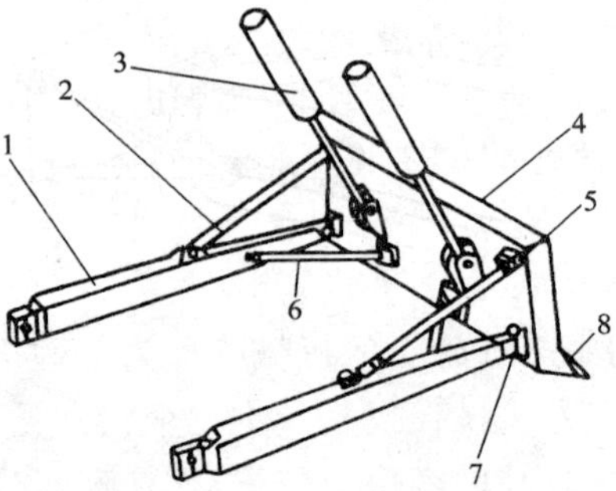

图 2-1-3　固定式推土铲刀

1-顶推架；2-斜撑杆；3-铲刀升降油缸；4-推土板；5-球铰；6-水平撑杆；7-销连接；8-刀片

由图 2-1-3 可知：推土铲主要由顶推架、推土板、刀片（推土铲刀，简称推刀、铲刀或刀片）、升降油缸、撑杆及球铰等构成。初看起来，撑杆 6 和 2 作用不明显，球铰 5 似乎是多余的，但是，由于施工中需要推刀的空间位置可随土的性质和作业要求的改变而改变（见表 2-1-1），即使刀片刃口与地面夹角 γ（铲土角或切削角），刀身轴线与机架纵轴线夹角 α（水平角）及推刀口与地面夹角 β（倾角）可调（图 2-1-4），而撑杆和球铰刚好可担当此重任——推土机正是凭借改变撑杆长度和球铰的多向性来使得 α、β、γ 角可变，因此，这两个元件不可或缺。

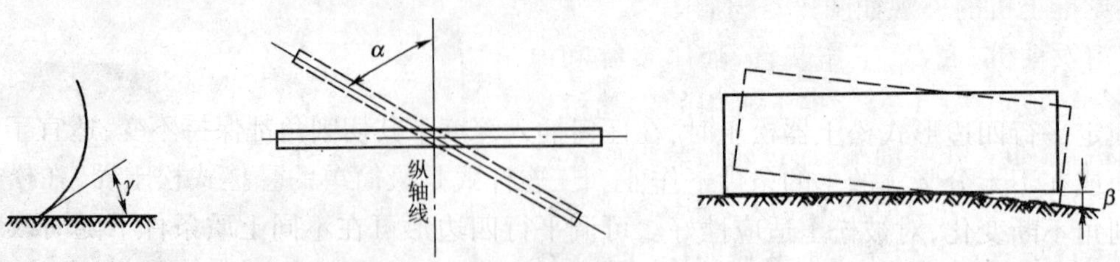

图 2-1-4　推刀的工作角

γ-铲土角；α-水平角；β-倾角

推刀工作角与土性质和施工作业的关系　　表 2-1-1

工作角	Ⅰ、Ⅱ级土	Ⅲ级土	Ⅳ级土	推　土	平　土	填　土	斜坡工作
γ	60°~65°	52°~57°	45°				
α	60°	45°	45°	90°（直铲）	60°	40°	
β			4°~8°				7°~10°

在现代推土机中，为了提高推土机的使用性能和经济性，常将推土铲刀做成固定式(图2-1-3)。所谓固定式是推土板与车架轴线固定为直角，因而也称之为直铲式推土机，小型及经常重载作业的推土机多用之；所谓回转式是指推土板能在水平面内回转一定角度(在水平面内，推土机与车架纵向轴线水平方向夹角称为回转角)的推土机，也称之为角铲式推土机(图2-1-5)，它的作业范围广，可以直线行驶一侧排土，在平地和横坡上都能作业。此外，现代推土机为了实现一机多用，往往可与多种推土装置相匹配，其推土装置主要形式见图2-1-6。

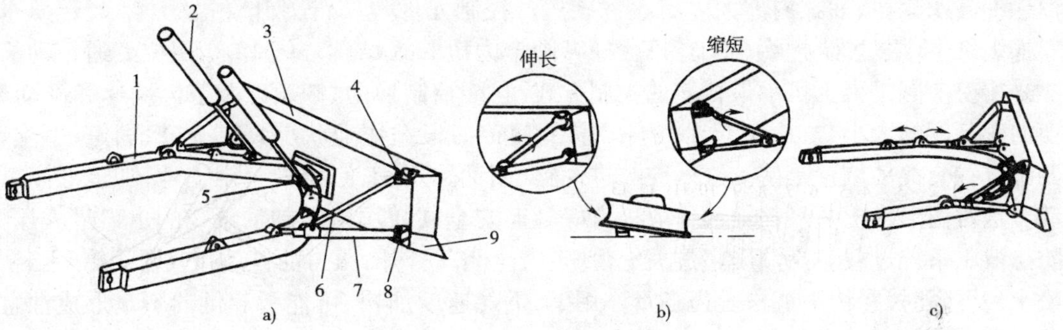

图2-1-5　回转式推土铲刀

1-顶推架；2-铲刀升降油缸；3-推土板；4、8-万向节连接；5-销连接；6-支杆；7-斜撑杆；9-刀片

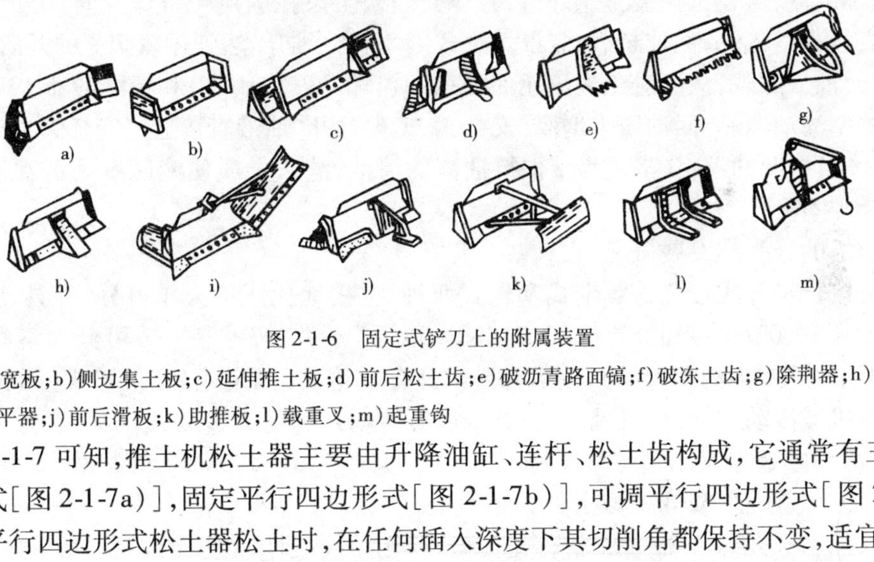

图2-1-6　固定式铲刀上的附属装置

a)倾斜加宽板；b)侧边集土板；c)延伸推土板；d)前后松土齿；e)破沥青路面镐；f)破冻土齿；g)除荆器；h)开沟器；i)斜坡刮平器；j)前后滑板；k)助推板；l)载重叉；m)起重钩

由图2-1-7可知，推土机松土器主要由升降油缸、连杆、松土齿构成，它通常有三种形式，即三连杆式[图2-1-7a)]，固定平行四边形式[图2-1-7b)]，可调平行四边形式[图2-1-7c)]，其中固定平行四边形式松土器松土时，在任何插入深度下其切削角都保持不变，适宜于修整沥青路面或在不十分坚实的土的条件下作业。三连杆式是最简单的悬挂式松土器，在松土过程中切削角不断变化，对被松土适应性好。可调平行四边形可在不同土质条件下随时改变切削角，提高作业效率，因而当今大型松土器多采用之。

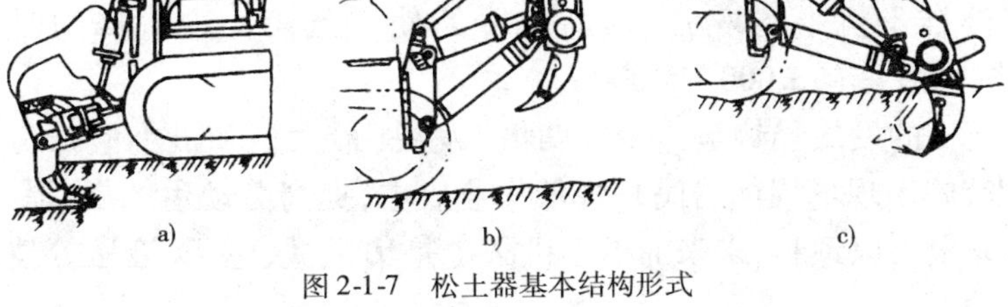

图2-1-7　松土器基本结构形式

a)三连杆式；b)平行四边形式；c)可调平行四边形式

2. 推土机工作装置液压控制系统简介

通常，推土机工作装置液压系统由四大部分组成：液压动力元件（油泵）；控制元件（各种类型阀）；执行元件（油缸）；辅助元件（油箱、油管、滤油器等）。现以 TY120 履带推土机为例进行分析，图 1-3-2 为其工作装置液压系统图。

液压动力元件为齿轮油泵，由柴油机 1 带动的分动箱驱动。执行元件包括一对铲刀升降油缸 15、一个铲刀垂直倾斜油缸 17、对松土器升降油缸 16。由于油缸活塞速度较高，为了避免惯性冲击及噪声，油缸内部大多有缓冲装置。控制元件包括铲刀升降操纵阀 12、铲刀垂直倾斜操纵阀 14、松土器升降操纵阀 13。操纵阀全为滑阀式结构。阀 12 是四位五通手动换向阀。采用换向阀是推土机中最普遍的控制方式，它能控制换向、卸载以及节流调速和微动（控制换向阀开度的大小）。由于阀 12 的作用，能使铲刀根据作业状况具有上升、固定、下降、浮动四个位置。浮动位置是使油缸两腔与进油路、回油路均相通，铲刀自由支地，随地形高低而浮动。这对仿形推土及平整地面作业极有好处。安全阀 3 用来限制油泵 2 的出口最大压力，以防止液压系统过载。当油压超过某一值时，安全阀 3 打开，压力油自动卸载回油箱。当铲刀或松土齿下降时，在铲刀或松土齿自重作用下，下降速度加快，可能引起供油不足形成油缸进油腔局部真空，发生气蚀现象。此时，由于进油腔压力下降，在压力差作用下，补油止回阀 4 及 6 打开，从油箱补油至油缸进油腔，避免真空使油缸动作平衡。止回阀 5 和 7 是保证任意工况下，压力油不倒流，避免工作装置意外重力下降，当松土齿在固定位置作业时，由于突然过载，油缸油压突然骤增，造成油缸超载，装设了过载阀 8 后，当油压达到过载阀 8 的开启压力时，过载阀 8 打开，油液卸载，从而避免液压元件的意外损坏。安全阀 11 和精滤油器 10 并联，当回油中杂质堵塞滤油器时，回油压力增高，安全阀 11 被打开，油液直接通过安全阀 11 流回油箱。粗滤油器 18 及精滤油器 10 都是为了保持油液的清洁，滤去杂质使液压系统正常作业。油箱 9 起储油、散热作用。

3. 推土机的分类与发展概况

推土机按行走方式可分为履带式和轮式两种；按接地比压的大小可分为高比压（0.1MPa 以上）、中比压（0.05MPa）和低比压（0.015MPa 以下）三类；按控制方式可分为钢丝绳式与液压式（其中钢丝绳式为淘汰产品）；按铲刀形式分有直铲式（固定式）和角铲式（回转式）；按传动方式分为机械传动式、液力机械传动式、全液压传动式和电力传动式；按用途分为普通型和专用型；按功率等级分为轻型（73.6kW 以下）中型（73.6 ~ 220kW）和大型（220kW 以上）、29kW 以下的为超小型，520kW 以上的为超大型。

履带式推土机大约于 20 世纪初首先在美国诞生。在近一个世纪的漫长历程中，美国始终是推土机的主要生产国，其推土机制造技术一直居世界领先地位。除美国之外，俄、日、德等国也是生产推土机的大国。

我国第一台推土机于 20 世纪 50 年代初诞生在天津。经过五十多年的发展，目前已有专业生产厂二十多家。国产推土机技术性能与国外先进水平相比，差距并不大，但寿命与可靠性的差距较大。国外推土机平均寿命（即新机开始使用到第一次大修的时间）为 10 000 ~ 12 000h，而国产机寿命只有 3 000 ~ 5 000h。

当今世界推土机的发展趋势是：向着“两极”发展（最大型和最小型）、努力改善人机环境（包括机械管理者，施工现场周围居民）；降低作业成本，提高劳动生产率，提高新技术集中度，降低制造成本。完全可以预料，未来的推土机必定是集机械、电子、液压等技术为一体的多用途的智能化产品。

二、推土机的应用

我们已经知道推土机是利用其前端推土铲（亦称铲刀），进行短距离推运土石方等作业的机械。在施工过程中，它能够完成推运、开挖、回填土石方以及其他散料等工作。推土机的合理作业范围是50～100m，最佳运距为60m。与轮式推土机相比，履带式推土机具有很好的越野性能和较大的牵引力。由于推土机功率和铲掘力不断提高，它不仅能完成一般的土推运，而且还能进行强力的岩石剥离与推移。在降低比压之后，可在比压力0.011MPa左右的沼泽地带工作。如果采用无线电遥控和激光控制等，推土机还可以在高温或对人体有害的环境下进行推土工作。水下施工要求潜水作业，因而出现了水陆两用及水中作业推土机。

总之，推土机可以短距离推运土，平整作业，开挖水沟，回填作业，局部碾压，给铲运机助铲和预松土，配合挖掘机修整工作面，给大型混凝土搅拌楼喂料，拔除树根，切断直径300mm以下的树木，以及牵引各种拖式土方机械作业，是土石方施工中最基本的工程机械。

1.推土机的合理使用与一般施工技术

1）施工前的准备工作

土方施工前须做好以下各项准备工作：

（1）清除地面丛林、树干及障碍物。

（2）排除施工地区的地面水。在施工区域内设置临时性或永久性排水沟，将地面水排走。山坡地区，可在较高处（离边坡土沿5～6m）设置截水沟，阻止地面雨水流入挖填区域内，或在需要的地段修挡水坝阻水。

（3）建筑物放线或设立标志。施工前，在地面定出土方工程的轮廓，这是一项极其重要的工作。大面积土方施工时，均以树立明显标志来替代放线，通常使用木桩、花杆或带色小旗，以便识别建筑物的边线、中心线和边坡脚线的位置。

（4）规划推土机的走行路线。提高推土机的生产率，在极大程度上取决于正确的施工方法、缩短土方的运送距离、加快机器运输速度、缩短非生产时间。因此，在施工前必须合理规划推土机走行路线，并铺筑必要的运输干道。

（5）以上准备工作对非推土机类工程机械的施工亦有参考价值。

2）推土机合理使用要点

（1）推土机在III、IV级土或多石地带作业时，应先进行爆破或用松土机疏松。

（2）填沟作业时，铲刀不能超出沟坡边缘。后退时，应先换挡，然后提升铲刀进行倒车。

（3）在深沟、基坑或陡坡地区作业时，必须有专人指挥，其垂直边坡深度一般不超过2m，否则应放出安全边坡。

（4）推倒房屋的围墙或旧房墙面时，墙面高度一般不超过2.5m。不宜推带有钢筋或与地基基础联结的混凝土桩等建筑物。

（5）在电杆附近推土时，铲刀板前应保持一定的土堆，用推土机推倒树干时，应注意树干的倒向和高空架设物。

3）推土作业一般施工技术

（1）直铲作业

推土机的作业过程包括铲土、运土和卸土三个工作过程和一个空载回驶过程（图2-1-8）。

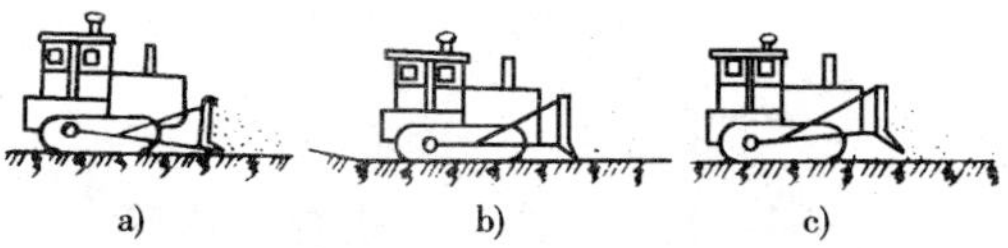

图2-1-8 推土机的工作过程

a)铲土；b)运土；c)卸土

①直铲推土机的铲土作业。

推土机铲土时，首先使铲刀切入土内一定深度，然后边推边前行，以最短的时间、最短的距离铲满土或多铲土[图 2-1-8a)]，此为铲土过程。一般常用接力铲土法，即分次铲土、叠堆推送的方法。接力铲土法可分 4 次、6 次等接力铲土。次数的多少则根据土类别、铲土深度和铲土长度来决定。一般遇 I、II 类松土时，铲土厚度可深一些，铲距长一些，次数少一些；反之，遇到 II、IIII 类土时，则铲土深度浅一些、铲距短一些，次数多一些。图 2-1-9 为接力推土法示意图。

②直铲推土机的运土作业。

铲土过程结束后，适当提高铲刀，使之处于恰当的送土位置，并将土堆推送到卸土地点，此为运土过程[图 2-1-8b)]。推土机运土时，为了尽可能减少运土损失，常用相沟槽运土法[图 2-1-10a)]、并列推土法[图 2-1-10b)]以及刀架加挡板法[图 2-1-10c)]。

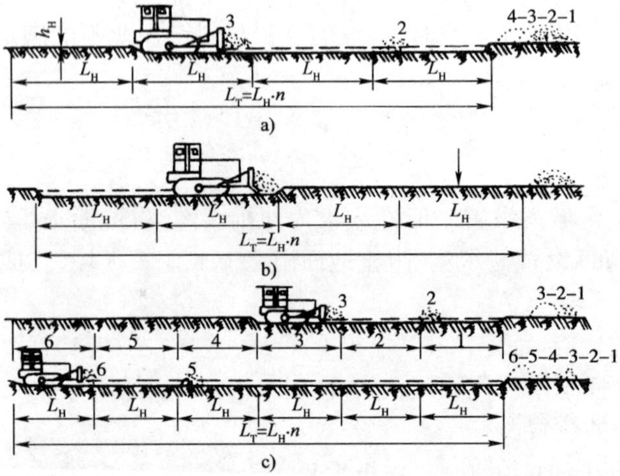

图 2-1-9　接力推土法

a)4 次接力推土法；b)刨削式铲土；c)6 次接力推土法

L_H 铲土长度；h_H 铲土深度；L_1 工作地段长度；($L_T=L_H\cdot n$，n 为分段数)

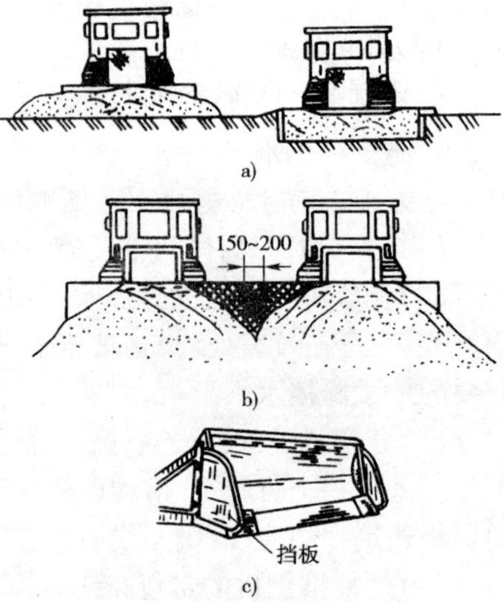

图 2-1-10　几种运土方式

a)沟槽推土法；b)并列推土法；c)刀架加挡板法

③直铲推土机的卸土作业。

推土机通常是用提升铲刀的方法完成卸土作业。卸土的方法因施工条件不同而异。图 2-1-11 为推土机分层填土、行驶卸土的情况。

图 2-1-12 所示为推土机自路侧借土坑或自路堑运土填筑路堤过程中，前进或停止后慢慢提升铲刀卸土，有时又重新放下铲刀架，倒退行驶拖平土的情况。

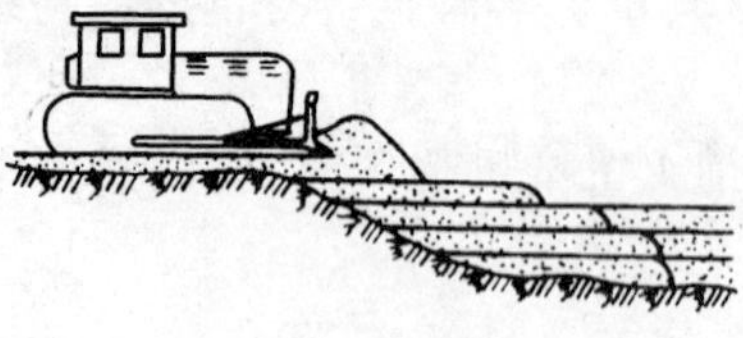
图 2-1-11　推土机分层填土法

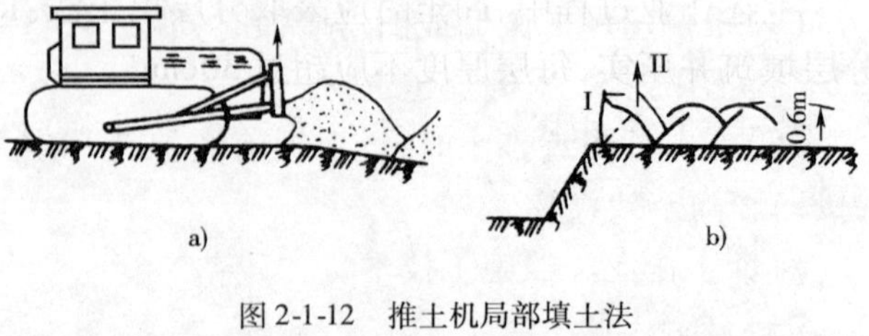

图 2-1-12　推土机局部填土法

a)局部填土；b)提起铲刀卸土、下坡推平程

图 2-1-13 所示为推土机填塞沟堑，土坑及填筑路堤时，采用迅速提起铲刀来卸土的情况。

(2)斜铲作业

斜铲作业主要用于傍山铲土、单侧弃土或落方推运。此时，推土铲刀的水平回转角一般为左右各25°。作业时，一边切削土，一边将土移至一侧。斜铲推土机的铲土、运土和卸土三个过程是同时连续进行的，大都采用低速挡行进。推土机在进行斜铲作业时，应注意机械直行，以免机身受力转动。斜铲作业的经济运距一般较直铲短，生产率也低。

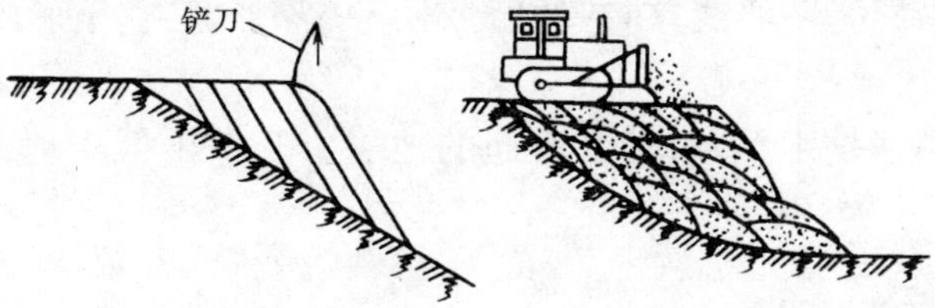

图 2-1-13　推土机填塞边坡下沟槽等卸土法

(3)侧铲作业

在铲掘 II ~ IV 级的实土堆、小丘、台地以及冻土块时，一般的直铲与斜铲作业不能满足施工要求。因此，必须把铲刀刀片调整为侧倾。一般在 IV 级土上其倾角为 4° ~ 8°，在斜坡上工作时调为 5°。此时，只用铲刀的一端工作(图 2-1-14)。

大型推土机是通过液压系统自动调整铲刀侧倾角度的，而中小型推土机大多须用人力来进行。因此，在推土机作业中，应尽可能不进行铲刀的调整，以免影响生产率。

图 2-1-14　推土机侧铲作业

a)侧铲削坡；b)侧铲挖沟

2. 推土机在道路施工中的作业方法

在道路施工作业中，推土机主要用于填筑路基和开挖路堑。在缺少挖掘机的情况下，也可以用它来开挖边沟。

1)填筑路基

(1)对于不挖不填的路基，只需先将表面杂物清除，再将路两边的土铲去一薄层，然后将土铺到路基中间形成路拱即可。

(2)对于填土路基，应在路基的一侧或两侧取土，再向路基中心处运送。

在一侧取土时，若取土场距路基中心线小于 50m 时，可用 I 挡速度直接将士送至卸土位置，然后用 II 挡或 III 挡退回取土位置，再进行下一轮作业；若取土距离大于 50m，可在卸土后转向，然后快速回到取土场，也可以采取分段运土的方法，即先将土送至一半距离处，待积成土堆后再运到路基上，这样可以缩短每次运土的距离，减少土的漏失。在两侧取土时，路基两边的推土机要将土推过路基中心线一段距离，以避免中央地带缺土。

上述作业过程中，卸土时应采取分层填土法：即在行进中将土平铺于路面，并按施工要求分层填筑并压实，每层厚度不应超过 30cm。

(3)对于采用移挖填土修筑的路基，推土机应采用纵向作业方法，即从需要挖土的路段直接将土送到需要填高的路段，如图 2-1-15 所示。在卸土过程中，应分层均匀填筑，并分层逐次压实，尤其应利用回程进行压实。

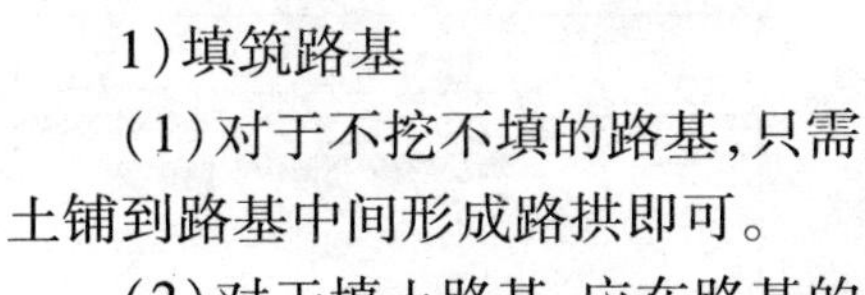

图 2-1-15　用推土机构筑移挖填土的路基

(4)半挖半填路基(通常是指在横坡上构筑的路基)，就是将高坡的土填在低坡上形成平坦的路面，如图 2-1-16 所示。

若使用推土机构筑半挖半填路基，其路基的横坡度一般不得大于20°，否则容易发生推土机倾翻事故。最好使用可调式铲刀，即将铲刀调整为朝高坡处倾斜，然后沿着道路延伸方向，从路基的内边线（即上边坡）铲土，分段分层进行作业，使土沿铲刀自动填到下坡处。若坡度不大且要求路基较宽时，可从路基内边坡由上往下并垂直于路基中心线铲土，然后在纵向平整。若坡度大于20°，则应先推出作业平台，以使机身能放平；再以平台为基地，沿路基中心线方向铲切土，逐渐加深加宽，直至形成平整的路基。

2）开挖路堑

开挖路堑也就是构筑挖土路基，即在突起的地层上开挖出低于地面的堑壕式路基，如图2-1-17所示。

图2-1-16　用卸铲推土机构筑半挖半填路基

图2-1-17　用推土机开挖路堑

使用推土机开挖路堑，深度通常不超过2m。根据路基的宽度和卸土的位置，可采用穿梭作业法（图2-1-18）。即从路基边缘或路中心起分层向一侧推土，并推送至弃土堆，待一侧推出一层之后，再掉头向另一侧推运。也可以采用环形作业方法（图2-1-18）：即沿着椭圆形或螺旋形的路线，分别向路基两侧推土，并对弃土堆进行压实。为便于快速卸土，在推挖至一定深度后，可分段构筑运土通道（图2-1-17），从横向将土推送至弃土场。

3）开挖边沟

在缺少挖掘机和平地机的情况下，可运用推土机开挖道路两侧的边沟。

对于深度不大、形状没有特别要求的边沟，可采用横向作业法进行开挖。对于高度低于地面的挖土路基，在挖沟前应扩大路堑的宽度，挖沟时机器横置于路面，沿路边缘下铲刀，将土推至路堑外缘。对于稍低于地面的路基，可从外向内挖，将土卸在边沟外侧。对于高出地面的路基，可从内向外挖，将土推到边沟外缘形成土埂。横向作业法挖出边沟其断面呈“V”形，且深度不大。对于深度较大，将用于埋设管道的边沟，可采用纵向作业法进行开挖，即紧靠路基边缘，沿道路延伸的方向开挖出一铲刀宽的沟槽。

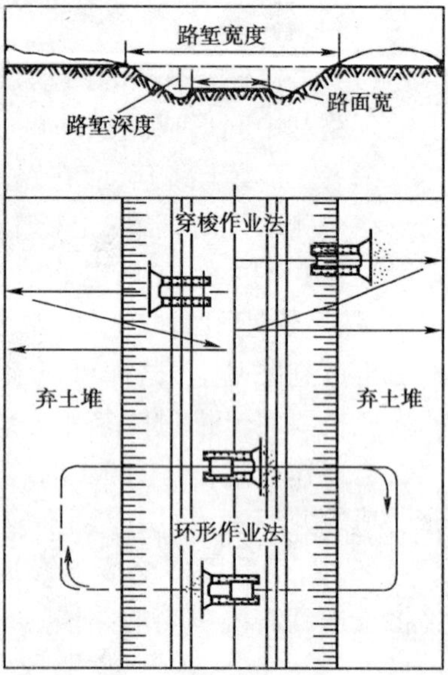

图2-1-18　路堑的开挖方法

3. 推土机在平整场地时的施工作业方法

1）对于已粗略平整的场地

当平整表面已粗略平整但残留有松软散土的场地时，应将铲刀下缘降至比履带支承面稍高处，以Ⅰ挡或Ⅱ挡速度铲土，将高出地面的散土平均摊铺在地面上，并予以压实，场地表面没有明显的散土堆后，可采用倒拖的办法予以刮平，即将铲刀置于浮动状态（自由状态），推土机倒退行驶，利用铲刀的自重将地面刮平。注意:在刮平浮土地段时,应将铲刀由浮动状态稍稍提起,以免铲刀将浮土拖起成堆,每一行程,铲刀均应与已平整的地面重叠 30cm 左右,以便将上一次平整时留下的土垄刮平。

2)对于起伏较大的场地

对于表面凹凸不平、高低起伏较大的场地,使用推土机进行平整时可分三步进行。

(1)铲高填低,粗略平整作业前先观测整个作业场地的地形情况,对突出地面较大的土堆分片予以铲除。作业时可采用楔式铲土法,即在铲土开始时,尽量使铲刀切入最大深度,而后根据发动机负荷逐渐提升铲刀,使之一次性铲满土,并送至低洼处卸土,不可频繁地升降铲刀,将地面铲成波浪形,造成机械行驶时剧烈颠簸,为后续作业造成困难。一旦出现波浪形地面,可先推平一处,使机器停放平稳后,以此为出发地一段段地将波浪形地面铲平。不可贪多求快和长距离推土,那样会适得其反,欲速则不达。

(2)全面平整。待整个场地没有大的突起和凹陷之后,可进行长距离快速平整,将表面散土平铺于整个地面。有两台以上推土机共同作业时,可采用并列式推土平整,铲刀的间隔在粘土地上应保持 30m 左右,在砂土地上为 15cm 左右,运距可达 100m。

(3)拖平压实。经过上述两步的粗、细平整之后,即可实施拖平压实工作,方法同(1)。拖平时也可以采用多台并列作业的方法。

4. 提高推土机生产率的措施

1)影响推土机生产率的主要因素

所谓推土机生产率是指推土机每小时(或台班)所挖填的实方土方量(没有施工前的原始土方量)或所平整的场地面积值。影响其生产率的主要因素有:铲刀的结构与几何尺寸,作业长度与地形,作业水平与作业方式等。根据工程施工进度的需要,除选择合适机型的推土机外,采用合理的作业方式,控制作业速度及保持推土机良好的技术状况是提高其生产率的关键。

2)提高生产率的措施

实践告诉我们,要提高推土机生产率,应以最短的时间铲满土,应尽量减少运土时的运土损失,卸土时视施工要求采取恰当的方法,回程速度要快,尽可能地缩短作业的循环时间。此外,当推土机以开挖路堑、堆筑路堤和回填土方为主要作业时,合理的作业距离一般为 20 ~ 50m,直铲推土时其铲土角和铲土深度由土性质决定,如在Ⅰ、Ⅱ级土上作业时以铲土深度 20cm、铲土角 60° ~70°为宜;在Ⅲ级土上作业时,以铲土深度 10 ~ 15cm、铲土角 50° ~60°为最佳;在Ⅳ级土作业时,以铲土深度 15cm 以下、铲土角 45°左右。当推土机平整场地作业时,运土距离一般不超过 100m。为减少铲刀的切削阻力、提高推土机的生产率,铲刀的铲土角应为 45°左右。当推土机平整场地或回填向一侧推移土时,其铲刀倾斜角为 60° ~75°。对于不同的施工作业内容选取各自适宜的作业方法也是提高推土机生产率的一个关键因素。下面介绍几种对推土机生产率有显著影响的作业方法。

(1)波浪式推土

推土机开始铲土时,铲刀尽可能地切入土中。当发动机出现超载现象时,将铲刀缓缓提起(但铲刀不露出地面),直至发动机恢复正常运转后再次将铲刀落下,如此反复进行,直至铲满土。这种铲土方法的优点是,可以使发动机功率得到充分发挥,并缩短铲土时间和距离,作业效率高,一般适用于工程量大的土方作业。其缺点是驾驶员的劳动量大,回程时因地面不平使推土机颠簸。

(2)接力式推土

在取土场地较长且土较硬的情况下作业时，推土机可由近及远地分段将土推送成堆，然后再由远而近地将各段土堆一次推送到卸土处。这种作业方式不但可以提高铲土效率，而且还能减少运土时间。它适用于硬土取土和远距离取土作业(图 2-1-9)。

(3)槽式推土

推土机在运送土时，为了尽可能地减少运土损失，可在一固定作业线上多次推运，使之形成一条土槽，或者利用铲刀两端外漏的土形成土埂进行运土，土槽深度一般不大于铲刀高度。这种作业方式适用于大面积、较长距离及松软土的推土作业[图 2-1-10a)]。

(4)并列式推土

在上述条件下，也可采用两台或两台以上同类型的推土机同步前进推土，同样可减少运土损失和提高作业效率。采用该方法作业时，两台推土机的铲刀间隔不宜过小或过大，一般保持在 15 ~ 20cm。要求驾驶员操作技术熟练，保证两台推土机同步运行[图 2-1-10b)]。

(5)下坡式推土

在通常情况下，推土机在作业中应尽量利用地形形成下坡推土，这样可充分利用机重的下坡分力助铲，并增大运土量提高作业效率。但坡度不宜超过 20°，否则推土机回程困难。

三、推土机的选用

1. 推土机的命名与主要技术性能指标

我国推土机产品命名原则，是用推土机汉语拼音的第一个字母“T”代表推土机。在“T”之后，不用任何字母标识者为机械传动的推土机(现在几乎淘汰不用)，用“Y”标识者为液压传动的推土机(现在常用)，用“S”标识者为湿地推土机，用“L”标识者为轮式推土机。字母之后用功率等级标识主参数，过去用马力数，现在改用“kW”数。

例如：TY22 型推土机。其中 T 表示推土机，Y 表示该机为液压传动，功率等级为 220 马力(1 马力 = 0.735kW)。

推土机主要性能指标参见表 2-1-2 和表 2-1-3。

2. 推土机的选用原则

推土机的选用应综合考虑如下因素。

1)根据工作对象选用推土机的类型

如果工作场地土方和石方都有，最好选用履带式推土机；如果工作场地是纯土，且土质较松，平板拖车不便进出，则最好选择轮式推土机；如果工作场地是沼泽地，则必须选用湿式推土机；如果工作场地属高原地区，则最好选用带增压发动机的推土机；如果工作场地土、石夹杂，且土质坚硬，则最好选用带松土器的推土机；如果工作场地需要横坡推土，最好选用回转式推土机，而不选用固定式，否则就会严重影响生产率，甚至无法开展工作。

2)根据工程量的大小选用推土机的型号

如果推土方量少，工期不受严格限制，则一般选用小型推土机较经济；如果工期紧，推土方量大，则一般选用大型推土机；如果推土机只用于开路、助铲、回填、压实，则一般选用中、小型推土机即可满足要求。此外，即使是同一型号的推土机，厂与厂之间存在较大差异，因此，在进行推土机选型时，不但要查阅工程机械有关手册，而且要根据工程情况向生产厂进行咨询，只有搞清楚所购型号推土机各厂商产品的特点，才能真正选中称心如意的产品，世界主要工程机械产品生产商产品情况见表 2-1-4 和表 2-1-5。

履带式推土机类型和基本参数

表 2-1-2

功率 N_f (kW) (PS)	拖拉机结构质量 W_1 (t)	推土机使用质量 W (t)	履带中心距 B (mm)	标准履带板宽 b (mm)	机械传动				液力机械传动				推土装置形式	操纵工作装置方式	推土板提升速度 V ≥ (m/s)	推土板高度(不包括挡土板) H ≥ (mm)	最大切入深度 h (mm)	推土板左右回转角 α	铲切角 γ	驶入角 ϕ≥	垂直面倾斜角 ε ≥	推土板后角 α ≥
					前进		后退		前进		后退											
					挡数	最低最高车速 V_F (km/h)	挡数	最低最高车速 V_F (km/h)	挡数	最低最高车速 V_F (km/h)	挡数	最低最高车速 V_F (km/h)										
73.5 (100)	9.7	11.5	1 880	400 (500) (560)	5	2.4～11	4	3～11	3	0～3.5 0～11.5	3	0～4.2 0～13	直铲 角铲	液压	0.3	1 000 830	400 350	-25°	50°～55°	25°	6°	20°
103 (140)	12.5	15.0	1 880	500 (560) (600)	5	2.4～11	4	3～11	3	0～3.5 0～11.5	3	0～4.2 0～13	直铲 角铲			1 210 980	500 400	-25°				
147 (200)	17.5	21.4	2 000	560 (600) (700)	5	2.4～11	4	3～11	3	0～3.5 0～12	3	0～4.2 0～13	直铲 角铲			1 390 1 100	580 530	-25°				
235 (320)	26.5	32.8	2 150	600 (700)	6	2.4～12	4	3～12	3	0～3.5 0～13	3	0～4.2 0～14	直铲 角铲			1600 1300	600 550	-25°				
308 (420)	36.0	44.8	2 280	600 (750)	—	—	—	—	3	0～3.5 0～13	3	0～4.2 0～14	直铲 —			1830 —	650 —	— —				
440 (600)	55.0	67.0	2 650	750 (800) (560)	—	—	—	—	3	0～3.5 0～13	3	0～4.2 0～14	直铲 角铲			2 100 —	750 —	— —				

注：①功率系指标大气状况为环境温度 20℃，大气压力为标准大气压，相对湿度 60%，发动机在标定转速下，带全部附件后发出的净功率（12h 的功率）。

②拖拉机或推土机质量指标增值≤3%。

③括号内的履带板宽度数值可选用履带板宽度。

国产部分履带式推土机主要技术性能 表 2-1-3

项目			TY100	T120A	征山 T180	征山 T200	TY-220（D85A-18）	上海 320（D155A-1A）
发动机	型号		6130T4	6135k-2a	6135B	6135AZK	康明斯 N1855C	康明斯 NTA-855C
	额定输出功率（kW）		73.5	88.2	132.3	147	161.7	239
	额定转速（r/min）		1 800	1 500	1 800	1 800	1 800	2 000
行走机构	最大牵引力（kN）		90	118	184	219.9		
	最大爬坡度		30°	30°	30°	30°	30°	
	履带宽度（mm）		500	500	560	560	560	560
	履带中心距（mm）		1 880	1 880	2 000	2 000	2 000	2 140
	履带接地长度（mm）			2 500	2 730	2 730	2 730	3 150
	最大离地间隙（mm）		386	300	400	400	400	500
行驶速度	前进（km/h）	Ⅰ～Ⅴ挡	2.36～10.13	2.28～10.43	2.38～9.65	2.34～9.15	0～11.2	0～11.5
	后退（km/h）	Ⅰ～Ⅳ挡	2.79～7.63	2.73～7.50	3.11～9.34	3.06～9.16	0～13.2	0～13.5
推土铲	宽度（mm）		3 810	3 760	4 200	4 135（3 540）	4 365（3 725）	4 130
	高度（mm）		860	1 000	1 100	1 100（1 270）	1 055（1 315）	1 590
	最大提升高度（mm）		800	1 160	1 160	1 200	1 290（1 210）	1 560
	最大切土深度（mm）		650	350	350	530	535（540）	560
松土器	齿数		3		3	3	3	3
	最大提升高度（mm）		550		400	400	555	965
	最大松土深度（mm）		550		600	650	665	1 240
外形尺寸	长（mm）		6 900	5 366	7 080	5 890	6 060（5 460）	6 880（8 560）
	宽（mm）		3 810	3 760	4 200	4 155	4 365（3 725）	4 130
	高（mm）		2 970	3 010	2 985	3 144	3 395（3 395）	3 640
整机自重（t）			16	16	23.8	24.5	23.67（23.45）	33.9（39.1）
生产厂			长春工程机械	上海彭浦机器厂	沈阳桥梁厂	沈阳桥梁厂	山东推土机总厂	上海彭浦机器厂

注：括号内数字为直铲数据，括号外数字为角铲数据，上海 320 型括号内数字为装松土器后的数据。

国内主要工程机械生产厂家及其主要产品 表 2-1-4

厂家名称	主要工程机械产品
上海彭浦机器厂	120A，PD6，410 履带式推土机
上海建筑机械制造厂	WY100，WY100A-SJ，R942 型液压挖掘机
上海工程机械厂	压实机械、桩工机械
天津工程机械制造厂	平地机、装载机
天津建筑工程机械厂	JD350，JD250，JZC350 搅拌机
天津建筑机械厂（6443 厂）	移山—T120，160，180，TS120，180，TY160，180 型推土机

续上表

厂家名称	主要工程机械产品
北京起重机机器厂	8～100t 汽车起重机，16～40t 轮胎起重机，10t 抢救车
哈尔滨工程机械制造厂	8t，12t，16t，40t，80t，120t 汽车吊，20t，25t 轮胎吊，60t，120t 塔吊
长春工程机械厂	TY100，120 推土机，3Y12/15，2TY8/10 光轮压路机
四平工程机械厂	ZL15，20，40A，50，70，80 装载机
沈阳市矿山机器厂	ZL30，40，50，60 装载机，C3—6，C3—7，CTY—6，WJD—4 铲运机
抚顺挖掘机制造厂	WY100C，WY100B，WD400，QUY50 挖掘机，JUS 打桩机
锦州重型机械厂	QYB-50t 汽车起重机，TY8 液压铁道起重机
鞍山红旗拖拉机制造厂	红旗 100，120，150，220 拖拉机和推土机，CA-TY105 推土机
宣化工程机械厂（河北）	T140-1，TS140 推土机，T140E 推土绞盘机
郑州工程机械制造厂	CL7 铲运机，ZL40，50 装载机，TL180，210 推土机
洛阳建筑机械厂	YZS，YZ 振动压路机，2Y，3Y 两轮、三轮压路机
第一拖拉机制造厂（洛阳）	履带式、轮式拖拉机，压路机，路面机械
山东推土机总厂	TY160，220 推土机，TBY160，TB70 推耙机，CTY13，9 铲运机
烟台工程机械厂	ZL10，15，16，20，15W5，30F 装载机
泰安起重机械厂	QY5，8，8B，12，16，20 型汽车起重机
太原重型机械厂	大型挖掘机、起重机
徐州工程机械集团公司	汽车起重机、压路机、装载机、路面机械
徐州重型机械厂	QY5～50t 工程起重机、越野汽车吊、泵车
徐州装载机厂	ZL40A，50D，60，KLD85E 装载机，多功能、全路面装载机
林业部常州林业机械厂	ZLM15，30，50，60，WA300—1，WA470—1 装载机
合肥矿山机器厂	WY60A，WY80A 全液压挖掘机
厦门工程机械厂	ZL40，50，60，70，80 装载机，ZL180 推土机
成都工程机械总厂	生产 ZL 系列铰接式轮胎装载机
长沙起重机（四川泸州）	长沙牌 QY 各型汽车吊，Liebhen-长江牌 LT 汽车吊
长江挖掘机厂（四川泸州）	WY160，WY252—CW 型全液压挖掘机，QU25 型履带起重机
柳州工程机械厂	ZL20C，40，50，60E，100，ZLD40，50，70 装载机，挖掘机
贵阳矿山机器厂	各型轮式、履带式挖掘机

国际主要工程机械生产厂家及其主要产品 表 2-1-5

厂家名称		主要工程机械产品
美国	卡特匹勒公司（Caterpillar）	推土机、铲运机、装载机、300 和 325 系列挖掘机、平地机、摊铺机、搅拌机、压实机械
	阿里斯公司（Allis）	推土机、铲运机、平地机
	约翰·迪尔（John Deere）	推土机、装载机、铲运机、平地机
	德莱赛公司（Dresser）	推土机、装载机、平地机、压路机、凿岩机械
	凯斯公司（Case）	推土机、装载机、挖掘机
	特雷克斯公司（Terex）	铲运机等
	格鲁夫公司（Grove）	起重机等
	英格索兰（Ingersoll-Rand）	压实机械、凿岩机械、空压机等

续上表

厂家名称		主要工程机械产品
日本	小松制作所(Komatsu)	挖掘机、推土机、铲运机、平地机等
	三菱重工业公司	装载机、挖掘机、平地机、摊铺机、拌和机、铣削机
	川崎重工业公司	装载机等
	古河矿业公司(Furukawa)	装载机、凿岩机械等
	日立建机有限公司	EX 系列挖掘机、起重机等
	久保田公司	X 系列挖掘机等
	神户制钢所	装载机、起重机等
	新卡特匹勒—三菱公司	挖掘机、推土机、铲运机等
	多田野公司	起重机等
德国	利伯赫尔公司(Liebherr)	挖掘机、推土机、装载机、起重机等
	OK(奥伦斯坦·科佩尔)	挖掘机、装载机、平地机等
	德马克公司(Demag)	H 系列挖掘机、起重机、摊铺机等
	哈诺马克(Hangomag)	推土机、装载机等
	克虏伯(Krupp)	起重机、挖掘机、凿岩机械等
	宝马公司(Bomag)	压实机械等
英国	JCB 公司	装载机、平地机等
法国	波克兰公司(Poclain)	挖掘机等
捷克	ZTS 集团	装载机等
意大利	菲亚特·阿里斯(Fiat allis)	装载机等
荷兰	VME 集团	装载机
韩国	大宇重工业公司	DH 系列挖掘机、装载机、推土机
	三星重工业公司	履带式装载机、平地机、专用起重机、推土机、压路机
	现代重工业公司	挖掘机等
备注		①原独联体国家生产的推土机和铲运机在产量上一直雄踞世界榜首,但技术上较落后,故未列;②单一机种的专业生产厂家也未列;③VME 集团仅总部设在荷兰。

3)根据配套工程机械情况和土石方量确定推土机数量

在较大规模工程施工中,推土机的首要任务往往是开路,因为在诸多工程机械中只有推土机对路面的要求最低。因此,在考虑推土机数量时,首要考虑的就是开路和修整工作场地的需要,其次才是完成推土方工作量和与其他机种配合作业的需要。只有综合考虑了这三方面因素,才有可能选用最适宜的推土机型号和数量。

思 考 题

1. 推土机能否一边推土一边松土?试从两个方面回答。TY120 推土机工作装置液压系统图中的元件 8 起什么作用?为什么油缸 15 和 17 的进油口未设类似元件(图 1-3-2)?

2. 想一下深水作业推土机的工作情况。例如发动机的进、排气问题如何解决,燃料如何供给,推土方向如何控制等等。

3. 有专家说，推土机是工程机械的基础车，你认为该如何理解此话。

第二节　铲运机施工

一、概　　述

铲运机通常有机械式（钢丝绳式）和液压式之分，前者属于淘汰产品，因此，本节只介绍液压式铲运机。

1. 铲运机的组成与工作原理简介

常见轮式铲运机的外观如图 2-2-1 所示。

图 2-2-1　轮式自行式铲运机工作图

图 2-2-2 为一典型液压式铲运机的结构简图。

柴油机 1 和传动箱 14 安装在机架 16 上，柴油机的动力经由传动箱（变速器）传给中央传动室后再经差速器和半轴传给轮边减速箱和驱动轮，当驱动轮转动时，地面施加给驱动轮的力使牵引车产生运动，从而为牵引其后的铲斗提供了动力，与此同时传动箱还带动液压油泵工作，为铲运机各油缸按操作者意图提供压力油。机架与驱动桥壳连在一起，并与支架 2 铰接，因而驱动桥可在横向平面内摆动，以适应不平路面。铲斗 9 的后部利用尾架 12 与后轮 13 的轴壳相连，使铲斗可以绕后轮轴线转动。铲斗的前部通过两侧的两个升降油缸 7 悬挂在辕架的支臂 6 上。辕架 5 与机架 2 用两根垂直布置的主销 3 铰接，用两个转向油缸来控制单轴牵引车的偏移以实现铲运机的转向。

斗门 25 通过两侧的斗门杠杆 8 铰接在铲斗上，斗门杠杆的短臂和斗门开闭油缸 10 的活塞杆铰接，油缸则铰接在铲斗上，这样，只要使压力油进入油缸，随着活塞杆的伸缩，即可开启或关闭斗门。

卸土板门与两个油缸 18、23 的活塞杆相铰接，油缸则铰接在顶杆 21 上。当压力油进入油缸使活塞伸长时，卸土板即沿着斗底前移而进行卸土；若使压力油进入油缸的另一腔，则活塞杆的收缩使卸土板复位。为了引导卸土板做轴向移动，在尾架上固定有矩形导向杆 19，卸土板上固定有与导向杆相配合的套管22，套管上装有滚轮20，当卸土板作轴向移动时，套管便带着滚轮20沿着导向杆19滚动。

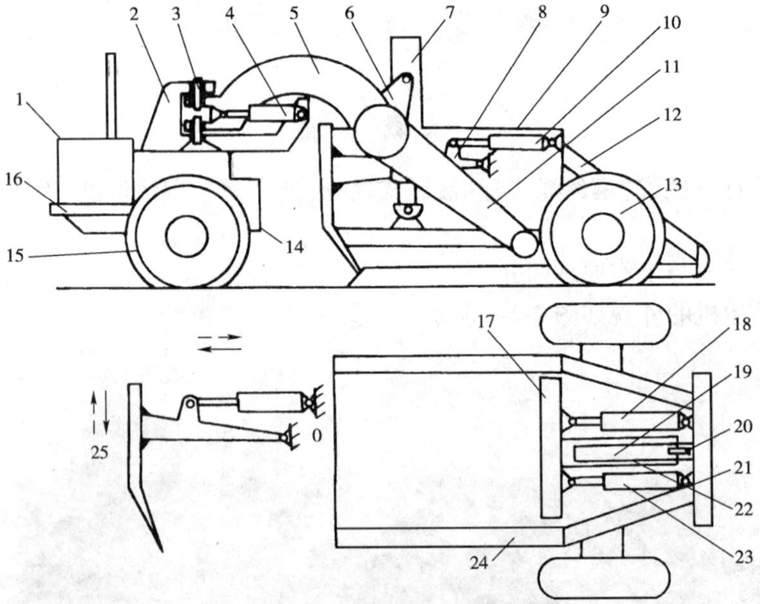

图2-2-2　液压操纵自行式铲运机简图

1-柴油机；2-支架；3-主销；4-转向油缸；5、11-辕架；6-支臂；7-铲斗升降油缸；8-斗门杠杆；9-铲斗；10-斗门开闭油缸；12-尾架；13-后轮；14-传动箱；15-前驱动桥；16-机架；17-卸土板；18、23-卸土板油缸；19-导向杆；20-滚轮；21-顶杆；22-套管；24-铲斗侧壁；25-斗门

2. 铲运机工作装置液压系统简介

图2-2-3为日本小松公司某铲运机的液压系统简图。采用优先油路，其优先供油的顺序是：铲斗油缸→斗门油缸→后斗壁油缸。这样当上游油缸工作，下游油缸就得不到油泵压力油，起到一定的连锁作用。此液压系统还有以下特点：

(1)分配阀采用气压操纵。

(2)铲斗升降和斗门开闭的换向阀上都装有一个过载阀和两个补油止回阀。过载阀的作

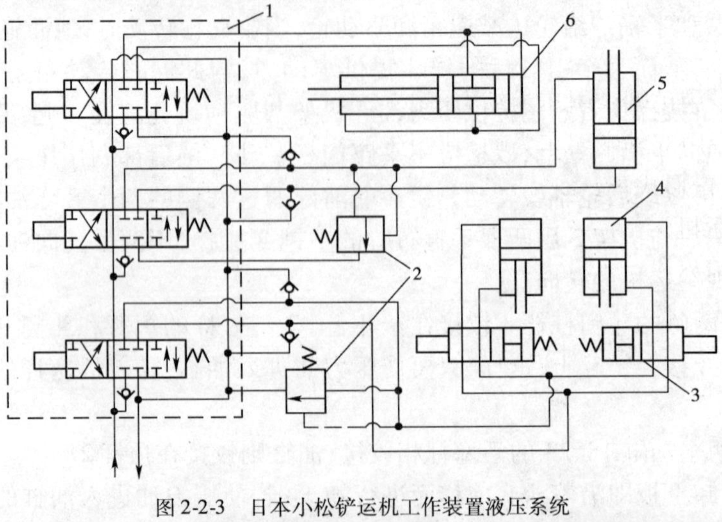

图2-2-3　日本小松铲运机工作装置液压系统

1-分配阀；2-过载阀；3-快落阀；4-铲斗油缸；5-斗门油缸；6-后斗油缸

用是防止过载；补油止回阀的作用是当油缸中产生真空时自动补油。

(3)铲斗升降油缸中装有快落阀。它是两位阀，由气压操纵。在气压作用下，快落阀处于铲斗油缸两腔相通位置。其作用是使铲斗快速下降，提高作业效率；另外当操纵气压降低到规定值以下时(气压操纵系统出故障)，铲斗会自动放下，起紧急制动作用。

(4)后斗壁推移油缸采用串联布置的并联油缸，且一个油缸行程较短。开始卸土时两个油缸共同作用，卸土推力增加一倍，解决卸土开始时阻力大的问题，当油缸运动到头时，仅一个油缸工作，加快了卸土速度。

3. 铲运机的分类与发展概况

铲运机一般按以下特点来分类。

1)按铲斗容量

(1)小容量：斗容量小于 $5m^3$。

(2)中等容量：斗容量在 $5\sim15m^3$ 之间。

(3)大容量：斗容量大于 $15m^3$。

2)按行走方式

(1)拖式

本身没有行走动力，需借助牵引车牵引来进行作业，又可分为：

①单轴：铲运机自重和斗中土的重量部分通过牵引装置传至牵引车[图 2-2-4a)]。

②双轴：牵引车不承受铲运机自重和斗中土的重量[图 2-2-4b)]。拖式铲运机用履带拖拉机或双轮拖式牵引车来牵引，其总长度长，转向不灵活，车速低，工作效率差，适用于运距短，路面条件差(倾斜、不平整、松软土)的地方。

(2)自行式

本身具有行走动力。

①按发动机数可分

单发动机：由一台发动机驱动[图 2-2-4c)]。

双发动机：由两台发动机分别前后驱动[图 2-2-4d)]。

单发动机铲运机作用在驱动轮上的附着重量仅为整机(满载时)重量的 50% ~56%，大大地降低了牵引性能。双发动机铲运机作用在驱动轮上的附着重量等于整机重量，改善了牵引性、通过性和爬坡性能，但是造价高。

②按轴数可分

二轴式：以专用单轴牵引车为动力[图 2-2-4a)、d)]

三轴式：以专用双轴牵引车为动力[图 2-2-4e)]。

3)按行走装置形式

(1)轮式铲运机

(2)履带式铲运机[图 2-2-4f)]

与轮胎式相比，履带式接地比压低，附着牵引力大，可在承载能力低的土上工作；转向半径小，作业灵活；但履带式行走速度低，铲运斗装在两条履带之间，宽度受履带限制，因此斗容量较小。

4)按装土方式

(1)开斗装载式

靠牵引车的牵引力和助铲机的推力用带切削刀刃的铲斗在行进中装土。

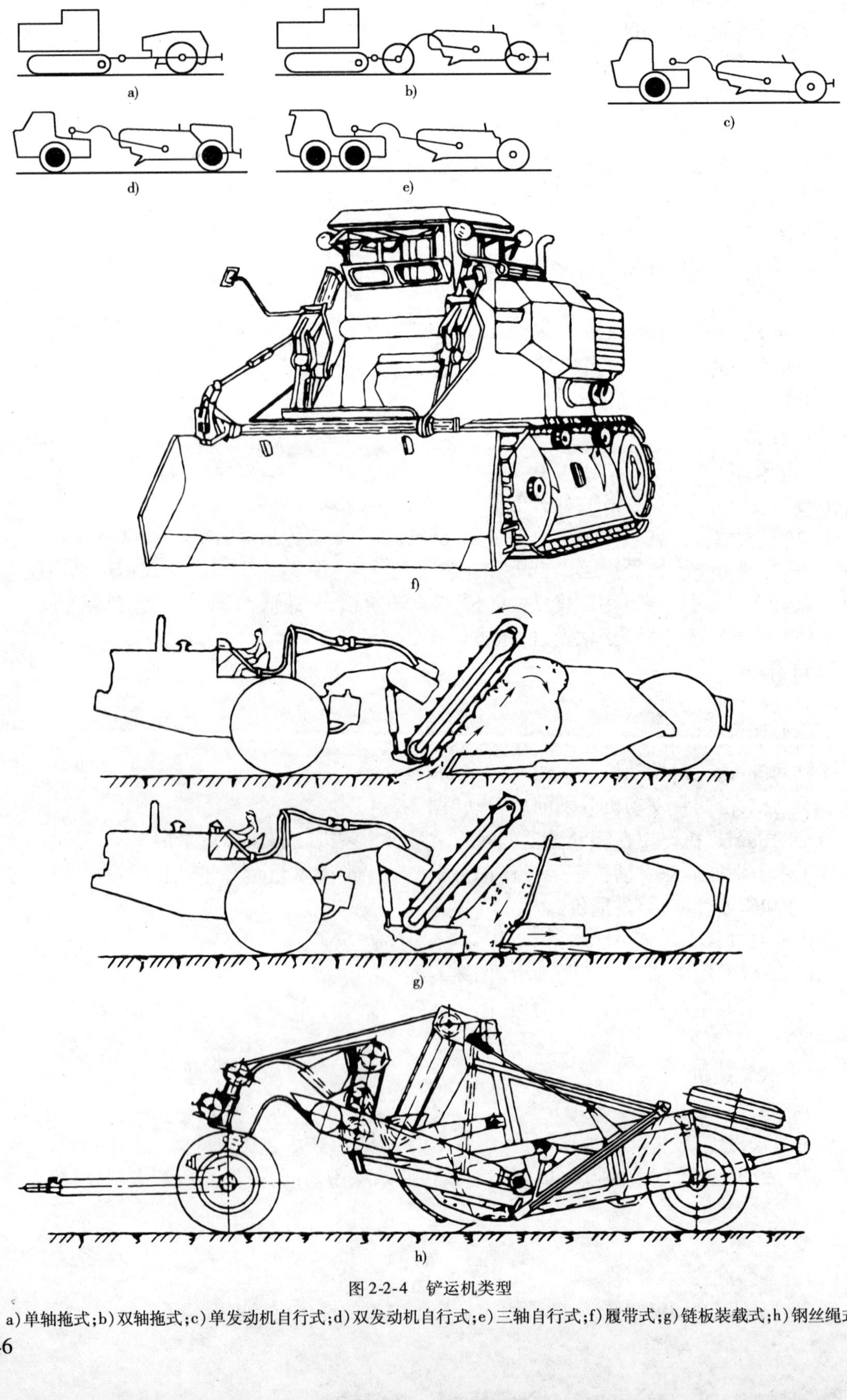

图 2-2-4　铲运机类型

a）单轴拖式；b）双轴拖式；c）单发动机自行式；d）双发动机自行式；e）三轴自行式；f）履带式；g）链板装载式；h）钢丝绳式

(2)链板装载式

在切削刃上方装有链板运土机构，由它把切削刃切削下来的土输送到铲斗内[图2-2-4g)]，以加速装土过程及减少装土阻力，可单机作业不用助铲机，但当土中将夹杂着石块时不宜使用。

5)按操纵方式

(1)钢丝绳式[图2-2-4h)]

工作装置各部分通过钢丝绳操纵。传动冲击大，易磨损，使用寿命低，结构复杂，操纵费力；由于铲斗靠本身自重下压，切土深度小，延长装载路程和装满铲斗时间，对较硬的土则无法切入。由于有以上缺点，它正在被淘汰。

(2)液压式

工作装置各部分用液压来操纵。能使刀刃强制切土，结构简单，操纵轻便灵活，应用广泛。

6)按卸土方式

(1)自落卸土式

自落卸土式[图2-2-5a)]是利用铲斗倾翻，斗内土靠本身重量卸出，一般用于小容量铲运机。对黏土和潮湿土，由于土粘附于斗壁和斗底卸不净。

(2)半强制卸土式

半强制卸土式[图2-2-5b)]是靠铲斗底板(有的和后壁一起)前倾，同时利用土本身重量将土卸出。但这种卸土方式仍不能使粘在铲斗上的土卸除干净。

(3)强制卸土式

强制卸土式[图2-2-5c)]是利用铲斗的后壁为一块可沿导轨移动的推板，用此推板自后向前将土强制推出。强制卸土式效果好，但移动后壁所需的力很大，消耗功率大，链板装载式铲运机因前方斜置着链板运土机构，卸土时需先将斗底后抽，再将斗后壁前推才能把上卸出[图2-2-4g)]。

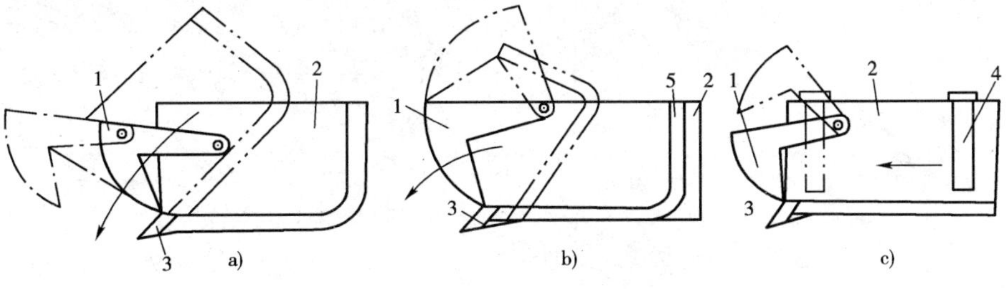

图2-2-5　铲斗卸土方式示意图

a)自落卸土式；b)半强制卸土式；c)强制卸土式

1-斗门；2-铲斗；3-刀片；4-后斗壁；5-斗底与后壁

我国生产自行式铲运机生产厂家不多，且产品斗容量较小，工作效率不高，而国外发达国家正在发展大功率、大容量、高速度与高效率的铲运机。美国卡特彼勒公司生产的666B型铲运机，其斗容为30.6m^3，由总功率为698kW的双发动机驱动。日本、俄罗斯和德国等生产的自行式铲运机90%以上的行驶速度超过40km/h，最高行驶速度可达56.3km/h。国产铲运机虽已广泛采用了液压液力传动技术，比过去的机械传动有了长足的进步，但在产品可靠性和使用寿命方面较国外同类产品有一定差距。

目前铲运机正朝着大容量自行式、多发动机自行助铲、链板铲装和双斗串联的方向发展。

二、铲运机的应用

1. 铲运机的用途

铲运机是一种利用装在前后轮轴之间的铲运斗，在行进中依次进行铲装、运载和铺卸等作业的工程机械。其主要特点是：

(1)多功能。可以用来进行铲挖和装载，在土方工程中可直接铲挖Ⅰ、Ⅱ级较软的土，对Ⅲ、Ⅳ级较硬的土，需把土耙松才能铲挖。

(2)高速、长距离、大容量运土能力。铲运机的车速比自卸汽车稍低，它可以把大量的土运送到几千米外的弃土场。

铲运机主要用于大规模的土方工程中。它的经济运距在100～1 500m，最大运距可达几公里。拖式铲运机的最佳运距为200～400m；自行式铲运机的合理运距为500～5 000m，当运距小于100m时，采用推土机施工较有利；运距大于5 000m时，采用挖掘机或装载机与自卸汽车相配合的施工方法较经济。

2. 铲运机的工作过程

(1)铲装：将铲运机驶至装土处，换低速挡，放下铲斗，同时提起斗门；铲斗靠自重或油缸力切入土，在牵引力(由牵引力车和助铲机产生)作用下铲斗进行充填，铲斗充满后，提起铲斗离开地面，关闭斗门，铲装结束。铲装过程中刀刃切削深度变化情况如图2-2-6所示。

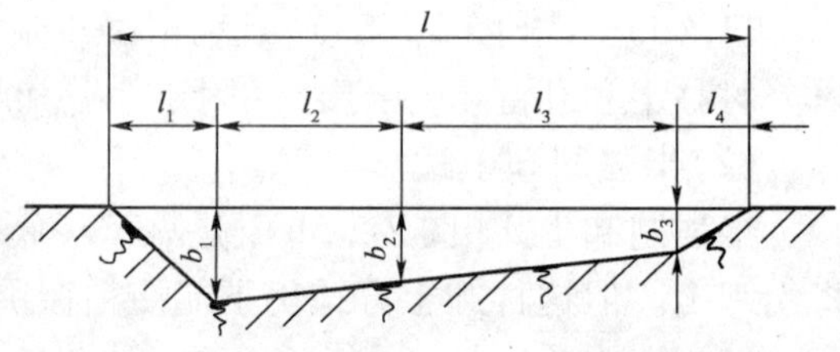

图2-2-6 铲装过程切削深度的变化

铲装时斗的充填过程如图2-2-7所示。铲斗充填大致可分为两个阶段(随土性质的不同，斗的充填过程有所变化)，即充填铲斗后部[图2-2-7a)]和充填铲斗其他部分[图2-2-7b)、c)]。

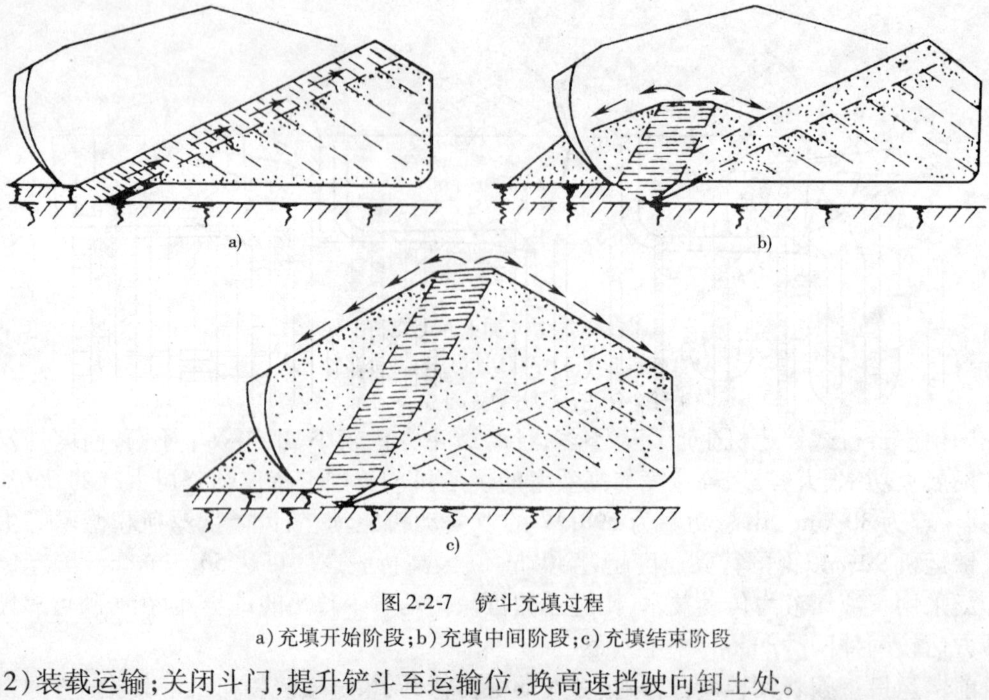

图2-2-7 铲斗充填过程

a)充填开始阶段；b)充填中间阶段；c)充填结束阶段

(2)装载运输；关闭斗门，提升铲斗至运输位，换高速挡驶向卸土处。

(3)卸土:驶至卸土处,挂上低速挡,将斗体置于某一高度,按厚度要求边走边卸土。

(4)空车回驶,卸完土后,换上高速挡驶回装土处。

3. 铲运机的施工作业

1)铲运机的运行路线

在施工中铲运机的走行轨迹(路线)因施工对象而异,常用的运行路线有:

(1)环形运行路线[图2-2-8a)]

铲运机自路线外的单侧或两侧取土坑取土填筑路堤,或挖掘路堑弃土于路堑两侧时可按环形路线运行,完成一个循环的铲土、运土、卸土、回驶四个过程中,有两次转向时间的消耗。这种运行路线,大多用于工作地段狭小,运距短而高度不大的填堤或挖堑工作,被目前现场施工所较多采用。

(2)8字形运输机行路线[图2-2-8b)]

它为两个环形连接而成,省去了两个急转弯。此运行路线中重载上坡的坡道较缓,重载与空载行驶路程较短。一次循环运行中,可完成两次铲土和卸土工作,功效较高。机械左、右交替转弯,可减少机械的不均匀磨损。其缺点是要有较大的施工工作面,地形要平坦,多机同时施工时容易互相干扰,一般施工中较少采用。

(3)之字形运行路线[图2-2-8c)]

它成锯齿状,无急转弯,效率高。这种运行路线适用于工作地段较长的施工对象,并适宜于机群工作。其主要缺点在于循环太大(填挖到尽头后再转弯反向运行),松碎泥土的距离较长;遇雨季难以施工,因而停工时间多,必须要有周密的施工组织才行。

(4)穿梭式运行路线[图2-2-8d)]

它的优点是:全程长度短,空载路程少,一个循环运行中有两次装土和卸土作业,效率高。其缺点是:只适用于两侧取土,转弯时间多。

(5)螺旋形运行路线[图2-2-8e)]

它是穿梭式的变形。按此路线运行一圈有两次铲土与卸土,运距短,功效高。

铲运机在施工中应根据具体条件采用一定形式的运行路线。在布置运行路线时,应考虑"挖近填远,挖远填近"的施工方法,即创造下坡取土的条件,并保持一段较平坦的运土路线。

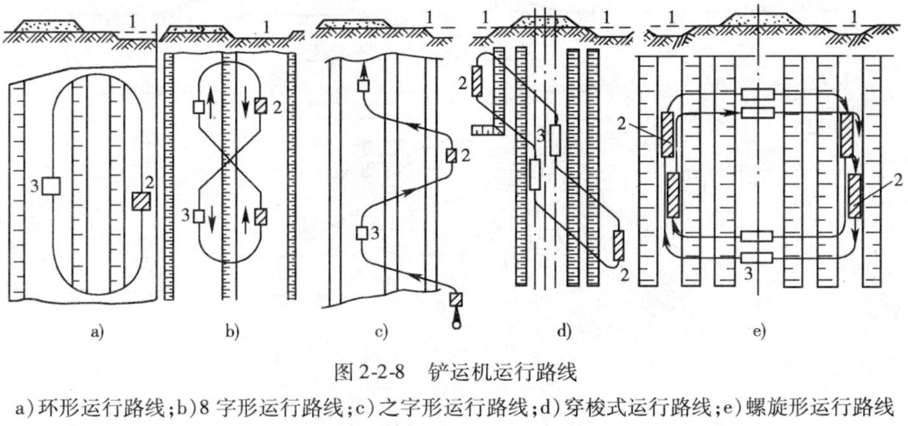

图2-2-8 铲运机运行路线

a)环形运行路线;b)8字形运行路线;c)之字形运行路线;d)穿梭式运行路线;e)螺旋形运行路线

1-取土坑;2-装土;3-脚上

2)铲运机的施工作业方法

(1)平整场地

作业时机械应先在挖填区高差大的地段进行,以便铲高填低。待整个区域高程与设计高程之差在 20～30cm 以后。先沿平整区域中部（或一侧）平整出一条标准带，然后由此向外逐步扩展，直到整个区域达标为止。施工面较大时，可分块进行平整。

（2）填筑路堤

①纵向填筑路堤。纵向填筑应从路堤两侧开始，铺卸成层，逐渐向路堤中线靠近，并经常保持两侧高于中部，以保证作业质量和安全。

填筑路堤高度在 2m 以下时，多采用椭圆形运行路线；如运行地段较长时也可采用之字形路线。当填筑高度在 2m 以上时，多采用 8 字形作业路线，这样可使进出口的坡道平缓些。

填筑路堤两侧边时，应使铲斗沿路堤边线行驶，并留 20～30cm 的距离卸土。卸土时尽量放低铲斗，使卸下的土向边线推挤，从而保证两侧高、中间低的状况，如图 2-2-9 所示。

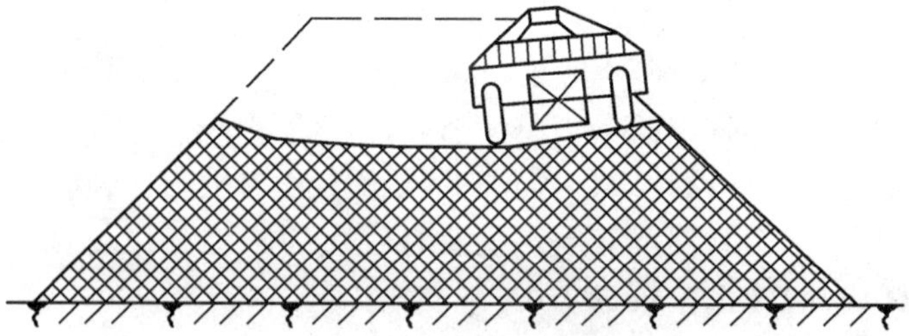

图 2-2-9　纵向填筑路堤时由两侧向中间填筑

卸土时应将土均匀地分布于路堤上，以使轮胎压实土方，保证路基的压实质量。

当路基填筑到 1m 以上时，应修筑进出口上下坡道，进出口间距一般在 100m 以下，宽度不小于工地最宽工程机械行驶宽度。

②横向填筑路堤。可选用“螺旋”形运行路线施工、作业方法同纵向填筑路堤的施工方法。

（3）开挖路堑

开挖路堑的作业方式有移挖作填、挖土弃掉式综合施工等。图 2-2-10 为综合作业方式的运行路线。

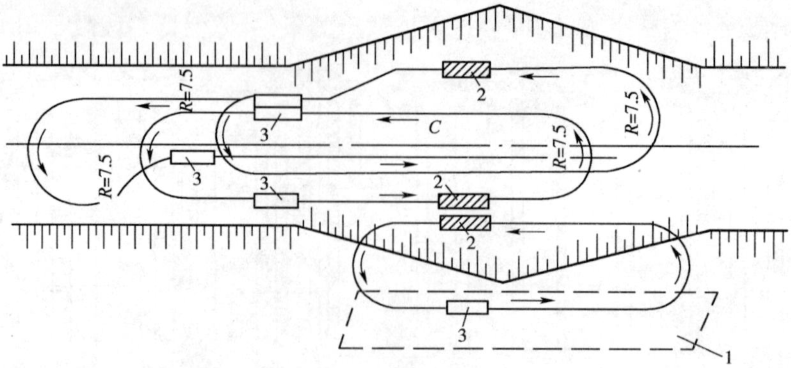

图 2-2-10　综合作业方式的运行路线（尺寸单位：m）

1-弃土堆；2-护土；3-卸土

铲运机开挖路堑，应先从路堑两边开始，如图 2-2-11 所示，以保证边坡的质量，防止超挖和欠挖。否则，将增加边坡修整作业量。

（4）傍山挖土（多用推土机和挖掘机进行）

如图 2-2-12 所示，它是修筑山区道路的挖土方法，施工前先用推土机将坡顶线推出，并修出

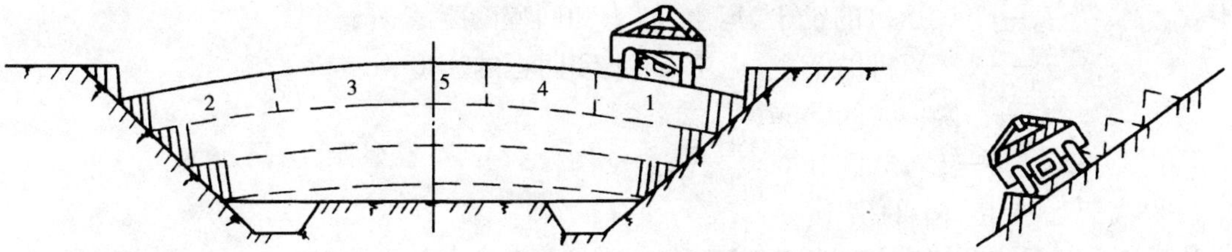

图 2-2-11 铲运机开挖路堑的顺序

铲运机作业的上下坡道，作业应按边坡线分层进行，保持里低外高的作业断面，如图 2-2-12a）所示，若施工作业断面里高外低时，可先在里面铲装几斗，形成一土坎，并使一侧轮胎位于土坎上，使铲运机向里倾斜，然后铲装几斗后，便可形成外高内低工作面，如图 2-2-12b）所示。

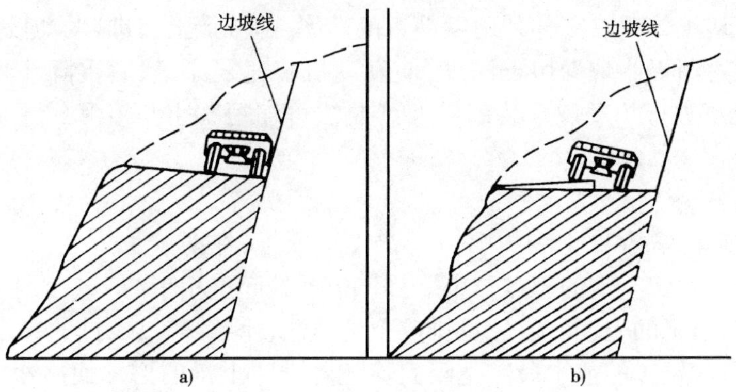

图 2-2-12 铲运机傍山挖土法

a）里低外高作业断面；b）利用土坎形式外高内低作业

（5）铲挖基坑或管沟（少用）

用铲运机铲挖基坑或管沟时，其宽度应在 4m 以上。作业场地足够大时，可放外坡道。若施工场地比较狭窄可设置内坡道，待中段土方挖完后，再用人工清除坡道。

施工中应注意挖边，使其保持两边低、中间高。操作方法与傍山挖土基本相同。

4. 提高铲运机生产率的措施

1）铲运机生产率的计算

铲运机生产率是指每小时完成的土方量（m^3）（实方），计算公式如下：

$$Q = \frac{60K_{sh}}{T} \cdot q \cdot \frac{K_m}{K_s}$$

式中：q——铲斗容量，m^3；

T——每一工作循环时间，min；

K_{sh}——时间利用系数；

K_m——铲斗充满系数，一般干砂为 0.6 ~ 0.7，湿砂为 0.7 ~ 0.9，砂土和黏性土为 1.1 ~ 1.2，干黏土为 1.0 ~ 1.1；

K_s——土松散系数，一般干砂为 1.1，湿砂 1.5 ~ 1.20，砂土和黏性土为 1.20 ~ 1.40，干黏土为 1.20 ~ 1.30。

铲运机每一工作循环的时间 T，由下式计算：

$$T = \frac{L_c}{v_c} + \frac{L_y}{v_y} + \frac{L_x}{v_x} + \frac{L_h}{v_h} + t_d + 2t_w$$

式中：L_c、L_y、L_x、L_h——铲运机的铲土、运土、卸土和回程的距离，m；

v_c、v_y、v_x、v_h——铲运机的铲土、运土、卸土和回程的速度，m/min；

t_d——换挡时间，min；

t_w——转弯时间，min。

2）提高铲运机生产率的措施

从计算公式看出。影响铲运机生产率的主要因素有铲斗充满系数 K_m，每一工作循环的时间 T 和时间利用系数 K_{sh}。影响 K_m 的因素除土性质、施工条件和自然条件外，还有驾驶员的操作熟练程度，操作方法和其他施工辅助措施。影响 T 的因素主要是铲运机施工运行路线和驾驶员对基本作业操作方法的合理运用程度。为了提高铲运机的生产率，一般可采用下列措施：

（1）起伏式铲土法

开始铲土时，切土较深以充分利用发动机的功率，随着铲土前进，发动机负荷的增大，其转速渐趋降低，这时逐渐提斗减少切土深度，使发动机转速复原，然后再降斗切土（深度比第一次要浅些）如此反复进行几次直至装满铲斗。此法可缩短铲土长度和铲土时间，对铲装砂土尤为有效。

（2）跨铲法

如图 2-2-13 所示，先在取土场的第一排铲土道取土，在两铲土道之间留出铲运机一半宽度的一条土埂；第二排铲土道的起点与第一排铲土道的起点相距约半个铲土长度，其铲土方向对准第一排取土后留下的土埂。以后每排取土的方法，比照第一、二排的关系进行。这种铲装法，从第二排起，每次铲土的前半段铲土阻力将随着进斗土量的增加而减小，发动机的负荷比较均衡。所以在发动机功率不变的情况下，缩短了铲装时间，又提高了铲装效率，在硬土中采用此法，可以提高功效 10% 左右。

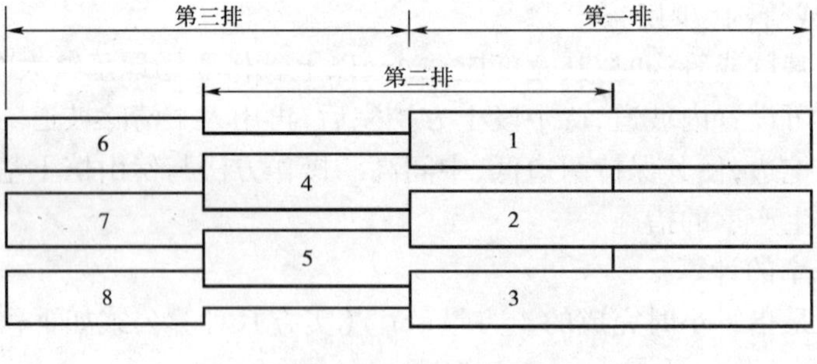

图 2-2-13　跨铲法铲土次序示意图

（3）快速铲土法

当铲运机以较高速度返回而进入铲土位置时，立即放斗切土，利用惯性铲装一部分土，待发动机负荷激增而转速降低时，再降挡继续铲装，这样也可缩短铲装时间。

（4）硬土预松

对于坚硬的土，用松土机预先进行疏松，松土机必须配合铲运机的铲装作业逐层疏松，并使松土层深度与铲运机切土深度相一致，以免因疏松过深而影响铲运机的牵引力。

（5）下坡铲土法

利用铲运机向下行驶的重力作用，加大切土深度，缩短铲土时间。此法不仅适用于有坡度的地形，就是在平坦地段也可铲成下坡地形，铲土坡度一般为 3°到 15°。

（6）助铲法

在工程施工中,由于土质多变,地形多变,铲运机的机况也难于一致,往往出现铲运机自身的动力满足不了铲土的需要致使效率严重受到影响,尤其在硬土地段刀片往往不易切入土层,造成铲斗装不满的“刮地皮”现象。为了解决这一问题,施工中往往用一台或多台机械采用前拖或后推或两者兼而有之的方法来帮助铲运机进行铲土作业,我们将这种方法称为助铲法,且以推土机后推助铲最为常见,如图 2-2-14 所示。

图 2-2-14　用推土机为铲运机助铲

用推土机为铲运机助铲,常见的方法有折回助推法、穿梭助推法和并列助推法 3 种,如图 2-2-15 所示。

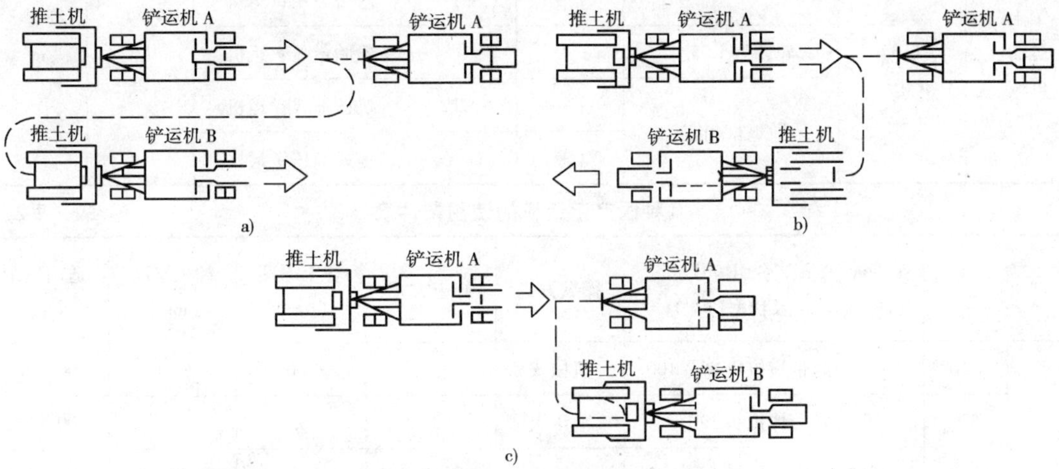

图 2-2-15　推土机为铲运机助铲的 3 种方法
a)折回助铲法;b)穿梭助铲法;c)并列助铲法

折回助推法效率较低,因为推土机空驶行程过大。穿梭助推法与并列助推法的效率相近,但前者由于推土机需频繁掉头,履带单边磨损较大,因此采用并列助推法最为合理。

一台推土机所能助推的铲运机的台数可用以下式确定:

$$n=\frac{T_{铲}}{T_{助}}$$

式中:n——1 台推土机所能助推的铲运机数量,通常取 3,即 1 台推土机可为 3 台铲运机助铲;

$T_{铲}$——铲运机完成一个工作循环所需时间;

$T_{助}$——推土机完成一个助推工作循环的时间,是参加助推时间和完成转移的时间之和。所谓转移时间是指推土机为铲运机 A 助铲结束,转而去为铲运机 B 助铲所需的转场时间。

三、铲运机的选用

1. 铲运机的命名与主要技术性能指标简介

国产铲运机的名称，一般由类型代号和特性代号及主参数代号组成，具体解释可见表 2-2-1，其主要技术性能指标往往由其几何斗容量来表示，详见表 2-2-2。

铲运机产品分类和型号编制方法　　表 2-2-1

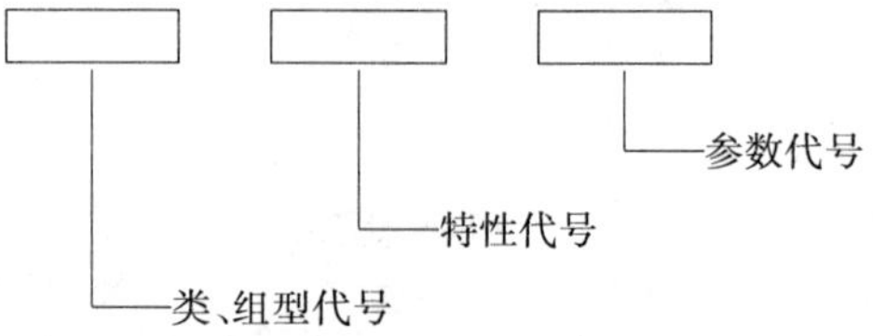

类	组	型	特　性	代　号	代号含义	主要参数	
						名　称	单　位
铲土运输机械	铲运机 C（铲）	履带式	——	C	履带机械铲运机	铲头几何容量	m^3
			Y（液）	CY	履带液压铲运机		
		轮胎式 L（轮）	——	CL	轮胎液压铲运机		
		拖式 T（拖）	——	CT	机械拖式铲运机		
			Y（液）	CTY	拖式液压铲运机		

几种国产铲运机的使用条件表　　表 2-2-2

型　号		斗容量（m^3）	牵引方式及功率（kW）	操纵方式	卸土方式	切土深度（mm）	卸土厚度（mm）	适用运距（m）
拖式铲运机	CT6	6 ~ 8	履带拖拉机 80 ~ 100	机械式	强制式	300	380	100 ~ 700
	CTY7	7 ~ 9	履带拖拉机 120	液压式	强制式			100 ~ 700
	CTY9	9 ~ 12.5	履带拖拉机 180 ~ 220	液压式	强制式	300	350	100 ~ 700
	CTY10	19 ~ 12	履带拖拉机 180 ~ 200	液压式	强制式	300	300	100 ~ 700
自行式铲运机	C6		单轴牵引车 120	机械式	强制式	300	380	800 ~ 1 500
	CL7	7 ~ 9	单轴牵引车 180	液压式	强制式	300	400	800 ~ 1 500

2. 铲运机的选用原则

根据工程施工的自然条件以及铲运机的性能和特点进行合理选型是取得铲运机施工最高经济效益并发挥其最大生产率的关键因素之一。

（1）按运距选用

铲运机的经济运距是选用铲运机的基本依据。在 100 ~ 2 500m 范围内，土方工程最佳的装运设备是铲运机。

一般情况下，小斗容量（$6m^3$）铲运机的最短运距应大于 100m 为宜，而最大距离应小于 350m，其最经济的运距为 200 ~ 350m；大斗容量（10 ~ $30m^3$ 以上）铲运机的最短运距为 800m，而最大运距可达 2 000m 以上。铲运机的经济运距一般与其斗容成正比，可参考表 2-2-1 和表 2-2-2 选取铲运机的机型。

（2）按铲装材料的性质选用

普通装载式铲运机适合于在Ⅱ级以下土质中使用,若遇Ⅲ、Ⅳ级土时,应对其进行预先翻松。铲运机最适宜在含水量为25%以下的松散砂土和黏性土中施工,而不适合在干燥的粉砂土和潮湿的黏性土中施工,更不适合在地下水位高的潮湿地带、沼泽地带以及岩石类地区作业。

链板装载式铲运机装载物料的范围较广,除装普通土外,它还可装载砂、砂砾石、级配良好的小石渣以及经良好破碎的石料等混凝土骨料,但不宜用于大的鹅卵石、石渣和潮湿黏土等的施工。

带松土齿的铲运机可铲装较硬的土质。

(3)按施工地形选用

利用下坡铲装和运输可提高铲运机的生产率,适用铲运机作业的最佳坡度为7°~8°,坡度过大不利于装斗。因此,铲运机适用于从路旁两侧取土坑取土填筑路堤(高3~8m)或两侧弃土挖深3~8m路堑的作业。此外,铲运机适用于大面积场地平整作业,铲平大土堆以及填挖大型管道沟槽和装运河道土方等工程。

(4)按机种选用

铲运机类型主要根据使用条件选择,如土的性质、运距、道路条件、坡度等。

双发动机铲运机可提高功率近一倍,并具有加速性能好、牵引力大、运输速度快、爬坡能力强、可在较恶劣地面条件下施工等优点,但其投资大。所以,只有在单发动机式铲运机难以胜任的工程条件下,双发动机式铲运机才具有较好的经济效果。

在国外,链板装式铲运机得到了大力推广,是目前运土设备中发展最快的一种机型。

实际选用中,可根据具体情况和以上原则参考表2-2-2和表2-2-3进行。

各种铲运机的适用范围 表2-2-3

类别			推装斗容(m^3)		适用运距(m)		道路坡度(°)
			一般	最大	一般	最佳	
拖式铲运机			2.5~18	24	100~1 000	100~300	15~30
自行式铲运机	单发动机	普通装载式	10~30	50	200~2 000	200~1 500	5~8
		链板装载式	10~30	35	200~1 000	200~600	5~8
	双发动机	普通装载式	10~30	50	200~2 000	200~1 500	10~15
		链板装载	9.5~16	34	200~1 000	200~600	10~15

思考题

1.相同斗容的单轴拖式[图2-2-4a)]铲运机与双发动机自行式铲运机[2-2-4d)]的走行速度(运土速度)哪一种快?为什么?能举出两条理由吗?

2.铲运机施工中,为什么常坚持"挖尽填远,挖远填近"这一基本原则?

3.有的铲运机为什么要设计两台发动机?若用一台功率是原先两台之和的大发动机替代则其结构会更为紧凑,但实际中却很少见,你能说出此中原由吗?

第三节 装载机施工

一、概述

1.装载机的组成与工作原理简介

图2-3-1为常见装载机的外观图。

图 2-3-1　装载机外观图

装载机一般是由车架、动力装置、工作装置、传动系统、行走系统、转向制动系统、液压系统和操作系统组成。图 2-3-2 为某轮式装载机的总体构造示意图。

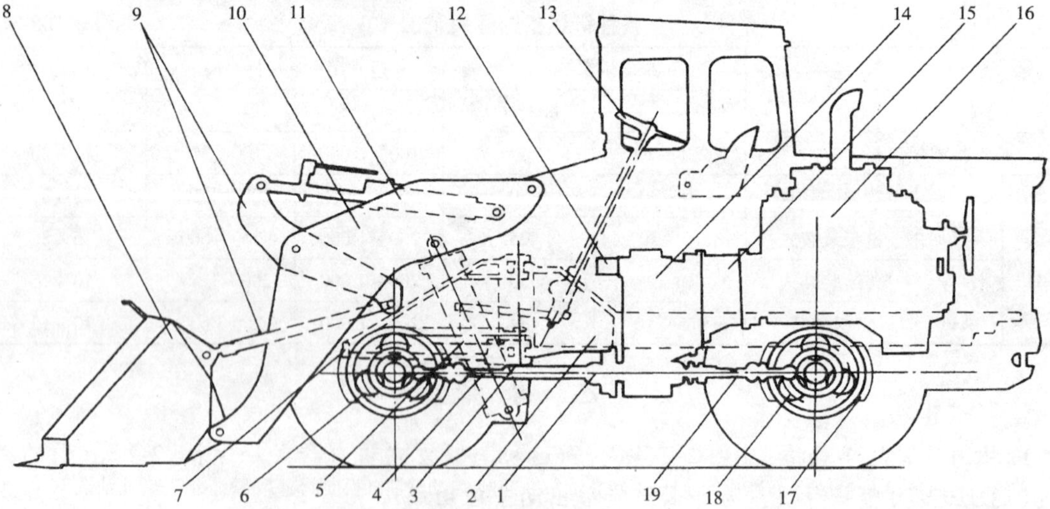

图 2-3-2　轮式装载机总体构造

1-前传动桥；2-后车架；3-铰销；4-动臂油缸；5-转向油缸；6-前驱动桥；7-前车架；8-铲斗；9-连杆；10-动臂；11-转斗油缸；12-油泵；13-转向盘；14-变速器；15-变矩器；16-发动机；17-制动器；18-后驱动桥；19-后传动轴

发动机 16 的动力经变矩器 15 传给变速器 14，再度由变速器把动力经传动轴 1 和 17 分别传到前、后驱动桥 6 和 18，以驱动车轮转动，发动机动力还经分动箱驱动液压油泵 12 工作，为液压系统提供动力油。工作装置由动臂 10、铲斗 8、连杆系统 9、动臂油缸 5 和转斗油缸 11 组成。动臂一端铰接在车架上，另一端安装铲斗 3，动臂的升降由动臂油缸 4 的伸缩带动，铲斗的翻转则由转斗油缸的伸缩通过连杆来实现，装载机铲装物料就是通过操作系统使动臂、铲斗油缸按一定顺序和程度伸缩来实现的，当然，装载物料的过程中少不了整机的进、退动作。

铰接转向的装载机（图 2-3-2）的车架是由前、后二部分 7 和 2 组成，中间用铰销 3 连接，转动转向盘 13 通过转向液压系统使转向液压油缸 5 伸缩，前、后车架便绕铰销相对转动，以实现转向。

在每个车轮上都装有制动器 17，驾驶员踩下制动踏板，通过制动系统使制动器产生制动作用，可降低行驶速度或停车。

2. 装载机工作装置液压系统简介

以 ZL50 为例介绍装载机工作装置液压系统。

ZL50 装载机工作装置液压系统如图 2-3-3 所示。它是一个优先开式系统，又称互锁油路。

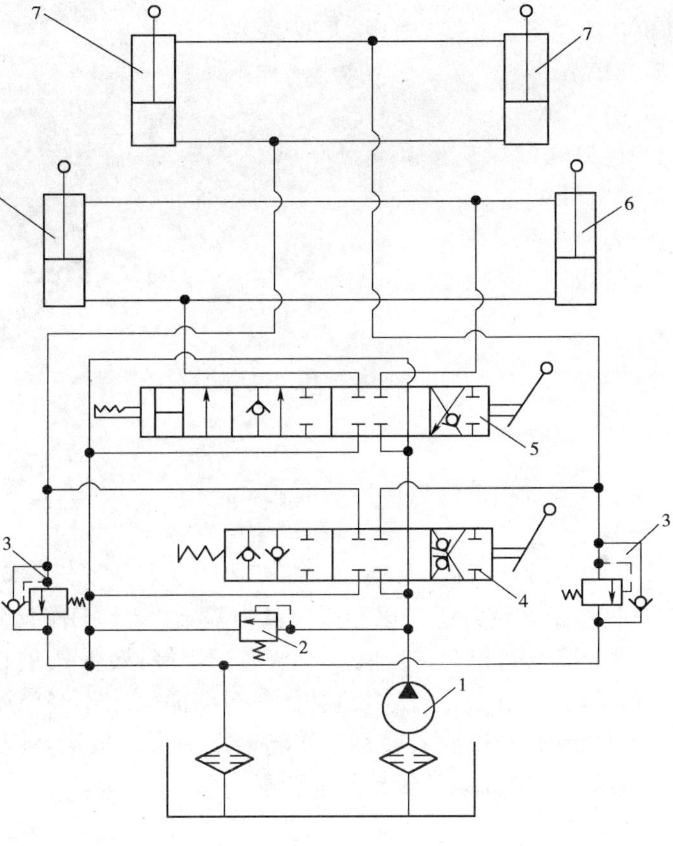

图 2-3-3　ZL50 装载机工作装置液压系统原理图

1-油泵；2-安全阀；3-双作用安全阀；4-转斗油缸换向阀；5-动臂油缸换向阀；6-动臂油缸；7-转斗油缸

图示工况为铲斗和动臂处于闭锁位置，两个换向阀位于中位，此时油泵 1 输出的油液通过换向阀 4 和 5 直接返回油箱，油泵处于卸荷状态。转斗油缸换向阀 4 是一个三位六通阀，它可以控制铲斗后倾、保持和前倾三个动作，它被安置在动臂换向阀之前，当转斗油缸换向阀离开中位即切断了去动臂换向阀的通路，欲使动臂动作，必先使转斗油缸换向阀回到中位，因此，动臂与铲斗不能同时动作。在转斗油缸 7 两腔都装有双作用安全阀 3，它的作用是：一是在动臂的升降过程中，因工作装置的连杆不完全是平行四边形结构，使转斗油缸活塞，有可能被拉伸或受压，若换向阀又在中位，就有可能造成转斗油缸油压过高或者产生真空现象，因此必须及时泄压或少量补油；二是当动臂在最高位置向前倾卸载时，当铲斗重心已超过支点之后，铲斗和物料将靠自重迅速前倾拉动活塞，这时应大量补充油液，以免造成后腔真空。

动臂油缸换向阀 5 是四位六通阀，可控制动臂提升，闭锁，下降和浮动，提升或下降速度是依靠改变换向阀阀口的开度进行调节的,当动臂上升或下降到极限位置时,换向阀5亦有自动复位装置,以防损坏机件,可使空斗迅速下降,此外,在坚硬的地面上进行铲取物料,或反向刮平作业时,亦需要铲斗在地面上浮动,安全阀2是用来限制系统的压力,当系统压力超过某一数值时,就自动打开泄压,保护液压系统不受损坏。

3.装载机的分类与发展概况

装载机有单斗和多斗两种,由于多斗装载机在一般施工中少见,本节只介绍单斗装载机。单斗装载机的形式较多,通常按下列方法分类:

1)按发动机功率分类

装载机按发动机功率可分为小型、中型、大型、特型四种。

小型:功率小于74kW

中型:功率为74~147kW

大型:功率为147~515kW

特大型:功率大于515kW

2)按传动型式分类

轮式装载机共四种,即:

(1)机械传动;

(2)液力机械传动;

(3)液压传动;

(4)电传动。

目前大中型装载机较多采用液力机械传动形式。

3)按行走系统分类

(1)轮胎式装载机:见图2-3-4a)。

(2)履带式装载机:履带式装载机是以专用底盘为基础,装上工作装置并配装适当操作系统而成(图2-3-4b),履带接地面积大,接地比压小,通过性好;履带式重心底,稳定性好;质量大,附着性能好,牵引力较相同载质量轮式装载机大;对路面要求不高。履带式装载机的缺点是:速度低,机动性差,行走时破坏路面,转移工作场地需平板车拖运。因此,它常用在工程量大、作业点集中、不经常移动、路面条件较差的场合。

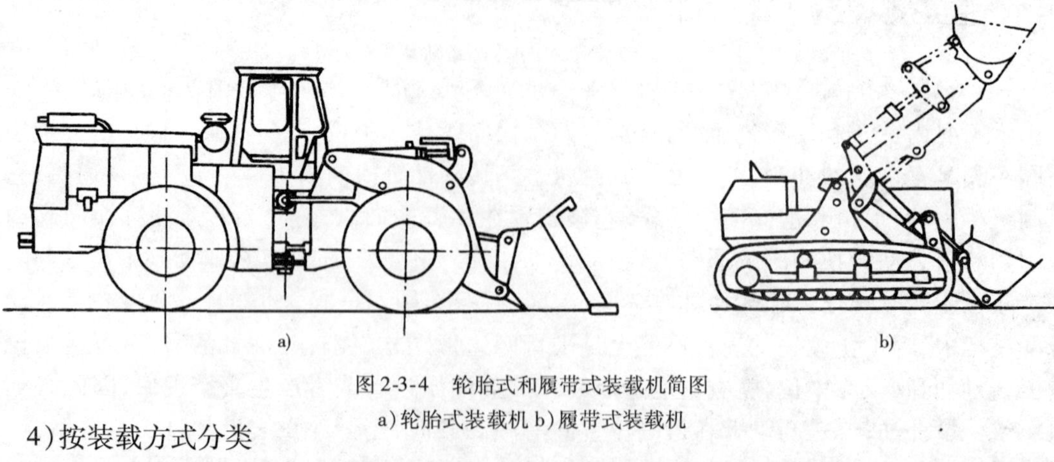

图2-3-4 轮胎式和履带式装载机简图

a)轮胎式装载机 b)履带式装载机

4)按装载方式分类

(1)前卸式(图2-3-5a):装载机在其前端铲装和卸载,卸载时,装载机的工作装置须与运输车辆垂直,这种卸载方式调车费时,但因结构简单,工作可靠,驾驶操纵视野好,故应用最为广泛。

(2)回转式(图2-3-5b):回转式装载机的工作装置安装在可回转90°~360°的转台上,铲斗在前端装料后,回转至侧面卸载,装载机不需要调车,也不需要较严格的对车,作业效率高,适宜场地狭小的地区工作,但这种装载机需增设一套回转装置,使结构复杂,增加重量和成本,而且在回转卸载时,是偏心卸载,两侧轮胎受载不一,有一侧轮胎超载很大,侧向稳定性较差,因此斗容不能过大。

(3)后卸式(图2-3-5c):装载机在前端装料,向后端卸料,作业时,装载机不需调车,可直接向停在其后面的运输车辆卸载;可节约时间,作业效率高,但卸载时,铲斗须越过驾驶员上空很不安全,因此应用不广泛。

(4)侧卸式:除拥有前卸式全部功能外,还可侧面卸载物料,多用于隧道或特殊场地施工。

目前使用最多的是装载斗非回转、铰接式机架、液力机械传动的单斗轮式走行装载机。

轮式装载机因为具有用途广、机动性好、生产率高、作业成本低等优点,因此随着工程建设的发展需要,当今世界不但设计制造新型的大功率、大斗容量轮式装载机,同时,小型装载机亦在大量发展。

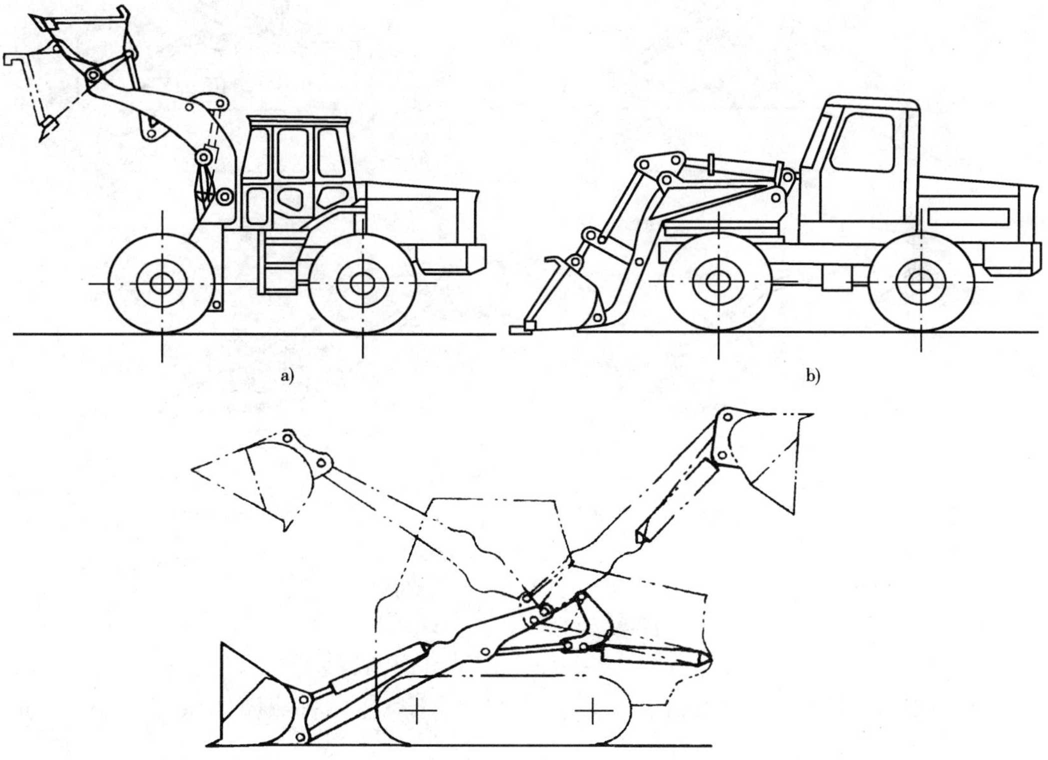

图2-3-5　装载机的卸载方式

a)前卸式;b)回转式;c)后卸式

我国中型装载机技术较成熟,与国外同类产品相比,只是可靠性差些,但大型、特大型和全液压传动的装载机制造技术相对落后,产品亦相对欠缺。

二、装载机的应用

1. 装载机的用途与工作过程

装载机是一种用途十分广泛的工程机械，它可以用来铲装、搬运、卸载、平整散装物料；也可以对岩石、硬土等进行轻度的铲掘工作，如果换装相应的工作装置，还可以进行推土、起重、装卸木料及钢管等作业（图2-3-6）。因此，它被广泛地应用于建筑、公路、铁路、国防等工程中，对加快工程建设速度、减轻劳动强度、提高工程质量、降低工程成本具有重要作用。

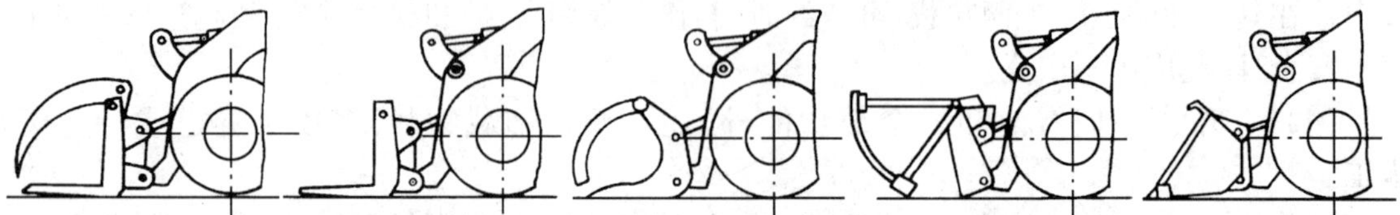

图2-3-6　装载机可换工作装置

装载机的工作过程由铲装、转运、卸料和返回四个过程构成，并习惯地称之为一个工作循环。

（1）铲装过程：首先将铲斗的斗口朝前，并平放到地面上（图2-3-7a），机械前进，铲斗插入料堆，斗口装满物料。然后，将斗收起，使斗口朝上（图2-3-7b），完成铲装过程。

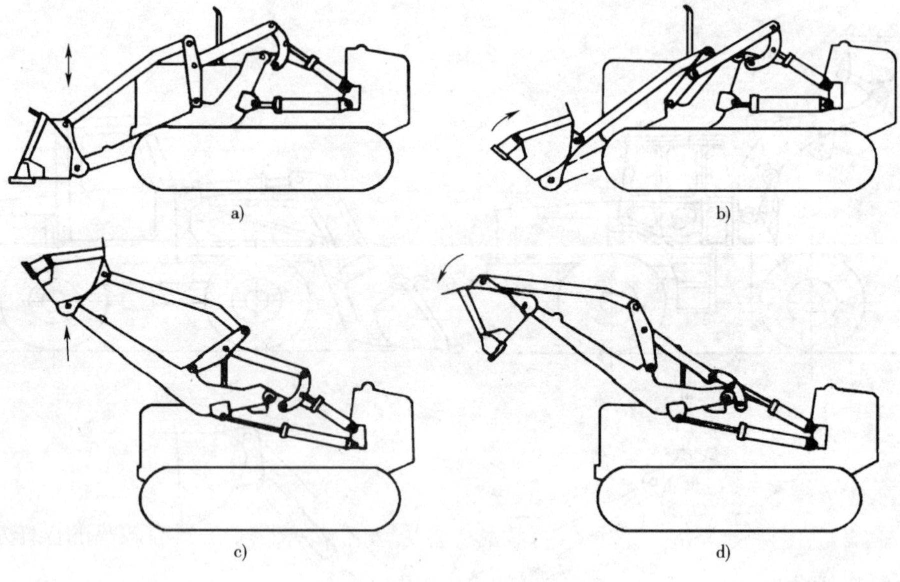

图2-3-7　单斗装载机的工作过程

a）铲装；b）收斗；c）升斗；d）卸料

（2）转运过程：用动臂将斗升起（图2-3-7c），机械倒退，转驶至卸料处。

（3）卸料过程：先使铲斗对准停止在运料车厢的上空，然后将斗向前倾翻，物料即卸于车厢内（2-3-7d）。

（4）返回过程：将铲斗翻转成水平位置，机械驶至装料处，放下铲斗，准备再次铲装。

2. 装载机的铲装方法

1）一次铲装法

装载机直线前进，铲斗刀刃插入料堆，直至铲斗后壁与料堆接触装载机才停止前进，当铲斗向上转至装满位置后提升动臂至运输高度；（图2-3-8a）。一次铲装法是最简单的铲装方法，对驾驶员操作水平要求不高，但其作业阻力大，需要把铲斗很深地插入料堆，因而要求装载机有比较大的插入力。同时需要很大的功率来克服铲斗上翻的转斗阻力，常用在铲装容重轻的松散物料，如砂、煤、焦炭等。

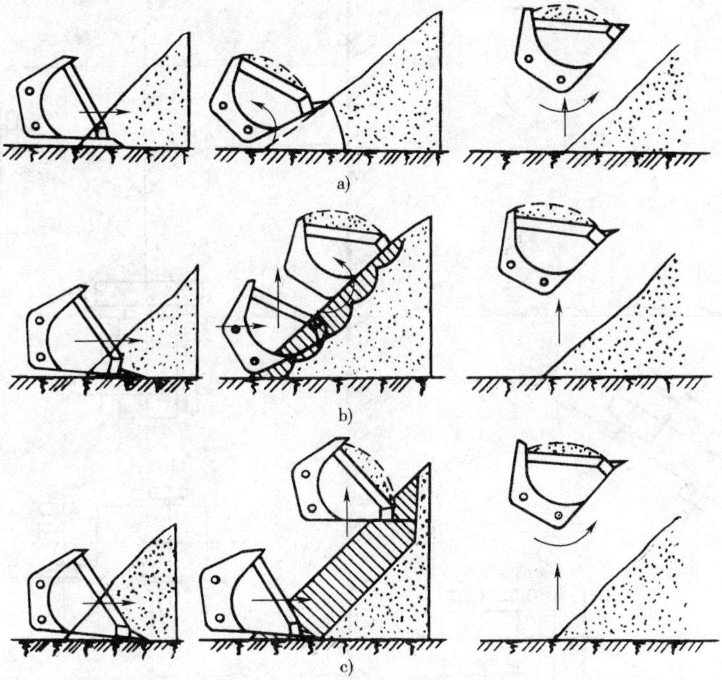

图 2-3-8 装载机铲装方法

a）一次铲装法；b）配合铲装法；c）挖掘机铲装法

2）配合铲装法

装载机在前进的同时，配合以转斗和动臂提升动作进行铲装作业，即当铲斗插入料堆不大的深度（0.2～0.5 斗深）时，在装载机前进的同时，间断地操纵铲斗上翻，并配合动臂提升，直至装满铲斗，见图 2-3-8b）。

3）挖掘机铲装法

当铲斗插入料堆一定深度时，装载机在前进的同时，配合以动臂提升，在斗刃离开料堆后，铲斗转至运输位置，如图 2-3-7c）所示。

采用配合铲装方法，铲斗不需要插得很深，靠插入运动与斗刃转动、提升运动的配合，使插入阻力大大减小，斗也容易装满，是一种比较有效的作业方法，但要求驾驶员具有较高的操作水平。

3. 装载机施工作业

装载机用作装载设备，向自卸汽车进行装载工作时，其技术经济指标，在很大程度上与施工作业方式有关，其广泛使用的施工作业方式有以下 4 种（图 2-3-9）。

1）“V”型作业法

自卸汽车与工作面布置成 50°～35°角，而装载机的工作过程则根据本身结构和形式而有所不同。

履带式装载机和刚性车架后轮转向的轮胎式装载机，采用这一方案时［图 2-3-9a）］，装载机装满铲斗后，在倒车驶离工作面的过程中，车头转 50°～55°左右，使装载机垂直于自卸汽车，然后向前驶向自卸汽车并卸载；卸载后，装载机倒车驶离自卸汽车，然后，掉头驶向料堆，进行下一个作业循环。

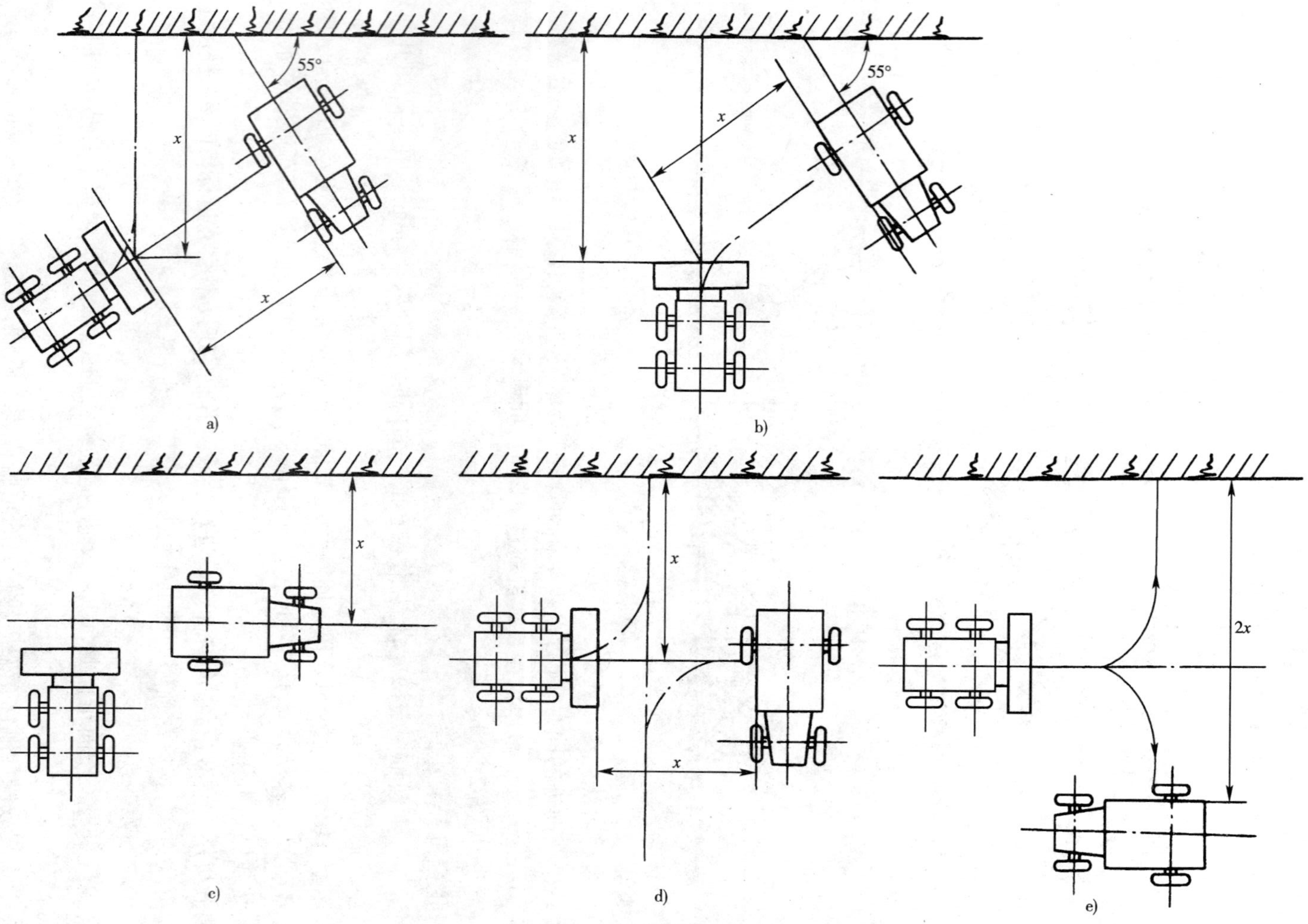

图 2-3-9　装载机作业方式

a)、b)“V”型作业法；c)“I”型作业法；d)“L”型作业法；e)“T”型作业法带有铰接式车架的轮胎式装载机在采用这种方案时，其工作过程略有不同。装载机在工作面装满铲斗后，可直线倒车后退3～5m，然后使前车架转动35°～45°，再前进驶向自卸汽车进行卸载［图2-3-9b)］。“V”型作业法，工作循环时间短，在许多场合得到广泛的应用。

2)“I”型作业法

自卸汽车平行于工作面适时地作往复前进和后退，而装载机则穿梭地垂直于工作面作前进和后退，所以亦称之为穿梭作业法［图2-3-9c)］。

装载机装满铲斗后，直线后退，在装载机后退一定距离并把铲斗举升到卸载位置的过程中，自卸汽车后退到与装载机相垂直的位置，装载机再向前驶向自卸汽车并进行卸载；卸载后自卸汽车向前行驶一段距离，以保证装载机可以自由地驶向工作面，进行下一个作业循环，直到自卸汽车装满为止。这种作业方式省去了装载机的调车时间，对于不易转向的履带式和整体车架式装载机比较合适；但增加了自卸汽车前进和后退的次数，因此，采用这种作业方式，装载机的作业循环时间取决于装载机和与其配合作业自卸货车的驾驶员熟练程度。

3)“L”型作业法

自卸货车垂直于工作面，装载机铲装物料后，倒退并调转90°；然后向前驶向自卸卡车卸载，空载的装载机后退并调转90°，然后向前驶向料堆，进行下次铲装［图2-3-9d)］。这种作业方式在运距较小，而作业场合比较宽广时，装载机可同时与两台自卸汽车配合工作。

4)“T”型作业法

自卸汽车平行于工作面，但距离工作面较远，装载机铲装物料后，倒退并调转90°；然后再向相反方向调转90°驶向自卸汽车卸料［图2-3-9e)］。

以上四种作业方法在施工中经常用到，各有其优缺点，具体选用哪种方法，施工中必须具体问题具体分析，选取最有利于自己的施工方案。

4.装载机生产率的计算

装载机的生产率是指其在特定的条件下每小时所能装卸或装运物料的重量。

装载机的生产率除取决于装载机本身的技术性能(如斗容大小、牵引力、掘起力、作业速度等)外，还与物料种类、作业方式、作业场地、运输距离、路面条件以及驾驶员操纵的熟练程度有密切关系。由于其施工作业大致可分为向货车装载和本身装运两种情况，因此，下面分别给出其生产率的计算式。

(1)装载生产率：只在作业场地进行装卸，不担负远距离运输任务。这时装载机的生产率按下式确定：

$$Q = \frac{3\,600 V_H r K_L K_m}{T}$$

式中：Q——生产率，kg/h；

V_H——额定斗容量，m^3；

r——物料密度，kg/m^3；

K_L——装载机时间利用系数，K_L 取0.75～0.85；

K_m——铲斗装满系数，它取决于被装物料的种类和状态、块度；铲斗的形状，装载机的结构和驾驶员的熟练程度。

对于容易装载的物料，如松散的，或成堆的，取 $K_m=1.0$ 到1.25；中等程度装载的物料，如条件好的黏土，或由山地直接铲掘的松软砂土，取 $K_m=0.75$ 到1.0；较困难装载的物料，如难以装满铲斗的硬粘质土、黏土、凝固的砾质土，取 $K_m=0.6$ 到0.75：如用爆破或松土机采掘的石块、砾石，取 $K_m=0.45$ 到 0.65。

T——装载机完成一个作业循环时间，单位是 s，它取决于作业方式和装载物料的种类及其状态，包括装载、卸载、往返、改变方向等所需全部时间。

"I"型作业法：$T=10+d+1.6x$

"V"型作业法：$T=11+d+1.6x$

"L"型作业法：$T=12+d+1.6x$

"T"型作业法：$T=13+d+1.6x$

式中：d——考虑物料装载难易程度的量；

普通成堆的砂：$d=0$

碎石（20mm 以下）、砂、小砂砾：$d=2$

碎石（50mm 以下）、天然状态的小砂砾、黏土：$d=4$

x——距离，m。

一般地，在初步计算时可取 $T=20\text{s}$。

（2）装运生产率，除了要在作业场地进行铲装作业外，还要担负转运至其他场地进行卸载的任务，其生产率可按下式计算：

$$Q=\frac{3\,600V_H rK_L K_M}{T_b}$$

式中：Q——生产率，kg/m^3；

T_b——一个装运作业循环的总时间，单位是 s；它约等于装载作业所需要的基本时间与运输时间之和，即：

$$T_b=T+T_r$$

式中：T_r——运输时间，s；它取决于车速和运输距离。可按下式计算：

$$T_r\approx 3.6\frac{S}{v_m}+3.6\frac{S}{v_0}$$

式中：S——装载机运输距离，m；

v_m——装载机满载平均行驶速度，km/h；它与运输距离、路面状况有关，可参考图 2-3-10 选取；

v_0——装载机空载平均行驶速度，km/h；参看图 2-3-10 选取。

装载机装运周期亦可按实际经验数据选取，它与运输距离之关系如图 2-3-11 所示，装载机的平均生产率与斗容之关系如图 2-3-12 所示。

其余参数同上。

三、装载机的选用

1. 装载机的命名与主要技术性能指标简介

根据国家统一标准，国产工程机械型号表示方法如下：

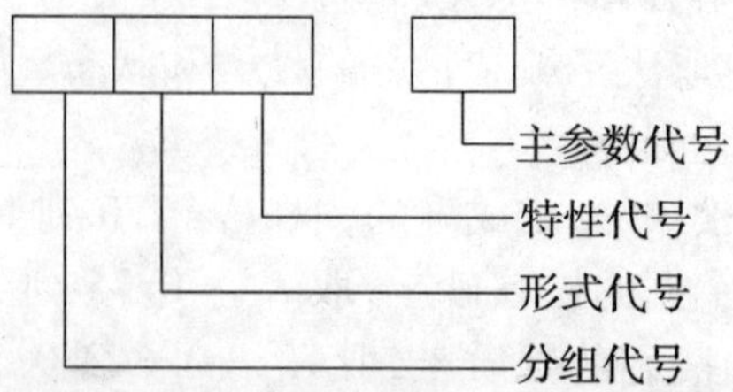

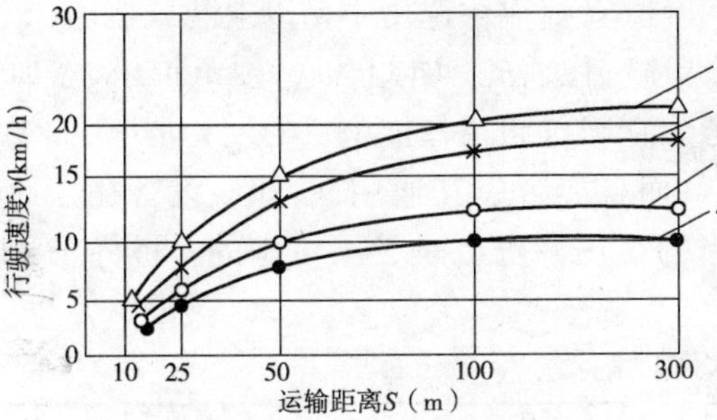

图 2-3-10　平均行驶速度与运距路面的关系

硬路面:1-空载;2-满载

土路面:1-空载;2-满载

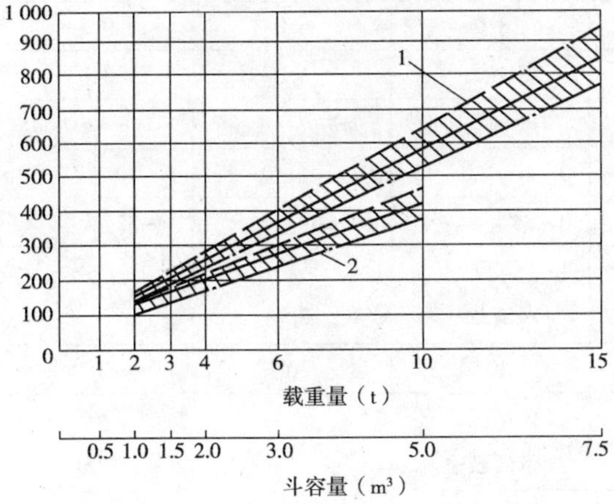

图 2-3-12　装载机实际平均生产率与斗容的关系

1-轮胎式;2-履带式

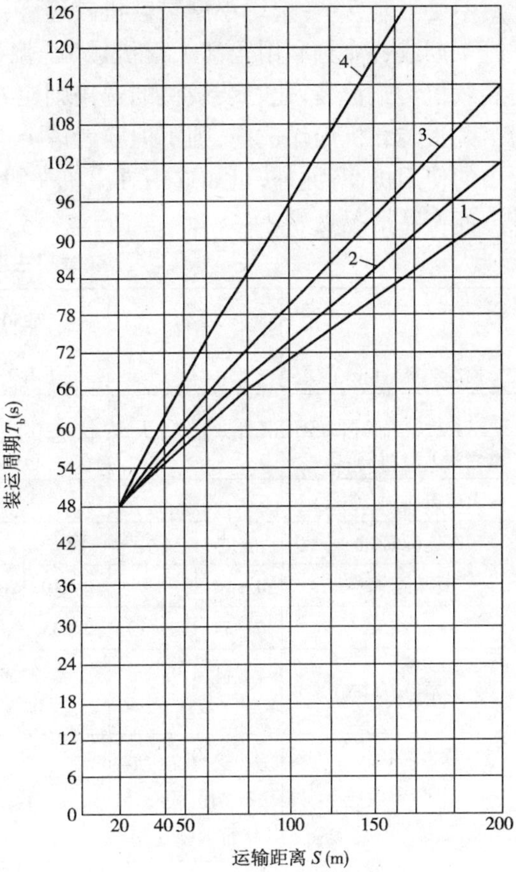

图 2-3-11　$S—T_b$ 关系图

1-平坦的铺砌路;2-平坦的硬土路;3-凹凸不平的土路;

4-松软的砂、砾石路、泥泞路

特性代号在有些机械中被省略。如装载机目前生产的全部是液压操纵式的,因此在其型式中就省略了特性代号 Y(其余类同),另外这些代号往往以汉语拼音的第一字母或阿拉伯数字表示。

例如 ZL50C 装载机,其中 Z 表示装载机,L 表示轮胎式,50 表示额定载质量为 50kN,C 在这里表示为第 3 次改进型,此外,过去有些厂商惯于在 Z 之后用“4”代表轮胎式,在 Z 之前加 D 代表适宜“地下”用的装载机。

装载机的主要技术性能指标如表 2-3-1 所示。

2. 装载机的选用原则

选用装载机时应综合考虑如下因素:

1) 根据工作环境选用装载机类型

如果是进行地下施工,为了便于与自卸车配合,往往选用侧卸式低排放内燃机驱动装载机;如果铲装路面很差(多石碴、稀泥等),或者虽然铲装路面好,但石头较多,往往选用履带式而不选轮胎式装载机;如果工作场地平板拖车无法行进入,往往选择轮胎式装载机,现代施工中,以选用单斗轮胎式装载机居多。

2) 根据工作对象选用装载机型号

一般地,装载机的额定载质量越大,其铲装硬土的能力越强,因此,如果是铲装松散物料,工期不受限制，往往选用小型装载机较经济，若铲装硬土，则往往选用中型以上装载机；有时为了赶工期或者充分利用全部工程机械（挖掘机紧缺时），往往先用推土机将硬土推松，然后再用装载机实施铲装，此时装载机的选用则应着重考虑它与自卸车和推土机的配套情况，如果是为了购买装载机而作选择，则不但要考虑上面因素，而且要考虑其通用性，即该设备在今后工程中的使用机率，此外，正如选用推土机一般，适当的市场调查也是必不可少的。世界工程机械厂商产品情况见表 2-1-5。

装载机主要技术性能指标

表 2-3-1

	ZL40		ZL50		DZL50		ZL50C		ZL90	
标准斗容量(m^3)	3		2.0		3.0		3.0		5.0	
额定载重(t)	5		3.6		5.0		6.0		9.0	
动臂提升时间(满载)	7		6.5		8.0		6.0		9.5	
铲臂提升时间(空载)	2.5		3.0		3.0		3.0		3.0	
车速(km/h)	前进	后退	前进	后退	前进	后退	前进	后退	前进	后退
Ⅰ挡	0 ~ 10		0 ~ 10	0 ~ 14	0 ~ 10	0 ~ 13	0 ~ 10	0 ~ 13	0 ~ 10	0 ~ 13
Ⅱ挡	0 ~ 34	0 ~ 13	0 ~ 35		0 ~ 34		0 ~ 34		0 ~ 32	
最大牵引力(kN)	126.9（空载）		103.9（满载）		147（满载）		147（满载）		279.3（满载）	
最大爬坡度	30°		30°		30°		30°		30°	
整机质量(t)	18.5（带驾驶室）		12（带驾驶室）		16.8（带驾驶室）		16.7		36（带驾驶室）	
最大卸载高度(mm)	2 950		2 800		2 850		1 700		3 500	

3）根据自卸车数量和装载机生产率确定装载机台数

一般地，受道路和施工场地的限制，在施工中自卸车的数量和载质量受限。因此，与之配套的装载机的台数必须满足下列计算式：

$$n = \frac{XY}{Q}$$

式中：X——自卸车台数；

Y——自卸车生产率；

Q——所选装载机生产率；

n——装载机台数。

若自卸车行驶路程和施工场地不受限制，则装载机数量的确定主要根据工期和自卸车的拥有量来确定。

4）装载机与自卸车的匹配原则

（1）自卸车斗容应为装载机斗容的若干倍，以免造成不足一斗也要装一次车，浪费时间和动力，装载松散物料时，这一点尤为重要。

（2）装载机装满自卸汽车所需的斗数，一般以 2 ~ 5 斗为宜，斗数过多，自卸车等待时间过长，不经济，斗数过小，则装载机卸料时对汽车冲击载荷过大，易损坏车辆，物料也易溢出车厢外。

（3）装载机的卸载高度和卸载距离要满足物料能卸到汽车车厢中心的要求。

思　考　题

1. 装载机的装车效率与哪些因素相关？

2. 装载机与推土机相比其应用各有何特点？

3. 根据“装载机与自卸车的匹配原则”可选取装载机的型号吗？

第四节　挖掘机施工

一、概　　述

1. 挖掘机的组成与工作原理

挖掘机据其挖土斗的数量分为单斗挖掘机和多斗挖掘机，由于在公路施工中以单斗挖掘机较为多见，很少应用多斗挖掘机，因此，本节主要介绍液压式单斗挖掘机，它的外观如图2-4-1所示。

图 2-4-1　单斗液压式挖掘机外观图

1）组成

（1）机械式单斗挖掘机组成。机械式单斗挖掘机主要结构由工作装置、回转支承装置、行走装置及动力装置和附属设备等部分组成，如图 2-4-2 所示。其中工作装置包括铲斗、提升机构、推压机构、动臂、斗底开启机构等。回转支承装置包括回转机构、回转平台、回转支承机构等；行走装置包括履带行走机构、车架、履带架等。

（2）液压式单斗挖掘机组成。如图 2-4-3 所示，单斗液压挖掘机主要结构由工作装置、回转机构、动力装置、传动操纵机构、行走装置和辅助设备等组成。常用的全回转式（转角大于 360°）

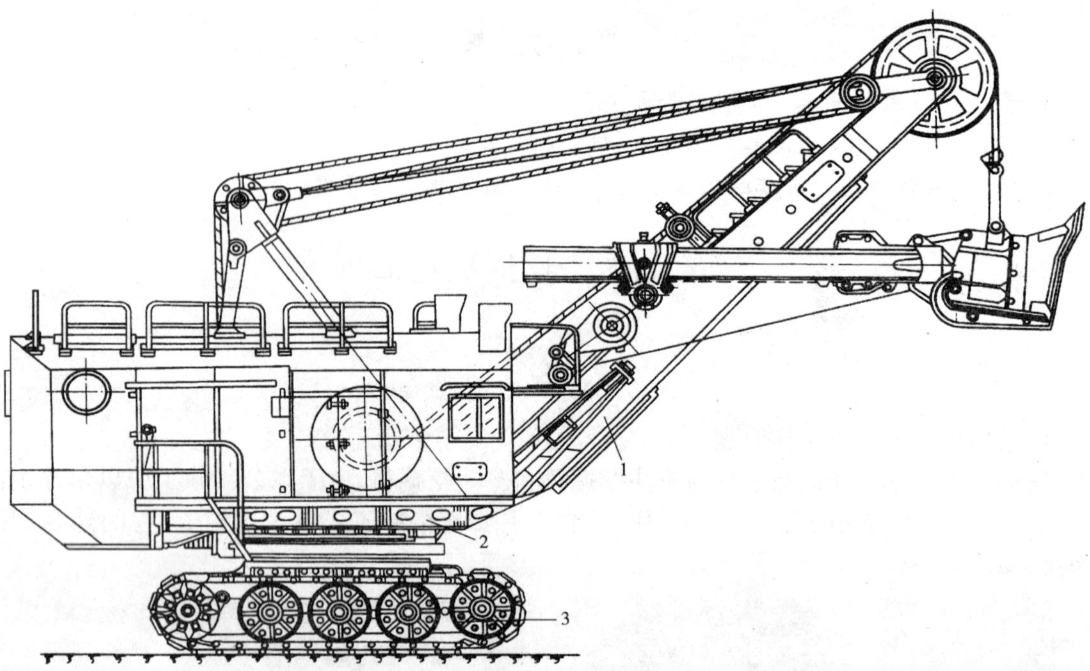

图 2-4-2　机械式单斗挖掘机主要结构简图

1-工作装置;2-回转平台;3-行走装置

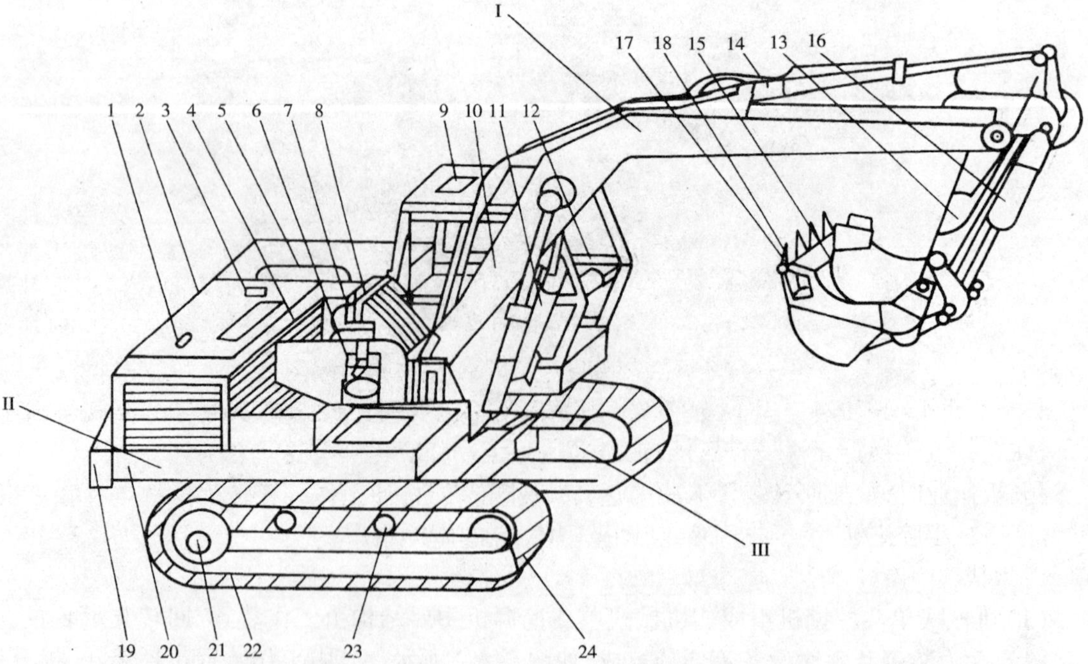

图 2-4-3　小松山推 PC 型液压挖掘机主要结构示意图

1-柴油机;2-机棚;3-油泵;4-液控多路阀;5-液压油箱;6-回转减速器;7-液压马达;8-回转接头;9-驾驶室;10-动臂;11-动臂油缸;12-操纵台;13-斗杆;14-斗杆油缸;15-铲斗;16-铲斗油缸;17-边齿;18-斗齿;19-平衡重;20-转台;21-行走减速器液压马达;22-支重轮;23-托链轮;24-履带板; Ⅰ-工作装置; Ⅱ-上部转台; Ⅲ-行走装置

挖掘机,其动力装置、传动机构的主要部分和回转机构、辅助设备及时驾驶室等都装在可回转的平台上,通称为上部转台,因而又把这类机械概括成由工作装置、上部转台和行走装置三大部分组成。

2)工作原理

(1)机械式单斗挖掘机工作原理。机械式单斗挖掘机的常用工作装置是正铲工作装置,主要由动臂1、斗柄2、铲斗3、推压轴4等构成,如图2-4-4所示。

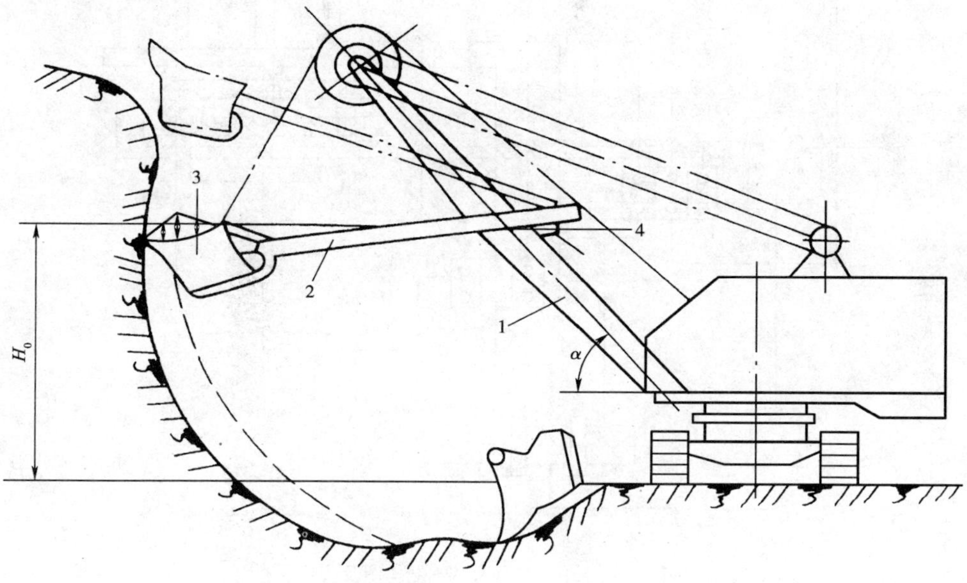

图2-4-4 正铲工作装置工作原理图

1-动臂;2-斗柄;3-铲斗;4-推压轴

当挖掘开始时,挖掘机靠近工作面,开挖位置在推压轴之下,斗前面与工作面交角大(40°~45°),斗齿容易切入。工作时斗齿的切入深度由推压轴控制,操纵提升钢丝提升铲斗,同时推压轴把斗柄推向工作面。铲斗提升与推压轴同时动作,在运动中使铲斗装满土石,离开工作面后回转到卸载处卸载,然后再回转到工作面,开始下一次的挖掘工作。

(2)液压式单斗挖掘机工作原理。如图2-4-5所示为液压式单斗挖掘机基本结构及传动示意图,柴油机13驱动两个液压泵11、12,把高压油输送到两个分配阀9,操纵分配阀将高压油再送往有关液压执行元件(液压缸或液压马达),驱动相应的机构进行工作。

挖掘机作业时,接通回转装置液压马达,转动上部转台,使工作装置转到挖掘点,同时,操纵动臂液压缸小腔进油,液压缸回缩,使动臂下降至铲斗接触挖掘面为止,然后操纵斗杆液压缸和铲斗液压缸,使其大腔进油而伸长,迫使铲斗进行挖掘和装载工作。斗挖掘满后,将斗杆液压缸和铲斗液压缸油路切断并操纵动臂液压缸大腔进油,使动臂升离挖掘面,随之接通回转马达,使斗转到卸载地点,再操纵斗杆和铲斗液压缸回缩,使铲斗反转卸土,卸完土,将工作装置转至主挖掘地点进行第二次挖掘作业。

2. 挖掘机的分类与发展概况

1)分类

按用途及结构特征分类。挖掘机根据其作用特征分类如下:

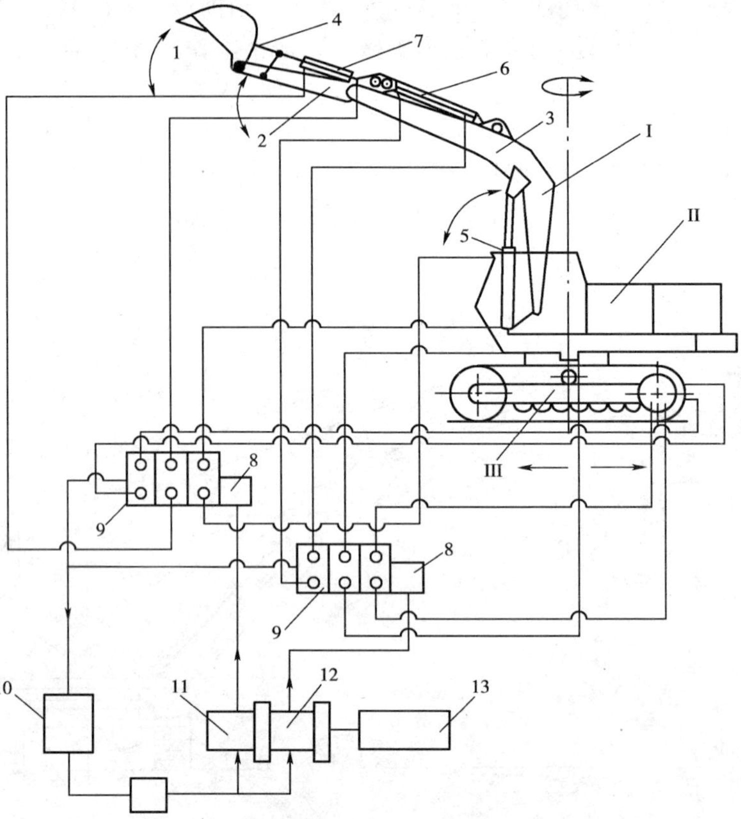

图 2-4-5　液压单斗挖掘机基本结构图及传动示意图

1-铲斗;2-斗杆;3-动臂;4-连杆;5、6、7-液压缸;8-安全阀;9-分配阀;10-油箱;11、12-油泵;13-发动机;I-挖掘装置;II-回转装置;III-行走装置

- 单斗挖掘机
  - 工作装置刚性连接的挖掘机
    - 正铲挖掘机
    - 反铲挖掘机
    - 刨铲挖掘机
    - 刮铲挖掘机
  - 工作装置挠性连接的挖掘机
    - 拉铲挖掘机
    - 抓斗挖掘机

机械式单斗挖掘机主要工作装置形式如图 2-4-6 所示,液压式单斗挖掘机主要工作装置如图 2-4-7 所示,多斗挖掘机工作装置主要形式如图 2-4-8 所示。

2)发展概况

(1)国内水平及发展趋势。我国的挖掘机生产起步较晚,1954 年诞生了第一台斗容量为 1m^3 的单斗挖掘机,20 世纪 80 年代末,挖掘机生产厂家已有三十多家,生产品种达到 40 种以上。中型、小型液压挖掘机已形成系列。近年还开发了许多新产品,如斗容量为 0.25m^3 的轮船式液压挖掘机,斗容量为 0.4m^3、0.6m^3、0.8m^3 的水陆两用挖掘机;引进德国技术生产有 R942、H55、H85 型液压挖掘机;引进日本小松技术生产的 PC 型全液压挖掘机等,生产率为 150 ~ 250m^3/h。

单斗挖掘机向全液压方向发展,斗容量宜控制在 0.1 ~ 1.5m^3。而对于大型及多斗挖掘机,由于液压式制造精度要求高、维护保养复杂、故障率高、现场维修困难等,则仍以机械式为

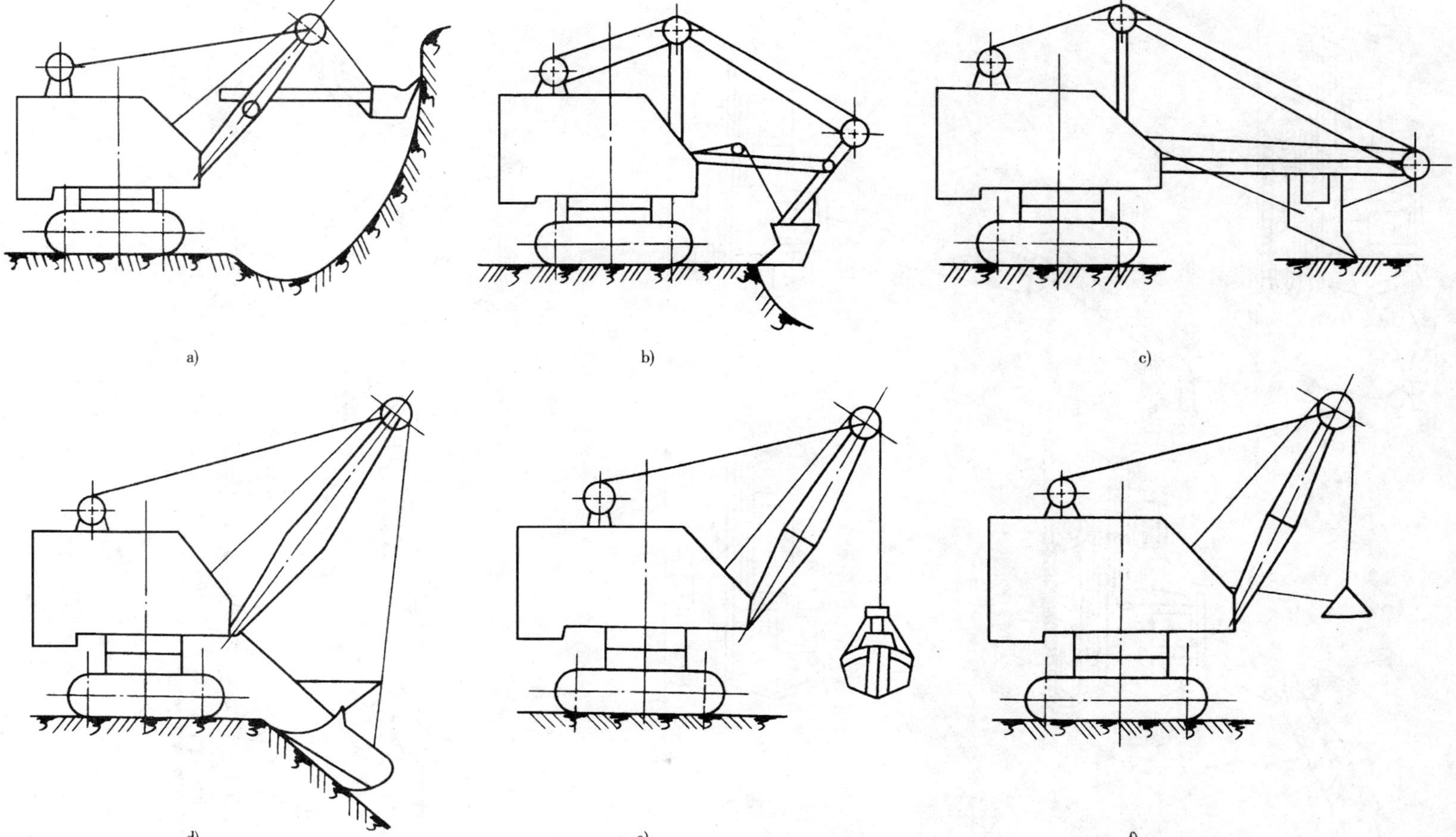

图 2-4-6　机械式单斗挖掘机工作装置主要形式图

a）正铲；b）反铲；c）刨铲；d）拉铲；e）抓斗；f）打桩

主。可运用电液控制技术,以实现操纵的自动化。

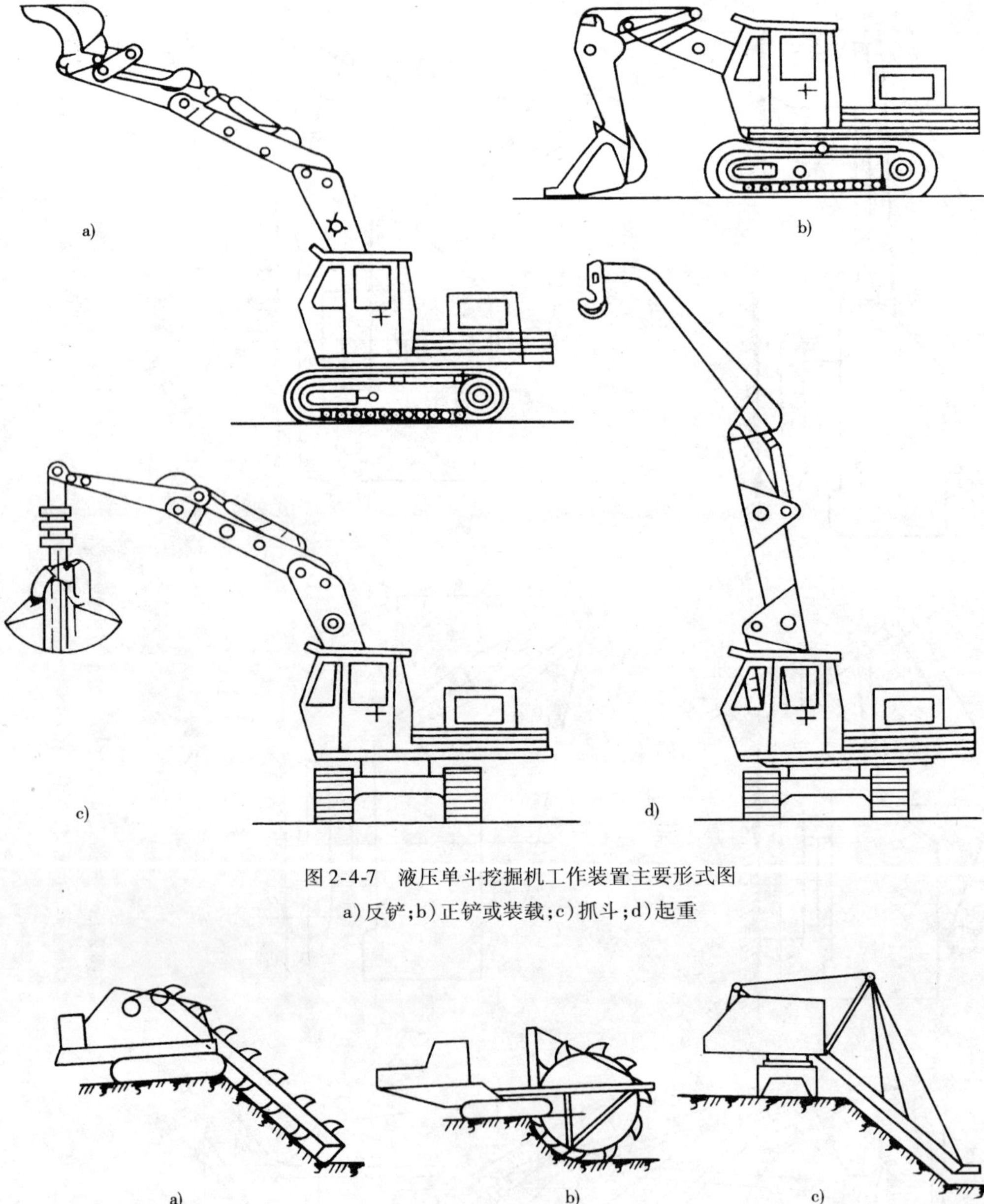

图2-4-7　液压单斗挖掘机工作装置主要形式图

a)反铲;b)正铲或装载;c)抓斗;d)起重

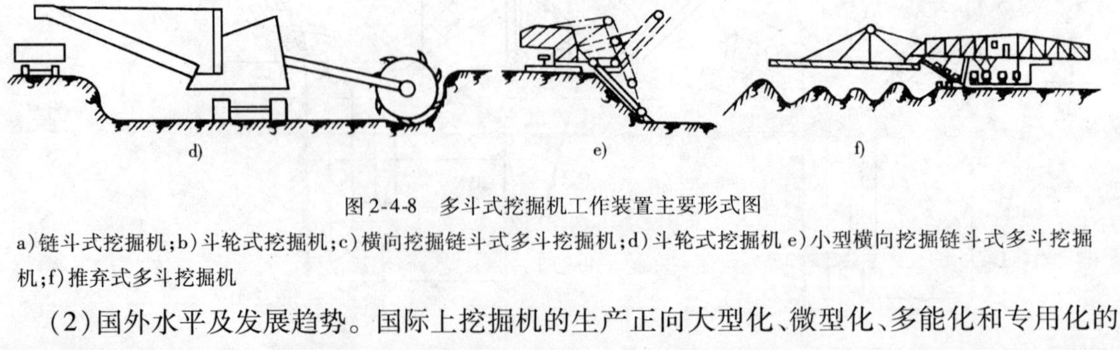

图2-4-8　多斗式挖掘机工作装置主要形式图

a)链斗式挖掘机;b)斗轮式挖掘机;c)横向挖掘链斗式多斗挖掘机;d)斗轮式挖掘机 e)小型横向挖掘链斗式多斗挖掘机;f)推弃式多斗挖掘机

(2)国外水平及发展趋势。国际上挖掘机的生产正向大型化、微型化、多能化和专用化的方向发展。

为满足市政建设和农村建设的需要，国内外发展了斗容量在 0.25m³ 以下的微型挖掘机，最小的斗容量仅 0.01m³，小型挖机国产化近年也获得了长足的进步。

另外，数量最多的中型机和小型机趋向于一机多能，配备了多种工作装置，除正铲、反铲外，还发展了起重、抓斗、平坡斗、装载斗、耙齿、破碎锥、麻花钻电磁吸盘、振捣器、推土板、冲击工具、集装叉、高空作业架、绞盘与拉铲等几十个品种，以满足各种施工情况的需求。

20 世纪 80 年代以来，挖掘机发展的特点可以概括为以下 4 点：

(1)向多品种、高质量、多功能、高效率的系列化方向发展；

(2)全液压挖掘机迅猛发展；

(3)重视采用新技术、新工艺、新结构和新材料、加快标准化、系列化、通用化发展步伐；

(4)国产挖掘机与世界名牌挖掘机品质的差距正在缩小。

二、挖掘机的应用

1. 用途及工作对象

挖掘机械是工程机械中的一个主要机种，是土石方施工工程中的主要机械设备之一。

各种类型及功能的挖掘机械，在国民经济建设的许多行业中被广泛地采用。据统计，工程施工中约有 60% 以上的土石方量是靠挖掘机来完成的。在各类工程施工中，挖掘机主要用于完成下列工作：

(1)开挖建筑物或厂房基础；

(2)挖掘土料，剥离采矿物覆盖层；

(3)采石场、隧道内、地下厂房和堆料场中的装载作业；

(4)开挖沟渠、运河和疏通水道；

(5)更换工作装置后可进行浇筑起重、安装、打桩、夯实等作业。

2. 单斗挖掘机的工作过程及应用范围

带各种基本工作装置的单斗挖掘机是循环作业式机械，每一工作循环包括挖掘、回转、卸料和返回四个工作过程。

1)正铲挖掘机

机械一钢索操纵的正铲挖掘机的工作过程如图 2-4-9 所示。

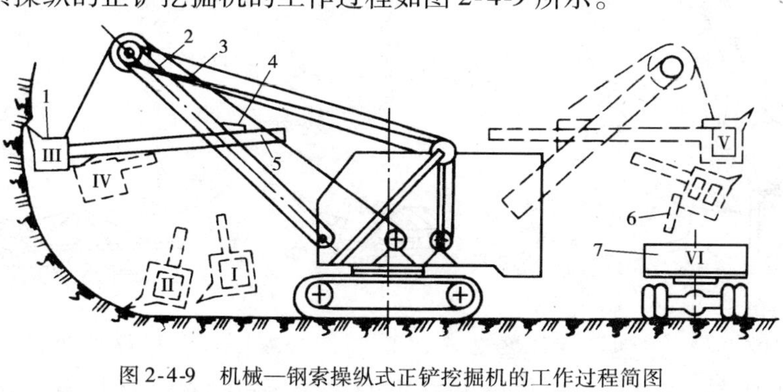

图 2-4-9 机械一钢索操纵式正铲挖掘机的工作过程简图

1-铲斗；2-动臂；3-铲斗提升钢索；4-鞍形斗柄座；5-斗柄；6-斗底；7-运输车辆；I ~ IV-挖掘过程；V ~ VI-卸料过程

(1)挖掘过程。先将铲斗放到工作面底部(I)，然后将铲斗向上提升，与此同时，铲斗也向前推压。于是就在工作面上挖出一层弧形的土层(称内弧形挖掘带)，并将土石装入铲斗内(II-IV)。

（2）回转过程。在土石装满铲斗后，先将铲斗返离工作面（Ⅳ），然后回转回转台，使动臂带着铲斗转到卸土处上空（Ⅴ）。在回转过程中可适当调节铲斗的伸出度和离地高度，以适应卸土的要求。

（3）卸料过程。打开斗底6，将土卸入运输车辆7内（Ⅵ）或就地弃土。

（4）返回过程。

回转回转台，使动臂带着空斗返回挖掘面，在此过程中放下铲斗，斗底在惯性作用下自动关闭（Ⅵ）。

对于全液压的正铲挖掘机，在挖掘时动臂要带着铲斗一起下降（图2-4-10），以后也随着斗柄一起向上运动。开始时也可以停机面作为起点向上逐层挖掘，随着挖掘层次的增多，起点可逐渐向停机面以下转移。

正铲挖掘机应用于：含水量不大于27%的Ⅰ~Ⅳ级土，主要用在开挖掘停机面以上的挖掘面（停机面以下也可以挖掘一定的深度）、运距超过1km、有运输道路的挖运土方工程；挖掘集中的土堆和松散堆集的矿石、碎石、砂子和煤等；挖掘大于正铲最小回转半径的路堑，基坑、沟渠等工程；配备自卸汽车和其他运输工具，进行填筑路堤和其他一些回填土方工程。

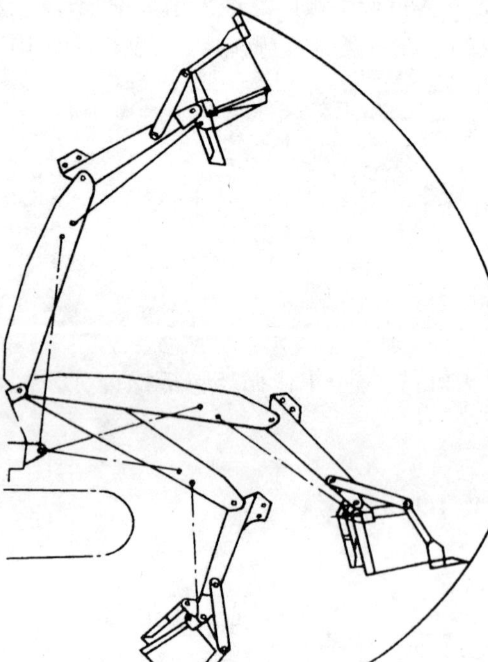

图2-4-10　全液压正铲挖掘机的挖掘过程

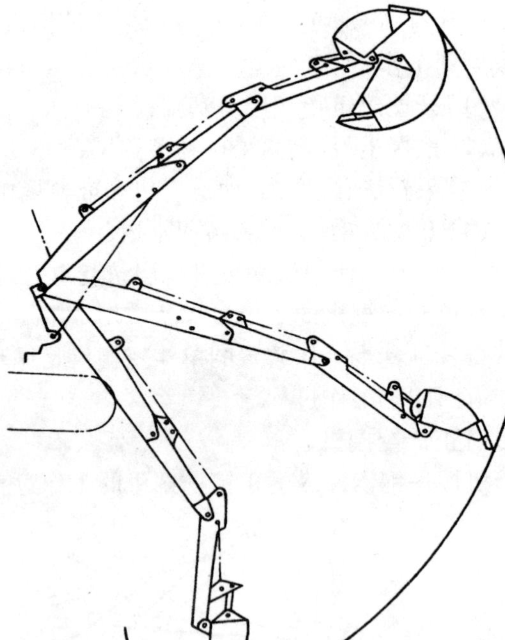

图2-4-11　全液压反铲挖掘机的挖掘过程

2）反铲挖掘机

全液压反铲挖掘机的挖掘过程（图2-4-11），类似全液压正铲挖掘机工作过程。

反铲挖掘机主要用来开挖停机面以下的Ⅰ~Ⅳ级土（停机面以上者，难以装斗），适宜于开挖基坑、沟渠和水下挖土。其挖出的土可直接甩在坑渠两边，或由自卸汽车运走。

3）拉铲挖掘机

拉铲挖掘机的工作过程与上类似，如图2-4-12所示。

拉铲挖掘机由于有抛斗的工作特点，难以采用液压操纵，适合于开挖Ⅰ~Ⅲ级土、停机面以下的开挖工程，如路堑、基坑、河道和管沟等。被开挖的土不论其含水量的大小、水上或水下，均可用拉铲来挖掘。拉铲挖掘机还可用来填筑路堤。

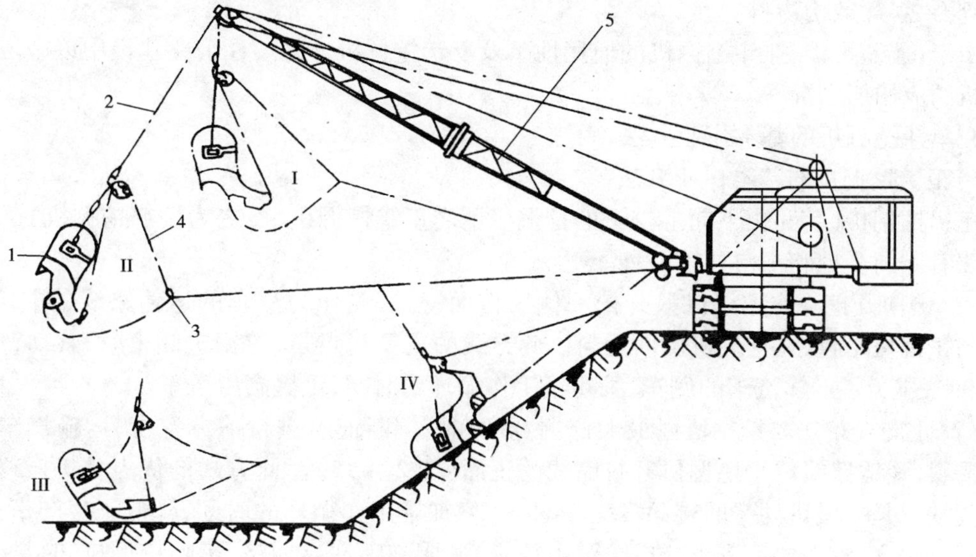

图 2-4-12　拉铲挖掘机的挖掘过程

1-铲斗；2-提升钢索；3-牵引钢索；4-卸料钢索；5-起重臂；I ~ IV-挖掘过程

4）抓斗挖掘机

其工作装置是一个具有双瓣或多瓣的抓斗，斗瓣的开合由一根闭合钢索或液压缸来执行。其工作过程与前述挖掘机工作过程大致相同，如图 2-4-13 所示。

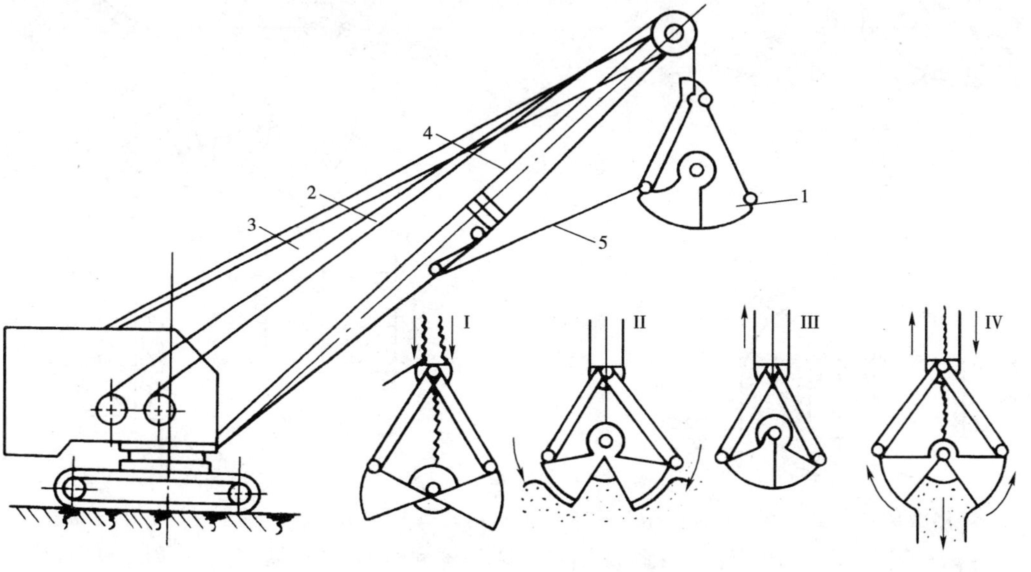

图 2-4-13　机械—钢索操纵抓斗挖掘机的工作过程

1-抓斗；2-提升钢索；3-闭合钢索；4-起重臂；5-定位钢索；I ~ IV-挖掘过程

全液压抓斗配用于正、反铲挖掘机的动臂上，斗柄也可当作前节动臂使用。抓斗的开合由抓斗油缸来执行。在挖掘过程中，其多节动臂应一起向下放，由于多节动臂的配合，除垂直向下挖掘外，还可斜向挖掘，其挖掘深度受动臂长度的限制。

抓斗挖掘机由于受其铲斗自重的限制，只能挖掘停机面以上或以下的一般土（I、II 级）、砾石和其他松散物料，特别适用于挖掘基坑与桩孔，也可用于水下挖掘工作，常在码头、仓库等处装载碎石、煤等散松物料。

由于正铲、拉铲、抓斗挖掘机的通用性不及反铲挖掘机，因此，在公路建设中以全液压反铲挖掘机的应用居多。

3. 单斗挖掘机的基本作业方法

1）正铲挖掘机的基本作业方法

正铲挖掘机（铲斗由下向上挖土的挖掘机谓之正铲挖掘机，反之为反铲挖掘机）的基本作业方法有侧向开挖和正向开挖两种。

（1）侧向开挖法。挖掘机只开挖一侧工作面，另一侧作为汽车的运输路线（图 2-4-14）。汽车与挖掘机平行，在挖掘机侧面受料。此方式的主要优点是，挖掘机卸土时，其动臂回转角小于 90°，避免了运输汽车的倒车，缩短了工作循环的时间，可提高生产率。

（2）正向开挖法。挖掘机以最大挖掘宽度在挖掘断面上进行前方挖土，运输汽车在机后两侧受料，运输路线位于挖掘机开行路线的正面（图 2-4-15）。此方式的优点是机械移位次数较少。缺点是挖掘机动臂回转角度大于 90°。增加了工作循环的时间，降低了生产率。此外，运输线路较窄，汽车要倒进去或在窄道上掉头，形成施工现场拥挤，影响挖掘机卸料。因此该方法只限于挖掘工地进口处时使用。

2）反铲挖掘机的基本作业方法

反铲挖掘机的开挖方法有沟端开挖法和沟侧开挖法。

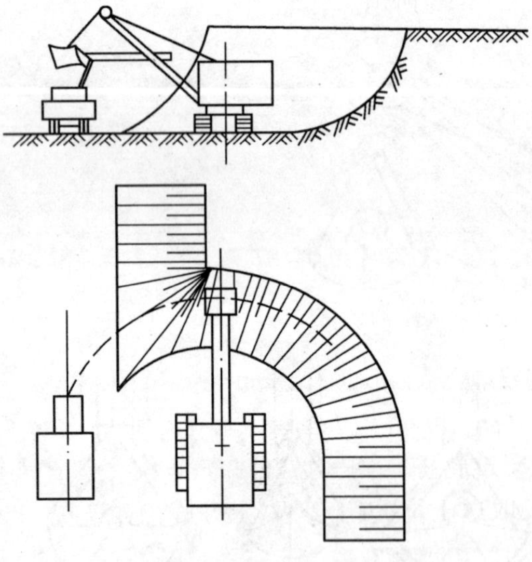

图 2-4-14　正铲挖掘机侧向开挖法

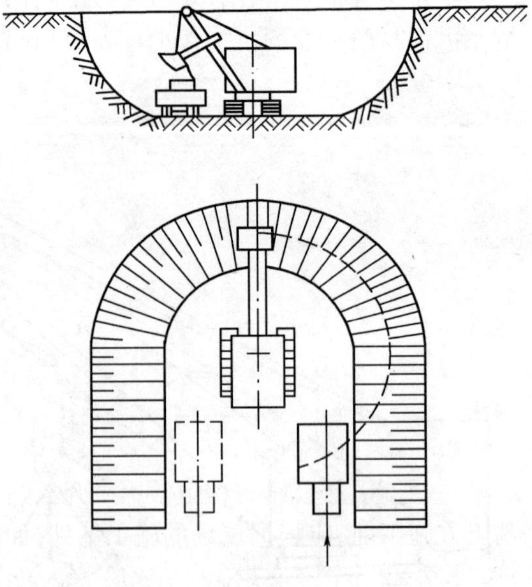

图 2-4-15　正铲挖掘机正向开挖法

（1）沟端开挖法。开挖时，挖掘机沿着沟端逐渐倒退，逐渐向后开挖（图 2-4-16a）。汽车停在沟侧，动臂只要回转 40°～45°即可卸料。如果所挖沟宽为机械最大挖掘半径的 2 倍时（即机械每停置一处，在 180°的回转范围挖掘），汽车只能停在挖掘机侧面，反铲要作 90°回转才能卸料。

此法在挖掘更宽的渠道（超过最大挖掘半径的两倍）时，可分段开挖（图 2-4-16b），机械在倒退挖到尽头后，由该端转换位置反向开挖毗邻一段。此法每段的挖掘宽度不宜过大，以汽车能在沟侧行驶为原则，以减少每一工作循环的时间，提高机械生产率。

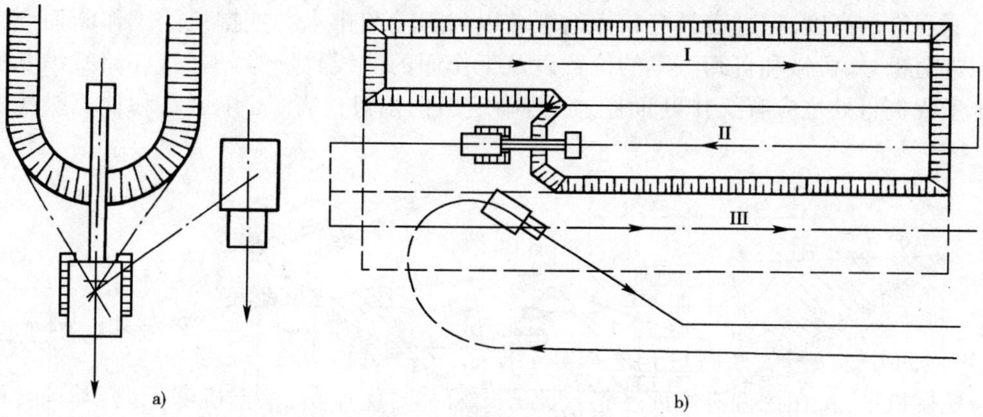

图 2-4-16　反铲挖掘机沟端开挖法

a）沟端开挖法；b）沟端分段开挖法

（2）沟侧开挖法。反铲在沟侧开挖，汽车在沟端受料，机械作 90°回转卸料（图 2-4-17）。此法每次挖掘宽度（沟宽）只能在其挖掘半径范围以内，缺点是所挖沟的边坡较大。

3）拉铲挖掘机的基本作业方法

拉铲挖掘机的作业法与反铲的基本相同，但其挖掘半径较大，挖得较深。可以一侧弃土，也可两侧弃土，如图 2-4-18 所示。

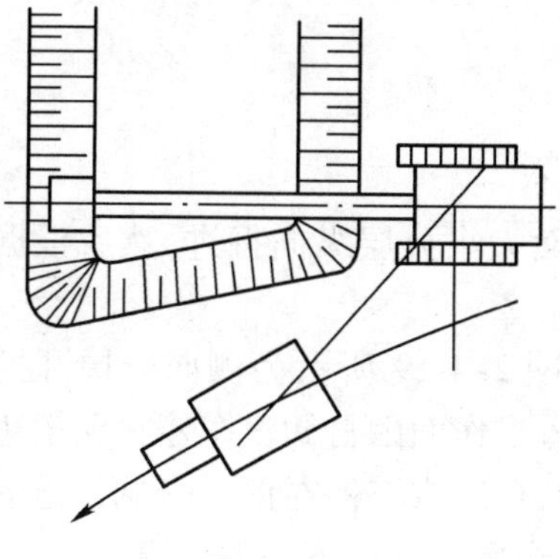

图 2-4-17　反铲挖掘机沟侧开挖法

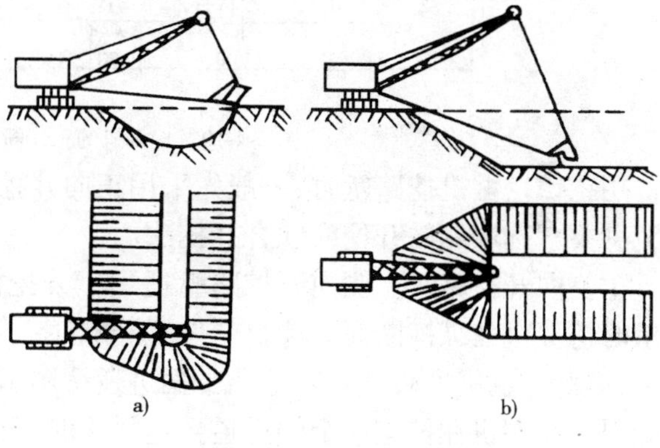

图 2-4-18　拉铲挖掘机开挖法

a）沟侧开挖；b）沟端开挖

4. 单斗挖掘机施工作业

单斗挖掘机在公路工程中常用来开挖路堑和填筑路堤，一般均需自卸汽车配合。在进行路基土方施工前，应根据现场的施工条件，如地形、取送土位置、土等级、土方量、施工进度要求等，选择适宜的铲斗、斗形、斗容量，然后根据既定的挖掘机性能设计决定施工方案。现将开挖路堑和填筑路堤的施工作业叙述如下。

1）开挖路堑

（1）正铲挖掘机开挖路堑。在开挖路堑时，应严格按照路堑纵横断面图去土，不超挖或多或少稍留土。为了正确作出路堑开挖施工方案，首先应根据既定挖掘机的性能（动臂和斗柄长度、挖掘半径、挖掘高度）按比例设计出挖掘机的工作断面图，然后用它在同一比例的路堑断面图上套绘出各种布置方案的工作断面图，从中确定最佳施工方案。该最佳施工方案应使掘进道数目，运输道路的转移次数和所留土角最少；工作面的最大高度不应超出该类土和该型挖掘机所容许的高度，掘进道具有较大的缓坡以利运输和排水。挖掘机的工作断面图上应标明各掘进道桩号、机械和自卸汽车的位置以及工作面的曲线轮廓等。并且在路堑纵断面图的若干个里程桩号处也应有工作断面图，以精确定出挖掘机位置、工作道路和计算机挖掘土方（图 2-4-19）。

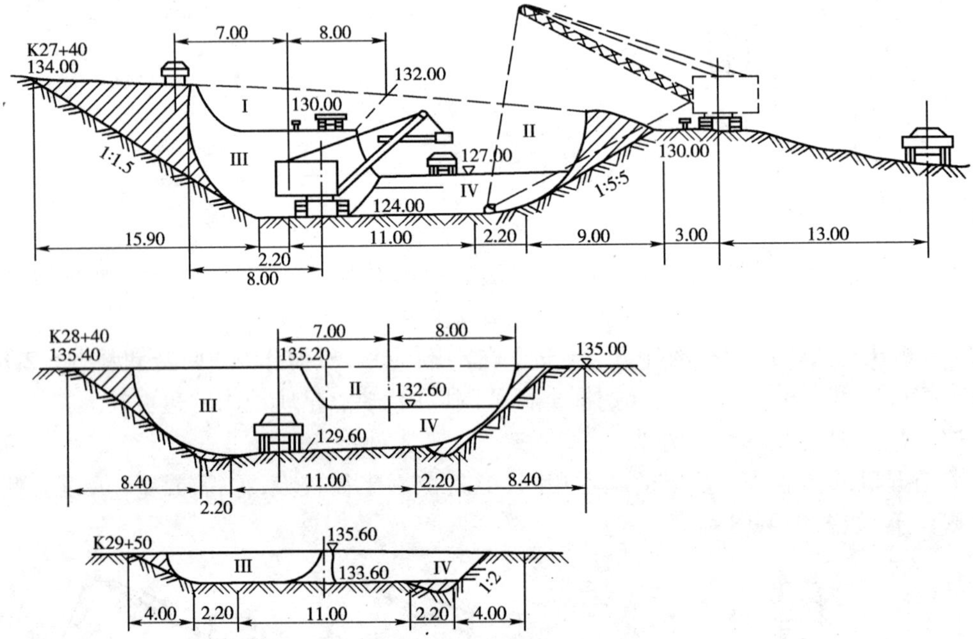

图 2-4-19　挖掘机的工作断面图（尺寸单位：m）

用正铲挖掘机挖路堑时，一般先采用正向开挖，按其断面大小分层纵向掘进，然后根据路堑宽度要求选取侧向开挖或联合开挖法。

①侧向开挖路堑。侧向开挖路堑适用于开挖深路堑。图 2-4-19 所示为侧向分层开挖深路堑时挖掘机在纵横断面上停置的位置和顺序。第一掘进道工作面因自卸汽车停在路堑边沿受料，因此挖掘高度较低。其他各个掘进道按图示顺序进行，自卸汽车停在前一个掘进道的边沿受料。挖掘机在挖完一个掘进道到达尽头时，可退回或回头反向开挖下一掘进道。

挖掘机开挖后在路堑边坡上留下的“土角”，可用拉铲挖掘机（亦可用推土机）来进行调整。

②正向开挖法开挖路堑。正向开挖法开挖路堑主要用于路堑深度在挖掘机的最大挖掘高度范围以内的路堑。图 2-4-20 所示为正向开挖法开挖路堑。挖掘机一次向前开挖全路堑至设计标高，自卸汽车则与挖掘机停留在同一水平面的后面或两侧。路堑较宽时，需多次掘进，才能全部挖完（图 2-4-21）。

当开挖有纵向陡坡的短堑时，虽然也可用正向开挖法施工，但因修筑运输道路困难，而且生产率很低，不如侧向开挖好。

反铲挖掘机开挖路堑方法与上类似。

（2）拉铲挖掘机开挖路堑。拉铲挖掘机适用于土松软且直接弃土于附近弃土堆的路堑开挖。

为了充分发挥挖掘机的性能，提高生产率，在施工前也应进行周密的施工组织设计，要充分考虑施工现场条件，路堑断面形状、土方量及弃土堆的位置与距离、动臂在平面上的转角、最大挖掘半径等因素。工作面尺寸大小、形式、机械运行方向、汽车行驶路线、弃土堆形状等与正铲挖掘机施工图所规定的相同。如果两侧弃土开挖路堑，弃土堆的位置离路堑中心线的距离在挖掘机卸料半径范围以内时，则挖掘机可停置在路堑中线上（图 2-4-22a）进行全断面开挖。反之，则采取两掘进道开挖。如果一侧弃土开挖路堑时，挖掘机应沿路堑边缘作业（图 2-4-22b）。

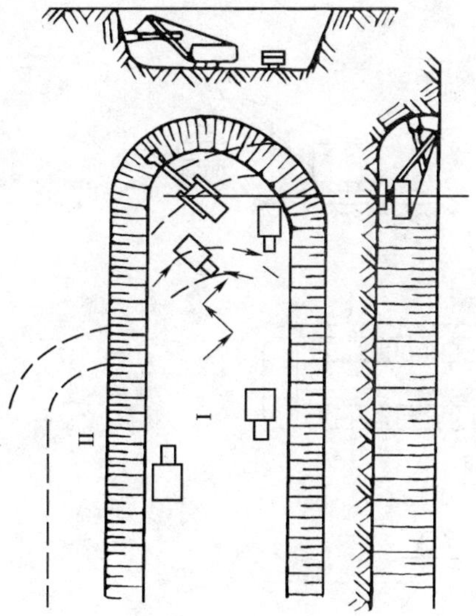

图 2-4-20　正向开挖法挖掘机配合汽车运输布置图
I、II-掘进道

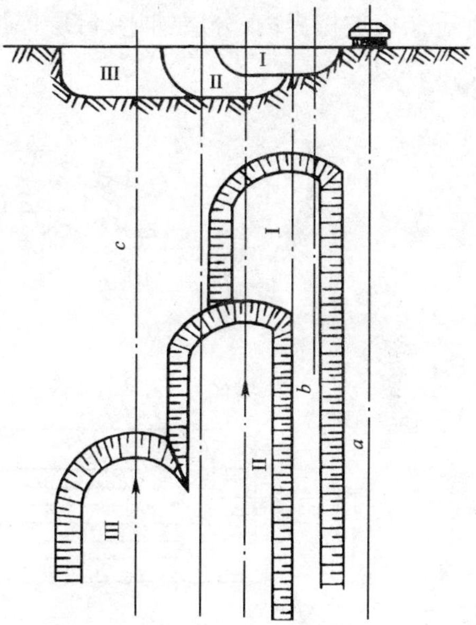

图 2-4-21　挖掘机正向开挖法开挖路堑
I、II、III-掘进道

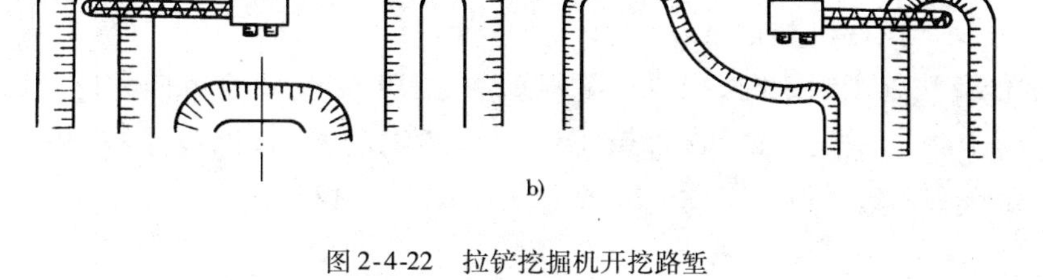

图 2-4-22　拉铲挖掘机开挖路堑
1-弃土堆

显然，图 2-4-19 的全部挖掘工作也可由全液压反铲挖掘机独立完成，其施工作业过程留给读者自行分析。

2）填筑路堤

由借土坑或取土场取土填筑路堤，对挖掘机来说工作比较简单，只要按照前面介绍的挖掘机的基本作业技术进行操作，在选定的取土场开辟有利地形的工作面，以最经济合理的施工方法挖出所要求的土，即可利用自卸汽车运去填筑路堤。但是挖掘机如何与自卸汽车配合施工，必须有很好的组织工作。

（1）正铲挖掘机配合自卸汽车填筑路堤。图 2-4-23 为正铲挖掘机配合自卸汽车填筑路堤时的汽车运行路线图。图中挖掘机在取土场按四个掘进道掘进取土，并在汽车装载土后按土性质及好坏分两路运送。不适用的卸往弃土场，适用于填筑路堤的土即直接运到路堤卸土。卸土时应在边坡桩界内，分层铺垫，每层厚度 30～60cm。卸完后用推土机进行平整压实。反铲挖掘机类似。

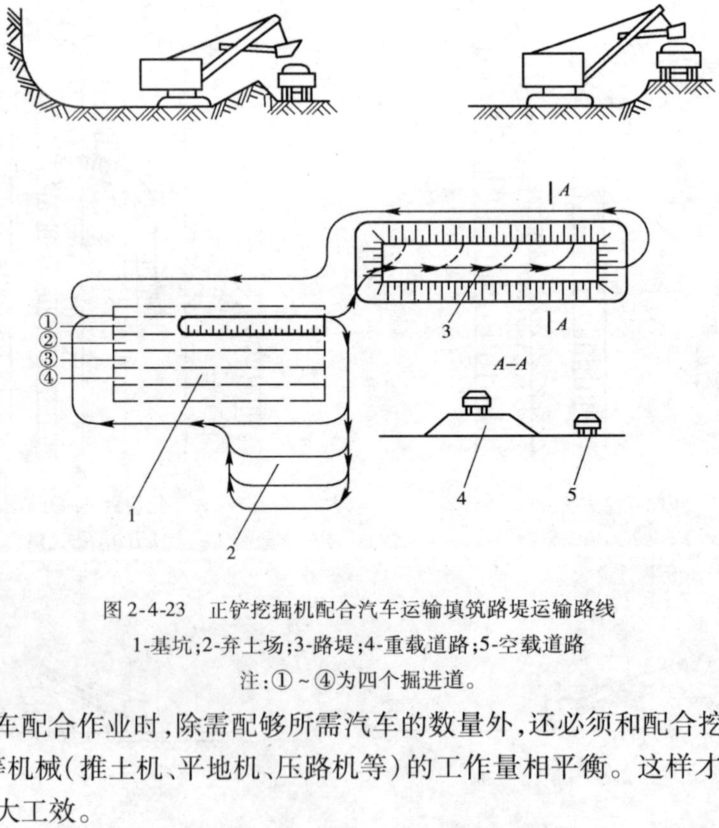

图 2-4-23　正铲挖掘机配合汽车运输填筑路堤运输路线

1-基坑；2-弃土场；3-路堤；4-重载道路；5-空载道路

注：①～④为四个掘进道。

挖掘机与汽车配合作业时，除需配够所需汽车的数量外，还必须和配合挖掘机修筑路堤的其他平整、压实等机械（推土机、平地机、压路机等）的工作量相平衡。这样才能使所有参加施工的机械发挥最大工效。

图 2-4-24 为正铲挖掘机开挖路堑配合汽车运土填筑路堤流水作业机械配置技术操作平面运行路线图。反铲挖掘机类似。

设计流水作业法施工组织时，应根据工程总量、路段长度、流水方向和速度以及施工期限，并以挖掘机为本流水作业的主体机械，按主体机械的生产率（按路段工程总量标出主体机械数量）分别估算其他配合机械（推土机、平地机、压路机）和设备的数量。

反铲挖掘机填筑路堤与上类似。

（2）拉铲挖掘机配合汽车运输填筑路堤。拉铲挖掘机配合汽车填筑路堤时，其运输道路的布置、汽车数量的估算以及平整、压实等机械的配合和正铲挖掘机基本相同，图 2-4-25 为拉铲挖掘机与汽车运输配合装土工作图。由于拉铲斗在卸土时有甩土动作，因此挖掘机驾驶员必须有熟练的操作技术，才能胜任。

5. 单斗挖掘机生产率的计算与提高生产率的措施

1)挖掘机生产率的计算

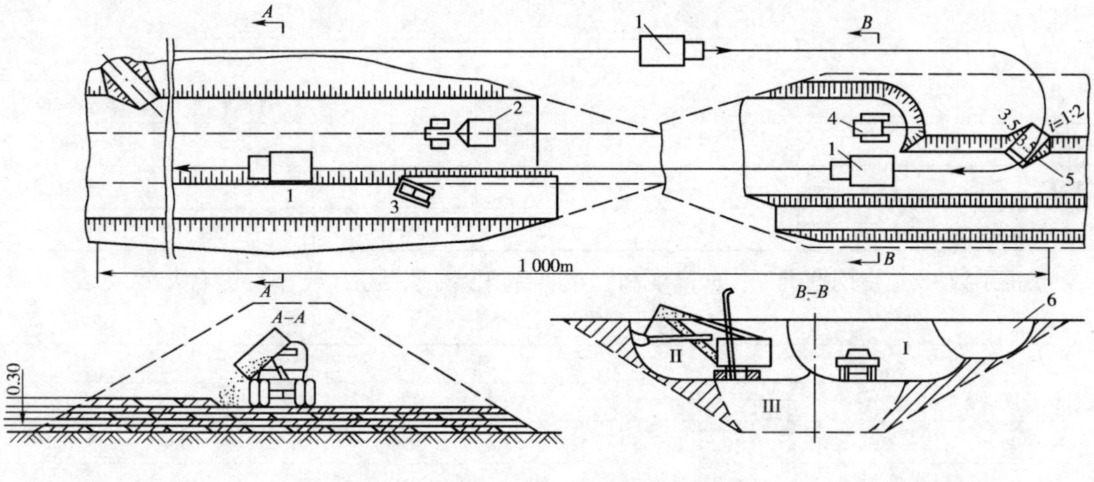

图 2-4-24 正铲挖掘机开挖路堑配合汽车运土填筑路堤流水作业机械配套运行路线图

1-自卸汽车;2-压路机;3-推土机;4-正铲挖掘机;5-运土进出道;6-路堑堑沟

挖掘机的生产率是指在单位时间内从工作面中挖取并卸入汽车或弃土堆的土方量(自然方)。其计算公式如下:

$$Q = \frac{3\ 600}{T} \cdot q \cdot k_m \cdot k_s \cdot k_x \cdot k_s \cdot k_{sh} \qquad (m^3/h)$$

式中:q——铲斗容量,m^3;

T——每一工作循环时间,s;

k_m——充满系数;

k_s——土松散系数;

k_x——校正系数;

k_{sh}——时间利用系数。

挖掘机每一工作循环时间 T 为挖掘时间、自挖掘面回转到卸料处的时间、在卸料处调整铲斗位置和卸料所需时间、空斗返回挖掘面所需时间和空斗放到挖掘面所需时间之和。T 与机械的技术状况、驾驶员操作的熟练程度和施工组织等有关。

铲斗充满系数 k_m 是指铲斗所装松土量与铲斗平装容量之比。它与土性质和铲斗型有关,见表 2-4-1。

土松散系数 k_s 是指土在松散以后的体积与松散前原来体积之比。它是确定土石方机械工作量的重要因素之一,其值取决于土级别和铲斗容量的大小,见表 2-4-2。

铲斗充满系数 k_m 表 2-4-1

铲斗形式	土级别				
	I	II	III	IV	V ~ VI
正铲	1.0 ~ 1.20	1.15 ~ 1.4	0.75 ~ 0.95	0.55 ~ 0.70	0.30 ~ 0.50
拉铲	1.0 ~ 1.15	1.20 ~ 1.4	0.80 ~ 0.90	0.50 ~ 0.65	0.30 ~ 0.50
抓斗	0.8 ~ 1.0	0.90 ~ 1.1	0.50 ~ 0.70	0.40 ~ 0.45	0.20 ~ 0.30

土的松散系数 k_s　　表 2-4-2

斗容量	土级别					
	I	II	III	IV	V	VI
					爆破好的	爆破不好的
0.25 ~ 0.75	1.12	1.22	1.27	1.35	1.46	1.50
1.00 ~ 2.00	1.10	1.20	1.25	1.32	1.44	1.48
3.00 ~ 15	1.08	1.17	1.22	1.28	1.41	1.45

校正系数 k_x 是指挖掘机工作面高度和铲斗回转角度对挖掘机生产率的影响大小，见表2-4-3。

校正系数 k_x（正铲挖掘机）　　表 2-4-3

工作面高度（最佳高度的%）	铲斗回转角度							
	30°	45°	60°	75°	90°	120°	150°	180°
40	—	0.93	0.89	0.85	0.80	0.72	0.65	0.59
60	—	1.10	1.03	0.96	0.91	0.81	0.73	0.66
80	—	1.22	1.12	1.04	0.98	0.86	0.77	0.69
100	—	1.26	1.16	1.07	1.00	0.88	0.79	0.71
120	—	1.20	1.11	1.03	0.97	0.86	0.77	0.70
140	—	1.12	1.04	0.97	0.91	0.81	0.73	0.66
160	—	1.13	0.96	0.90	0.85	0.75	0.67	0.62

时间利用系数 k_{sh} 反映机械的作业效率。它和施工条件（地形、现场大小、地表排水状况、地面承载力、气候、施工规范和施工方法等）与工程管理水平（驾驶员的技术熟练程度和工作态度、设备技术状况、施工组织等）有关。一般施工机械的时间利用系数见表 2-4-4。

施工机械的时间利用系数 k_{sh}　　表 2-4-4

施工条件	工程管理水平			
	最好	良好	一般	较差
最好	0.84	0.81	0.76	0.70
良好	0.78	0.75	0.71	0.65
一般	0.72	0.69	0.65	0.60
较差	0.63	0.61	0.57	0.52

2）提高挖掘机生产率的措施

提高挖掘机生产率的措施可从两方面考虑。在施工组织设计时，应使运输汽车的运量和挖掘机生产率相匹配；汽车的装载客量应为挖掘机斗容量的倍数（最好为 3 ~ 5 倍）；汽车的行驶路线良好，以利行车；挖掘机给汽车装载时，应优先采用"双放"法（图 2-4-25），不使挖掘机等候汽车。在施工技术操作过程中应尽力缩短挖掘机每一工作循环时间。为此，必须保持机械完好的技术状况；挖掘机驾驶员要有熟练的操作技术，每工作循环各过程的操作进行联合动作；斗齿要锐利，以减少铲装时间。

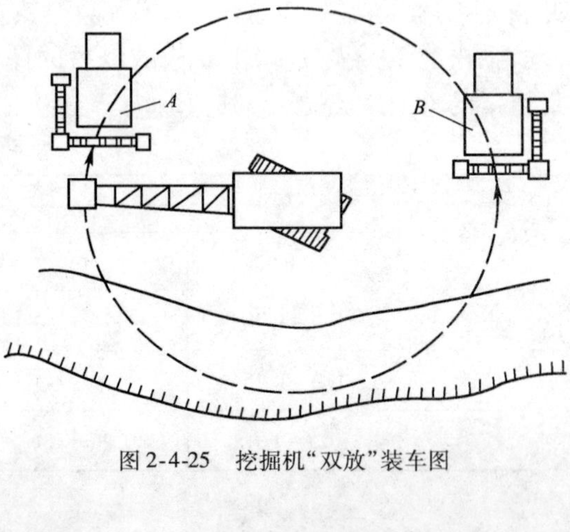

图 2-4-25　挖掘机"双放"装车图

三、挖掘机的选用

1. 单斗挖掘机的命名与主要技术性能指标

国产单斗挖掘机命名规则见表2-4-5，其主要性能指标为斗容量或自身质量。

型号示例：

WY160型，表示斗容量为1.6m^3的履带式液压挖掘机。

WY40C型，表示斗容量为0.4m^3第三次变型的履带式液压挖掘机。

WD200A型，表示斗容量为2m^3第一次该型的履带式电动挖掘机。

WLY25型，表示斗容量为0.25m^3的轮式液压挖掘机。

WLY40A型，表示斗容量为0.4m^3第一次改型的轮式液压挖掘机。

PC200-5型，表示自身质量约为20t的第五代日本小松技术制造商挖掘机，其余类同。

国产单斗挖掘机型号编制规定 表2-4-5

类	组	型	代号	代号含义	主参数	
					名称	单位
挖掘机	单斗挖掘机（挖）	履带式	W	机械单斗挖掘机	标准斗容量	$m^3 \times 100$
			WD	电动单斗挖掘机	标准斗容量	$m^3 \times 100$
			WY	液压单斗挖掘机	标准斗容量	$m^3 \times 100$
			WB	长臂单斗挖掘机	标准斗容量	$m^3 \times 100$
		轮胎式（轮）	WS	隧道单斗挖掘机	标准斗容量	$m^3 \times 100$
			WL	轮胎式机械单斗挖掘机	标准斗容量	$m^3 \times 100$
			WLD	轮胎式电动单斗挖掘机		
			WLY	轮胎式液压单斗挖掘机		

其具体表示方法为四组符号：

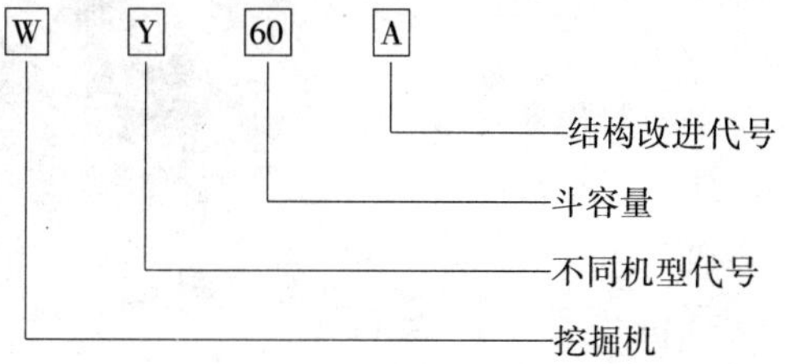

2. 挖掘机的选用原则

（1）若开挖停机面以下的较坚实的土石方，选用反铲单斗液压挖掘机为宜（铲斗由上向下挖土的挖掘机谓之反铲挖掘机，反之为正铲挖掘机），由于它对停机面以上的土石方亦具备一定挖掘能力，因而在施工中得到了最为广泛的应用。

（2）若开挖停机以下较松的土方和砂石、稀泥等，选取拉铲或抓铲单斗挖掘机较经济，尤其是进行水下开挖时。

（3）对若开挖停机面以上的土石方，往往选用正铲单斗液压挖掘机最宜，若土质松散，选用抓铲较经济。

（4）若开挖隧道，则应选用具有特种工作装置和较小转台回转半径的专用于隧道、坑道、地铁等狭窄工作环境的隧道挖掘机。

(5)若开挖面积大,挖掘深度又是一般单斗挖掘机不便施工,且土质在Ⅳ级以下的土方,则选取多斗挖掘机较适宜。

(6)若施工现场无法进出平板拖车,或者施工现场不允许履带齿碾压,则选用轮式挖掘机为宜,反之,选用履带式挖掘机。

(7)挖掘机的台数与斗容必须与现场允许的士汽车通过能力相匹配,单台挖掘机的生产率必须与配套汽车和工期相匹配。

思 考 题

1. 正铲单斗挖掘机什么时候最容易失稳,反铲呢?

2. 发动机功率相近的挖掘机和装载机哪一种机械生产率高?挖掘机可替代装载机吗?

3. 施工中为什么采用"双放"法可以提高挖掘机生产率?若采用"三放"或"多放"可行吗?

第五节 平地机施工

一、概 述

1. 平地机的组成与工作原理

图2-5-1为常用平地机工作外观图。

平地机主要由发动机、传动系统、制动系统、车架、行走转向装置、工作装置、操纵及电气系统等组成。如图2-5-2所示为平地机外形示意图。

图2-5-1 平地机工作外观图

平地机的发动机一般采用柴油发动机,有风冷、水冷两种,且多数都采用了废气涡轮增压技术;有些平地机采用专用柴油发动机,这种发动机可以较好地适应施工中的恶劣工况。

传动系统一般由主离合器、液力变矩器、变速器、后桥传动及平衡箱串联传动装置组成(图2-5-3)。

其动力传递路线为:发动机飞轮→主离合器→(液力变矩器)→变速器→后桥传动→平衡串联传动箱→车轮。

行走装置的形式主要为轮式,其驱动形式有后轮和全轮驱动两种。采用全轮驱动时,前轮驱动力可由变速器输出,通过万向节传动轴传至前桥,或采用液压传动方式将动力传至前桥。转向装置有前轮转向、全轮转向及铰接式转向三种形式。

平地机的车架为一个支持在前桥和后桥上的弓形梁架。车架上安装了发动机,主传动装置、驾驶室及工作装置等。在车架的中间弓背处装有油缸支架,上面安装刮刀升降油缸和牵引架引出油缸。车架有整体式和铰接式两种形式。铰接式车架分为前车架和后车架,前、后车架以铰销联结,并以液压油缸控制车架的转角。铰接式车架提高了机器的灵活性,减小了转弯半径,机器可以折身前进作业,增强了平地机的作业适应性。

工作装置分为主要工作装置和辅助工作装置。刮刀是平地机的主要工作装置,图2-5-4为刮土工作装置示意图。

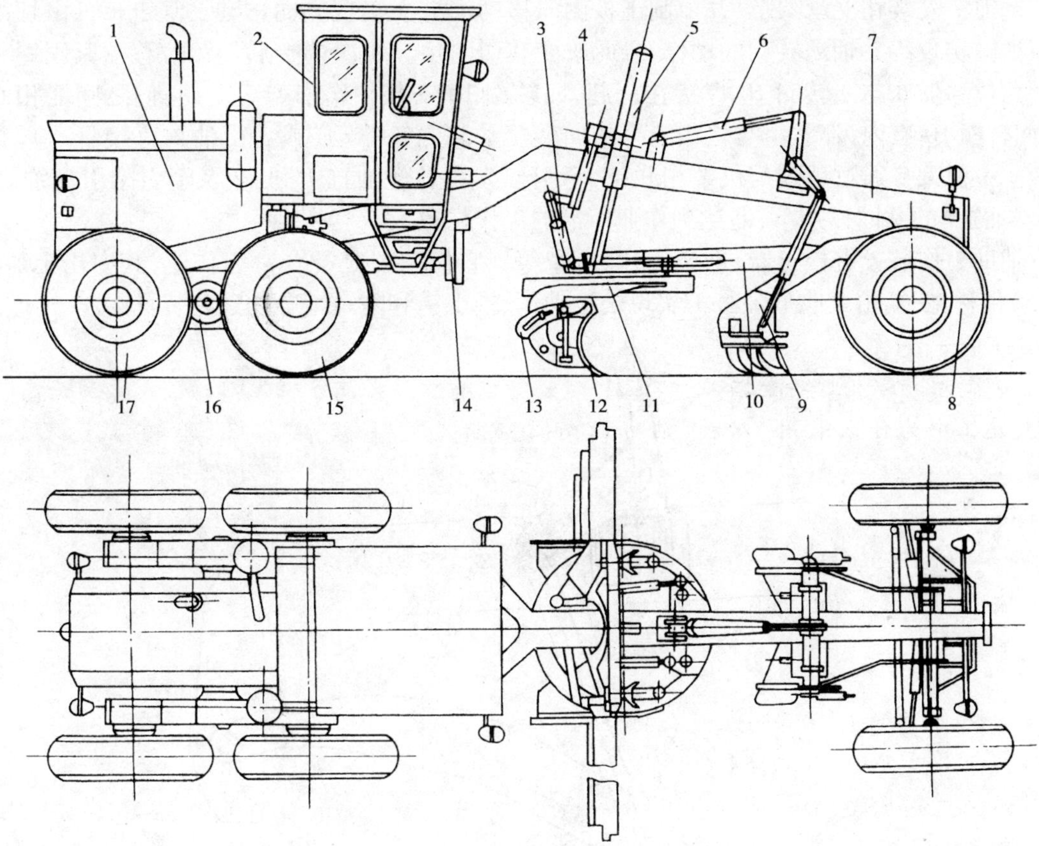

图 2-5-2　平地机外形示意图

1-发动机；2-驾驶室；3-牵引架引出油缸；4-摆架机构；5-升降油缸；6-松土器收放油缸；7-车架；8-前轮；9-松土器；10-牵引架；11-回转圈；12-刮刀；13-角位器；14-传动系统；15-中轮；16-平衡箱；17-后轮

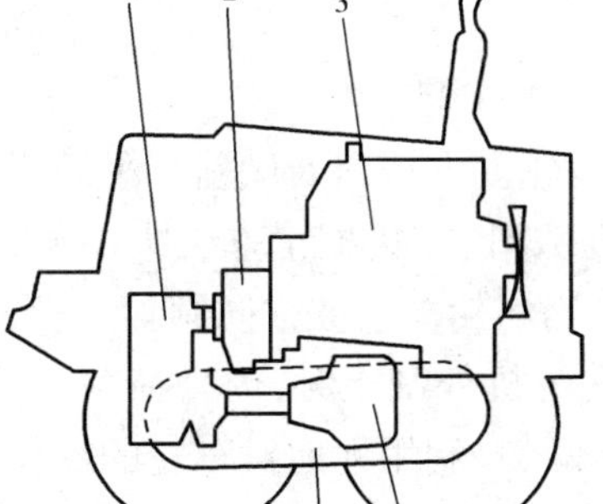

图 2-5-3　传动系统布置图

1-变速器；2-主离合器、变矩器；3-发动机；4-后桥；5-串联箱

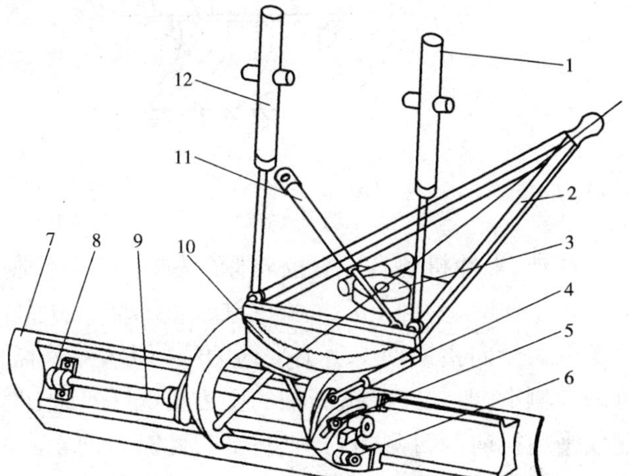

图 2-5-4　刮土工作装置

1-右升降油缸；2-牵引架；3-回转驱动装置；4-切削角调节油缸；5-角位器紧固螺母；6-角位器；7-刮刀；8-油缸头铰接支座；9-刮土侧移油缸；10-回转圈；11-牵引架引出油缸；12-左升降油缸

刮刀7安装在支承架上，并由刮土板侧向移动油缸9实现侧向移动。刮土板可由切削角调节油缸实现绕其轴向转动的动作，以此改变其切削角。每次调整后用角位移器紧固螺母锁固。角位移器6与回转圈10焊接在一起，回转圈10安装在牵引架2上，它们之间能相对转动，回转圈10有内齿圈，由与之相啮合的回转驱动装置3驱动（或者由油缸直接驱动），实现回转。牵引架2通过球铰与机架相联结，牵引架2在升降油缸1和12及牵引架引出油缸11（倾斜油缸）的共同作用下，能达到作业所需的工作位置。

辅助工作装置有松土器、推土铲、除雪犁等。它们主要是配合刮刀作业，其中松土器（图2-5-5）俗称耙子，由其收放油缸1实现松土动作、推土铲和除雪犁等为选装装置。

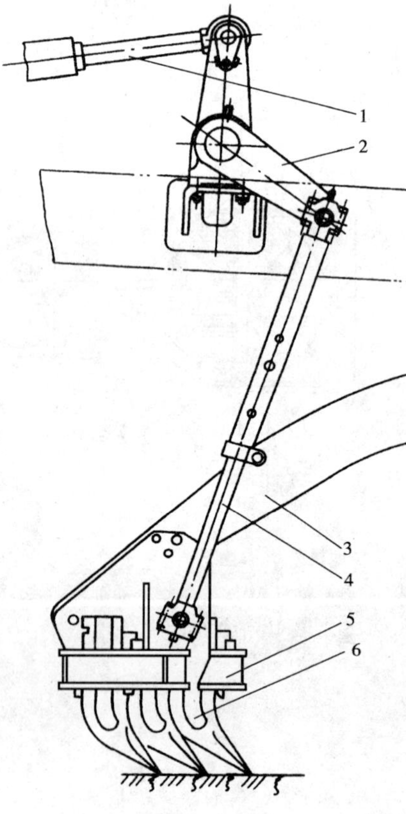

图2-5-5 松土器

1-耙子收放油缸；2-摇臂机构；3-拉杆；4-伸缩杆；5-耙子体；6-耙齿

此外，平地机还有一套前轮倾斜机构，用来控制平地机的前轮向左或向右倾斜。平地机在横坡上工作时，受刮土阻力和机械自重的坡道分力作用会产生侧滑，使机械工作失去平衡，同时车轮对转向指销轴产生不平衡的载荷力矩，会增加其磨损。当前轮向上坡方向倾斜之后，就可减少侧滑，改善转向指销轴的受力情况。平地机侧伸刮刀进行机外刮土时，因为荷载受偏，能使平地机向刮刀侧伸的一边转向，此时将前轮向侧伸的反向倾斜，利用地面对车轮的反作用力和上述使转向的力相平衡，以使机械直线行驶。另外，前轮的倾斜和前轮转向配合，极有利于平地机的转向和掉头，尤其在狭窄处转弯时作用极大。

液压操纵的前轮倾斜机构（图2-5-6）由前桥梁1、转向节座3、倾斜拉杆和油缸4组成。前桥梁与转向节座铰接，而转向节座与倾斜拉杆端铰连，它们形成一个四连杆机构。油缸体与前桥梁铰连，活塞杆与拉杆端铰连，活塞杆的伸缩即可使左右前轮同向倾斜。

2. 平地机的分类与发展概况

1)分类

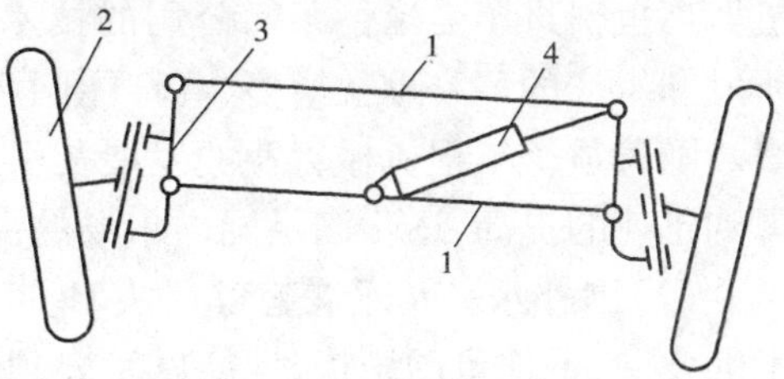

图 2-5-6　液压操纵的前轮倾斜机构示意图

1-前桥梁;2-转向指轴;3-转向节座;4-油缸

平地机通常按自行能力可分成两大类:拖式平地机(已淘汰)和自行式平地机。按车轮数目,基本上可分为四轮或六轮两类。以转向轮对数×驱动轮对数×车轮总对数的形式来表示,主要有:1×1×2;2×2×2;1×2×3;1×3×3;3×2×3 和 3×3×3 六种形式。转向轮越多则转弯半径越小,越易转向;驱动轮越多,则牵引力越大,机械走行越有力。虽然上述六种形式中以 3×3×3(即三对车轮既是驱动轮又是转向轮)的性能最好,但结构也最复杂。目前以 1×2×3(即前二轮转向,后四轮驱动)的六轮平地机使用最广(见图 2-5-7a)。但是,六轮平地机在结构上也有了进一步的发展:一种是整体车架(图 2-5-7a、d),这是六轮平地机最早出现的一种。它不但前轮可以转向,且后转向架可绕车架转动(一般为 14°左右),这可以更进一步缩小转向半径,而且可以实现斜身直线前进,这种平地机称作"前轮和后转向架转向式平地机"。另一种是铰接式平地机(图 2-5-7b、c)。因为它可依靠前轮的偏转和车架的偏转实现转向,故称为"前轮和铰接车架转向式平地机"。其性能与整体车架式相近。但由于铰接车架易实现更大些的偏转角度(左右各约 20°),所以机动性更好些。

平地机还可按刮刀长度或发动机功率分为轻、中、重型三种,见表 2-5-1。

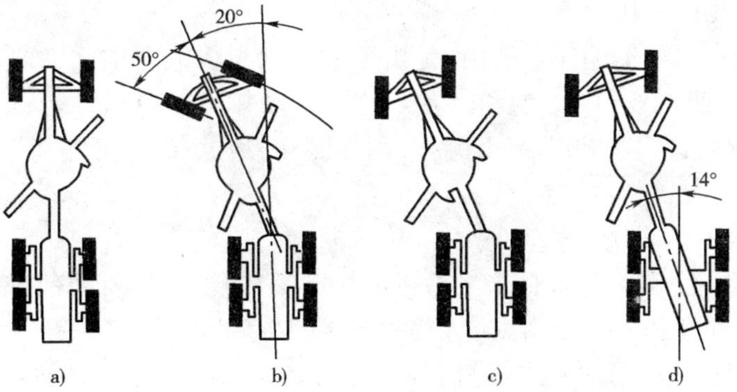

图 2-5-7　六轮平地机

a)直线行驶;b)折身转向;c)折身直行;d)斜身直行

平地机按刮刀长度和发动机功率分类　　　表 2-5-1

类　型	刮刀长度(m)	发动机功率(kW)	质　量(kg)	车轮数
轻型	<3	44~66	5 000~9 000	四轮
中型	3~3.7	66~110	9 000~14 000	六轮
重型	3.7~4.2	110~220	14 000~19 000	六轮

2)发展概况

(1)国内水平及发展方向。20 世纪 50 年代我国开始在天津工程机械厂试制拖式平地机;1963 年试制成功 P_1—90 型自行式机械平地机;1965 年又试制成功 P_2—160 型自行式液压操纵平地机。近年来,天津工程机械厂引进德国 O&K-FVAN 公司产品的制造技术先后生产了 F 系列五种型号的产品,另外还引进了美国卡特匹勒公司 16G 大型平地机的主要部件,生产出 PY250 型平地机,已形成从 82~186kW 七种型号平地机的生产能力。此外,哈尔滨第一重型机器厂也引进了美国德莱塞公司的技术,生产了 A500E 型平地机。近年来,国内从事平地机研发和生产的厂家迅猛增多,高性能国产品牌大批涌现,其中三一重工和中联重科就是典型代表。随着整个工程机械行业的发展及引进技术的消化吸收,我国平地机的研究制造水平将会得到迅速的提高,逐步满足国内市场的需求并打入国际市场。

(2)国外水平及发展趋势。从 19 世纪末在美国首先出现马拉式平地机以来,随着科学技术的发展,平地机的结构、性能已发展到较完善的水平,而且继续向作业自动化,高精度,多用途方向发展。发动机应用于平地机上是其迅速发展的关键,即平地机由拖式发展到了今天的自行式平地机的水平。液压技术的发展与应用,使平地机的性能有了进一步的提高。液压系统取代了机械操纵,使铰接式车架的自行式平地机得到了发展。目前,平地机发展的一个主要趋势是机、电、液一体化。

二、平地机的应用

1. 平地机用途

平地机是一种装有以铲土刮刀为主,配有其他多种辅助作业装置,进行土的切削,刮送和平整作业的工程机械。它可以进行砂、砾石路面及路基路面的整形和维修,表层土或草皮的剥离、挖沟、修刮边坡等整平作业,还可完成材料的混合、回填、推移、摊平作业。平地机配以辅助装置,可以进一步提高其工作能力,扩大其使用范围,因此,平地机是一种效能高、作业精度好、用途广泛的施工机械,被广泛用于公路、铁路、机场、停车场等大面积场地的平整作业。

2. 平地机的常见施工作业方法

平地机所以能有多种辅助作业能力,是由于它的刮土板能在空间完成 6 个自由度参数的运动,即沿空间坐标轴 x、y、z 的移动和转动。这 6 种动作可以单独进行,也可以组合进行,从而拥有它常用的四大基本功能,即铲土侧移、刮土侧移、刮土直移、机外刮土。它的主要施工方法有:

1)平地作业

(1)正铲平整作业:刮土板垂直于平地机的纵向轴线,平地机直线前进完成平整作业。刮土板以较小的入土深度和最大切削宽度状态工作(图 2-5-8a)。

(2)刮土和移土作业:平地机斜身直行时,将刮土板置于与前进方向某一角度,则刮起的土被移至一侧(图 2-5-8b)。这一作业方式也可用于大量筑路材料的搅拌作业。由于刮土板可在不同方向上作不同程度的回转,所以可以根据作业需要,作不同程度的选择。

(3)将牵引架侧摆,同时引出刮土板,可对机械侧边较远地方加以平整(图 2-5-8c)。

(4)借助铲刀回转 180°,平地机可在不需掉头的进退行驶状态下实现往返作业。这一情况多半是机械无余地掉头或掉头虽有可能但较困难时采用。对于熟练的平地机驾驶员,在进行大面积平整作业时,为了提高作业效率也往往采用这种方法,因为回转刮土板 180°所需时间,较机器掉头所花时间短(图 2-5-8d)。

(5)如果被平整的平面的边界是不规则的曲线(边界有曲线障碍物)。驾驶员可以通过同时操纵转向和将刮土板的引入或伸出,机动灵活地沿曲折的边界进行作业(图 2-5-8e)。

2)刷坡作业

刷坡是一种对斜坡表面的平整作业。需要修刷的坡面有路堤坡、路堑坡、取土坑和边沟坡等。在刷坡时,平地机的刮刀要侧向伸出,并调成与坡面相适应的倾角,平地机以一挡行驶,为使其行驶稳定,前轮应向反刮刀侧伸方向倾斜。

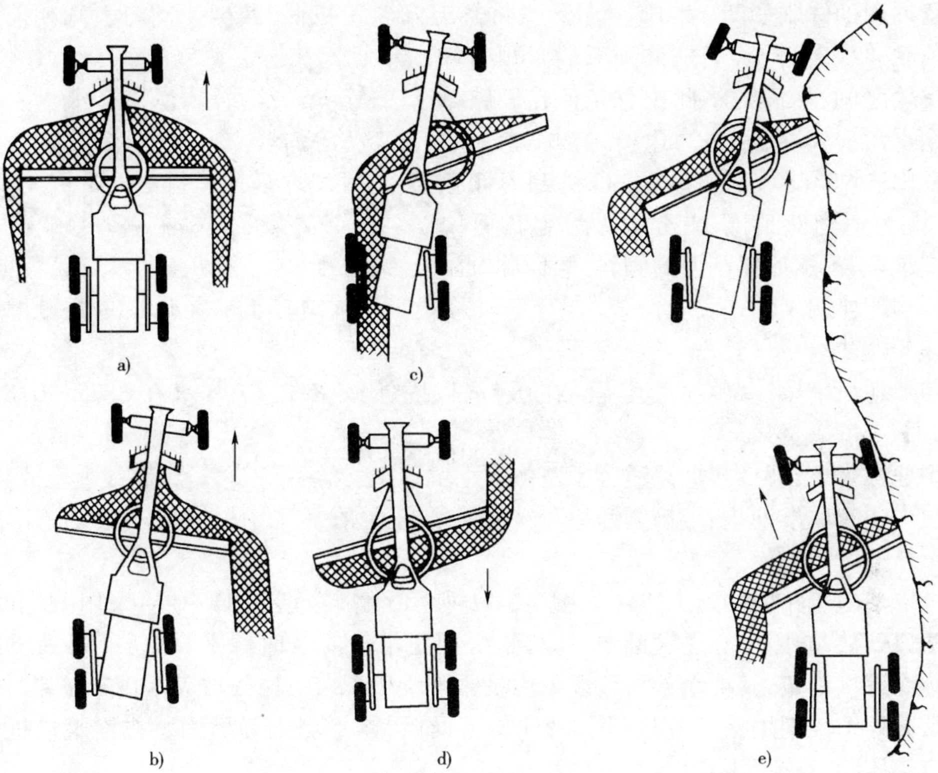

a)

b)

c)

d)

e)

图 2-5-8　平地作业

a）直线平地；b）斜身刮土和移土；c）斜身直行移土；d）退行平地；e）曲折边界平地

路堤坡的修刷如图 2-5-9 所示。当路堤坡高于平地机刮刀所能修刷的范围时（坡面长度应小于刮刀长度），可用一台平地机在路堤上沿路堤边缘环形行驶（图 2-5-9a）。如果路堤较高，一台平地机无法修刷全坡时，则可用两台平地机联合作业（图 2-5-9b）。一台平地机在路堤上向下刮土，另一台平地机在路基边缘沿取土坑向上刮土。开始时，在路堤上的平地机应先行一步（先行 10m 以上），然后堤下的平地机再开始工作。这样不会因堤上平地机工作时所刮下的土散落而影响在堤下的平地机的工作，同时也便于堤下平地机驾驶员按照堤上平地机所刮成的边坡斜度为标准，把两个平面连成一个斜面。若修刷边坡与修整路型结合进行时，可装用下弯的刷坡刀，平地机沿路堤边驶过，即可同时修整路堤和修刷坡面。

a)

b)

图 2-5-9　平地机修刷路堤边坡

a）单机刷坡；b）双机刷坡

路堑坡面的修刷如图 2-5-10 所示。先将刮刀倾斜于机侧，然后使刮刀上端朝前，平地机以一挡前驶并放刀切土，于是被刮下的土顺刀卸于左右车轮之间，然后再将此土移走。在刷路堑边坡时刮土角应大些；刷边沟边坡时刮土角应小些。若要修刷 90°陡坡时，应将平地机刮刀倾角调整 90°。为达到此目的，首先要改变刮刀升降机构的支承位置，然后靠刮刀的倾斜，侧伸和升降等三个机构的协调工作来实现。

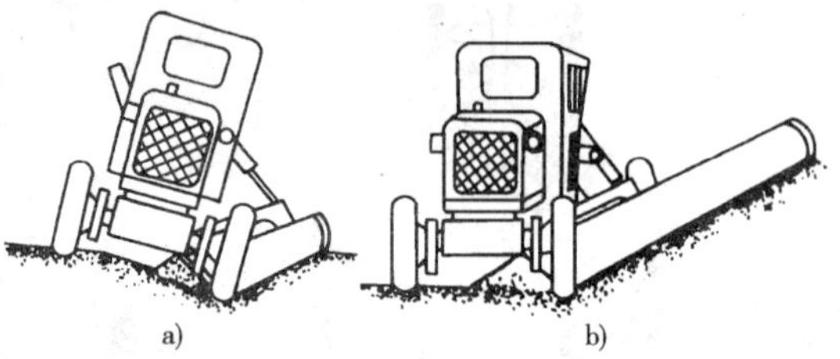

图 2-5-10　平地机修刷路堑边坡和边沟边坡

3）填筑路堤

利用平地机来填筑路堤时，其堤高在 0.5m 以内，则效率最高；堤高在 0.75 ~ 0.8m 时，效率较低。

用平地机来填筑路堤时，只适合于路侧取土坑取土，然后把土移送到路线上堆成路堤。平地机堆土方法有散堆铺垫、半挤紧铺垫和挤紧铺垫三种，在施工中根据施工要求应用不同的堆土方法。

两侧取土填筑路堤的施工方法如图 2-5-11 所示。路堤底层（第一层）采用散堆或半挤紧堆土方法，从路边向路中心逐次铺垫，每移送一列土堆后应及时修平。面层（第二层）从路中心向路边缘逐次铺垫，其堆土方法可以采用挤紧堆土（图 2-5-11a）；或先采用半挤紧方法，靠路边的最后数列土堆则用挤紧方法（图 2-5-11b），最后，修平堤面和坡面。在堆筑过程中，每堆一层后应用压路机进行压实。

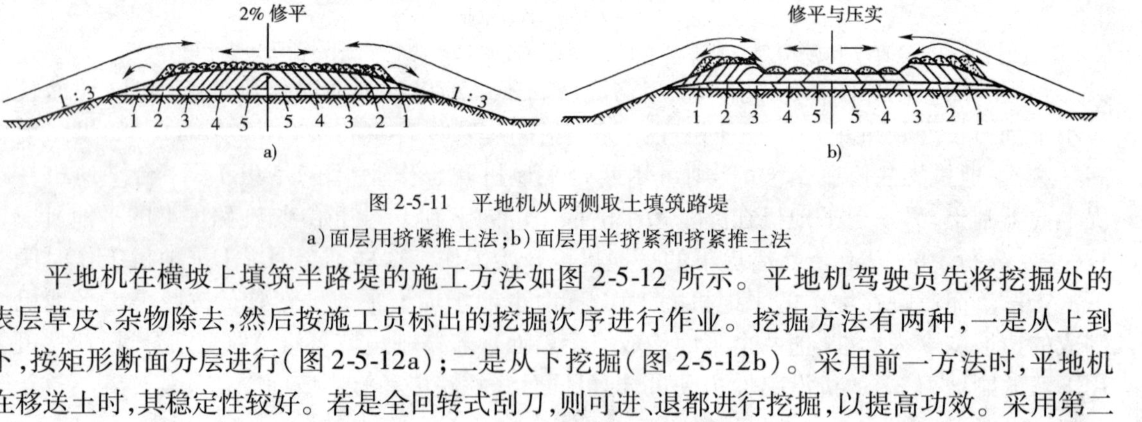

图 2-5-11　平地机从两侧取土填筑路堤

a）面层用挤紧推土法；b）面层用半挤紧和挤紧推土法

平地机在横坡上填筑半路堤的施工方法如图 2-5-12 所示。平地机驾驶员先将挖掘处的表层草皮、杂物除去，然后按施工员标出的挖掘次序进行作业。挖掘方法有两种，一是从上到下，按矩形断面分层进行（图 2-5-12a）；二是从下挖掘（图 2-5-12b）。采用前一方法时，平地机在移送土时，其稳定性较好。若是全回转式刮刀，则可进、退都进行挖掘，以提高功效。采用第二法时，平地机以刮刀刀角从斜坡的底部挖进，让其上层土自动塌下，然后把塌下的土移送到填方处，因而挖掘土和清理塌下土要交替进行。在工作中，平地机刮刀要适当侧伸，前轮要相应倾斜。

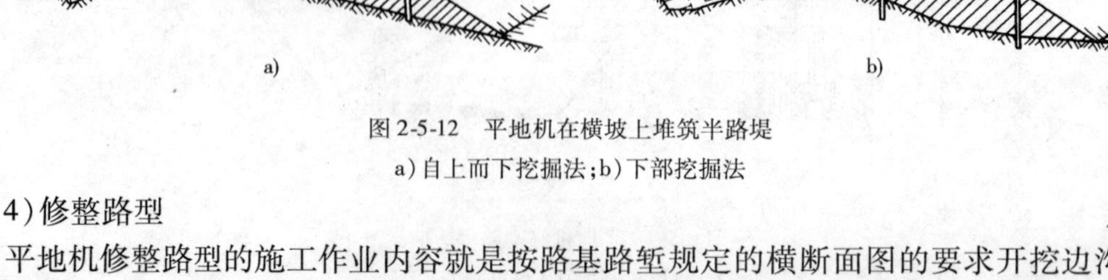

图 2-5-12　平地机在横坡上堆筑半路堤

a）自上而下挖掘法；b）下部挖掘法

4）修整路型

平地机修整路型的施工作业内容就是按路基路堑规定的横断面图的要求开挖边沟，并将边沟内所挖出的土移送到路基上，然后修成路拱。在施工之前，应由技术人员根据路基宽度、边沟的大小、土性质以及机械类型绘制出施工图，说明平地机所需各工序的行程数和施工程序，并规定刮刀的调整位置及车轮的位置等。平地机驾驶员必须按施工图施工。

平地机修整路拱时的某施工程序如图 2-5-13 所示。从图上可以看出，平地机的全部工作行程为 18 次，5 次铲挖，1 次用刮刀铲挖，另外 12 次为移送及平整工作。

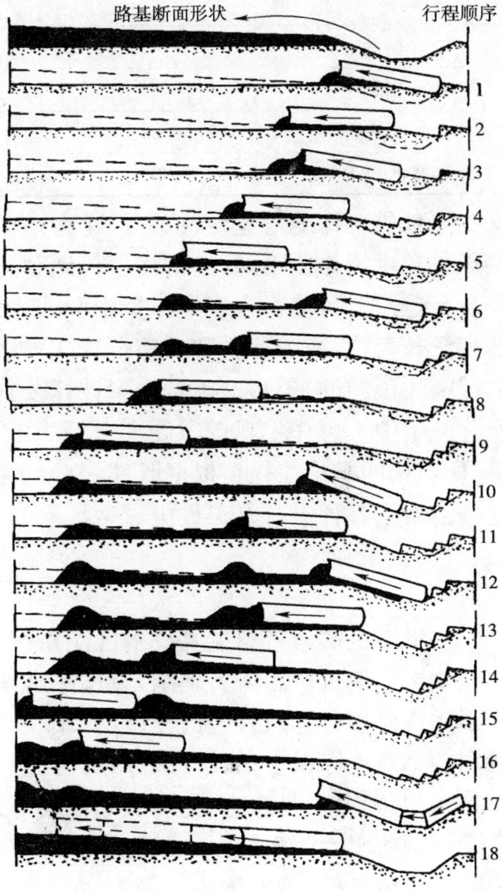

图 2-5-13 平地机修整路型的施工程序图

此外，在公路施工中铲运机还可用于开挖路槽、开挖水沟、路拌材料，但这些工作若用其他专用工程机械去完成效率会大大提高。

3. 提高平地机生产率的措施

1）生产率计算

平地机的生产率根据施工对象不同，可按单位时间内所完成的面积来计算，或按单位时间内所完成的土方量来计算。

平地机平整场地的生产率 Q_p 按下式计算：

$$Q_p = \frac{8L(l\sin\alpha - b)K_{SH}}{n_p\left(\dfrac{l}{v_p} + t_d\right)} \quad (m^2/台数)$$

式中：L——需平整地段的长度，m；

l——刮刀长度，m；

α——刮刀的刮土角；

b——相邻两刮刀的重叠度，为 0.3 ~ 0.5m；

n_p——平整好每一处所需的行程数；

v_p——平地机平整时的速度，m/h；

t_d——掉一次头所需时间，h；

K_{SH}——时间利用率。

用土方量为单位的平地机生产率一般按下式计算：

$$Q = \frac{60LL_1hK_HK_{SH}}{T}$$

式中：L——平地机每一工作行程长度，m；

L_1——刮刀的有效长度，m，$L_1 = l\sin\alpha - b$；

h——刮铲深度或摊铺厚度，m；

K_H——土量换算系数；

K_{SH}——时间利用率；

T——平地机一个行程所花费的时间，min。

刮刀刮土角与刮刀有效长度的关系如表 2-5-2 所示。

2）提高平地机生产效率的措施

从上述生产率计算公式中可以看出，影响平地机生产率的因素有工作地段的长度，刮刀的工作角度，刮刀的长度，平地机工作速度，工作行程次数，机械掉头时间以及时间利用率等。除了加强工地管理、制定合理的施工组织外，一般可有针对性地采取措施，以提高其生产效率。

刮刀标准刮土角与刮刀有效长度关系表　　表 2-5-2

作业种类	刮土角 α(°)	自动平地机级别		
		3.7m 级	3.1m 级	2.5m 级
切削硬土	45	2.3	1.9	1.5
切削软土	55	2.7	2.2	1.7
集土，削雪	69	2.9	2.4	1.9
修整，平地	90	3.4	2.8	2.2

平地机工作地段宽度，拟以一个台班中能完成的工作量来考虑，一般应不少于 1km。刮刀的工作角度因作业不同，经常需停机调整，费时较多。若能采用多台(2 ~ 3 台)平地机联合作业、合理分工，可使每台班中尽量不调或少调刮刀的工作角度。刮刀长度影响移土距离，若能装用延长刀，将减少移土和平整行程次数，对生产率的提高十分有利。

需要说明的是，平地机生产率计算公式的成立条件往往很难在施工中完全实现，因此，在实际施工中不可凭主观意志硬套公式，由公式计算出来的生产率只能作参考用，或仅用于估算，而实用的结论往往是根据既往经验(调查资料)和作业现场实际情况进行具体分析而得，这一点对于各种土石方工程机械生产率的计算都是适用的。

三、平地机的选用

1. 平地机的命名与主要技术性能指标

我国平地机产品命名规则是：用平地机汉语拼音的第一个字母“P”代表平地机。在 P 之后不用任何字母标识者为机械传动，用“Y”标识者为液压液力传动(控制)的平地机，字母之后用功率大小标识主参数，过去用马力，现在改用 kW。

例如：PY180 型平地机，其中 P 代表平地机，Y 代表液压传动(控制)，180 代表该平地机的发动机的功率为 180 马力。评价平地机的技术性能指标主要是发动机功率。一般，对于结构相同的平地机(同为整体式或同为铰接式平地机)其发动机功率越大，则生产率越高。此外，平地机的结构质量、最大走行速度、最小转弯半径、最大切土深度、刮刀最大提升高度、最大倾斜角度、刮刀宽度等参数，也是评价其性能的指标。

2. 平地机的选用

1)按生产率选用

若工期要求不急，选用主参数较小的平地机较经济，否则选用主参数较大的。

2)按地形选用

若工地较狭窄，转向不方便，则选用铰接式平地机便于施工，否则选用整体式较经济。

3)按平整精度要求选用

若施工要求平整精度较高，选用铰接式平地机较可靠，反之，选用整体式较经济。

思　考　题

1. 若不计平地机的辅助工作装置，一台平地机一般需多少个油缸才能胜任工作(同类油缸算一个)？

2. 在高速公路施工中，在用平地机平地之前一般要完成哪些施工工序？

3. 影响平地机平整度的因素有哪些？

第三章　石方机械施工

[重点内容和学习要求]

本章介绍广泛应用于公路、建筑、水利和矿业等领域的空气压缩机、凿岩机、破碎机等石方机械,并讲述了路基石方爆破施工技术。重点讲述了此类机械的施工技术和选用原则。

通过学习,要求学生掌握所学机械的使用技术和选用原则,能组织机械化施工,了解所学机械的特点。

第一节　空气压缩机施工

一、概　　述

1. 空气压缩机的用途和分类

空气压缩机简称空压机,是一种以内燃机或电动机作为动力,将自由空气压缩成高压空气的机械。压缩空气是驱动各种风动工具的动力源,因此,有时又将空气压缩机称为动力机械。

空压机的分类方法较多,按其工作原理分为往复式和旋转式两大基本类型。

往复式又称为活塞式,这种空压机是一种老式产品,按其汽缸的排列形式有直立式,“V”型、“W”型和“L”型。活塞式空压机外形如图 3-1-1 所示。

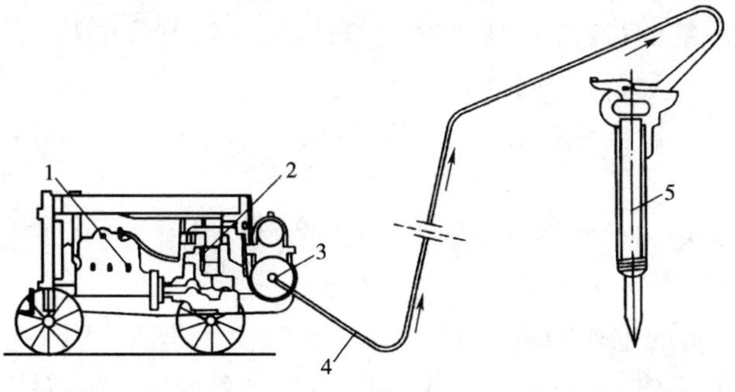

图 3-1-1　活塞式空压机外形图

1-内燃机;2-空压机;3-储气筒;4-管路;5-凿岩机

旋转式空压机属于新产品,目前使用较多的有旋转滑片式、双螺杆式和“Z”型旋转螺杆式。旋转式空压机具有体积小、质量轻、结构简单、维修方便等优点,是空压机的发展方向,其外形如图 3-1-2 所示。

按空气被压缩的次数分为单级、两级和多级式三种。按其安装性能分,有移动和固定式两种。移动式空压机本身装有行驶车轮,故机动性较固定式好。在筑路工程中,大多采用移动式空压机。移动式空压机都采用柴油机驱动。它主要由柴油机、离合器、空压机、储气筒以及可移动的牵引拖车等组成。

柴油机产生的动力通过离合器传给空压机,空压机制配出来的压缩空气送入储气筒内储存备用。以上所用总成都安装在一辆特制的牵引拖车上,并有棚架和盖板将它们遮盖起来。储气筒内的压缩空气根据需要由气管引至各种风动工具。

2. 空压机的工件原理

(1)活塞式空压机工作原理

图 3-1-3 所示为活塞式空压机工作原理图。当活塞 2 由上到下运行时,汽缸上部容积大,缸内空气压力变低,进气阀 4 打开,空气被吸入缸内。当活塞从下向上运行时,缸内气体容积变小,压力增大,进气阀关闭。随着活塞不断上移,缸内压力不断增大,直至能克服排气阀背压及弹簧张力的合力时,排气阀 3 打开,排出压缩空气。在活塞到达上止点时,由于缸内空气压力突然下降,排气阀在弹簧张力的作用下自行关闭。空压机就按这种工作循环(吸气、压缩、排气)周而复始地工作着。

图 3-1-2 旋转式空压机外形

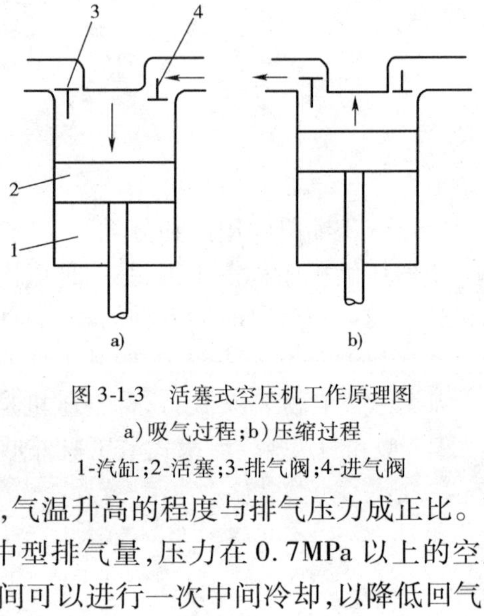

图 3-1-3 活塞式空压机工作原理图

a)吸气过程;b)压缩过程

1-汽缸;2-活塞;3-排气阀;4-进气阀

空气在汽缸内被压缩的过程中,其温度猛烈升高,气温升高的程度与排气压力成正比。高温气体影响空压机的效率和使用,因此,现在对于大中型排气量,压力在 0.7MPa 以上的空压机多数进行两次以上的多次压缩。在一、二级压缩之间可以进行一次中间冷却,以降低回气的气温和所耗的功。

多级压缩的工作原理和单级压缩的一样,不同的是把空气的压缩过程分两个或两个以上阶段,分别在向几个汽缸中逐次压缩,使气压逐渐上升。

(2)双螺杆式空压机的工作原理

双螺杆式空压机的工作原理(图 3-1-4 与图 3-1-5)就是利用一对平行配置在∞形汽缸内相互啮合的螺旋式转子(其中一个是具有凸齿的阳转子,另一个是具有凹齿的阴转子)在相对旋转时改变齿间基元容积而实现吸气、压缩与排气三个工作过程的。

如图 3-1-4 所示,当一对啮合转子由状态 1 转到状态 2 时,啮合的齿面就完全离开,产生一个月牙形间隙 S,此间隙随着转子的旋转而扩大。当它与吸气口相通时,气体就被吸入这个齿间基元容积中(即两个转子螺旋槽的空间),此时为吸气过程。

当这对转子相对旋转到一定角度后,齿间基元容积越过吸气口,吸气过程结束(图 3-1-5a)。此时两个转子的基元容积彼此孤立,充满其间的空气同外界隔绝。

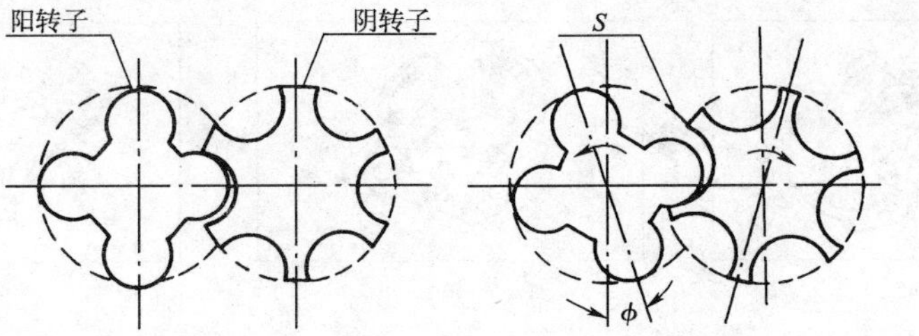

图 3-1-4　双螺杆式空压机的齿形

当转子再继续转过一个角度之后，由于转子的齿、槽是螺旋曲线，两个转子的齿与齿槽又互相啮合（互相填补空间），啮合面从吸气端逐渐向排气端移动。此时两个孤立的齿间基元容积已经互相连通，合并成一个基元容积。随着齿与齿槽的啮合旋转，此基元容积开始逐渐缩小，实现对气体的压缩过程（图 3-1-5b），此过程一直延续到该齿间基元容积与排气口相通的瞬间为止（图 3-1-5c）。

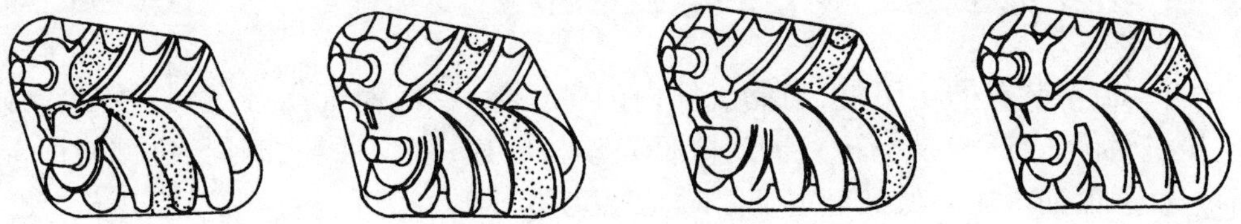

图 3-1-5　双螺杆式空压机的工作过程

a）吸气结束；b）压缩开始；c）压缩结束；d）排出

当该基元容积与排气口一经连通，就开始排气过程（图 3-1-5d）。排气过程一直延续到齿与齿槽完全啮合，基元容积值等于零为止（图 3-1-4 中的状态 1）。

随着转子的继续旋转，上述工作过程就连续地循环进行。

双螺杆式空压机具有强制输气，运转平稳和效率高等优点。它的缺点是工作噪声很大，必须加装消声或隔声设备。

（3）“Z”型旋转螺杆式空压机工作原理

“Z”型旋转螺杆式空压机主要由旋转螺杆 1、位于旋转螺杆两侧与旋转螺杆相啮合并可以转动的阀门转子 2 及壳体 3 组成（图 3-1-6）。在壳体上开有进、排气口。其工作原理见图 3-1-7。

当旋转螺杆旋转时，空气从壳体上的进气口进入到由阀门转子齿与旋转螺杆槽及壳体 3 组成的密闭空间内，见图 3-1-7a）。

随着旋转螺杆的继续旋转，阀门转子 2 的齿随着螺杆移动，压缩空间减少，在阀门转子齿与旋转螺杆之间的空气便被压缩。为了降低压缩空气的温度及加强密封，在空压机工作时不断有机油喷入到压缩空间，如图 3-1-7b）所示。

阀门转子到达排气口时，压缩空气便被排入储气筒内。储气筒内有滤油器，可将机油分离，以便循环使用，见图 3-1-7c）。

图 3-1-6　“Z”型旋转螺杆式空压机组成

1-旋转螺杆；2-阀门转子；3-壳体

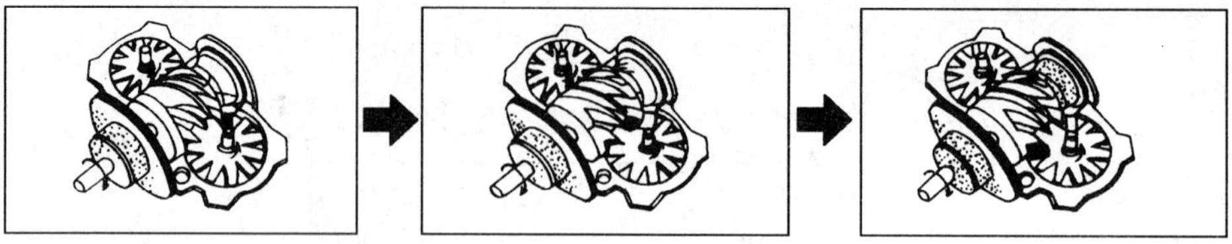

a) b) c)

图 3-1-7 “Z”型旋转螺杆式空压机工作原理

a)吸气；b)压缩；c)排气

3. 空压机气压自动调节装置的工作原理

空压机在正常运转下的排气量(单位时间内)是一定的,但在同一时刻内它所供给的风动机具的使用数量不一定相同,使储气筒内的供气量经常处于变化状态。如果供气量小于空压机的额定排气量,筒内的气压将会逐渐增高,当增高到一定限度时,就会引起储气筒和空压机发生爆炸事故或机件损坏。为了保证空压机的排气量能适应风动机具需气量的变化,并使储气筒内的压力保持在一定的范围内,目前所有形式的空压机上都装有气压自动调节装置和安全阀等。

气压自动调节装置的功用是,当储气筒内的供气量减少,而气压升高到额定最高限量值时,使空压机暂停压气(只是空转),同时降低发动机转速,减少油耗和延长机械使用寿命;当储气筒供气增加,而气压降低到额定下限时,使发动机仍以正常的转速驱动空压机,使之恢复正常压气。

气压自动调节装置一般由气压调节器 1、减荷阀 6 和调速器 13 三部分组成(图 3-1-8)。它们的结构形式有多种,但其工作原理基本相同。

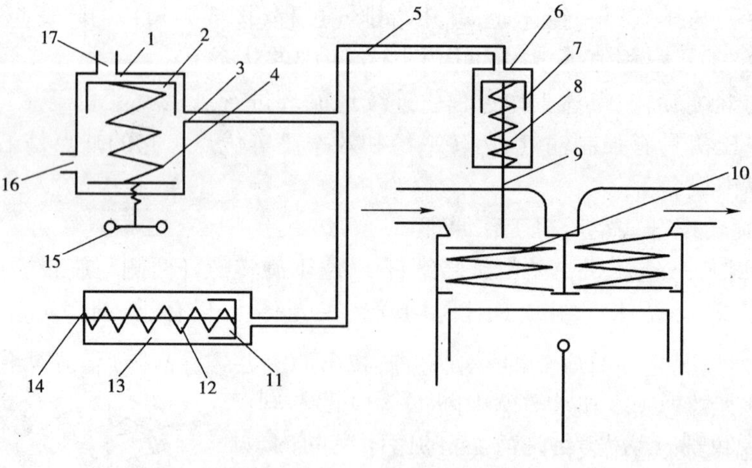

图 3-1-8 气压调节装置工作原理图

1-气压调节器;2-调节器活塞;3-气道口;4-小气压调节器弹簧;5-管道;6-减荷阀;7-减荷阀活塞;8-减荷阀弹簧;9-减荷叉;10-空压机进气阀; 11-调速器活塞; 12-调速器弹簧; 13-调速器; 14-调速器活塞杆; 15-手轮; 16-调节器排气口; 17-调节器进气接头

压缩空气由气压调节器接头 17 进入气压调节器的上腔,对活塞 2 产生向下的压力。当储气筒内的压缩空气压力超过弹簧 4 的调定值时,作用在活塞上的气体就克服弹簧 4 的张力推动活塞向下移动,接通气管道口 3,压缩空气就经管道 5 分别进入调速器 13 和减荷阀 6。压缩空气的压力可用手轮 15 来调节气压调节器弹簧 4 的张力来调解。

进入调速器13的压缩空气，推动调速器弹簧11，克服调速器弹簧12的张力同活塞杆14一起左移，推动柴油机调速器上的调速臂摆动，柴油机的供油减少，使发动机的转速降低。与此同时，压缩空气进入减荷阀6的活塞7克服减荷阀弹簧8的张力和减荷叉9一起下移，使空压机进气阀10处于开启位置，空压机便减荷空转。

当储气筒压力下降至规定值时，气压调节器弹簧的张力大于压缩空气对活塞2压力；弹簧张力活塞上，切断压缩空气通路，调速器和减荷阀内的余气便通过管道，排气口16排入大气中，调速器和减荷阀分别使发动机的空压机恢复正常的运转和工作压力。

二、空压机的应用

1. 空压机使用技术

（1）空气压缩机作业区应保持清洁和干燥。储气罐应放在通风良好处，距储气罐15m以内不得进行焊接或热加工作业。

（2）空气压缩机的进排气管较长时，应加以固定，管路不得有急弯；对较长管路应设伸缩变形装置。

（3）储气罐和输气管路每三年应作水压试验一次，试验压力应为额定压力的150%。压力表和安全阀应每年至少校验一次。

（4）作业前重点检查应符合下列要求：

①燃、润油料均添加充足；

②各连接部位紧固，各运动机构及各部阀门开闭灵活；

③各防护装置齐全良好，储气罐内无存水；

④电动空气压缩机的电动机及起动器外壳接地良好，接地电阻不大于4Ω。

（5）空气压缩机应在无载状态下启动，启动后低速空运转，检视各仪表指示值符合要求，运转正常后，逐步进入载荷运转。

（6）输气胶管应保持畅通，不得扭曲，开启送气阀前，应将输气管道连接好，并通知现场有关人员后方可送气。在出气口前方，不得有人工作或站立。

（7）作业中储气罐内压力不得超过铭牌额定压力，安全阀应灵敏有效。进、排气阀、轴承及各部件应无异响或过热现象。

（8）每工作2h，应将液气分离器、中间冷却器、后冷却器内的油水排放一次。储气罐内的油水每班应排放1～2次。

（9）发现下列情况之一时应立即停机检查，找出原因并排除故障后，方可继续作业：

①漏水、漏气、漏电或冷却水突然中断；

②压力表、温度表、电流表指示值超过规定；

③排气压力突然升高，排气阀、安全阀失效；

④机械有异响或电动机电刷发生强烈火花。

（10）运转中，在缺水而使汽缸过热停机时，应待汽缸自然降温至60℃以下时，方可加水。

（11）当电动空气压缩机运转中突然停电时，应立即切断电源，等来电后重新在无载荷状态下起动。

（12）停机时，应先卸去载荷，然后分离主离合器，再停止内燃机或电动机的运转。

（13）停机后，应关闭冷却水阀门，打开放气阀，放出各级冷却器和储气罐内的油水和存气，方可离岗。

(14)在潮湿地区及隧道中施工时，对空气压缩机外露摩擦面应定期加注润滑油，对电动机和电气设备应做好防潮保护工作。

2. 空压机管道布置及安装

压缩空气管路的敷设如图 3-1-9 所示。对临时性的移动式空压机，一般输气管采用高胶管。但在工程量大而且集中，施工期较长的施工点，可以钢管作总输出的主气管，输气管口径的选择应根据所通过的总气量和输送的距离而定，其原则是保证最远施工点有足够的气压（一般不低于 0.5～0.6MPa），以使风动工具能正常工作。输气管口径大小的选择可参照表 3-1-1。

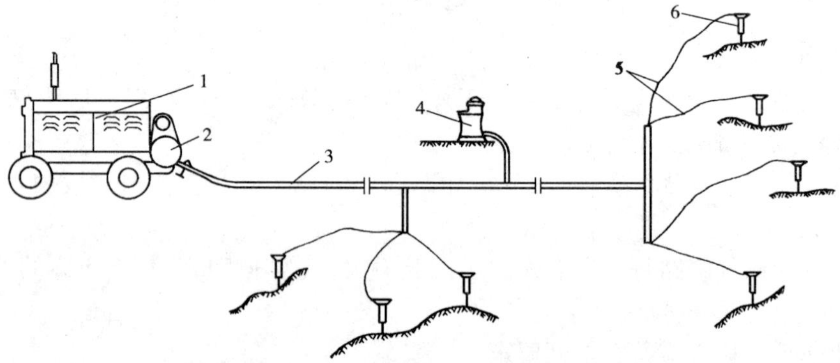

图 3-1-9　空气网道布置示意图

1-空压机；2-储气筒；3-主输气管；4-锻钎机；5-高压胶管；6-凿岩机

输气管内径、长度关系表　　表 3-1-1

空气消耗量（在 0.6MPa 的大气压下）(m^3/min)	输气管长度（m）							
	10	25	50	100	200	300	400	500
	输气管内径（mm）							
2	25	33	33	37	40	43	46	46
3	25	33	37	40	46	49	49	54
4	33	37	37	43	49	54	54	58
5	33	37	40	46	54	58	58	64
6	33	40	43	49	58	64	64	70
7	33	40	46	54	64	70	70	76
8	37	43	49	58	64	76	76	76
9	37	43	49	58	64	76	76	82
10	40	46	52	58	70	76	82	82

在安装输气管道前，必须做好全工地管道设计，根据工作布点、位置来选定主气管安装路线。根据总气量的流量选定主气管管径大小，并备妥一切管道附件等才可开始安装。

在安装过程中，总的要求是尽量做到平、直，少用弯头和闸阀等管道附件，以减少气压损失。管道地带要尽量避开预知爆破点，必要时还要做好管道保护工作，以免在爆炸时损坏气管。

为了方便生产，避开露天工作，保证机械的安全生产，一般大型固定式的机械，如空压机、发电机、锻钎机和磨钻机等，均应搭盖机棚。机棚位置应根据工程施工点具体要求（包括机械安装），安设在爆破警戒线之外，并选择在傍山弯道上，藉以挡险。

空气压缩机技术性能见表 3-1-2。

空气压缩机技术性能表

表 3-1-2

型号		$Z_y-8.5/7$	$2V_y-12/7$	3L－10/8	$LG_y25-17/7$	$LG_y-10/7$	LG20－10/7
型式		四缸、直立、二级风冷、移动	二级、风冷、V 型移动	二缸、L 型、二级水冷，半固定	螺杆式、移动风冷	螺杆、移动、风冷	螺杆、半固定，风冷
排气量(m^3/min)		8.5	12	10	17		
排气压力(MPa)		7.0	7.0	8	7		
压缩级数		2	2	2	1		
气缸数	一级	2	2	1			
	二级	2	2	1			
	一级	240	240	300			
	二级	140	140	180			
活塞行程(mm)		140	120	200			
转子数					2	2	2
转子直径×长度(mm)					250×330	200×200	200×180
转速(r/min)	曲轴额定转速 阳转子额定转速	860	1500	480	2250	3000	3776
阳转子与阴转子的转速比					3:2	3:2	3:2
发动机		4146k(A)	6/35L－1				
气压调节器打开与关闭压力(MPa)		7.0,5～6	7.1～7.2,5～6	8.0,7.4			
排气温度(℃)		<180	<180	<160	≤125	≤120	≤120
打开安全阀时压力(MPa)	一级	2.4	2.4～2.6			8.0～8.3	8.0～8.3
	二级	7.7	7.4～7.8				
总质量(kg)		5000	3000	1700	3800	3000	1600
外形尺寸(长×宽×高)(mm)		4424×1988×2483	4000×1700×2050	1898×875×1813	3715×1920×1820	3900×1850×2000	2510×1310×1370
最大拖行速度(km/h)		20	30		25～35	25～35	
最小转弯半径(m)		10	7			≤5	
生产厂家							

第二节　凿岩机施工

一、概　　述

1. 凿岩机的分类

凿岩机是用来直接开采石料的工具。它在岩层上钻凿出炮眼以便放入炸药去炸开岩石，从而完成开采石料或其他石方工程。此外，该机也可改作破坏器，用来破碎混凝土之类的坚硬层。

凿岩机按其动力来源可分为风动凿岩机、内燃凿岩机（图 3-2-1）、电动凿岩机（图 3-2-2）和液压凿岩机等四类。

图 3-2-1　内燃凿岩机外貌图

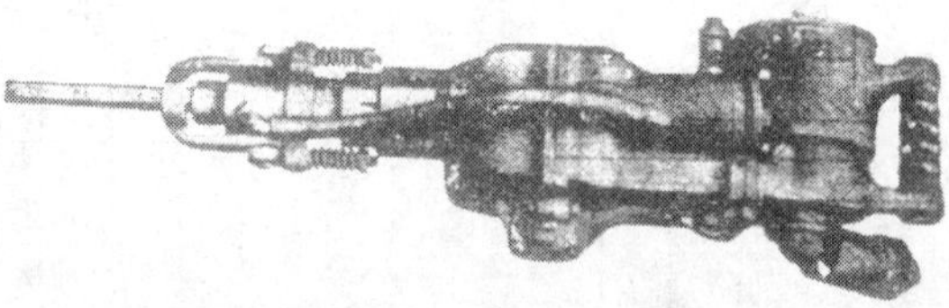

图 3-2-2　电动凿岩机外貌图

风动凿岩机主要有汽缸—活塞组件、配气装置、钢钎回转机构、操纵阀及冲洗—吹风机构等组成。风动凿岩机在操作时有用人手扶持的，称为手持式凿岩机；有利用气动支腿的，称为气腿式凿岩机（图 3-2-3）；有利用气动柱架导轨的，称为柱架导轨式凿岩机；也有在一台车架上装有一至数只凿岩机的，称为凿岩台车（图 3-2-4）。

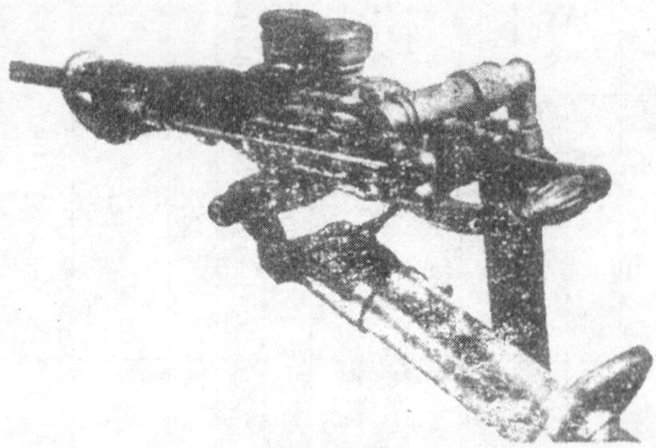

图 3-2-3　气腿式凿岩机外貌图

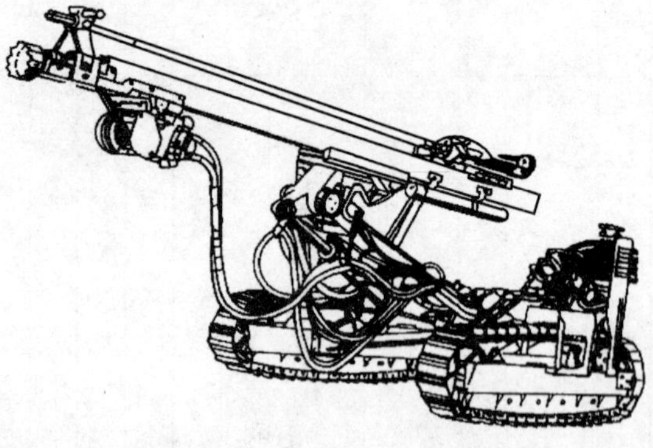

图 3-2-4　履带式凿岩机外貌图

手持式凿岩机要有很大的力气扶持，剧烈的振动直接传于人身，使人很容易疲劳，影响健康，目前属于淘汰产品。气腿式凿岩机是由一气腿代替人力顶着凿岩机工作，从而大大减轻工人的劳动强度。内燃凿岩机的主要优点是携带方便。柱架导轨式凿岩机在导轨上行走，钻凿范围有一定限制。凿岩台车有履带式、轮胎式和轨道式，它们都有专门设计的专用底盘，上面安装若干只凿岩机，从不同的方向和角度同时进行钻凿工作，大多用在采矿的坑道内和隧道内。

液压凿岩机是近几年来出现的一种新型凿岩机，基本可分为两种类型：一种是小型手持式，其冲击能量较小，主要是用来代替传统的风镐，大多数与小型挖掘—装载机、液压工程车等配套使用；另一种是大型机载式，这类液压凿岩机大多是以液压挖掘机的反铲作业装置为基础，将反铲斗换装成凿岩机进行作业，由挖掘机驾驶员在驾驶室内进行操作。此类凿岩机的能量较大，一般在 1 ~ 6kN · m 范围内。

2. 凿岩机工作原理

风动凿岩机是利用配气阀来改变压缩空气进入汽缸的方向，从而使缸内活塞往复运动冲击钢钎凿击岩石的。不同的配气阀其工作原理是相似的。

碟阀式风动凿岩机工作原理如图 3-2-5 所示。

冲程工作情况（图 3-2-5a）：

当碟形阀 2 关闭了阀座上的回程进气孔 1 而打开冲程进气孔 4 时，压缩空气进入汽缸上腔，推动活塞 6 向下运动，汽缸下腔的气体由排气口 5 排出。在活塞上端面越过排气口以后，汽缸上腔排气，汽缸下腔空气则被压缩，于是碟阀在其左下面与右下面气压差的作用下进行摆动，关闭冲程进气孔升，打开回程进气孔 4。使压缩空气改向汽缸下腔流去。活塞在惯性作用下仍继续下行直到冲击到底。

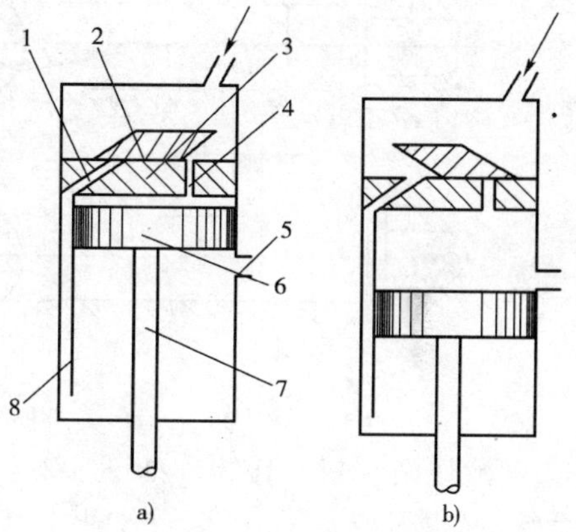

图 3-2-5　碟阀式风动凿岩机工作原理图

a）冲程工作情况；b）回程工作情况

1-回程进气孔；2-碟形阀；3-阀座；4-冲程进气孔；5-汽缸排气口；6-活塞；7-钢钎；8-汽缸壁

回程工作情况（图 3-2-5b）：

压缩空气由回程进气口 1 经气道进入与道进入汽缸下腔，推动活塞上行，当活塞下端面超过排气口 5 后，汽缸下腔排气，上腔余气被压缩。碟阀在右下面和左下面压力差的作用下又摆动，再次关闭回程进气孔 1，打开冲程进气孔 4，活塞在惯性力作用下回程到顶。活塞在汽缸内往复运动一次完成一个工作循环。活塞周而复始地往复运动，凿岩机即可进行钻台工作。

内燃凿岩机由一只二冲程单缸汽油机、空压机和凿岩装置三部分组成。其工作原理如图 3-2-6 所示。在一个汽缸中同时装着发动机活塞 3 与冲击活塞 7，在缸的小内孔中的两活塞之间构成燃烧室 6，冲击活塞 7 又将汽缸大内孔分隔成上、下两个压缩室 9 与 8。

当活塞 3 向左运动处于位置 a）时，关闭了进排气口 4、5，进入燃烧室 6 中的可燃混合气开始受压缩。此时冲击活塞 7 因有前面下压缩室 8 中的空气阻力，不会向前推移。活塞 3 继续向左运动到位置 b）时，可燃混合气受压缩，压力大大增高，等到该活塞下行至下止点前一定位置，磁电机开始使火花塞点火，可燃混合气燃烧，产生高压，膨胀做功。此时活塞 3 继续向左运动到下止点，可燃混合气也正好是完全燃烧后而发出最高压力，于是冲击活塞 7 就在此高压作用下克服了下压缩室 8 中的空气阻力，加速向前运动，如图中的位置 c）所示。与此同时，下压缩室 8 中气体因被压缩而压力增高，打开排气阀，让部分气体排出，以减少对冲击活塞的运动阻力，使它能获得最大的冲击功，猛烈地冲击着钢杆，进行凿岩工作。

当发动机活塞自下止点向右回行时（位置 d），燃烧室 6 的容积逐渐增大，压力降低，等到自动打开排气口 5 和进气口 4 时，其中压力已低于压缩室 8 中的压力，于是冲击活塞在作完冲击功后也开始回行，一直回到最上的原始位置。

发动机活塞在回程中，排气口 5 先被打开，使废气排入大气中。以后进气口才接着打开，曲轴箱中受压的可燃混合气就从进气口涌入燃室 6 中，此时进入的新鲜气流也有加速驱除废气的作用。这一过程称为换气过程（位置 V）。在此过程终了时，就算完成了一个工作循环。在此循环中，曲轴旋转一圈，发动机活塞和冲击活塞都往返移动两个行程，冲击活塞对钢钎冲击一次。以后发动机继续运转时，又周而复始开始新的循环。

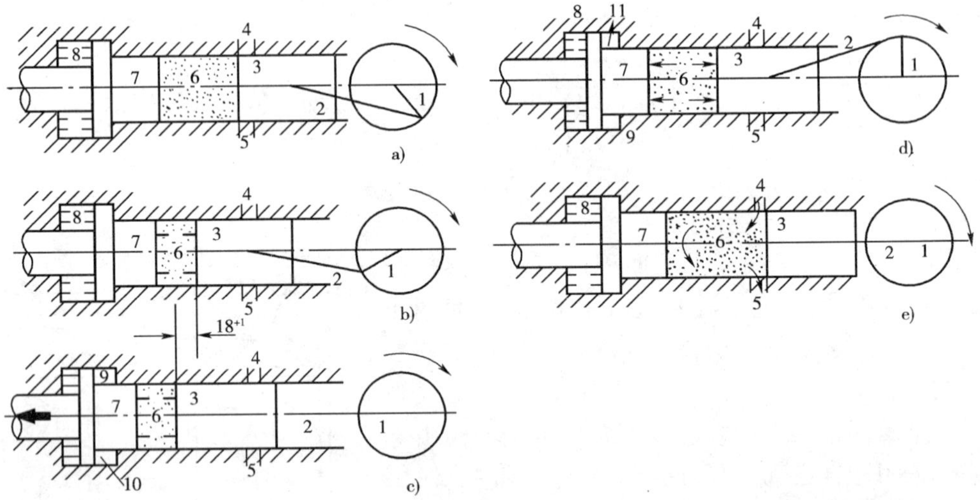

图 3-2-6　内燃凿岩机工作原理

液压凿岩机工作原理如图 3-2-7 所示。该机主要由供油及配油系统、储能系统、能量转换系统、减振及支承系统，以及作业工具系统等部分组成。冲击循环过程可分为四个阶段。

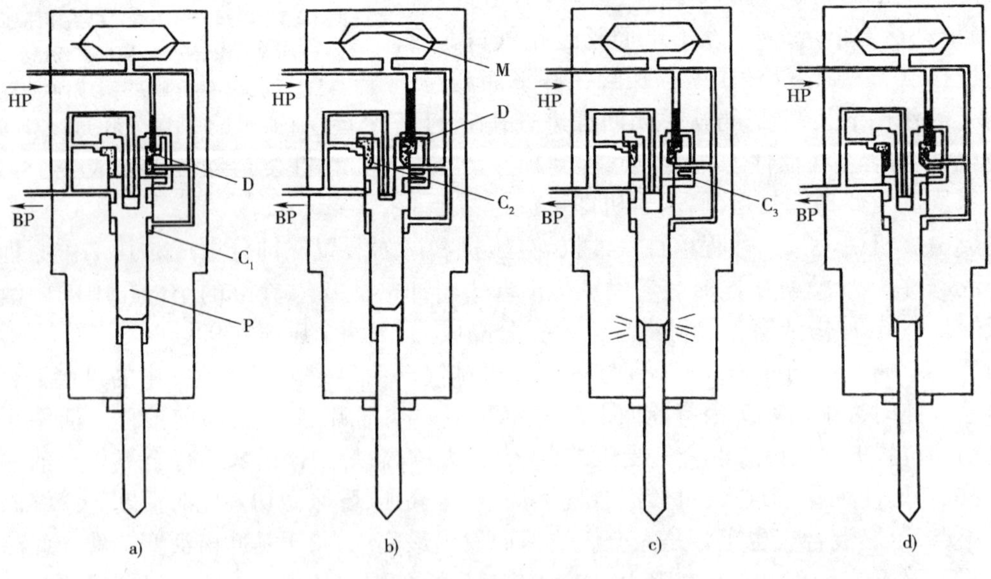

图 3-2-7　液压凿岩机工作原理

a）第一阶段；b）第二阶段；c）第三阶段；d）第四阶段

P-柱塞；D-阀套；M-氮气储能器隔膜；O-节流孔；C_1、C_2-油腔；HP-高压油源；BP-回油路

第一阶段：由高压油源 HP 来的液压油进入柱塞 P 的下端 C_1 腔，推动柱塞向上运行。

第二阶段：柱塞 P 在上升过程中，将阀套 D 向上推动，直到顶点位置，于是高压油经过阀套 D 与柱塞 P 之间的一个经过标定的进油口向 C_2 腔供油，同时氮气储能器隔膜 M 也向上压缩氮气进行储能。

第三阶段：当柱塞上端面受到的液体压力超过下端的液体压力时，力的不平衡使柱塞加速向下运动，同时储能器提供快速运动所需的油量。在向下运行的过程中，柱塞将节流孔 O 打开，使阀套 D 也下降。一柱塞继续向下运动，一直到与破碎工具相碰产生打击为止。

第四阶段：阀套 D 在向下运动过程中，切断了向 C_2 腔的供油，并使它与低压回油路 BP 相通，这样整个过程又回到初始位置。如此周而复始，便可自动进行连续打击。

3. 钻杆、钻头

钻杆和钻头是凿岩机的工作装置，对凿岩工效的高低影响较大。

钻杆又称钢杆，一般用碳钢制成，截面为中空的六角形或圆形。中空的目的是为了专供清炮眼石粉之用。

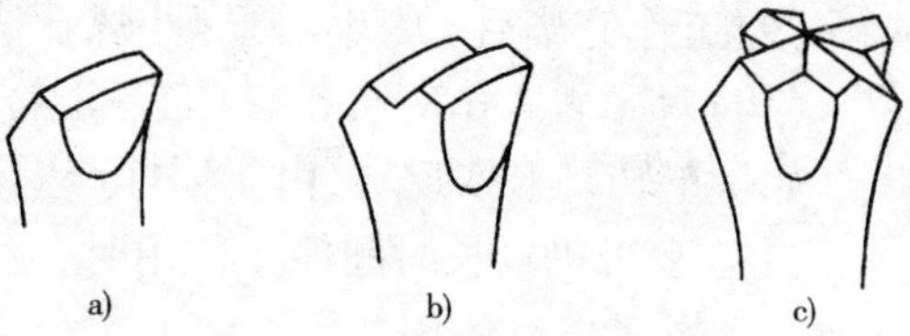

图 3-2-8 钻头

a）单凿；b）双凿；c）十字形

钻头的形状是根据岩石的硬度和组成来选择。常用的钻头有单凿、双凿和十字形三种（图 3-2-8）。单凿式钻头适用于松软和中等硬度没有裂纹的岩石；双台式和十字形钻头在一般岩石上都能应用。

钻杆和钻头的连接有两种方式。一种是钻杆和钻头连成一体（即称钎子），它只能在硬度不大的岩石中使用，故钎头易于磨损变钝。此时应将磨钝钻头加以锻整，俗称锻钎或改钻。另外一种是钻杆以螺纹或锥度与钻头连接，一般用于坚硬的岩石。钻头刃口镶有硬质合金工具钢，俗称合金钻头。这种钻头的优点是，钻头磨钝后可随时卸下更换新的，不必更换钻杆即可工作，提高了工作效率，节约了钢材，降低了修钎成本。

钻头和钻杆在钻孔过程中是配套使用的。打眼时先用较短的钻杆和较大的钻头开眼，以后逐步加上钻杆换用较小钻头，所以钻头应先大后小，逐渐减至所需孔径，钻杆先短后长，一根一根换长到需要深度。一般情况下，配套钻杆的尺寸见表 3-2-1。

钻杆钻头配套尺寸 表 3-2-1

钻杆号	1	2	3	4	5	6	7	8
钻杆长（mm）	900	1 000	1 500	2 000	2 500	3 000	3 500	4 000
钻头直径（mm）	42	40	38	36	34	32	30	28

二、凿石机的应用

1. 风动凿岩机使用技术

（1）风动凿岩机使用时，要求凿岩机进风口处压缩空气干燥，风压应保持 500kPa，最低不得低于 400kPa；要求使用洁净的软水，在不得不使用酸性或碱性水时，凿岩机工作完毕后应即时注入一些润滑油，关水空运转稍许时间。

（2）启用新机器时要进行清洗重装，重装后都要开一下空车，检查运转是否正常。但空车时间不能超过 2～3min。时间过长，汽缸气垫区温度过高，容易产生研缸现象。

（3）做好管道清洗和例行的拆卸检修工作，使机器经常处于良好的工作状态，并应经常注意加润滑油，严禁无油作业。

（4）操作上应注意先开风、后开水，先关水、后关风，并注意水压应低于风压，防止水倒流入凿岩机汽缸内部，破坏机器正常润滑，影响机器正常运转。

（5）当凿岩机卡钎器转动很慢时，应立即通过调压阀减少气腿的轴退力。如出现钎杆已不转，经减小气腿轴向推力无效时，应立即停止凿岩，消除卡钎故障后再进行凿岩。

(6)经常观察机器的排粉情况,气腿凿岩机不允许拆出水针作业,或打干眼。

(7)伸缩式凿岩机凿岩时,注意沿钎子流下来的岩浆不得接近钎套,其间距至少需 20mm,否则,即为吹扫力不足,此时应按程序检查针套上的吹气孔是否畅通。

(8)伸缩式凿岩机向上作业时,除遵守一般凿岩工作的安全技术外,还应特别注意钎子突然折断,防止工伤事故,并严禁长时间全速空转,拔钎时应开小风。

(9)工作完毕后,关闭水阀以小风让凿岩机做短时间空运转,排除积水,防止锈蚀。

(10)对导轨式凿岩机,当打完一根钎后,应停风,再打反转卸钎尾。反转卸钎时,应开小风。如从正转马上变反转,由于惯性产生很大的冲击,会降低回转爪和螺旋棒的使用寿命。

(11)凿岩机较长时间停止使用时,应及时将其拆洗干净,并涂上防锈油,放干燥处保存。

2. 内燃凿岩机使用技术

(1)发动机启动时,要在棘轮机构接合上后,轻拉启动绳。拉启动绳的方向要正确,用力不要过猛,以防止启动绳拉出。

(2)当凿岩机在装有钻杆情况下启动时,手柄离合器不允许转到回转位置。

(3)经常注意钎杆中心孔是否有堵塞现象,防止机器熄火。

(4)为了保护回转机构,机器不能过于超负荷运转。

(5)内燃凿岩机因用汽油为燃料,排出废气会污染空气,因此,在一般情况下只允许在露天工作。

3. 电动凿岩机使用技术

(1)电动凿岩机使用前应检查机械部分,应无松动和异常现象,电动机应绝缘良好,接线应正确可靠,才可通电。

(2)各传动机构的摩擦面,要保证充分润滑,并定期更换润滑油。

(3)钻孔前,应空载检查钻杆的旋转方向后,将钻头、钻杆、水管接好即可钻岩。开孔时,应轻轻将离合器安上,当钻头全部进入岩层后,再紧上离合器;当钻进一定深度而需停钻时,松开离合器,待钻头全部退出孔后再停钻,并将离合器置于中间位置。

4. 液压凿岩机的使用技术

(1)液压凿岩机在启动前检查蓄能器的充气压力是否正常:检查冲洗水压和润滑空气压力是否正确:检查润滑器里是否有足够的润滑油,供油量是否合适:检查油泵电动机的回转方向。

(2)凿岩时应把推进器摆到凿岩位置,使前端抵到岩石上,小心操作使凿岩机向前移动,使钻头接触岩石:开孔时,先轻轻让凿岩机推进,当钎杆在岩石中就位时后,再操纵至全开位置。

(3)凿岩机若不能顺利开孔,则应先操纵凿岩机后退,再让凿岩机前移,重新开孔。

(4)在更换钎头时,应将钻头轻抵岩石,让凿岩机电动机反转,即可实现机动卸钎头。

(5)液压元件的检修只能在极端清洁的条件下进行,连接机构拆下后,一定要用洁净紧配的堵头立即塞上。液压系统的机构修理后在凿岩机重新使用之前,必须把液压油循环地泵入油路,以清洗液压系统的软件。

(6)应定期检查润滑器的油位和供油量:定期对回转机构的齿轮加注耐高温油脂;定期检查润滑油中的油位,清除油箱内的污物或杂质。

(7)若要长期存放,则应用紧配的保护堵头将所有的油口塞住,彻底清洗机器并放掉蓄能器里的气体,凿岩机应放在干燥清洁的地方存放。

三、凿岩机的选用

凿岩机部分产品目录列于表 3-2-2。

凿岩机部分产品目录 表 3-2-2

型号	名称	配套动力		孔径(mm)	整机质量(t)	制造厂
		型号	功率(kW)			
CMD100	全液压露天钻机	K4E-61TC	23	$\phi22\sim\phi38$	2.2	芬兰汤姆洛克公司
CMD300	全液压露天钻机	BF4L1011/F	48			芬兰汤姆洛克公司
R500	全液压露天钻机	CAT3116DIF	119	$\phi51\sim\phi89$	11.5	芬兰汤姆洛克公司
R600	全液压露天钻机	CAT3116DIF	108	$\phi64\sim\phi102$	13.6	芬兰汤姆洛克公司
R700	全液压露天钻机	CAT3116DITA	142	$\phi64\sim\phi115$	13.7	芬兰汤姆洛克公司
CHA550	全液压露天钻机	CAT3116DIT	118	$\phi51\sim\phi89$	11.5	芬兰汤姆洛克公司
CHA660	全液压露天钻机	CAT3116DITA	145	$\phi64\sim\phi102$	13.4	芬兰汤姆洛克公司
CHA1100	全液压露天钻机	CAT3306TA	224	$\phi89\sim\phi152$	15.9	芬兰汤姆洛克公司
Dino500	全液压露天钻机	CAT3116DIT	118	$\phi51\sim\phi89$	10.5	芬兰汤姆洛克公司

第三节 破碎机械施工

一、概 述

在道路的路面和基层修筑工程中，需要大量的碎石材料作为各种混凝土的集料，或直接作为铺筑材料。例如，在水泥混凝土中集料的质量占其总质量的 80% 以上。因此，破碎机械是公路工程材料生产的基本设备之一。

1. 分类

各种碎石机的破碎方式如图 3-3-1 所示。

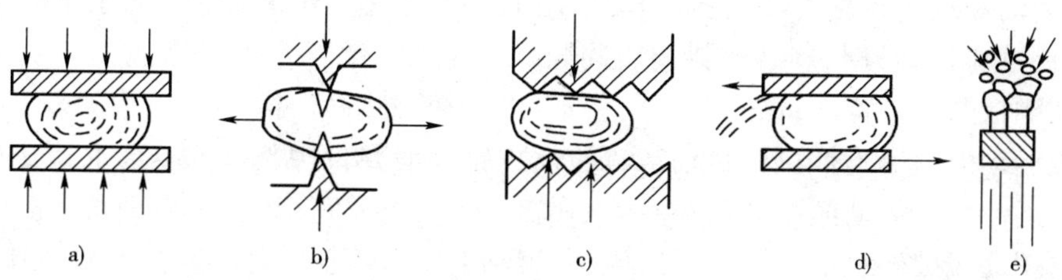

图 3-3-1 破碎方式

a）挤压；b）劈裂；c）折断；d）磨碎；e）冲击

按破碎方式和结构特点的不同，碎石机械的分类如图 3-3-2 所示。

破碎机按给料和产品的粒度可分为三大类：粗碎破碎机（由 1500 ~ 500 mm 破碎至 350 ~ 100mm）；中碎破碎机（由 350 ~ 100mm 破碎至 100 ~ 40mm）；细碎破碎机（由 100 ~ 40mm 破碎至 30 ~ 10mm）。

- 破碎机械
  - 压缩型碎石机
    - 颚式碎石机
      - 复摆颚式碎石机
      - 简摆颚式碎石机
    - 旋回式碎石机
    - 圆锥式碎石机
      - 弹簧圆锥式碎石机
      - 液压圆锥式碎石机
    - 辊式碎石机
    - 旋盘式碎石机
  - 冲击型碎石机
    - 反击式碎石机
    - 锤式碎石机
  - 联合碎石设备

图 3-3-2　碎石机械的分类

2. 特点及适用范围

各类破碎机械的特点及适用范围如表 3-3-1 所示。

破碎机械的特点及适用范围　　表 3-3-1

机械名称	特　点	适 用 范 围
颚式碎石机	结构简单、工作可靠、维修方便	粗、中碎硬质及中硬质岩石
旋回式碎石机	连续破碎、生产率较高	粗碎中等硬度岩石、矿石
圆锥式碎石机	破碎比大、效率高、粒度均匀、结构复杂	中、细碎中等硬度岩石
辊式碎石机	结构简单、紧凑、工作可靠、生产率低	中、细碎硬、软质石料
旋盘式碎石机	粒度细、形状好、效率高、经济	超细碎各种砂料
反击式碎石机	结构简单、破碎比大、粒度均匀	粗、中、细碎中硬脆性物料
锤式碎石机	破碎比大、生产能力高、粒度均匀、简化生产流程、消耗低	中、细碎中等硬度脆性物料
联合碎石设备	机动性好、简化工艺、出料规格多	碎石用料集中的大型工程

二、颚式破碎机

1. 颚式破碎机的结构特点

颚式破碎机是利用两块颚板(一块定颚板,一块动颚板)来破碎岩石的。物料进入两块颚板组成的楔形腔内,大块物料分布在上面,较小的位于下面。当动颚板接近定颚板时,料块受挤压破碎,当动颚板离开时,料块在重力的作用下向下移动。当料块的尺寸小于破碎腔最窄部分即排料口(或排矿口)时,料块被排出破碎腔。

根据动颚板的运动特征,颚式破碎机主要可分为两种形式:简单摆动式和复杂摆动式:前者的动颚板运动由曲柄连杆机构带动,实现摆动:后者动颚板由偏心轴直接带动,实现摆动和移动的复合运动。其传动简图如图 3-3-3 所示。

在简单摆动式破碎机中,动颚板悬挂在固定轴上。破碎机的连杆与偏心轴铰接,其下端与两个推力板铰接,其中一个推力板与动颚板相连;而另一个推力板则支承在调节装置上。当偏心轴转动时,连杆产生上下运动,带动推力板引起动颚板摆动。连杆向上运动时,动颚板靠近定颚板破碎岩石;连杆向下运动时,动颚板离开定颚板排料。

在复杂摆动式破碎机中,动颚板悬挂在偏心轴上,其下部则支承在推力板上,推力板的另一端支承在调节装置上。动颚板的运动轨迹为一封闭曲线。在破碎腔的上部,运动曲线为近似为圆的椭圆,在下部为一细长的椭圆。

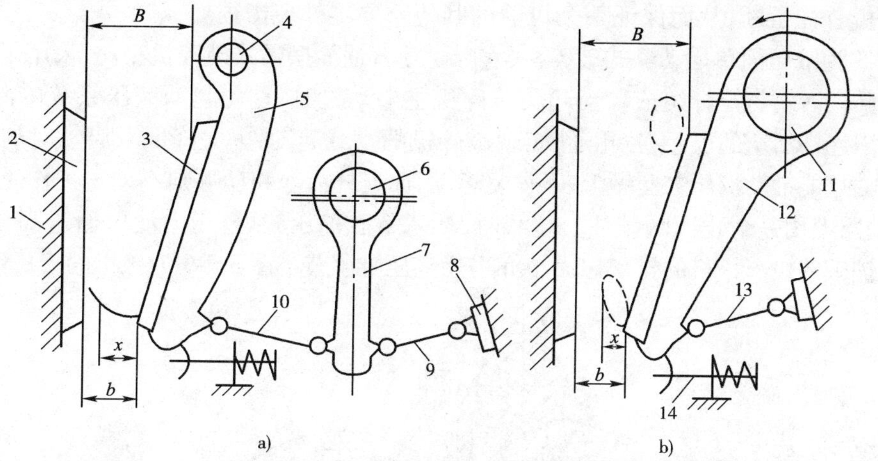

图 3-3-3　颚式破碎机传动简图

a)简单摆动式;b)复杂摆动式

1-机座;2-定颚板破碎板;3-动颚板破碎板;4-动颚板轴;5-动颚板;6-偏心轴;7-连杆;8-排料口调节机构;9-后推力板;10-前推力板;11-偏心轴;12-动颚板;13-推力板;14-拉紧装置

简单摆动式破碎机的缺点是动颚板在破碎腔上部的工作行程较小,而上部给料口(或给矿口)料块大,为了可靠地夹住和破碎物料,需要较大的行程。对于复杂摆动式破碎机,由于动颚板的工作行程自下而上越来越大。可以满足工作要求,又由于动颚板各点的运动有助于排料作用,所以其生产率比简单摆动式要高,同时结构也简单紧凑。这种破碎机的缺点是,颚板磨损比前者要严重些。

图 3-3-4 为简单摆动颚式破碎机的结构图。该机由机架体、动颚板、连杆、偏心轴、前后推力板、锁紧弹簧等组成。机架体是破碎机的支架,承受很大的冲击荷载,故应具有足够的强度和刚度。动颚板和定颚板分别在表面装有带纵向沟槽的上、下齿板各一块,用以破碎矿石。为了提高耐磨性,齿板用高锰钢制成,且当上块齿板磨损时,上下对换,以延长使用寿命。推力板不仅是一个传力杆件,而且是整个破碎机的保险装置,即当破碎腔中落入金属物时,整个机构各杆件所受的力可能超载,为保护其他重要零件不受损坏,将后推力板的断面有意削弱,一旦

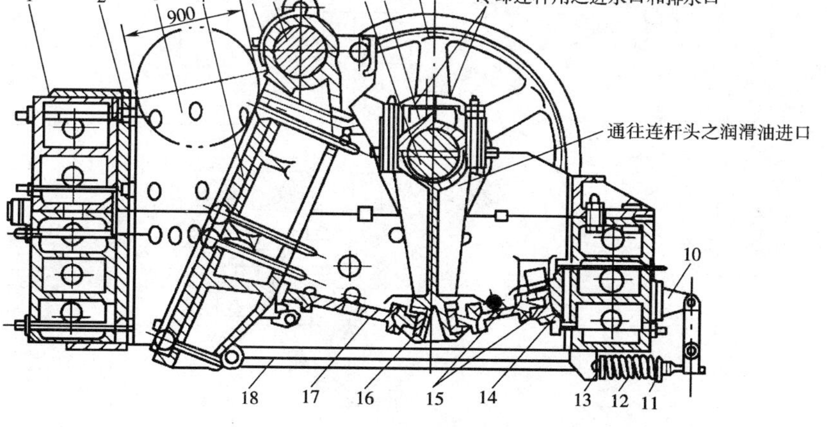

图 3-3-4　900 × 1200 简单摆动颚式破碎机

1-机架体;2-定颚板;3-侧面衬板;4-动鄂板破碎板;5-动颚板;6-悬挂轴;7-偏心轴;8-连杆;9-飞轮;10-支杆;11-后托盘;12-弹簧;13-前托盘架;14-楔板;15-后推力板;16-推力板座;17-前推力板;18-拉杆

超载，推力板首先折断，从而保证整个机器的其他重要零件免遭损坏。

图 3-3-5 为液压简单摆动颚式破碎机，它与上述普通简摆颚式破碎机相比，采用了液压连杆，该连杆由缸体、活塞与拉杆组成。当起动破碎机主电动机时，首先起动液压系统的液压泵电动机，并使液压连杆活塞的上、下腔相通，实现破碎机的空载起动，大大降低了启动时的功率消耗。此时，偏心轴只能带动液压缸套做上、下往复运动，而连杆活塞和动颚则不动。工作时，活塞下腔充油并在油路上用一个止回阀锁住。超载时，活塞下腔油压骤增，压力油可通过高压溢流阀溢流，从而保护破碎机。该机的排矿口大小亦采用液压缸调节。图 3-3-6 为该机的液压系统。

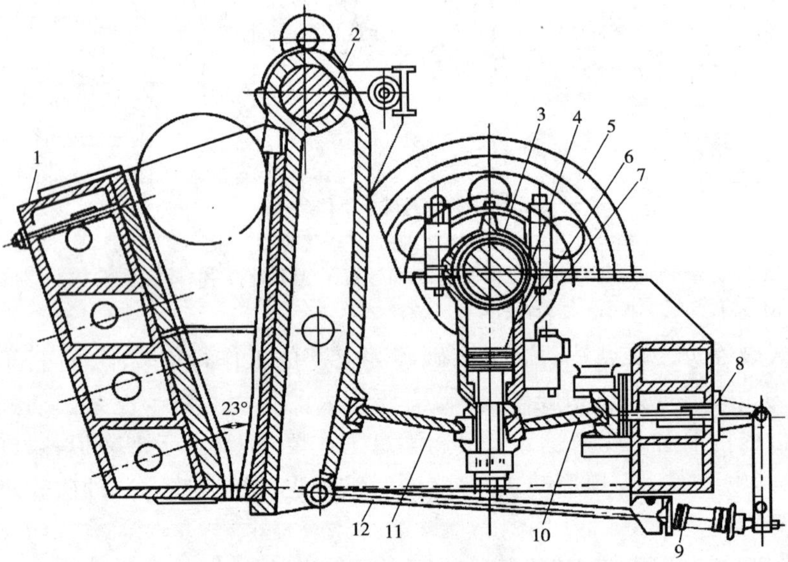

图 3-3-5　液压简摆颚式破碎机

1-机架体；2-动颚板；3-偏心轴；4-活塞；5-飞轮；6-液压连杆；7-集油器；8-液压调整缸；9-弹簧；10-后推力板；11-前推力板；12-拉杆

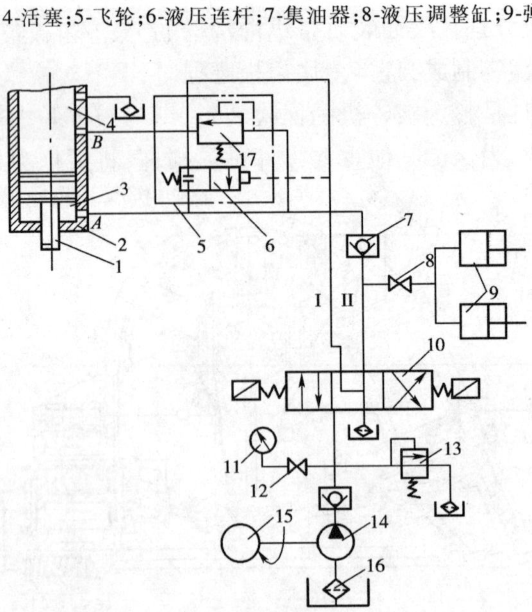

图 3-3-6　液压简摆颚式破碎机液压系统

1-连杆活塞；2-液压缸套；3-下油室；4-上油室；5-组合阀；6-二位二通阀；7-止回阀；8-截止阀；9-调整排矿口液压缸；10-电磁换向阀；11-压力表；12-截止阀；13-溢流阀；14-液压泵；15-电动机；16-过滤器

图 3-3-7 为复杂摆动颚式破碎机的结构图。这种破碎机的动颚同时也是连杆,因而使整个机器的连杆机构相应地简化了。

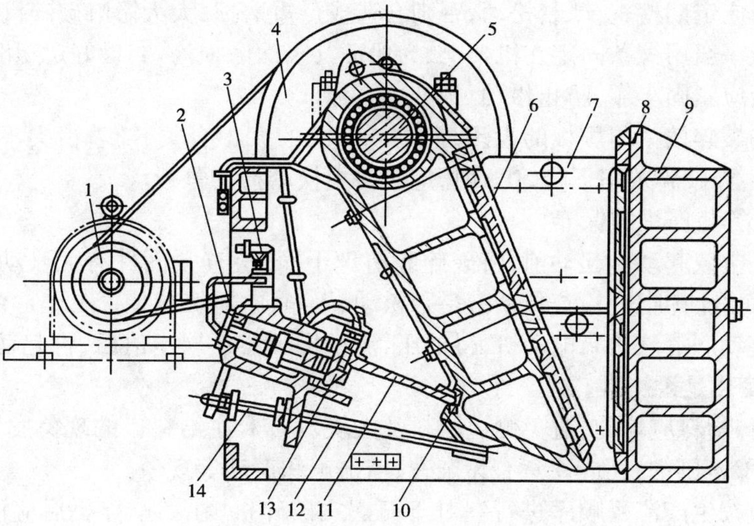

图 3-3-7　复杂摆动颚式破碎机

1-电动机;2-调整装置;3-手动柱塞泵;4-大带轮;5-偏心轴;6-动颚;7-侧衬板;8-定颚衬板;9-机架体;10、13-推力板座;11-推力板;12-拉杆;14-弹簧

简摆颚式破碎机的主要规格及技术性能如表 3-3-2 所示。

简摆颚式破碎机主要规格与性能　　表 3-3-2

型号	给料口(mm)		推荐最大给料尺寸(mm)	排料口尺寸(mm)	产量(t/h)	主电动机			外形尺寸	润滑装置规格(L/min)	质量(t)
	长	宽				功率(kW)	转速(r/min)	电压(V)			
PJ-900	1200	900	750	100 ~ 180	140 ~ 270	110	730	380	4.754 × 4.768 × 3.221		55.4
PJ-1200	1500	1200	1000	115 ~ 195	310	160	490	300/6000	6.200 × 4.500 × 3.700		110.0
			850	130 ~ 180	170	180	735		8.316 × 5.387 × 3.680		127.1
PJ-1500	2100	1500	1300	180 ~ 225	550	250	490	300/6000	7.390 × 5.790 × 4.650		187.6
			1250	170 ~ 225	460 ~ 600	280			9.150 × 9.200 × 4.400		222.0

注:生产厂家为洛阳矿山机器厂。

复摆式颚式破碎机基本参数见表 3-3-3。

复摆颚式破碎机基本参数　　表 3-3-3

规格 基本参数	PE-90	PE-60	PE-40	PE-25	PE-15
给料口尺寸 $B \times L$　(mm)	900 × 1200	600 × 900	400 × 600	250 × 400	150 × 250
排料口调整范围　(mm)	100 ~ 200	75 ~ 200	40 ~ 100	20 ~ 80	10 ~ 40
最大给料尺寸　(mm)	750	480	350	210	125
生产率　(mm)	150 ~ 300	35 ~ 120	8 ~ 20	4 ~ 14	1 ~ 3
偏心轴转速　(mm)	200 ~ 250	230 ~ 280	250 ~ 300	280 ~ 320	300 ~ 340
电动机动率　(mm)	95 ~ 110	75 ~ 80	30	5 ~ 17	5.5

2. 颚式破碎机的使用与保养

1）定颚板与动颚板

（1）定颚板应定期检查，严禁松动，否则会造成严重磨损，大大影响破碎机的生产能力。

（2）定颚板一般用楔条固定在机架上，为保证其表面磨损均匀，最好定期倒置使用。

（3）动颚板应紧固牢靠，防止松动。

（4）颚板的破碎效率与颚板的齿深，齿槽或波纹的大小有关，随着齿尖不断磨损，颚板的破碎效率下降。当破碎效率下降50%时，应及时更换磨损的颚板。

2）起动、运行与停机的保养

（1）应保证空载起动。起动前，将破碎腔清理干净，检查紧固件有无松动，检查各润滑点是否有足够的润滑油（脂），检查传动带是否松动、干净，电器保护装置工作是否正常。

（2）应先起动润滑液压泵电动机，待油压、流量指示器达规定值后，再起动主电动机，并注意电流表指针变化是否正常。

（3）工作时，给料应均匀，避免侧边给料及大块岩石卡住给料口的现象发生。轴承温度升高应控制在35℃范围内，还应注意有无杂音、撞击声和振动等现象。

（4）停机应按生产流程顺序进行。对于简摆式破碎机，在冬季停机后应注意放掉轴承中的冷却水，防止轴承冻裂。

（5）油液润滑系统的回油温度不能高于60%，油箱工作温度应控制在35% ~50%。采用水冷却措施时，水压应比轴压低0.05MPa。

油液一般使用L-AN30 ~50号油，每3 ~6个月更换一次。

对润滑脂润滑，其充满程度不应超过其容积的50% ~70%。根据运行情况，每1 ~2日加注一次，每季度更换一次。在冬季，润滑脂可能凝固时，可在其中加入20%的汽车润滑油。

要保证动颚板轴承和推力板圆头的润滑条件良好。

（6）破碎机排料口要清洁，定期检查排料区，防止堆料现象，以防因石料堆积与动颚板接触摩擦而使动颚板迅速磨损。

（7）颚式破碎机的易损件及使用年限可参考表3-3-4。

颚式破碎易损件及使用期限 表3-3-4

名　称	材　料	一般使用期限/月	最低储存量	名　称	材　料	一般使用期限/月	最低储存量
动颚齿板	锰钢	4	2套	主轴承衬瓦	巴氏合金	24	1套
定颚齿板	锰钢	4	2套	偏心轴轴承衬瓦	巴氏合金	36	1套
前推力板	铸铁	4	2件	动颚轴轴承衬瓦	青铜	12	1套
后推力板	铸铁	2	4件	弹簧	弹簧钢	6	1件
推力板座	碳钢	12	2套				

3. 颚式破碎机的常见故障分析

1）生产能力降低

（1）旋转方向不正确。

（2）定颚板松动。

（3）速度不正确。

（4）颚板严重磨损。

（5）原料大于破碎腔。

(6)电源不足或传动带打滑。

2)轴承发热

(1)润滑不良。

(2)作业速度超过推荐标准。

(3)侧轴承外密封和抛油圈不与轴同转。

(4)侧轴承外密封和端盖间的径向间隙不足。

(5)轴承损坏。

(6)破碎机长期重载工作。

3)颚板严重磨损

(1)固定颚板松动。

(2)作业速度高于推荐标准。

(3)破碎腔排料口尺寸过小。

(4)未采用原制造厂的颚板。

(5)原料研磨性高。

三、圆锥式破碎机

圆锥式破碎机应用广泛,可用来破碎各种硬度不同的矿石和岩石,按其功用有粗碎、中碎和细碎之分,按支承方式又可分为悬轴式和支承式。圆锥式破碎机的工作原理如图3-3-8所示。

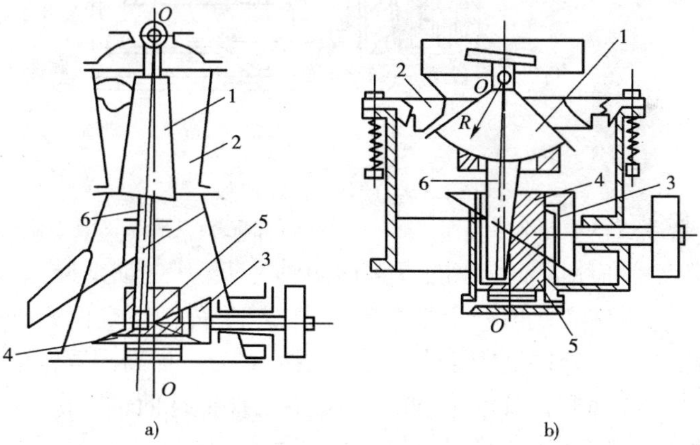

图3-3-8 圆锥式破碎机原理示意图

a)悬轴式;b)支撑式

1-动锥;2-定锥;3-小圆锥齿轮;4-大圆锥齿轮;5-偏心轴套;6-主轴

在圆锥式破碎机中,有两个用来破碎物料的圆锥体,其中一个锥体为固定圆锥(简称定锥),另一个为活动圆锥(简称动锥或破碎锥),两锥体表面形成破碎腔。在悬轴式破碎机中,动锥悬挂支承在上部支点 O 上;而在支撑式破碎机中,动锥支承在球面轴承上。动锥的下端,插入由锥齿轮带动的偏心套中,工作时,由于偏心套的作用,使动锥的自转轴线与公转轴线成一定角度。因而两锥体表面依次靠近,又依次分开。靠近时破碎物料;离开时,物料靠自重排料。

圆锥式破碎机设有调整和保险装置。一方面,由于定锥和动锥的衬套不断被磨损,使排料口逐渐增大,为保证一定的产品粒度,必须随磨损情况不断调节排料口的尺寸;另一方面,当破碎机落入非破碎物、卡铁或给料过多时,需要短时增大排料口尺寸以便排出堵塞物。圆锥式破碎机的保险装置有弹簧式、液压式等调整装置有螺旋调节式、液压式等。两种装置的作用均是改变排料口的尺寸，改变的方式亦有两种，一种是移动定锥，如弹簧圆锥破碎机和多缸液压圆锥破碎机等，另一种是移动动锥，如底部单缸液压圆锥破碎机。

弹簧圆锥破碎机由机架、动力装置、空偏心轴、球面轴承、破碎圆锥、弹簧等部件组成，其结构如图 3-3-9 所示。

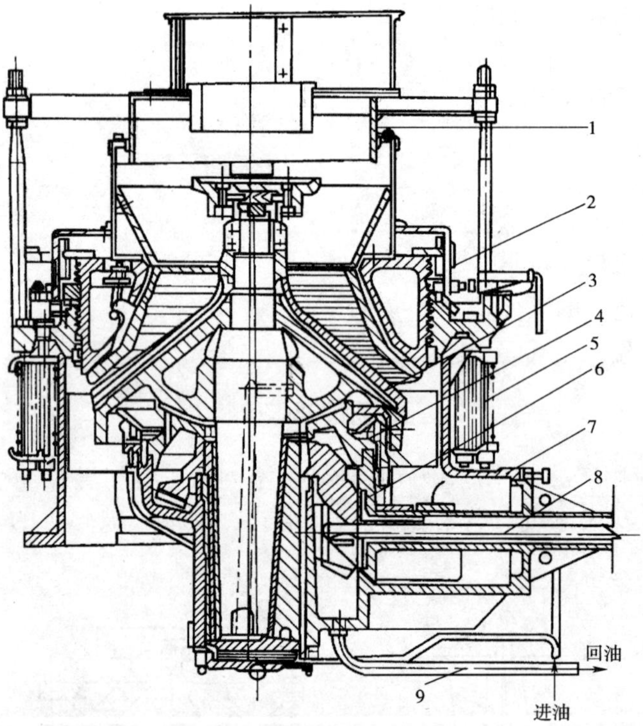

图 3-3-9　弹簧圆锥破碎机

1-给料装置；2-调整装置；3-破碎锥；4-球面轴承；5-弹簧；6-空偏心轴；7-机架；8-动力输入轴；9-润滑油管

破碎机的破碎锥支承在球面轴承座的青铜球面轴瓦上，其主轴则插入空偏心轴的青铜轴衬中，主轴中心线与空偏心轴中心线成一个很小的夹角(2°左右)，当空偏心轴回转时，主轴中心线在空间画出一个圆锥面，使破碎锥绕固定点作旋摆运动。为了提高破碎锥的耐磨性，在破碎锥体装有锰钢制成的破碎衬板。同时，圆锥主轴上开有油孔，保证球面轴承得以充分的润滑。

调整装置由支承环、调整环、锁紧螺母、锁紧液缸、防尘罩、推动液缸等组成。支承环安装在机架上部，借助于预压弹簧的作用与机架连在一起。支承环有锯齿内螺纹，而定锥上的调整环有锯齿外螺纹，定锥借助于调整环拧入支承环内，左旋或右旋调整环即可使定锥沿高度方向上升或下降，达到调节排料口大小的作用，调节完毕，由锁紧螺母对调整环进行锁定。整个调整装置由液压系统来控制，如图 3-3-10 所示。

工作时，拨爪上卡，锁紧液压缸顶住锁紧螺母，使支承环与调整环锁为一体。调整排料口时，打开拨爪并使锁紧液压缸卸载，推动液压缸动作，推动防尘罩带动调整环左旋或右旋，使固定锥上升或下 降，达到调节排料口尺寸的目的。

破碎机弹簧起保险作用。当破碎机掉入金属物体时，破碎机的定锥所受的力超过预压缩弹簧所给予的力，定锥与支承环将绕某点向上抬起，使局部弹簧进一步压缩，从而增大排料口尺寸，排出非破碎物，保护机器零件不受损坏。

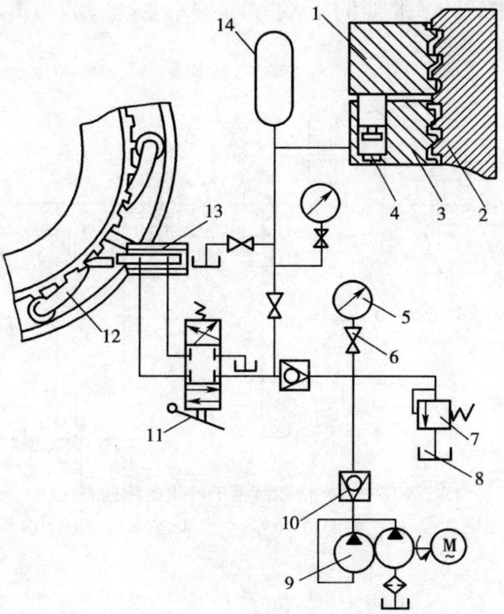

图 3-3-10　排料口液压调整装置液压系统

1-锁紧螺母;2-调整环;3-支承环;4-锁紧液压缸;5-压力表;6-压力表开关;7-溢流阀;8-油箱;9-双级叶片液压泵;10-止回阀;11-手动换向阀;12-拨爪;13-推动液压缸;14-蓄能器

单缸液压圆锥破碎机的工作原理与弹簧圆锥破碎机基本相同,主要区别是前者不是螺纹调节排料口,也不是弹簧保险,而是在破碎圆锥底部采用液压缸进行液压调节和液压保险。其构造如图 3-3-11 所示。

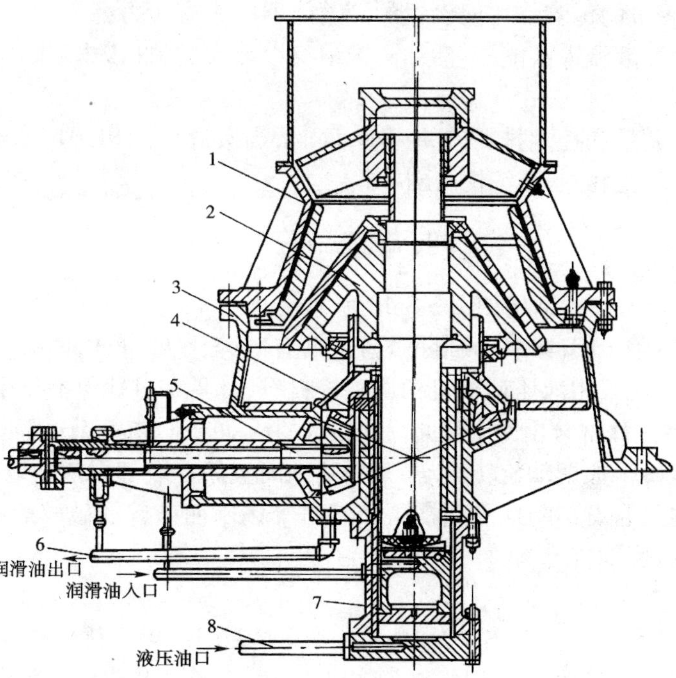

图 3-3-11　单缸液压圆锥破碎机

1-上机架;2-破碎锥;3-下机架;4-偏心轴套;5-输入轴;6-润滑油管;7-液压缸;8-液压油管

单缸液压圆锥破碎机中,破碎锥轴的下端穿过偏心轴套,通过止推轴承支承在液压缸上,液压缸的控制如图 3-3-12 所示。

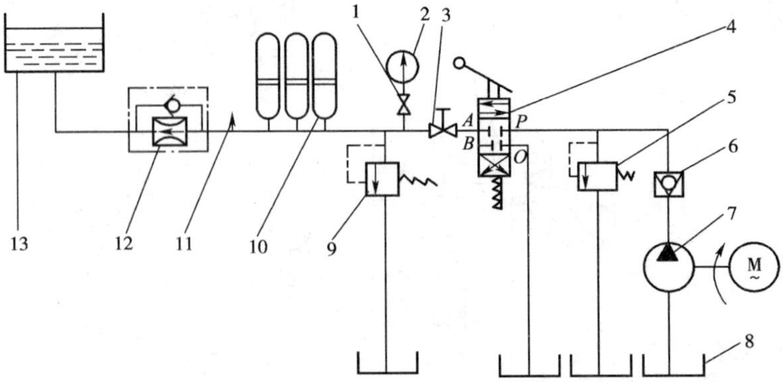

图 3-3-12 单缸液压圆锥破碎机的液压系统

1、3-截止阀;2-压力表;4-换向阀;5-溢流阀;6-止回阀;7-液压泵;8-油箱;9-安全阀;10-蓄能器;11-放气阀;12-单向节流阀;13-液压缸

当换向阀 PA 通、OB 通时,打开截止阀,向系统中送入高压油,在液压缸充满油并达到规定压力后,即可关闭截止阀,使破碎机的液压工作系统和充油系统分开,保持稳压。当换向阀手柄处于 PB 通、OA 通,并打开截止阀时,高压油返回油箱。

单向节流阀的作用是当非破碎物通过破碎腔(俗称过铁)时,液压缸中的液压油能迅速流向蓄能器,动锥(即破碎锥)下移排出非破碎物;而当破碎机过铁后,活动圆锥在液压油返回液压缸复位时不致产生冲击。安全阀的作用是用来控制工作系统的最大压力,即控制最大破碎力不超过设计值,从而保护破碎机不被破坏。

蓄能器是为破碎机的保险作用而设置的。蓄能器中充有压力高于正常破碎所需油压的氮气。当出现过铁时,油液流入蓄能器,活动圆锥下移以增大排料口,非破碎物被排出,实现了保险作用。

操作换向阀,可调整和控制排料口的大小,同时,当破碎腔内出现堵塞时,可操纵换向阀,使动锥反复升降,从而把物料挤碎并排出机外。

四、旋回式碎石机

1. 液压旋回式碎石机的结构如图 3-3-13 所示。

旋回式碎石机适用于粗碎中等硬度的岩石,具有破碎比大、生产率高、产品粒度均匀等优点。液压旋回式碎石机采用液压调节机构调整排料口,且具有过载保护作用。

旋回式碎石机的工作部分由两个彼此反向布置的活动圆锥和固定圆锥所组成,如图3-3-14所示。工作时,动圆锥做环形摆动旋转运动,并且其锥面上任一点都周期性地靠近和离开固定锥面,使进入破碎腔内的岩石不断地受到挤压和弯曲等作用而破碎。破碎后的岩石料在自身重力的作用下由破碎腔底部排出。

2. 液压系统

如图 3-3-15 所示是旋回式碎石机液压调节系统原理图。增大排料口时,打开油箱截止阀 4,将油缸内的油放回油箱,动圆锥下降,达到所需尺寸后,关闭截止阀。减小排料口时,打开进油截止阀,启动油泵 5,使油缸 1 充油,动圆锥上升、达到所需尺寸后,关闭截止阀并使油泵停止运转。当非破碎物落入破碎腔并使破碎力增加时,系统油压随之增高,当压力超过蓄能器 2

内压力时,油液进入蓄能器内,动圆锥下降,排料口增大,排除非破碎物。此后在蓄能器的压力作用下,油经单向节流阀缓慢压回油缸中,动圆锥复位。当油压超过电接点压力表调定值时,控制系统自动停止主电机,以保证设备安全。

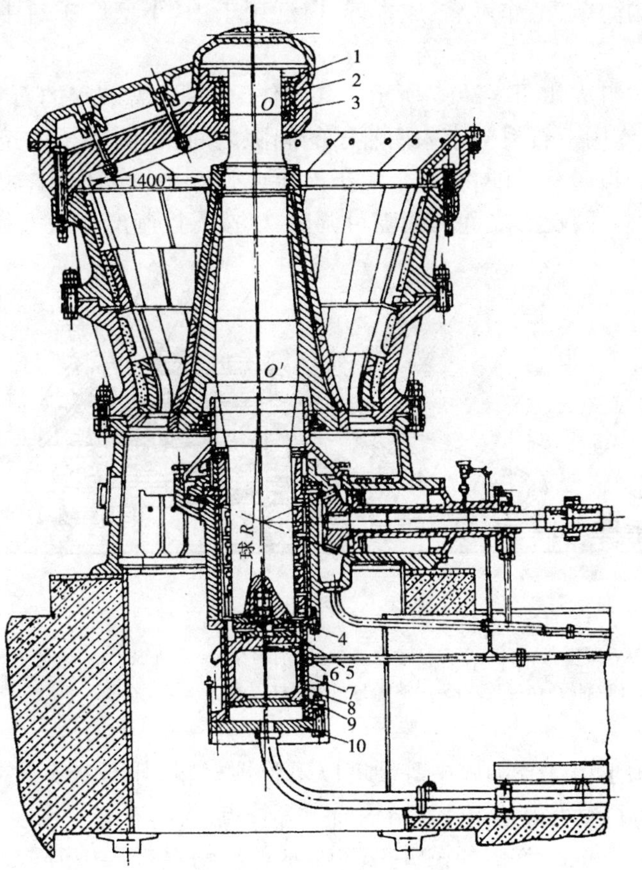

图 3-3-13 液压旋回式碎石机

1-压盖;2-衬套;3-锥形套;4-上摩擦盘;5-中摩擦盘;6-下摩擦盘;7-衬套;8-柱塞;9-缸体;10-油缸

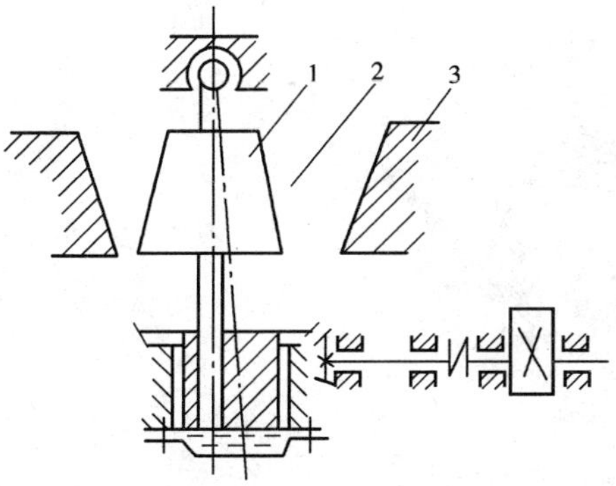

图 3-3-14 旋回式碎石机工作原理简图

1-活动圆锥;2-破碎机;3-固定圆锥

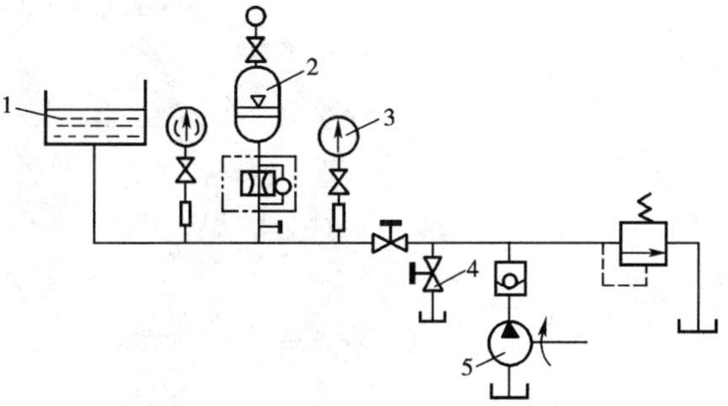

图 3-3-15 液压调节系统

1-油缸;2-蓄能器;3-压力表;4-油箱截止阀;5-油泵

五、其他破碎机械

1. 辊式碎石机

辊式碎石机结构简单、工作可靠、成本低，广泛用于中、小型厂矿对中硬和软矿石进行中、细碎作业。

双辊式碎石机的组成如图 3-3-16 所示。其工作原理是：需破碎的石料经进料口进入两辊子之间，在摩擦力的作用下石料被带入两辊子的间隙之间，在两辊子的挤压下逐渐被压碎，并由下部排料口排出。当遇有过硬物料时，由于液压或弹簧系统的作用，辊子可自动增大间隙，从而使机器受到保护。两辊子之间的间隙可调整，以按需控制产品最大粒度。

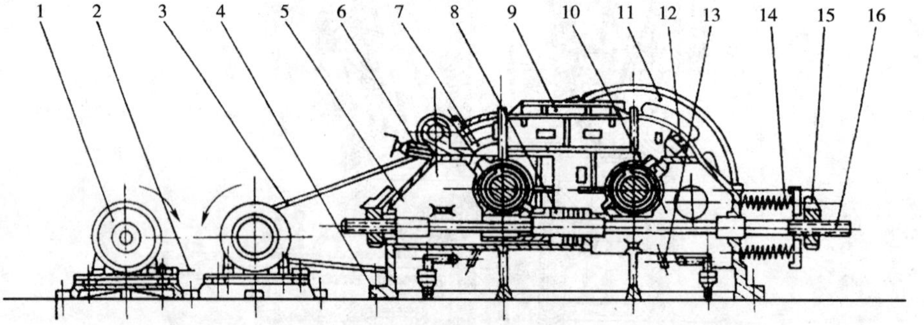

图 3-3-16　双辊式碎石机

1-电动机；2-张紧装置；3-V 型皮带；4-机架；5-活动轴承；6-切削刀架；7-活动辊子；8-调整垫片；9-罩子；10-固定轴承；11-皮带轮；12-固定辊子；13-刮板；14-弹簧；15-调整螺母；16-拉杆

2. 反击式碎石机

反击式碎石机用于粗、中、细碎中等硬度以下脆性材料，如石灰石、白云石、砂岩、岩盐等，具有破碎比大、产量高、简化工艺流程、结构简单等特点。

单转子反击式碎石机的结构如图 3-3-17 所示。当物料进入破碎腔时受到高速旋转转子板锤的冲击而破碎，破碎的物料以很大的动能冲向前反击板，经撞击而破碎，当其反弹至板锤回转半径以内时，再次受到冲击破碎。同时，被粉碎的物料又以高速冲向后反击板，得到进一

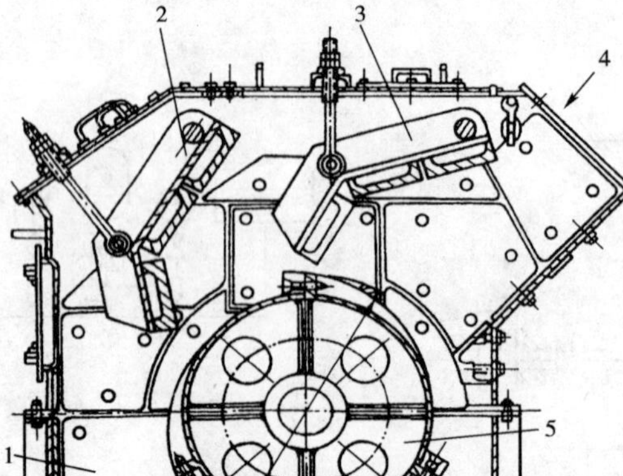

图 3-3-17　单转子反击式碎石机

1-机体；2-后击板；3-前反击板；4-进料口；5-转子

步破碎。当粉碎了的物料小于后反击板下部衬板与板锤回转半径之间的间隙时，即被作为合格产品排出。

3. 锤式破碎机

锤式破碎机是通过高速旋转的锤头来破碎矿石的，其结构如图 3-3-18 所示。

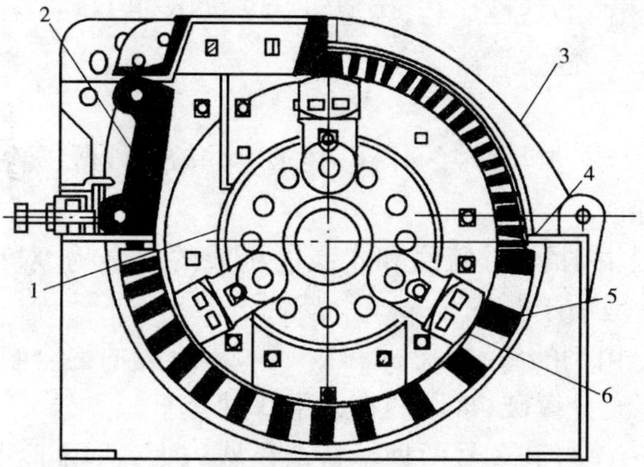

图 3-3-18　锤式破碎机

1-转子；2-打击板；3-盖；4-垫片；5-格筛；6-锤

转子由电动机经皮带传动来驱动，转子上铰接有三排转锤（亦称甩锤），当转子旋转时，转锤随之高速旋转，转锤上的锤头进而破碎进入破碎腔的矿石，破碎后的矿石经格筛漏出。

第四节　路基石方爆破施工

一、概　　述

在路基工程施工中，除了需要修筑路堤和开挖路堑外，当线路通过山区、丘陵以及傍山沿溪路段时，还会遇到集中或分散的岩土地区，这样就必须进行石方施工。此外在路面和其他附属工程中，还需要大量的块石、片石和碎石，而这些石料都需要开采与加工。以往石方工程主要依靠人力施工，这样不但效率低，进度慢，而且劳动强度大。目前石方工程多采用机械化施工，利用各种机具进行钻孔、爆破、清理与加工，这不但降低了人工的劳动强度，而且加快了施工进度，提高了作业效率。特别是随着施工技术的不断革新，药孔逐步由浅孔、小孔径发展到深孔、大孔径，并实现了微差爆破、综合爆破。同时改进了炸药的配剂和混合工艺，使施工效率进一步提高。

1. 爆破的基本概念

爆破是利用炸药爆炸时产生的热量和高压，使岩体和周围介质受到破坏和移位。

为了爆破某一岩体，可在岩体内或表面放置一定数量的炸药，这种炸药称为药包。药包在均质的岩体内爆炸时，其爆炸力是向四周扩散的，紧靠药包部分的岩石，受到的冲击挤压力最大，随着高药包距离的增大，其作用力也逐渐减弱，按照岩体受爆炸波冲击的破坏程度不同，可把爆炸作用范围，由近而远划成四个作用圈：压缩圈、抛掷圈、松动圈和振动圈。其中压缩圈范围内的岩石受到极度压缩而粉碎。抛掷圈内的岩石由于受爆炸波的冲击较大，岩石被压缩成小块，如果岩体的抵抗力不足，就会被抛掷出去。松动圈内的岩石由于受爆炸波影响较小，岩体破裂而产生松动现象。振动圈内由于受爆炸波影响很小，所以岩体只受震动。这些作用圈的半径分别被称为压缩、抛掷、松动和震动半径。前三个圈统称为破坏圈，其半径称破坏半径。

2. 炸药

炸药的种类很多，在石方爆破中常用以下两种：

1）起爆炸药

它是一种爆炸速度极高的烈性炸药，爆速可达2 000～8 000m/s，主要用作制造雷管和速燃导火索。常用的有雷汞、叠氮铅等。

2）爆破炸药

用以对岩石或其他介质进行爆破的炸药，要求它的敏感性低，要在起爆炸药强力的冲击下才能爆炸，工程常用的有：

（1）黑色炸药。它是由硝酸钾、硫磺和木炭所组成的混合物，对火星和冲击极敏感，易燃烧爆炸、怕潮湿、威力低，适用于石料开采。

（2）硝酸炸药。它是由硝酸铵、梯恩梯和少量木粉组成的混合物，对冲击或摩擦不敏感，吸湿能力强，受潮后不能充分爆破，常用的有以下3种。

①岩石铵梯炸药。有1号和2号两种。特点是威力大，适用于没有煤尘和沼气爆炸危险的矿井和岩石爆破。

②露天铵梯炸药。有1、2、3号三种。这种炸药爆炸后产生的有毒气体较多，只能在露天爆破工程中使用。

③铵油炸药。它的爆炸威力稍低于2号岩石铵梯炸药，但抛掷效果好，起爆较难，易受潮。但制造方便，成本低，是目前露天爆破中使用最多的一种。

（3）胶质炸药。它是由硝化甘油和硝酸铵的混合物，混入一定数量的木粉和稳定剂制成的。特点是对冲击、摩擦和火星都很敏感。但抗水性较强，爆炸威力大，适用于水下和硬岩石爆破。

（4）梯恩梯。呈结晶粉末状，淡黄色，压制后呈黄色，熔铸块呈褐色，不吸湿，爆炸威力大。但本身含氧不足，爆炸时产生有毒的一氧化碳气体，不宜用于地下作业。

3. 起爆器材

雷管是常用的起爆材料，按照引爆方式不同，可分为火雷管和电雷管。电雷管又分为即发、延期和毫秒雷管。工业上按雷管内起爆药量的多少分为10种号码的雷管。一般多适用6号和8号两种。

4. 起爆方法

（1）电力起爆。通过电爆网路起爆的称为电力起爆，电雷管的联结方式有串联、并联和混连三种。

（2）火花起爆。利用导火索燃烧引爆雷管，从而使药包爆炸。

（3）传爆线起爆。传爆线的索芯用高级烈性炸药制成，但着火较困难。使用时须在药室外的一段传爆线上，捆扎一个8号雷管来蹋爆，传爆网路与药包的联结方式有并联、串联和并串联等。

5. 凿岩工程

钻凿爆破用的眼孔，在整个爆破工作中所占的比例是较大的，因此提高钻孔工作的效率，对工程进度的影响，是相当重要的。

目前凿岩工程常用的机械设备有：空气压缩机、凿岩机和穿孔机等，这里不再赘述。

二、爆破工程

石方爆破施工有炮孔位置的选择、凿孔、装药、引爆和清方等工序。

1. 炮孔位置的选择

炮孔位置的选择是十分重要的，因为炮孔的位置、方向和深度都会直接影响爆破效果。选择孔位时应注意岩石的结构，避免在层理和裂缝处凿孔，以免药包爆炸时气体由裂缝中泄出，使爆破效果降低或完全消失。

炮孔应选在临空面较多的方位，或者有意识地改造地形，使第一次爆破后，为第二次爆破创造较多的临空面。其他爆破参数应根据工点的具体情况和实践经验来确定，一般经验数值如下：

(1)最小抵抗线 W 的确定。抵抗线过大，爆破后会使岩块过大，且容易残留炮根；过小会导致岩石飞散和炸药的消耗量增加。一般为梯段高度的70% ~80%。

(2)炮孔深度。采用台阶式爆破时，炮孔的深度，应使爆破后的地面尽量与原地面平齐。较硬的岩石易留炮根，因此炮眼的深度大于岩层厚度。软岩石可小于台阶高度，一般是：

坚石：$L=(1.0\sim1.15)H$；

次坚石：$L=(0.85\sim0.95)H$；

软石：$L=(0.7\sim0.9)H$。

(3)队炮孔距离和行距的确定

两孔之间的距离为孔距 a，它的大小与起爆方法和最小抵抗线有关。

火花起爆时：$a=(1.4\sim2.0)W$；

电力起爆时：$a=(0.8\sim2.3)W$。

采用多排炮孔时，炮孔应按梅花形交错布置。两排炮孔之间的行距 b 约为 $0.86a$。

2. 凿孔

选孔工作完成后，即可进行凿孔。凿孔的技术要求与采用的爆破方法有关。目前使用的有浅孔爆破和深孔爆破两种。

(1)浅孔爆破。一般爆破的岩石数量不大，孔径在75cm以下，孔深不超过5cm。多用手提式凿岩机凿孔。孔成一行或多行平行排列，可用电力或速燃引爆使各药包同时爆炸。这种爆破适用于工程量不大的路堑开挖，以及采石工程对大块岩石的再爆破等。其用药量多按炮孔深度和岩石性质而定。一般装药深度为孔深的1/3 ~1/2。

(2)深孔爆破。对孔深大于5cm、孔径大于75cm的炮孔进行爆破时，通称为深孔爆破。钻凿大型炮孔多不用冲击式钻机或潜孔钻机。因一次爆破的石方量大，从而加快施工进度，如果有适当的装运机械配合，则可以实现全面机械化快速施工，这是今后石方开挖的发展方向。

3. 装药

就是把炸药按照施工要求装入凿好的药孔内。装药的方式根据爆破方法和施工要求不同反而各异，有以下4种：

(1)集中药包。炸药完全装在炮孔的底部，这种方式对于工作面较高的岩石，崩落效果较好，但不能保证岩石均匀破碎。

(2)分散药包。炸药沿孔的高度分散装置，这种方式可以使岩石均匀破碎，适用于高作业面的开挖段。

(3)药壶药包。它是在炮孔的底部制成葫芦形的储药室,以增大装药量。这种方式适用于岩石量大而集中的石方施工。

(4)坑道药包。药包装在竖井或平峒底部的特制的储药室内。

4. 药孔的堵塞

药孔堵塞一般可用干砂、滑石粉、黏土和碎石等。堵塞物的捣实,切忌使用铁棒,一般用木制或黄铜棒。棒的直径为炮孔直径的0.75倍,下端稍粗,约为炮孔直径的0.9倍。在棒的下端开有供导火索穿过的纵向导槽。

5. 引爆

引爆是利用起爆炸药制成的雷管,将引火剂或导火索,从炮孔的外部引入炮孔的药室使炸药爆炸,目前工程中也有火花起爆、电力起爆等。

三、清方工程

当石方爆破后,必须根据施工要求和石料的利用情况分次清理。如开挖路堑无填方工程时,可用挖掘机或装载机清理石料,由运输车辆运出施工现场,以利下一次爆破。如是傍山筑路半挖半填,则爆破的碎石可以作填方用,此时可用推土机或装载机清方。由于路基土石方爆破施工,不同于采石场和矿山开挖,一方面场地狭小,机械设备的布置和使用受到限制,另一方面要求机械设备的能力大、效率高,又要机动灵活和有一定的越野性能和爬坡能力。因此在选择清方机械时要考虑以下4个条件:

(1)工程期限所要求的生产能力;

(2)工程单价;

(3)爆破岩石的块度和岩堆的大小;

(4)机械设备进入工地的运输条件,以及爆破时机械撤离和重新进入工作面的方便程度等。

对以上各条应综合考虑,不能孤立地只考虑某一方面。如果只考虑爆破的块度,便于正铲挖掘机的挖装,则对于某些结构的岩石来说,可能会大大增加爆破费用。反之,降低了爆破费用,又会使块度增大,使挖掘机无法铲装。因此清方机械的选配是比较复杂的。

一般来说,正铲挖掘机的适应性比较强,但进出工点比较缓慢。轮式装载机机动灵活,另外相同功率的正铲挖掘机和装载机相比,装载机可以铲装较大块度的石块,而且可以用较少的斗数,装满载质量相等的运输工具,但装载机的卸载高度不如挖掘机。此外装载机可以自行铲运,挖掘机则不能。就经济性来说,运距在30~40m以内,用推土机推运较为经济;40~100m用装载机自铲自运,100m以上用挖掘机配合自卸汽车比较经济。

思 考 题

1. 常用的几种形式的空压机各有何优缺点?
2. 空压机气压自动调动装置的主要功能是什么?
3. 空气压缩机的管路敷设有何要求?
4. 当凿岩机卡钎器转动突然变慢时,如何处理?
5. 凿岩机的钻杆和钻头有哪几种连接方式,各有何优缺点?
6. 凿岩机在使用前后有哪些注意事项?
7. 颚式破碎机的起动、运行与停机有何保养要求?

8. 破碎机常见故障有哪些？并分析主要由哪些原因引起？

9. 圆锥式破碎机的单向节流阀的主要作用是什么？

10. 简要介绍石方爆破施工的工序。

11. 石方爆破后，在选择清方机械时要考虑哪些条件？

第四章　压实机械施工

[重点内容和学习要求]

本章重点描述压实机械的机械化施工技术，论述压实机械的特点、组成及压实机械的选择与施工作业。

通过学习，要求学生熟悉压实机械机械化施工的内容，了解各种压实机械的特点、组成，掌握压实机械的选择与施工作业方法。

第一节　概　　述

在筑路工程和各种建筑工程中，采用专用的压实机械对其基础和路面进行压实是施工的关键工序之一。

压实机械可对路基、路面、河堤、石坝、围堰等的土壤、砂砾石、石渣基础及沥青混合料进行压实，以提高构筑物的强度、不透水性和稳定性，使之具有足够的承载力和平整表面，同时也可防止因受雨、水、风、雪侵蚀而产生沉陷破坏。

压实机械按照压实力的作用原理可分为静作用碾压机械、振动碾压机械、夯实机械三类，如图 4-1-1 所示。

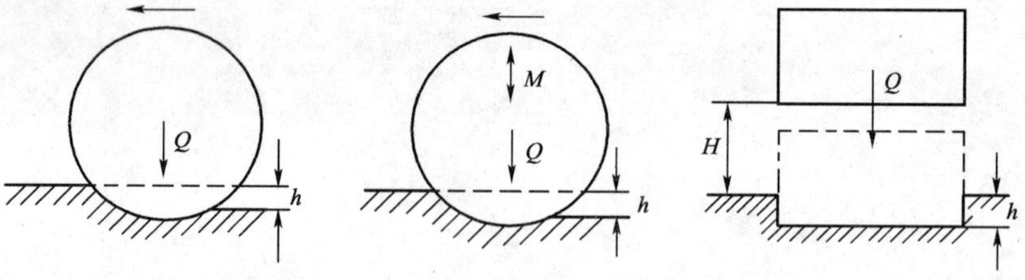

图 4-1-1　压实方法

a)静作用碾压机械；b)振动碾压机械；c)夯实机械

静作用碾压机械又称为静力式压路机，是依靠机械自重的静压力作用，利用滚轮在被压实表面往复滚动，使被压层产生一定程度的永久变形，达到压实的目的(图 4-1-1a)。这类压实机械包括各种型号的静力式光轮压路机、轮胎压路机、羊脚压路机、凸块压路机及各种拖式压滚等。

振动碾压机械又称振动压路机，其滚轮沿被压实表面既作往复滚动，又以一定的频率和振幅振动，使被压层同时受到滚轮的静压力和振动力，压实材料的颗粒在振动力和静压力作用下发生振动位移而重新组合使之提高密实度和稳定性，达到压实的目的(图 4-1-1b)。

夯实机械是利用重物自一定高度 H 处落下产生的冲击力把材料压实(图 4-1-1c)。

在筑路工程中,目前国内常用的主要是静力式压路机、轮胎压路机和振动压路机等。

第二节　静力式光轮压路机简介

静力式光轮压路机是依靠自身重量对被压材料进行压实,它可以压实路基、路面、广场和其他各类工程的地基等。

一、静力式光轮压路机的类型

常用的静力式光轮压路机有以下两种分类方法:

(1)按结构质量分为特轻型、轻型、中型、重型和特重型。结构质量为 0.5 ~ 2 t 的为特轻型,结构质量为 2 ~ 5 t 的为轻型,结构质量为 6 ~ 10 t 的为中型,结构质量为 10 ~ 15 t 的为重型,结构质量大于 15 t 的为特重型。

(2)按滚轮及轮轴数目分为二轮二轴式、三轮二轴式和三轮三轴式(图 4-2-1)。

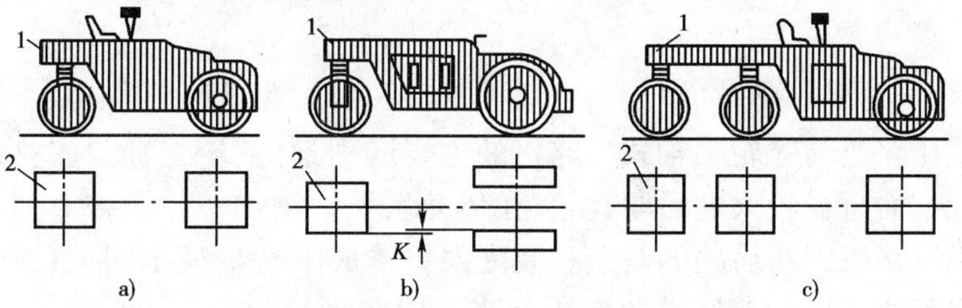

图 4-2-1　静力式光轮压路机的类型(按滚轮及轮轴数目分)

a)二轮二轴式;b)三轮二轴式;c)三轮三轴式

二、静力式光轮压路机的结构

静力式光轮压路机由发动机、传动系统、操纵系统、行驶系统和机架等组成。

1. 二轮二轴式压路机的结构

我国生产的二轮二轴式压路机如图 4-2-2 所示。这种压路机的发动机和传动系统都装在由钢板和型钢焊成的罩壳(机架)内,罩壳的前端和后部分别支承在前后轮轴上,机架上面装有操纵台。

二轮二轴式压路机的工作装置是前后滚轮。前轮为从动转向轮,露在机架外面。后轮为驱动轮,包在机架里面。前后轮都是由轮圈和钢板轮辐焊接而成。为了便于调节压路机的质量,滚轮作成中空的,轮内可灌砂子或水。

由于滚轮较宽,为了便于转向,减小转向阻力,一般把前轮分成两个完全相同的滚轮,分别用轴承支承在转向轮轴上。为了润滑轴承,在轮轴外装有储油管,以便加注黄油,润滑脂每年加一次。

后轮的结构形状及尺寸与前轮基本相同,不同的仅在于它是一个整体,并装有最终传动装置的从动大齿轮。

压路机在压实时是靠滚轮前进、后退反复滚动而实现的。为了提高压路机的压实质量,保证压路机迅速而平稳的换向,压路机的传动系统中增设了换向机构来满足这一要求。

压路机前轮质量较大,转向阻力大,一般压路机的转向系统采用液压转向或液压助力转向。

2. 三轮二轴式压路机的结构

我国生产的三轮二轴式压路机如图 4-2-3 所示。

图 4-2-2　二轮二轴式压路机

图 4-2-3　三轮二轴式压路机

三轮二轴式压路机与二轮二轴式压路机的主要区别是：三轮二轴式压路机具有两个装在同一根后轴上较窄而直径较大的后驱动轮；在传动系统中增加了一个带差速锁的差速器。差速器的作用是当压路机因两后轮的制造和装配误差造成滚动半径不同、路面的不平度以及在弯道上行驶时起差速作用。差速锁的作用是当一边驱动轮打滑时，联锁两驱动轮（失去差速作用），靠另一边不打滑的驱动轮仍能使压路机行驶。

第三节　振动压路机简介

振动压路机因其具有压实效果好、生产率高和节省能源等优点，在高等级公路的路基路面的压实作业中得到广泛应用。

一、振动压路机的类型

振动压路机可以按照结构质量、行驶方式、振动轮结构等进行分类。

1. 按机械的结构质量可分为：轻型、小型、中型、重型和超重型。结构质量小于 1 t 的为轻型，结构质量为 1 ~ 4 t 的为小型，结构质量为 5 ~ 8t 的为中型，结构质量为 10 ~ 14 t 的为重型，结构质量为 16 ~ 25 t 的为特重型。

2. 按行驶方式可分为：拖式和自行式两类。

拖式振动压路机一般由履带拖拉机牵引作业，但它装有专用柴油机来驱动振动机构。

自行式振动压路机一般有串联振动压路机（图 4-3-1）和轮胎驱动振动压路机（图 4-3-2）两种。

3. 按振动轮的结构可分为：振动压路机、振荡压路机和垂直振动压路机。

二、自行式振动压路机的结构

自行式振动压路机一般由发动机、传动系统、操纵系统、行走装置（振动轮和驱动轮）以及车架（整体式和铰接式）等组成。

振动压路机的振动轮按结构不同，可分为偏心块式和偏心轴式两种。调整偏心块、偏心轴的偏心质量大小或偏心质量分布，可以改变振动轮激振力及振幅的大小，以压实不同类型的材料。而振动轮的振动频率调节是通过改变偏心块、偏心轴的转速来实现的。

图 4-3-1　串联振动压路机

图 4-3-2　轮胎驱动振动压路机

振动轮（图 4-3-3）中的振动轴在液压马达的驱动下高速旋转时，带动两个偏心轴旋转，从而使振动轮以一定的频率和振幅振动。振动轮和振动轴各自独立转动，互不干涉。

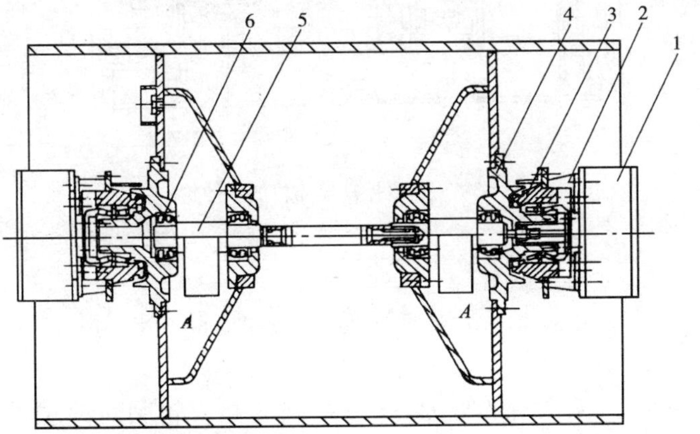

图 4-3-3　振动压路机的振动轮

1-连接板；2-减振器；3-支座；4-轴颈；5-振动轴；6-轴承

振荡轮（图 4-3-4）主要由两根偏心轴、中心轴、振荡滚筒、减振器等组成。动力通过中心轴、同步齿形带传动，驱动两根偏心轴同步旋转产生相互平行的偏心力，形成交变扭矩使滚筒产生振荡。

垂直振动压路机振动轮（图 4-3-5）的激振器是由两根带偏心块的偏心轴构成的。与振荡压路机振动轮不同的是二根偏心轴是水平方向相对安装，反向旋转，水平方向的偏心力相互抵消，仅产生垂直方向的振动力。

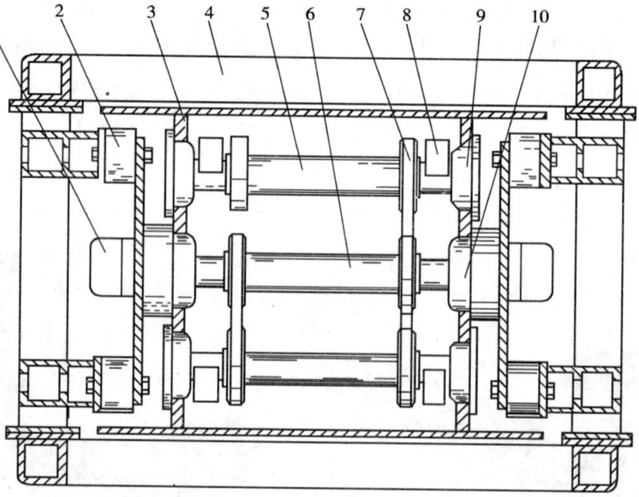

图 4-3-4　振荡压路机的振荡轮

1-振荡电机;2-减振器;3-振荡滚筒;4-机架;5-偏心轴;6-中心轴;7-同步齿形带;8-偏心块;9-偏心轴轴承;10-中心轴轴承座

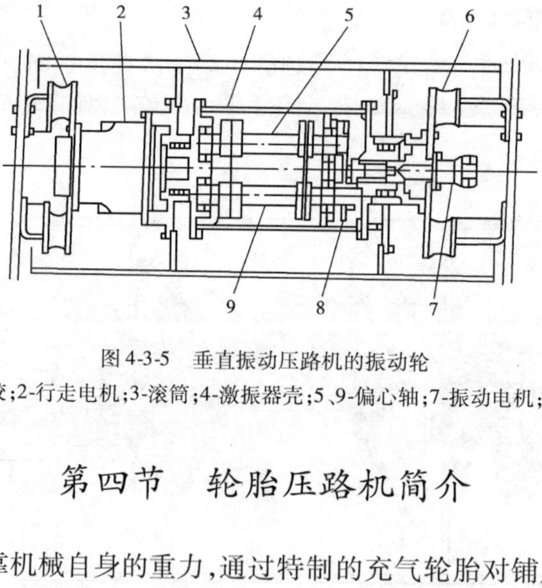

图 4-3-5　垂直振动压路机的振动轮

1、6-减振橡胶;2-行走电机;3-滚筒;4-激振器壳;5、9-偏心轴;7-振动电机;8-同步齿轮

第四节　轮胎压路机简介

轮胎压路机是一种靠机械自身的重力,通过特制的充气轮胎对铺层进行压实的机械。它除有垂直压实力外,还有水平压实力。不但沿机械的行驶方向有水平压实力,沿机械的横向也有。由于压实力沿各个方向移动材料粒子,所以可得到最大的密实度。再加上胶轮的弹性所产生的"揉搓作用"和在同一地点作用时间长,结果产生了极好的压实效果。另外,轮胎压路机还有可增减配重、改变轮胎充气压力的特点,这样更有利于对各种材料的压实。

轮胎压路机不仅可广泛用于压实各类建筑基础、路基和路面,而且更有益于压实沥青混凝土路面。

轮胎压路机结构复杂,调整困难,制造与使用成本高。

轮胎压路机总体结构如图 4-4-1 所示,主要由发动机、传动系统、操纵系统和行走部分等组成。

轮胎压路机的工作装置是光面轮胎,一般采用前后轮交错布置,即前后轮分别并列成一排,前后轮轮迹相互错开,由后轮压实前轮的漏压部分。压路机前轮为转向轮,后轮为驱动轮,一般驱动轮比转向轮多一个车轮。轮胎是由耐热、耐油橡胶制成的无花纹(或细花纹)光面轮胎,保证了作业面的平整度。

轮胎压路机还装有洒水装置和轮胎气压调整装置两种设备。

洒水装置是在压实路面时,可向前、后轮面洒水,防止结合料粘附在胎面上。洒水装置的水箱容积较大,加水后还可充当配重。

图 4-4-1 轮胎压路机

轮胎气压调整装置的作用是根据工作的需要,及时调整轮胎气压,以获得不同的接地压力。轮胎气压调整是由制动系中的储气筒接出一根软管来完成的。

第五节 压路机的选择与施工作业

一、压路机的正确选择

1. 根据机械配套情况正确选择压路机

在选择压路机时,应考虑压路机与其他配套施工机械生产率之间的协调。

压路机的生产率计算有两种方法:一种是单位时间的压实土方量,即体积生产率;另一种是单位时间的压实面积,即面积生产率。

体积生产率的计算公式如下:

$$Q = K_B \frac{1000 \cdot B \cdot v \cdot H}{n} \tag{4-5-1}$$

面积生产率的计算公式为:

$$A = K_B \frac{1000 \cdot B \cdot v}{n} \tag{4-5-2}$$

式中:Q——体积生产率,m^3/h;

A——面积生产率,m^2/h;

K_B——时间利用系数,根据现场作业条件确定:条件良好时,$K_B = 0.6 \sim 0.8$;场地面积小,工作困难时,$K_B = 0.4 \sim 0.6$;

B——碾滚宽度,m,等于滚轮宽度减去重叠宽度;

v——碾压速度,km /h;

H——压实后的铺层厚度,m;

n——碾压遍数。

体积生产率通常适合对路堤、基层和底基层的压实生产率的计算。沥青路面的压实生产率通常按面积生产率进行计算。

2. 根据压实作业项目正确选择压路机

压实作业项目不同,选择的压路机的种类和规格也不同。

一般来说,路基和底基层的压实多选用压实功率大的重型和超重型静力式压路机、振动压路机和凸块式压路机。这类重型压实机械的压实效果好，能有效排除铺层中的空气和多余的水分，将被压实层的固体颗粒嵌合楔紧，形成坚固稳定的整体，为上层打下高强度的基础。

进行路面压实作业时，则多选用中型静力式压路机或振动压路机，也可选用轮胎压路机。这类中型压实机械既可获得表层的高密实度，又可达到路面平整度的要求。

路肩、桥涵填方、人行道、园林道路压实作业和小面积路面修补，则可选用轻型或小型的静力式压路机或振动压路机，以防路缘崩塌，毁坏构筑物。

振动压路机也可对干硬性水泥混凝土进行有效压实。

3. 根据被压实材料特性正确选择压路机

材料不同，其压实特性也不同，必须选择合适的压路机才能获得理想的压实效果。

砂土和粉土的黏结性差，水易侵入，不易被压实。一般不单独作道路铺筑材料，需要掺入黏土或其他材料改善处理后使用，并选用压实功率大的重型静力式压路机进行压实，不宜采用振动压路机和凸块式压路机进行压实。

黏土的黏结性好，含水率较大，压实时需要提供较大的作用力和较长的有效压实时间，一般选用凸块压路机和轮胎压路机进行压实。如果铺层较薄，则可选用超重型静力式光轮压路机，以较低的速度碾压，效果更佳。黏性土路基压实一般不选用振动压路机，因为振动压实易使土中水分析出，形成"弹簧"土，难以彻底压实。

介于砂土和黏土之间的各种砂性土、混合土有较好的压实特性，选用各类压路机进行压实，均能获得理想的压实效果。其中振动压路机具有较高的压实功能和作业效率。

对于碎石、砾石级配的铺筑层，宜选用振动压路机进行碾压。

对于沥青混合料，可选用静力式光轮压路机、振动压路机和轮胎压路机进行压实。当滚轮或轮胎施加于被压路面的接触压力接近但不超过被压层的强度时，可获得最佳压实效果，否则就不能得到合乎压实度和平整度要求的路面。由于沥青混合料的强度是随着碾压过程中的冷却及密实度的增大而提高，因此在使用压路机碾压时，必须换用不同结构质量的压路机，以适应沥青混合料强度提高之后增加接触压力的需要。

根据土质和填土构成选择压实机械时，可参考表 4-5-1。碾压不同料层的压路机机种配组可参考表 4-5-2。

4. 根据被压材料的含水率正确选择压路机

被压材料的含水率是影响压路机压实效果的重要因素。被压材料只有在最佳含水率状态下，才能得到最佳压实效果。一般情况下，自然土的含水率多接近最佳含水率。在施工现场，有时也可凭经验判断含水率，通常"手握成团，没有水痕，离地 1m，落地散开"，即说明土的含水率接近最佳含水率。

当土或被压材料的实际含水率低于最佳含水率 3% ~5% 以上时，应在施工现场进行洒水，以补充水分。如果现场难以补充水分，则可选用超重型静力式压路机进行压实，或选用重型压路机进行压实，并适当增加碾压遍数。

若含水率过大，经施压后有时会出现弹性变形，即使增加压实重量和碾压遍数也不可能将土压实。这时可挖开晒干后，再进行填筑压实。对于大面积的弹性土地段，可采用挖明沟、挖土井或设置脊沟等办法疏干后，再进行压实，必要时应将弹性土换掉。一般当实际含水率比最佳含水率高 2% ~3% 时，就不宜选用振动压路机进行压实。

压实机械机种的选用 表 4-5-1

填土构成部分	机种 / 土质	光轮压路机	轮胎压路面	振动压路机	夯捣机压路机		推土机		振动压实机	蛙式打夯机	备注
					自行式	牵引式	普通型	湿地型			
填土路基	岩石块，经过挖掘，压实也不易碎的石块			☆					△	大△	硬岩石
	风化岩，泥岩等已部分成细粒，组织紧密的岩石等		大○	☆	○	○			△	大△	软岩石
	单粒度砂，缺少细粒度的道渣，砂丘的砂等			○					△	△	砂、砾石混合砂
	适当含用细粒，粒度适中，容易压实的土细砂，山道渣等		大☆	○	○				△	△	砂质土，砾石混合砂质土
	细粒较多，但灵敏性低的土，含水率低的黏性土，容易碎的泥岩等		大○		☆	☆				△	黏性土，混有砾石的黏性土
	含水率调解困难，不易造成交通线的土，粉砂质土等						●				含水过多的砂质土
	黏性土等含水率高，灵敏性高的土						●	●			灵敏的黏性土
路床	粒度分布好的土	○	大☆	☆					△	△	调粒材料
	单料度砂及粒度差的砾石混合砂和碎石	○	大○	☆					△	△	砂，砾石混合砂
里填			○	小☆					△	△	有时使用吊锤
坡面	砂质土			小☆					☆	△	
	黏性土			○			○		○	△	
	灵敏的黏土，黏性土							●		○	

注：☆-有效的；○-可用的；●-不得已而使用的；△-因现场条件，只能用的；大-大型机；小-小型机。

碾压不同料层的压路机机种选用 表 4-5-2

料层性质	常用机种
有机结合料稳定土	轮胎压路机或轮胎—光轮组合式压路机
碎石料层	10～15t 三轮二轴光轮压路机
沥青混合料	6～10t 二轮二轴光轮压路机、16t 轮胎-光轮组合式压路机或 20t 轮胎压路机
碎石沥青混合料	轮胎压路机或光轮压路机
乳化沥青混合料	轮胎压路机或二轮二轴光轮压路机

二、压路机作业参数的选择

为了提高压实质量，获得最佳的压实效果和作业效率，除了根据上述原则正确选择压路机外，还应根据施工组织形式、工程质量和技术的要求、作业内容、压路机的性能，正确选择压路机的作业参数。

这些作业参数包括压路机的单位线压力、平均接地比压、碾压速度、碾压遍数、压实厚度、轮胎压路机的轮胎气压和振动压路机的振动频率、振幅和激振力等。这些压实作业参数应在作业前预先确定好。下面介绍几种主要作业参数的选择原则和应考虑的一些因素。

1. 单位线压力

在选定具体机型时，其单位线压力不应超过碾压材料的强度极限，否则将引起土基破坏或石料的破碎。土的强度极限见表4-5-3。一般石料强度和压路机单位线压力的关系如表4-5-4所示。

碾压与夯实时土的强度极限 表4-5-3

土　类	土的极限强度					
	光轮碾		轮胎碾		夯板(直径70~100cm)	
	kPa	kg/cm^2	kPa	kg/cm^2	kPa	kg/cm^2
低黏性土(砂土、低液限黏土，粉土)	294~588	3~6	294~392	3~4	294~686	3~7
中等黏性土(粉质中液限黏土，中液限黏土)	588~980	6~10	392~588	4~6	686~1176	7~12
高黏性土(高液限黏土)	980~1470	10~15	588~784	6~8	1176~1960	12~20
极黏的土(很高液限黏土)	1470~1764	15~18	784~980	8~10	1960~2254	20~23

注：表列值均为最佳含水量下的土。

石料强度和压强机线压力的关系 表4-5-4

石料性质	软	中　等	硬	极　硬
石料名称	石灰岩、砂岩	石灰岩、砂岩、粗粒花岗岩	细粒花岗岩、正长岩闪绿岩	辉绿岩、玄武岩、闪长岩、辉长岩
极限强度(MPa)	29.4~58.5	39.2~98	98~196	196以上
压路机单位线压力(kPa)	5880~6860	6860~7800	7800~9800	9800~12250

2. 碾压速度

压路机碾压速度的选择，受被压实材料的特性、压路机的压实功能、工程技术和质量要求，以及压实层厚度、作业效率等因素的影响。例如，黏性土壤变形滞后现象明显，故碾压速度不宜过高。又如，对铺筑层进行初压时，由于铺筑层变形大，压路机滚动阻力大，并且为使碾压作用传递深度大些，碾压速度也不宜过高。

一般，压路机进行初压作业时，静力式光轮压路机适宜的碾压速度为1.5~2km/h，轮胎压路机碾压速度为2.5~3km/h，振动压路机的碾压速度则为3~4km/h。

随着碾压遍数增加，压路机进行复压和终压作业时，静力式光轮压路机碾压速度可增加到2～4km/h，轮胎压路机的碾压速度可增加到3～5km/h，振动压路机的碾压速度可增加到3～6km/h。

3. 碾压遍数

碾压遍数的确定应以达到规定的压实度为准。碾压遍数和土质、含水量、铺层厚度、机械种类及质量等有关。一般情况，压实路基和路面基层，碾压遍数为6～8遍；压实石料铺筑层为6～10遍；压实沥青混合料路面为8～12遍。如采用振动压路机进行碾压，碾压遍数则可相应减少。

4. 压实厚度

压实厚度是指铺筑层压实后的实际厚度。压实厚度是靠铺筑层松铺厚度来保证的，其厚度关系为：

松铺厚度 = 压实厚度×松铺系数。

所谓松铺系数是指压实干密度与松铺干密度的比值，需要通过试验的方法确定。根据施工作业方式和土的特性，土的松铺系数一般为1.3～1.6。

压实厚度的确定与压路机的压实能力和作用力的影响深度有关。由压路机作用力的最佳作用深度决定的各种类型压路机适宜的压实厚度见表4-5-5。

几种类型的压路机适宜的压实厚度 表4-5-5

压路机类型	适宜的压实厚度(cm)	碾压遍数	适应的土种类
8～10t静力式光轮压路机	15～20	8～12	非黏性土
12～20t静力式光轮压路机	20～25	6～8	非黏性土
9～20t轮胎压路机	20～30	6～8	亚黏土、非黏性土
30～50t拖式轮胎压路机	30～50	4～8	各类土
2～6t拖式羊角压路机	20～30	6～10	黏性土
14t拖式振动压路机	100～120	6～8	砂砾石、碎石
10t振动压路机	50～100	4～6	非黏性土

5. 频率和振幅

频率和振幅是振动压路机压实作业的重要性能参数。

频率是指振动轮单位时间内振动的次数，单位为Hz。

振幅是激振时振动轮跳离地面的高度，单位为mm。

频率高，被压层的表面平整度较好；振幅大，激振力就越大，压力波传播的深度也越大。振动压实时，频率和振幅必须合理组合协调工作，才能获得最佳的压实效果。

实践证明：压实厚铺层路基，选择低频率(25～30Hz)和高振幅(1.5～2mm)相配合进行振动压实，可获得较大的激振力和压实作用深度，提高作业效率；压实薄铺层路面时，则应选择高频率(33～50Hz)和低振幅(0.4～0.8mm)相配合进行振动压实，可以提高单位长度上的冲击次数，提高压实质量；若铺层厚度小于60mm，采用2～6t的中小型振动压路机，其振幅控制在0.35～0.6mm范围内效果更佳。这样可以避免混合料出现堆料、起波、粉碎骨料等现象；如果沥青混合料铺层的压实厚度超过100mm，则应选用高振幅(1.0mm)压实。

三、路基压实技术

路基是道路的基础，它是在天然地面上，利用土方施工机械挖、填，并经整平、压实后形成的具有足够强度和稳定性的线形道路基础。

路基的修筑材料多为就地取材，以石块和自然黏土为主。施工方法以挖、铲、运、填、平、压为主，工艺并不复杂，但土方工程作业量大，其投资比例占总投资额的 50% ~60%。路基是公路工程的基础，路基的强度和稳定性将直接影响路面的使用寿命。

为了提高土体的密度，降低填土的透水性，防止水分的聚集和对路基的侵蚀，避免土基软化和冻胀引起不均匀变形，必须对路基进行有效压实，以提高其对外载荷和对自然因素影响的抵抗力。

对于土质路基，各种类型压路机均有较好的适应性。对于石质路基，以选用重型振动压路机进行振动压实为宜，而静力式压路机对石质路基的压实效果不理想。

无论选用何种压路机碾压路基，一般都是采用在整个路基宽度上按规定的碾压带顺序进行碾压的方式，即从路基边缘逐渐向中间重叠碾压，两条碾压带应相互重叠 20 ~30mm。

压路机选型后，确定适宜的压实厚度，还要测定土壤的含水率，含水率应控制在最佳含水率的 ±2% 范围之内。各类土壤的最佳含水率如表 4-5-6 所示。

几种土的最佳含水率 表 4-5-6

土的类别	砂土	亚砂土	粉土	粉质亚黏土	亚黏土	重亚黏土	黏土
最佳含水率(%)	8 ~12	9 ~15	16 ~22	18 ~21	12 ~15	16 ~20	19 ~23

1. 路基压实步骤

路基碾压前应确定和调整好压路机的作业参数，并按初压、复压和终压三个步骤进行。

(1)初压。初压是指对铺筑层进行的最初 1 ~2 遍的碾压作业。初压的目的是使铺筑层表层形成较稳定、平整的承载层，以利于复压时承受较大的压实作用力。

一般，采用重型履带式拖拉机或羊脚(凸块)碾进行路基的初压，也可用中型静力式压路机或振动压路机以静力碾压方式进行初压作业。

初压时，碾压速度应不超过 1.5 ~2.0km/h。初压后，应用平地机对铺筑层进行整平。

(2)复压。复压是在初压的基础上连续进行的压实作业。复压通常碾压 5 ~8 遍。复压的目的是使铺筑层达到规定的压实度。它是压实的主要作业阶段。

复压作业中，应尽可能发挥压路机的最大压实功能，以使铺筑层迅速达到规定的压实度。增加压路机的配重或调节轮胎压路机的气压，使之单位线载荷和平均接地比压达到最佳状况；调节振动压路机的频率和振幅，都可充分发挥压路机的压实功能，提高压实效果。

复压作业，碾压速度应逐渐增大。静力式光轮压路机取 2 ~3km/h，轮胎压路机取 3 ~4km/h，振动压路机取 3 ~6km/h。

复压作业中，应随时测定压实度，以便做到既达到压实标准，又不过度碾压。

(3)终压。终压是指继复压之后，对每一铺筑层竣工前所进行的 1 ~2 遍碾压作业。分层修筑路基时，只在最后一层实施终压作业。终压的目的是使压实层表面密实平整。

终压作业，可采用中型静力式压路机或振动压路机以静力碾压方式进行碾压，碾压速度可适当高于复压时的速度。

如果采用振动压路机或羊脚(凸块)压路机进行分层压实时，由于表层存在松散现象，因此可将各分层表层 10cm 左右厚度作为下一铺筑层范围进行压实，这样就可使相邻铺层结合更为紧密。

2. 路基压实应遵循的原则

路基的压实作业，应遵循“先轻后重、先慢后快、先边后中”的原则。

“先轻后重”即初压轻，复压重；先静力碾压，后振动碾压。这也是路基分层压实压路机选型的原则。

“先慢后快”是指压路机的碾压速度随着碾压遍数增加应逐渐加快。初压时要以较低的速度进行碾压，这样可以延长碾压力的作用时间，增加影响深度，加快土体变形，避免产生碾压轮拥土现象，防止压路机陷车等异常情况发生。随着碾压遍数增加，铺筑层的密实度也迅速增加，加快碾压速度则有利于提高铺筑层表层的平整度和提高压路机的作业效率。

“先边后中”是指碾压作业时压路机必须先从路基的一侧（距路基边缘30～50cm处），沿路基延伸方向，逐渐向路基中心线处进行碾压，在越过路基中心线30～50cm后，再从路基的另一侧边缘开始向路基中心线处碾压。

值得注意的是：实施弯道碾压作业时，应先从路基内侧逐渐压向路基外侧，也即从路基低处压向路基高处。碾压一遍后，再从内侧开始向外侧碾压，如此循环；对傍山路基的碾压，则应先从靠山坡的一侧开始，逐渐向沟谷一侧碾压。为防止发生陷车和翻车事故，在碾压山区公路路基沟谷一侧时，碾压轮应距离路基边缘100cm。

3. 路基压实作业中的注意事项

（1）碾压时，相邻碾压轮应相互重叠20～30cm。

（2）压实作业时，应随时掌握压实层的含水率，只有在最佳含水率时，压实效果才最好。

（3）保证当天铺筑，当天压实。

（4）碾压中，土体出现“弹簧”现象，应立即停止碾压，并采取相应措施，待含水率降低后再进行碾压。对于局部“弹簧”现象，也应及时处理，不然会造成路基强度不均，留下隐患。

（5）碾压时，若压实层表层出现起皮、松散、裂纹等现象，应及时查明原因，采取措施处理后再继续碾压。一般，土壤含水率低、压路机单位线压力高、碾压遍数过多及土质不良等原因易造成上述不良现象。

（6）碾压作业中，应随时注意路基边坡及铺筑层土体的变化情况，出现异常及时处理，以免发生陷车或翻车事故。一般，碾压轮外侧距路缘不小于30～50cm，山区公路则距沟崖边缘不小于100cm。

（7）遇到死角或作业场地狭小的地段，应换用机动性好的小型压实机械，予以压实。切不可漏压，以免路基强度不均匀，留下隐患。

（8）每班作业结束后，应将压路机驶离新铺筑的路基，选择硬实平坦，易于排水的地段停放。

四、道路基层的压实技术

基层是路面的直接基础。基层的修筑质量对路面的强度、使用质量和使用寿命有直接的影响。基层首先应具有足够的强度和刚度，在行车载荷的反复作用下，不产生残余变形，不出现剪切和弯拉破坏；其次应具有足够的水稳定性和平整度，防止水分侵入基层深处，保证上基层、底基层、路基的强度稳定性和路面的平整性。

1. 基层材料

我国采用的基层材料及类型较多，广泛采用的基层材料类型有下面3种：

（1）无机结合料稳定类整体型（也称半刚性型）。该类型基层包括：水泥稳定土基层、石灰稳定土基层和石灰工业废渣基层。这类基层具有良好的力学特性、板体性、水稳定性和抗冻性。

(2)级配型和粒料类嵌锁型。此类基层包括级配型集料基层和填隙碎石基层。它具有结构密实、空隙率和透水性较小、强度比较稳定等特点。

(3)有机结合料稳定石料基层。此类基层材料有拌和沥青碎石混合料、沥青贯入式碎石料两类,具有较高的抗疲劳破坏能力。但成本较高,施工工艺也较复杂,主要用于一级和高速公路的基层。

2. 常用基层材料的碾压技术

(1)水泥稳定土基层的压实。水泥稳定土是指在松散的碎土中掺入一定量的水泥和水,经拌和、压实和养生后得到的具有一定抗压强度的混合料。

水泥稳定土的碾压应在混合料拌和均匀并用平地机初平和整形之后进行。当混合料在路段上粗略铺平后,应先用轮胎压路机或拖拉机、平地机快速碾压一遍,在暴露出铺筑层潜在的不平整度后,应快速进行整平,直至符合平整度要求为止。整形应达到断面和坡度的设计要求。

基层经过整形后,用12t以上的三轮光面压路机、重型轮胎压路机或振动压路机,在路基全宽范围内进行碾压。在直线段,应由两侧路肩向路中心碾压;在曲线段,应由内侧路肩向外侧路肩碾压。碾压时,重叠宽度为后轮宽度的1/2,稳定层的边部及路肩应多压2~3遍。当含水率为最佳含水率(最多不超过最佳含水率的1%~2%)时,应碾压6遍以上,头两遍碾压速度为1.5~1.7km/h,以后几遍则为2~2.5km/h。

实践证明:振动压路机对水泥稳定土碾压具有理想的压实效果。采用静线压力为250N/m的振动压路机碾压水泥稳定土基层,通常只需碾压3~4遍就能达到密实度的要求。选用振动压路机应优先选用双轮振动压路机,其频率可在30~50Hz之间,振幅可在0.4~1.0mm之间调整。

在碾压过程中应注意以下事项:

①压路机在碾压过程中,不得在已完成或正在碾压的路段上"掉头"或紧急制动,以免破坏基层表面。

②如有"弹簧"、松散、起皮等现象,应及时翻开重新拌和(加适量的水泥)或用其他方法处理,使其达到质量要求。

③在碾压的后期,应避免应力过大或碾压时间过长,以防止降低水泥稳定土的强度。最后"终压"时应采用光轮压路机,以提高基层表面的平整度。

④经过拌和、整形的水泥稳定土,宜在水泥初凝前并应在试验确定的延迟时间内完成碾压,并达到要求的密实度,同时没有明显的轮迹。

(2)石灰稳定土基层的压实。石灰稳定土是指在松散的碎土中掺入适量的石灰和水,经拌和、压实及养生后得到的具有一定抗压强度的混合料。

石灰稳定土密实度越高,强度增长越明显,其抗冻性与水稳性也越好,因此对石灰稳定土基层必须充分压实。对石灰稳定土的强度和耐久性产生影响的因素还有养生条件,养生温度高,强度也高;环境温度过低,则强度增长缓慢。

碾压前需检查混合料的含水率。含水率为1%~2%时的碾压效果最好,含水率不足时应补充洒水,含水率过大时应翻晒。

摊铺和整形之后,先用拖拉机、6~8t串联式压路机或轮胎压路机碾压1~2遍;然后再用12t以上的静力式光轮压路机进行碾压,直到混合料密实度达到95%~98%时为止。

若以石灰稳定土作为高等级路面的底基层时,水和石灰的含量应要求精确。碾压时不能采用重型静力压路机多次碾压，而应当使用高效振动压路机，先断开振动进行静压，再逐步进行振动压实，最后再断开振动进行静力压实。

(3)石灰稳定工业废渣基层的压实。石灰稳定工业废渣是指将一定量的石灰、粉煤灰(或煤渣)与其他集料(或无其他集料)相混合，加入适量的水，经拌和、压实及养生后所得到的混合料。

石灰稳定工业废渣的密实度大小对强度影响很大，故在压实时宜采用较重的压路机进行碾压。通常先用中型压路机初压3～4遍后，再用重型压路机继续碾压6～8遍，直至达到要求的密实度为止。

(4)级配型集料基层的压实。级配型集料是指由碎石、砾石或碎砾石按粒级大小混配而成的混合料。

采用级配型集料铺筑上基层和底基层，可获得理想的密实结构。密实度越高，其强度和稳定性也越高。

压实级配型集料，应按"先边后中，先慢后快"的原则，碾压6～8遍。采用振动压路机压实效果最佳。也可采用12t以上的静力光轮压路机，或重型轮胎压路机，或振动压路机与轮胎压路机一起碾压。

采用振动压路机碾压，一般先以静力碾压1～2遍，再以30～50Hz的频率和0.6～0.8mm的振幅进行振动压实。振动压实时，应严格控制碾压遍数，达到压实度标准后立即停止振动压实，一般碾压遍数为3～5遍，然后再以静力碾压1～2遍，消除表层松散。振动压实的碾压速度约为3～6km/h。

静力式压路机初压时，碾压速度应为1.5～2km/h，复压和终压时逐渐增大到3～5km/h。

(5)填隙碎石基层的压实。填隙碎石基层是指用不同规格的大、中、小单一尺寸碎石分层摊铺、分层碾压所形成的道路基层。

填隙碎石基层的施工方法有干法和湿法两种。

①干法施工填隙碎石基层的碾压。按松铺系数为1.2～1.3摊铺的粗粒石料铺筑层，先选用静力式压路机或振动压路机以静力碾压方式，碾压3～4遍，使粗粒石料稳定就位。

然后，均匀地铺撒2.5～3cm厚的石屑。再选用振动压路机以高频率、低振幅和较低的碾压速度进行振动压实。当大部分石屑嵌入石间空隙内时，再次铺撒2～2.5cm厚的石屑，继续振动压实，直至全部空隙均被填满为止。复压时，应随压随扫布石屑。复压结束后，扫除多余的石屑。

最后，向铺筑层喷洒少量的水，再换用静力式压路机碾压1～2遍，使压实层无明显轮迹和蠕动现象。

②湿法施工填隙碎石基层的碾压。填隙碎石基层湿法施工在终压以前的施工程序和压实方法与干法施工相同。

湿法施工是在终压作业开始之前，向铺筑层大量洒水，直至饱和。然后，采用静力压路机紧随洒水车后面进行碾压。碾压中，边压边撒布和补充石屑。一般，碾压到水与压碎的石粉形成足够的石粉浆，充满全部空隙时为止。通常，若压路机碾压轮前的石粉浆形成微状波纹或是投入碾压轮下的粗粒石料能被压碎，而不能压入压实层，即说明达到压实标准。

五、沥青路面的压实技术

沥青路面按照施工方法和所用材料的不同，可分为沥青(或渣油)表面处治、贯入式沥青

(或渣油)路面、路拌沥青路面、厂拌沥青路面等几种类型。

沥青(或渣油)表面处治:在洁净、平整、密实而坚固的铺砌层上,分层浇洒沥青(或渣油),依次撒铺细粒矿料,并分别压实而成为一种路面。依照层次的多少分为单层式、双层式与三层式,其总厚度不超过3cm。

贯入式沥青(或渣油)路面:用沥青(或渣油)浇洒在初步碾压而有空隙的矿料层上,然后再分层浇洒沥青(或渣油)和撒铺嵌缝料,分层碾压成密实的路面,其厚度一般为4~8cm。

路拌沥青路面:用级配矿料和液体沥青材料,在路面上用机械就地拌和、摊平、碾压成密实的路面,如沥青碎石路面等。

厂拌沥青路面:在工厂或基地的特殊设备内,将矿料和沥青材料加热并拌和均匀制成沥青混合料,然后运到路上摊铺、碾压成密实的路面,如沥青混凝土、厂拌沥青碎石等。

1. 沥青(或渣油)表面处治面层的碾压

在清理后的基层或原有路面上喷洒沥青,并铺撒粒径为5~10mm大的石料后,立即用轻型压路机先沿路缘石或修整过的路肩往返碾压1~2遍。然后,按"先边后中、先慢后快"的原则碾压3~4遍,碾压速度可由2km/h逐渐提高到3~4km/h。

双层和三层沥青表现处治路面,各层的压实方法相同。最后一层应多碾压1~2遍。

2. 沥青贯入式面层的碾压

沥青贯入式面层的压实方法与填隙碎石基层相似。

沥青贯入式面层施工时,各作业程序应连续,不脱节。并做到当天铺筑,当天压实。通常,碾压作业路段以200m左右为宜。

3. 沥青碎石和沥青混凝土面层的碾压

沥青碎石和沥青混凝土面层都是用沥青作结合料,与一定级配的矿料均匀拌和而成的混合料,经摊铺和压实形成的沥青路面结构层。它们的主要区别在于矿料的级配不同:沥青碎石混合料中所含细矿料和矿粉较少,压实后表面较粗糙;沥青混凝土混合料的矿料则级配严格,细矿料和矿粉含量较多,压实后表面较细密。

沥青路面面层的施工方法有热拌热铺、热拌冷铺、冷拌冷铺几种,我国目前多采用热拌热铺法进行施工。

采用热拌热铺法,沥青混合料的压实温度对压实质量有很大的影响。通常,沥青碎石面层开始碾压的最佳温度应为70~85℃;沥青混凝土面层的最佳碾压温度则为:石油沥青混凝土100~120℃,煤沥青混凝土90℃。如果温度过低,混合料难以压实;混合料温度过高,沥青则容易老化。

沥青路面面层的压实工序为:紧随摊铺工序,先进行接缝碾压,然后沿作业路段,按初压→复压→终压顺序进行压实作业。

(1)横接缝的碾压。在用摊铺机铺设沥青混合料路面时,对于较长的道路,不可能一次完成铺设,需要分段摊铺。每摊铺一段,在结尾处需要放置一块与铺层厚度相等的木板,以防止碾压时边缘混合料发生塌裂现象。在接下去摊铺时将木板撤掉并放在新的结尾处,这样就在新旧混合料相接处形成一条整齐的横向接缝。

横向接缝的碾压(图4-5-1)应在新料刚刚摊铺结束之后立即进行,以便趁温度较高时使新旧料接合紧密,较好地消除缝隙。横向接缝在开始碾压时最好使用光轮压路机,若使用振动压路机则应断开振动机构,先将压路机的大部分重量支承在旧料上,小部分重量压在新料上(只用100~200mm的轮宽),碾压2~3遍后,逐步向新料上横移;在快要完全进入新料时,接通振动机构进行振动压实。碾压结束后，压路机切勿在接缝处转向，以免损坏路面。

如果相邻车道未摊铺，可在横接缝端头垫上供压路机驶出的木板或其他材料，以免压坏摊铺带边缘。

如果路缘石高于路面，靠路缘石处未碾压的混合料，可待纵向碾压时补压。

碾压横接缝工序最好在碾压纵接缝之前进行，以免碾压纵接缝时造成横接缝接合面分离。

在碾压接缝时，若出现接缝不平，可把不平处耙松 2 ~ 3cm 深，修整后再压实。

(2)纵接缝碾压。沥青混合料面层纵接缝形成情况不同，所采取的碾压方法也不同。

①两台以上的摊铺机梯形结队相随着进行全幅宽摊铺时，由于相邻摊铺带的沥青混合料温度相近，纵接缝无明显界限，称为热接缝。

热接缝在进行碾压时(图 4-5-2)，首先压实离中心结合缝两边约 200mm 以外的地方，然后压实中间剩余的混合料带。这样，不会使混合料从旁边挤出，还能得到良好的结合。

②由一台摊铺机在一定的作业路段内，铺完一条车道后，当摊铺的混合料温度下降至 60℃以前，立即返回摊铺相邻车道进行摊铺，或是两台摊铺机前后距离较远，此时接缝两侧的混合料温度相差约一倍，称为半热接缝。

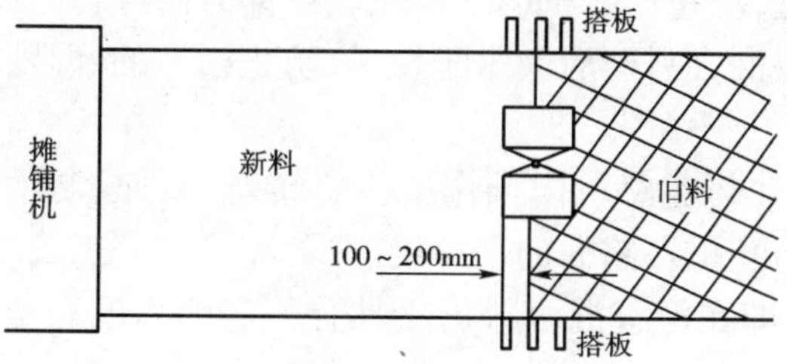

图 4-5-1　横向接缝的碾压

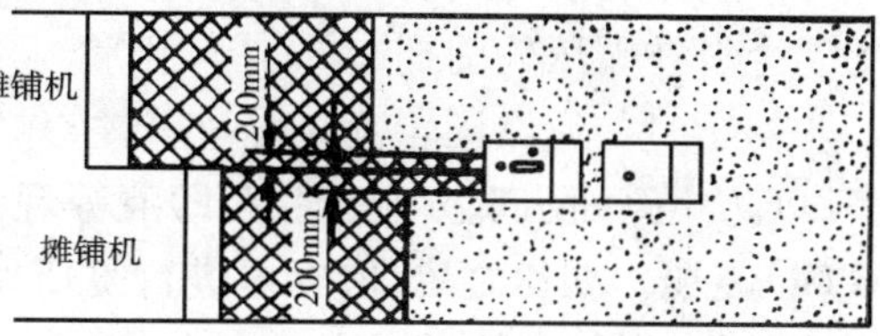

图 4-5-2　热接缝在进行碾压

半热接缝在进行碾压时，压路机可先从距内侧边缘 300 ~ 500mm 处沿着纵接缝延线往返各预压一遍。然后，将压路机调到外侧的路缘石或路肩处开始进行初压。使压路机每行程只侧移 100 ~ 150mm，依次碾压到距路面内侧边缘 50 ~ 100mm 处时，即暂停对纵接缝的碾压。待相邻摊铺带铺好后，再从已碾压的一侧开始依次错轮碾压到越过纵接缝 500 ~ 800mm 处为止。

这种碾压纵接缝的方法，要求前后摊铺带摊铺间隔时间不能过长，一般不大于一个作业路段的摊铺时间。

③一个已摊铺经压实后的车道，在完全冷却后，再摊铺其相邻的车道时，其纵向接缝称为冷接缝。

一般使新摊铺的混合料与已压实的摊铺带搭接 30 ~ 50mm。

如果采用静力式光轮压路机或脱开振动机构的振动压路机进行冷接缝的压实作业(图 4-5-3)，则在碾压开始时应将压路机的大部分重量支承在冷料层上，只能以 100 ~ 200mm 的轮宽压在热料上进行碾压。用此法碾压时，多余的混合料会从未经压实的料中挤出，减小了结合边缘的料量，从而导致结合密度较低。

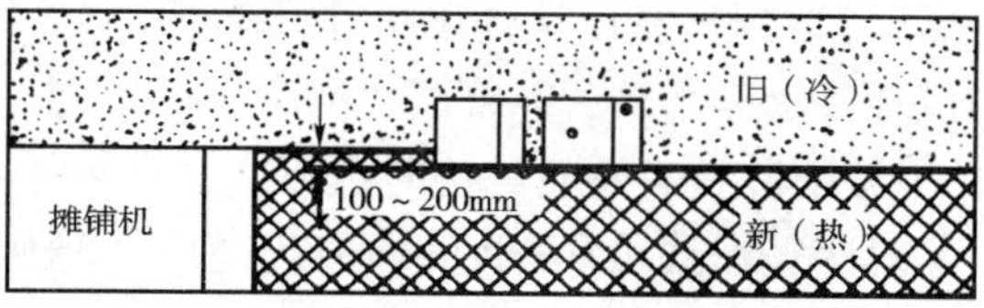

图 4-5-3　冷接缝的压实作业

如果使用振动压路机进行冷接缝的压实作业，若想获得平整的接缝就必须使压路机重量尽可能多地位于热料层上，只让 100 ~ 200mm 的轮宽压在冷料层上，随后进行振动碾压。这样，一方面不会造成冷料层因振动而损坏，另一方面可将混合料从热边压入相对冷的结合边内，从而产生较高的结合密度。但如果采用的是轮胎驱动单滚轮振动压路机，就必须考虑将75%的轮胎宽度放在接缝的冷料一边来进行碾压。

采用振动压路机碾压纵向接缝的方法不但能增大单位面积的压实能力，而且还因压路机占用冷料一边的面积较小而减少对交通的干扰。

(3)初压。接缝压好后，应立即进行初压。初压具有防止沥青混合料滑移和产生裂纹的作用。

初压作业一般选用6～8t的静力式光面两轮压路机或不开振动的光轮振动压路机，以1.5～2.0km/h的碾压速度碾压2遍以上。相邻轮迹重叠300mm，按“先边后中”的原则顺序碾压。

初压作业中，还应注意以下事项：

①掌握好开始碾压时沥青混合料的温度，参照碾压各种沥青混合料铺筑层初始温度推荐范围进行碾压。沥青混合料温度过高，骨料之间的黏结力不足，碾压时混合料容易从碾压轮两侧挤出，或被碾压轮推拥，或粘在碾压轮上，影响平整度。沥青混合料温度过低，则影响复压和终压的压实效果，无法达到规定的压实度，甚至出现松散和麻坑。

②为了减少或避免出现横向波纹和表面裂缝，应将压路机的驱动轮朝摊铺方向进行碾压，这样可以利用驱动轮的驱动力沿碾滚切线方向将混合料向后楔紧于轮下，防止松散的、温度较高的混合料在碾压轮前拥起。

③初压时往返碾压轮迹应尽量重叠，并禁止在作业路段内操作压机急转弯、变速、制动和停车，以防止路面出现撕裂、划痕、凹痕等现象，防止损坏路面的平整度。

(4)复压。初压之后，应立即进行复压作业，即在沥青混合料仍然具有一定的温度和塑性时，将其压实到最大的密实度。

复压作业应选用轮胎压路机，或选用振动压路机，也可选用重型静力式光面压路机。

复压作业应遵循“先边后中，先快后慢”的原则进行碾压。

轮胎压路机的碾压速度为3～5km/h；振动压路机的碾压速度为3～6km/h；静力式光面压路机的碾压速度为2～3km/h。

复压作业一般应碾压至路面无明显轮迹为止。对沥青混凝土混合料需要碾压4～6遍；而对沥青碎石混合料需要碾压6～8遍。

每次换向的停机位置不应在同一横线上，而应沿横向呈阶梯状停机。

采用振动压路机进行振动碾压时，一定要“运行后，再起振；先停振，再停驶”，以确保压实面的平整度。

(5)终压。复压达到压实度标准后，应立即进入终压作业。终压的目的是使路面表层达到设计要求的平整度。终压也必须在摊铺层尚具有适当的温度，即沥青混合料还存有少量塑性，能够清除所有碾轮轮迹时进行。

终压一般选用6～8t的静力式光面两轮压路机、轮胎压路机或不开振动的光轮振动压路机。碾压速度为3 km/h，碾压2～4遍。

碾压沥青路面时，驾驶员操作应轻柔平顺，不得使压路机产生冲击，以免影响路面碾压质量。作业前，应将压路机保养维修好，作业时切忌将柴油、机油、液压油滴洒在沥青路面上。路面边缘、路肩或其他压路机不能压到的地段，应换用机动灵活的轻型振动压路机或其他小型压实机械(如平板振动夯等)进行补压，直至符合压实要求为止。

(6)弯道及交叉路口的碾压

碾压弯道或交叉路口时，容易在混合料上产生剪切力。剪切力会导致铺料产生位移，因此可采用下列方法碾压(图4-5-4)：

①从弯道内侧或较低的一边开始碾压，以利于形成一个良好的支承面。

②尽可能直线碾压，避免在弯道上换向。

③可采用缺角式碾压，并逐一转换压道。

④不要在没有压实的混合料上换向。

⑤转向应与速度相配合，行驶速度很慢时不应较快地转向。

⑥尽可能采用振动碾压以减少剪切力。

(7)坡道上碾压。使用压路机在上、下坡道上碾压沥青混合料路面时，应注意以下6点：

①无论是上坡还是下坡，沥青混合料底下一层必须清洁干燥，而且一定要喷洒沥青结合层，以避免混合料在碾压时滑移。

②无论是上坡碾压还是下坡碾压，压路机的驱动轮均应在后面(图4-5-5)。这样做有以下优点：上坡时，后面的驱动轮可以承受坡道及机器自身所提供的驱动力，同时前轮对路面进行初步压实，以承受驱动轮所产生的较大的剪切力；下坡时，压路机自重所产生的冲击力是靠驱动轮的制动来抵消的，只有经前轮碾压后的混合料才有支承后驱动轮产生剪切力的能力。

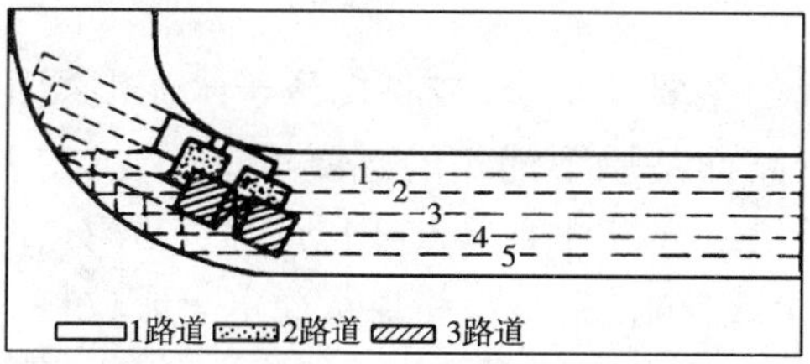

图4-5-4　弯道及交叉路口的碾压方法

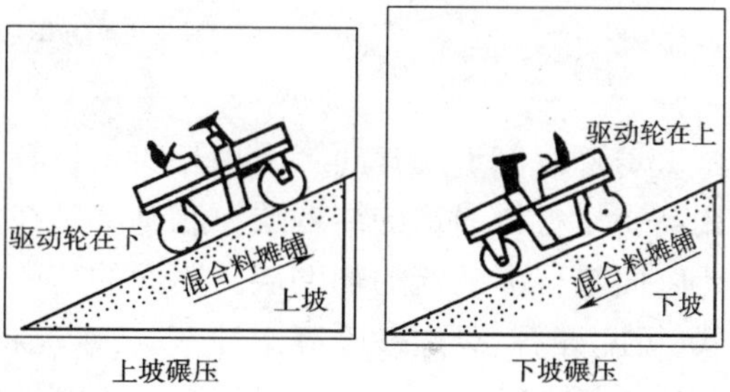

图4-5-5　坡道碾压

③上坡碾压时，压路机起步、停止和加速都要平稳，避免速度过高或过低。

④上坡碾压前，应使混合料冷却到规定的低限温度，而后进行静力预压，待混合料温度降到下限(120℃)时，才采用振动压实。

⑤下坡碾压应避免突然变速和制动。

⑥在坡度很陡情况下进行下坡碾压时，应先使用轻型压路机进行预压，而后再用重型压路机或振动压路机进行压实。

思　考　题

1. 如何根据被压实材料的特性正确选择压路机？
2. 振动压路机的频率和振幅是如何确定的？
3. 路基压实分哪三个步骤，各是如何进行压实的？
4. 路基压实过程中应遵循的原则是什么？应注意哪些事项？
5. 沥青混凝土面层的横向接缝与纵向接缝是如何碾压的？
6. 沥青混凝土面层的初压、复压和终压的目的是什么，各是如何进行碾压的？
7. 在弯道碾压沥青混凝土面层时应注意哪些事项？
8. 在坡道上碾压沥青混凝土面层时应注意哪些事项？

第五章　路面机械施工

[重点内容和学习要求]

本章重点描述路面基层、沥青混合料路面和水泥混凝土路面机械化施工，论述稳定土拌和设备、沥青洒布机、沥青混合料拌和机、沥青混合料摊铺机、水泥混凝土拌和机及水泥混凝土摊铺机的特点、组成、工作原理及使用。

通过学习，要求学生熟悉各种路面机械化施工的内容，了解各种路面机械的特点、组成、工作原理及使用。

第一节　路面基层机械施工

基层是直接位于沥青面层下用高质量材料铺筑的主要承重层，或直接位于水泥混凝土面板下用高质量材料铺筑的结构层。底基层是在沥青路面基层下铺筑的次要承重层，或在水泥混凝土路面垫层下铺筑的辅助层。路面的基层按结构组合设计要求，选用沥青稳定碎石、沥青贯入式、级配碎石、级配砂砾等柔性基层；水泥稳定土或粒料、石灰与粉煤灰稳定土或粒料的半刚性基层；碾压式水泥混凝土、贫混凝土等刚性基层；以及上部使用柔性基层，下部使用半刚性基层的混合式基层。

基层（底基层）施工都是采用厂拌法或路拌法机械化施工，用来把稳定材料进行破碎、撒铺、拌和及压实等工作的机械统称为稳定土路面机械。这些机械包括有：粉料撒布机、洒水车、稳定土拌和设备、摊铺设备和压实机械等。本节主要介绍稳定土拌和设备及稳定土路面施工。

一、稳定土厂拌设备

1. 稳定土厂拌设备的特点和用途

稳定土厂拌设备是专门用于拌制各种以水硬性材料为结合剂的稳定混合料的搅拌机组，主要适用于集中拌和道路、机场和广场等基层和底基层的稳定土材料。它具有设备比较完善，可根据设计要求拌和各种不同配合比的稳定土材料，且土壤和稳定剂的配合比准确，拌和均匀，成品料质量稳定，便于计算机自动控制和生产率高等优点，是修筑高等级公路基层和底基层的必备设备之一。但它需要较多的配套机械设备如汽车、装载机、摊铺机等，施工成本较高。

2. 稳定土厂拌设备的组成和工作原理

现以 WBC 200 型（图 5-1-1）为例，介绍其主要组成和工作原理。

(1)集料配料机组。集料配料机组包括配料料斗 1、配料给料机 2、斗架和水平皮带输送机 16 等。

集料配料时，利用装载机或其他上料机具，将需要拌和的不同粒径的集料，分别装进不同的配料料斗 1 内，每个配料料斗下都设有皮带给料机 2，皮带给料机由调速电动机驱动，按施工技术要求的配合比进行配料；配好的物料落到水平集料皮带输送机 16 上，由其输送到斜置集料皮带输送机 5 上。

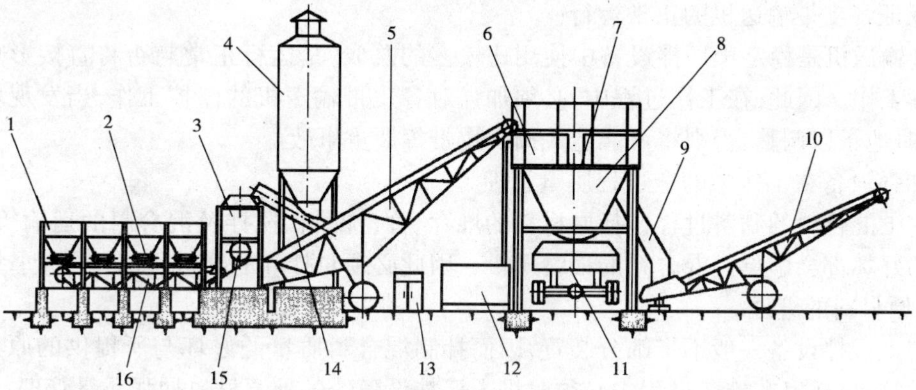

图 5-1-1　WBC200 型稳定土厂拌设备总布置图

1-配料料斗；2-皮带给料机；3-小粉料仓；4-粉料筒仓；5-斜置集料皮带输送机；6-搅拌机；7-平台；8-混合料储仓；9-溢料管；10-堆料皮带输送机；11-自卸汽车；12-供水系统；13-控制柜；14-螺旋输送机；15-叶轮给料机；16-水平集料皮带输送机

(2)结合料(稳定剂)供给系统。结合料供给系统主要包括粉料筒仓 4、螺旋输送机 14、小粉料仓 3 和叶轮给料机 15 等。

结合料通过运输车上的气力输送装置输送到粉料筒仓 4 中，粉料筒仓的出料口与螺旋输送机 14 的进料口相连接，进入螺旋输送机的结合料被输送到小粉料仓 3 中；小粉料仓的出口装有叶轮给料机 15，叶轮给料机由调速电动机驱动，按施工技术要求的配合比进行配料；配好的粉料落到斜置集料皮带输送机上。

(3)斜置集料皮带输送机。斜置集料皮带输送机将配好的各种集料和结合料直接输送到搅拌机 6 中。

(4)供水系统。供水系统的作用是向搅拌机中喷水，以控制和调节被拌和混合料的含水率。供水系统由水箱、水泵、三通阀、节流阀、流量计、管路和喷水管等组成。供水量由手动节流阀控制，用流量计显示。

(5)搅拌机。搅拌机采用双轴强制连续搅拌式。当搅拌轴旋转时，由斜置集料皮带输送机输入搅拌机的各种物料，在旋转叶桨的作用下，一边被拌和，一边被推向出料方向，这样可保证连续进料、搅拌和出料。

(6)混合料储仓。拌和好的成品混合料从搅拌机的出料端直接卸入混合料储仓 8 内暂时存放。混合料储仓主要包括立柱、平台、料斗、溢料管和启闭斗门的液压传动机构等组成。当混合料储仓装满拌和好的成品混合料时，可用手动控制液压系统打开放料门，将混合料卸入自卸汽车运往施工工地。

(7)堆料皮带输送机。当自卸汽车不足或需要堆料时，放下混合料储仓内的液动导料槽，使搅拌机拌和好的成品混合料通过导料槽卸入溢料管 9，流进堆料皮带输送机 10 中，由堆料皮带输送机进行堆料存放，使用时再运往施工工地。

整套设备各部分的运转采用电气控制系统在控制台集中控制。系统的动作分为单动和顺序动作两种。

3. 稳定土厂拌设备的使用

稳定土厂拌设备包括的总成比较多，是一种自动连续作业的大型设备，用于拌和各种类型的稳定土混合料，要求级配和配合比准确，拌和均匀。因此在使用中，除了按照设备使用说明书的要求进行严格操作、维修与保养外，还应特别注意以下问题：

1）保证各皮带输送机的正常运行

皮带输送机是稳定土厂拌设备中使用比较多的总成，其运行正常与否将直接影响设备是否能连续工作。因此，在工作过程中，必须加强对各皮带输送机的监控工作，当发现皮带跑偏时，应及时地予以调整，否则将可能造成撕裂皮带等严重事故。

2）加强设备在工作中的全过程质量管理

稳定土混合料的制备过程包括原材料的堆存、称量配料、搅拌及混合料的运输等项工序，各工序的好坏都会影响到混合料的最终质量。因此必须对拌和的全过程加强质量管理。

（1）原材料的管理。

稳定土厂拌设备一般不带筛分装置，因而拌制混合料质量的好坏与所提供的原材料质量有很大的关系，所以在施工过程中必须对进入厂拌设备的各种原材料加强质量管理。

稳定土厂拌设备拌和时所用的原材料包括粗集料、细集料、粉料、水和添加剂等。首先应确认其质量是否符合施工规范的要求，对不符合质量要求的原材料坚决不予使用；其次是管理好原材料的储存，集料应储存在厂拌设备的现场，集料含水率的变化对混合料的质量有很大的影响。对来自不同产地的各种粒径的集料应分别储存在自然排水良好的料堆里，存放时间的长短取决于集料的级配和颗粒形状，一般以能将其内部的自由水分引出为准；同时还要考虑，在任何时候都应当储存有足够数量的集料，以保证厂拌设备能连续运转，不致因缺料而中断工作。在储存和配料的过程中，还应加强管理，避免不同粒径的集料混杂在一起。

所用的粉料（水泥、石灰和粉煤灰）最好是散装供应，运到施工现场后，应立即储存在干燥和通风良好的结构物内；现场应储存有足够数量的粉料，以保证厂拌设备能连续工作；储仓中的粉料每次工作结束时都应使用完，以防止粉料在储仓中结块，影响下次使用；对每种粉料的运输、卸料和储存等均应有分隔设施。

（2）拌制混合料的质量管理。

拌制的目的是将各种形状不同、粒径不一的粗细集料、粉料与水拌制成成品混合料。成品混合料的质量可用均匀性来衡量，即从拌制好的混合料中随机取样进行均匀性试验，要求各个样品试验结果的差值均在规定的范围内。为了得到均质的混合料，除了对原材料进行严格的质量管理外，还应保证组成混合料的各种原材料的配料称量准确。因此，必须经常对设备的称量系统按其说明书要求的步骤和方法进行校定，当发现称量或配料的精确度不能满足要求时，都应立即停机检查，进行必要的调整或修理，直到确认配料精度能满足使用要求后，方可开机作业。

施工中对混合料的含水率有严格的要求。因此，供水系统应能准确地称量总的搅拌用水量。要做到这一点，除了把要加入的水量称量准确外，还要确切地知道集料（特别是砂料）在配料称量时的含水率，以及含水率的变化情况。对没有安装连续式含水率测定仪的厂拌设备，在使用时，应当经常检测集料，特别是细集料（砂）的含水率。细集料的含水率试验每天应做两次以上，至少上午一次，下午一次；同时，在设备开始拌和物料之前和发现含水率有变化时，应立即抽检，对检测的结果及时通知控制台，以便调节供水量。这样，可以保证设备拌制出的混合料始终处于最佳含水率状态。

二、稳定土拌和机

1. 稳定土拌和机的特点和用途

稳定土拌和机是一种在行驶过程中,以其工作装置对土壤就地破碎,并与稳定剂(石灰或水泥等)均匀拌和的施工机械,目前常用于稳定土质量要求相对较低的道路、广场、机场等的基层或底基层的稳定土施工中。其拌和效率高;但土壤和稳定剂的配合比不够准确,污染较严重。

2. 稳定土拌和机的分类

稳定土拌和机的类型较多,主要有:

(1)按动力传动的形式分为机械式、液压式和混合式。

(2)按行走方式分为履带式、轮胎式和混合式,见图 5-1-2 a)、b)、c)。

(3)按移动形式分为自行式、半拖式和悬挂式,见图 5-1-2 d)、e)、f)。

(4)按转子的数量分为单转子式和多转子式。

(5)按转子的配置位置分为中置式和后置式,见图 5-1-2 g)、h)。

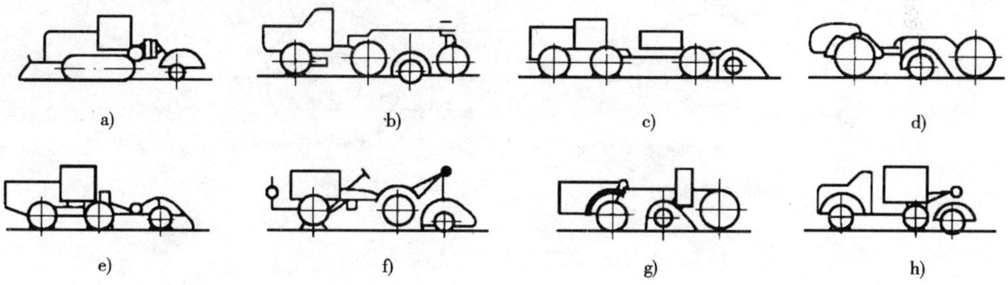

图 5-1-2 稳定土拌和机的分类

a)履带式;b)轮胎式;c)轮履结合式;d)自行式;e)半拖式;f)悬挂式;g)中置式;h)后置式

(6)按转子旋转的方向分有正转式和反转式。

3. 稳定土拌和机的组成

以德国 BOMAG 公司 MHP100 型为例,介绍路拌稳定土拌和机的组成(图 5-1-3)。

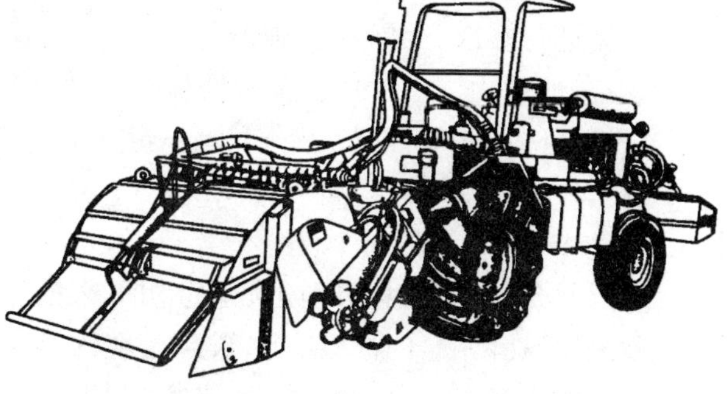

图 5-1-3 MPH100 型稳定土拌和机

路拌稳定土拌和机一般有基础车、工作装置及操纵机构等部分组成。基础车为轮胎式,工作装置悬挂在机架的后部,拌和转子由径向柱塞油马达直接驱动,拌和转子反向旋转。这种拌和机不但可以适用于恶劣的稳定土拌和工况,而且能够直接破碎废旧沥青混凝土路面和硬路基。另外有一套自动配比系统,可以根据施工中每单位拌和料上所需的添加剂数量按比例自动添加沥青或水等添加剂。

4. 稳定土拌和机的工作原理

稳定土拌和机的主要功能是对土进行破碎，并使土与稳定剂均匀拌和，这一过程是在由转子罩壳构成的工作室内，通过转子的高速旋转来完成的。根据作业对象（即土的硬度）的不同，选用的转子旋转方向也不同：当在较松软的土层上进行拌和作业时，一般采用正转方式；当在坚硬的土层上进行拌和作业或铣削旧沥青混凝土路面时，多采用反转方式。下面分析将稳定剂已铺撒在土层上时，稳定土拌和机的作业过程，如图 5-1-4 所示。

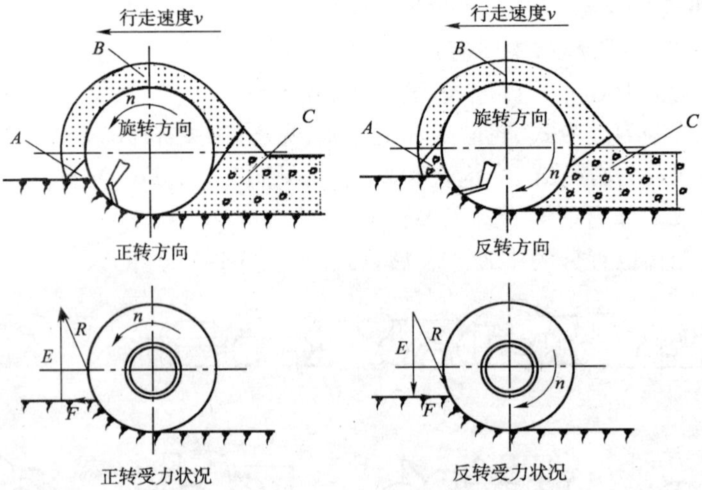

图 5-1-4　工作转子旋转方向及受力分析示意图

（1）正转作业过程。

转子正转时，高速旋转的刀具从土层上切下一块很薄的月牙形土屑，并把它抛向罩壳，这就是切削过程；抛出的土以一定的力量碰撞罩壳壁，随后向四周飞散开，其中一部分土颗粒被粉碎；也有部分土颗粒再次与刀具相碰，或互相碰撞，这一过程称为二次破碎；另有部分与罩壳碰撞后飞散开的土颗粒和沉落下来的土颗粒，被刀具带起，并抛向转子上部的罩壳壁 B 区内，其中有部分土颗粒逐渐向前，置于 A 区并形成前长条土堆；位于 A 区的土将再次受到转子刀具的冲击、切削。以上过程反复进行多次，土颗粒被破碎得很细，并与稳定剂均匀拌和，最后大部分土颗粒因失去速度而沉落在地面上，此时土因疏松而体积增大，并在罩壳后壁下面 C 区形成圆形土堆，经罩壳拖板下缘刮平、整型，形成一条具有一定厚度、且表面平坦的稳定土带层。

（2）反转作业过程。

转子反转时，高速旋转的刀具从沟底向上切削土，并将切下来的土沿机械前进方向向前抛，在转子前面形成前长条形土堆；在同一作业状态下，长条土堆的尺寸将基本保持不变，并沿土处理路段连续延伸；被切下来的土有相当大的一部分被抛入 C 区，一部分被向上抛并撞击前壁，和罩壳相碰的土颗粒将向四周飞散，而且和刀具相碰的土颗粒将沿转子旋转方向抛向罩壳的后壁。可以看出，被处理的土基本上都被拌刀从转子上方抛到 C 区，经罩壳拖板下缘刮平、整型，形成稳定土层带。

从上述的工作原理分析可知，整个拌和过程分为切削和拌和二个阶段，但这二个阶段不是绝对分开的，而是相互交织在一起，且往往是同时发生的。

现代的稳定土拌和机几乎都是单转子工作装置,一般在同一作业带上要拌和两遍,有的甚至要拌和三四遍,这要由机械的性能和工程的性质决定。

5. 稳定土拌和机的使用

现代公路基层施工是采用大规模、连续性的机械化施工。稳定土拌和机是基层路拌法施工的核心机械,为了充分发挥其作业能力,应注意以下事项:

(1)确保配套机械的完好率。

与稳定土拌和机配套的施工机械有:挖掘机、推土机、装载机、自卸汽车、粉料撒布机、平地机、洒水车、压路机等多种机械。在机械化施工作业时,除应确保稳定土拌和机无故障外,还要确保其配套机械的完好率,以保证机械化施工的连续作业。

(2)选择合理的施工路段。

从理论上讲施工路段越长,其生产率越高。但从施工的综合因素考虑,则存在一个最经济的施工路段。根据施工单位的实践经验证明,一般以 500 ~ 1 000m 为宜。在决定施工路段时,应选择各种施工机械调头较方便的地方较好,因为机械掉头困难,掉头时间过长等都会影响生产率。

(3)选择合理的拌幅。

稳定土拌和机性能参数中的拌和宽度,是综合施工规范中各级公路基层宽度而优化选定的。在施工时要根据具体的工程条件决定实际的拌幅数,下式可供参考:

$$n = \frac{B - X}{b - X}$$

式中:n——拌幅数;

B——施工路面基层宽度,m;

b——稳定土拌和宽度,m;

X——相邻拌幅的重叠量,一般为 0.1 ~ 0.2m。

实际的拌幅数应为整数倍,这样既可充分发挥机械的能力,又可以提高生产率。

三、稳定土路面施工

在公路施工中,使用的稳定土种类很多。二灰土作为一种半刚性材料,广泛应用于高等级公路路面的基层(或底基层)中。二灰土是石灰、粉煤灰按一定的比例与土混合,掺入适量的水,经拌和、碾压、整平及在一定的温度、湿度下养生成型后,得到一定抗压强度的新型筑路材料。现以修筑二灰土基层为例介绍路拌稳定土路面施工。

1. 路拌稳定土路面施工

1)施工前的准备工作

在施工前,应做好技术、人员、材料和机械设备等方面的准备工作,主要内容如下:

(1)认真熟悉设计文件,确定施工组织形式和工艺流程。

(2)合理地进行人员配置,在质量上要有专人把关。

(3)做好混合料中的二灰(石灰、粉煤灰)最佳配合比试验和二灰与土的最佳配合比试验;根据配合比备好所需的各种工程材料。

(4)确保机械的完好率,保证零配件的供应,使运输、拌和、碾压形成良好的生产流水线,确保施工顺利进行。

(5)在全面开工前至少一个月,进行二灰土基层(底基层)试验施工。试验的面积为 400

~$800m^2$。试验路段要求使用与主体工程一致的材料、配合比、拌和机械、压实机械及施工工艺，以检验准备采用施工方案的适宜性。具体应包括采用不同的撒铺厚度进行拌和、碾压，测量其干密度、含水率，检验二灰土的拌和均匀程度，以确定拌和机械的性能、碾压遍数和施工工艺等。

2）施工程序

现场清理和测量放线。清理现场的垃圾、杂草，修补小冲沟。使用测量仪器校核各控制桩，进行高程放样，确保线形准确，保证全线高程贯通。用石灰画出边线及行车道与路肩的分界线。

（1）路床修整。根据高程测量数据，做填方、挖方和路床高程标志，并根据高程标志指挥倒土，用推土机推平，平地机整型，压实机械稳压。对整型后的路床报监理人员验收。

（2）路拌二灰土基层（底基层）施工。

①原材料摊铺。

首先测试整型后路床铺土层的干密度和松散系数，计算出铺层厚度。按此厚度进行排料、打网格、倒土、摊铺、整平、稳压。铺土层应包括路肩和中央隔离带用土。在此基础上就可以摊铺粉煤灰。

粉煤灰的摊铺，也应测试出摊平、整型、稳压一遍后的干密度和松散系数，计算出摊铺厚度。按此厚度进行排料、打网格、倒料、摊平、整型、稳压、洒水，使其含水率在33%~36%之间。挖验厚度，做高程标志。最后用平地机精平一遍，压实机械通压一遍后，即可摊铺石灰。

石灰的摊铺，摊铺前先计算出石灰的用量。计算时应考虑石灰等级折减、含水率折减、质量湿度折减等。再由运输车辆的装载容量，除以折减后单位面积的用量，得出每一运输车辆所能摊铺的面积。再根据计算面积打网格、运灰、摊灰。

②混合料拌和。拌和前，应首先检查稳定土拌和机的轮压，拌和刀具的磨损程度，以及拌和深度指针是否归零等。然后进行试拌，拌和深度应控制在下层松铺土恰好能拌到为止。误差要求±2cm。拌和由两侧向中间进行，控制拌和速度在6m/min。若拌和后大块较多，要拌和第二遍。每次拌和应有专人随机检查，挖验拌和深度。

③现场取样。拌和完毕后，按取样频率取样，测定混合料的石灰剂量、含水率，并做抗压强度试验。

④洒水碾压。

取样石灰剂量合格后，先用凸块压路机振压一遍，然后洒水，洒水时夏季含水率可适当大于施工最佳含水率，只要不积水，不翻浆即可；其他季节应达到最佳含水率。然后用平地机整平，用光轮压路机碾压一遍（每次重叠1/2轮宽）。再用振动压路机振压3遍。

振压之后，进行复中线，断面找平，做高程标志，并预留1cm作为碾压下沿预留量，最后，根据标高用平地机精平，用光轮压路机碾压1遍。

⑤洒水养生。洒水时应均匀。洒水量和养生时间要根据气候条件来决定。养生期间应封闭交通。

上述工序全部完成后，进行自检，将不合格的高程点用平地机及时修正、刮平，交监理工程师验收。

2. 厂拌稳定土路面施工

随着公路等级的提高，对路面质量的要求越来越严格。目前高等级公路的修建，规定必须采用稳定土厂拌设备，进行机械化施工。即利用稳定土厂拌设备拌制混合料，由运输车辆将拌和好的混合料运送到施工现场，按照一定的技术要求由摊铺机进行摊铺，压实机械进行压实。其施工要点如下：

1）施工前的准备工作

（1）熟悉设计文件，确定施工组织形式。

（2）确定拌和场的位置，选定拌和设备的型号和运输车辆的数量。

（3）选定施工机械，包括摊铺机、压实机械及其他机械设备的数量、型号和生产能力等。

（4）选择路用原材料，并进行混合料配比试验。

（5）铺筑试验路段。

2）施工过程

（1）拌和与运输。

拌和时，水泥、石灰、粉煤灰与集料应准确称量，按质量比例掺配，并以质量比加水。拌和过程中加水时间和加水量要有记录。同时要严格保证拌和时间，确保拌和的均匀性。成品料要进行配比、击实、抗压试验。

当拌和好的成品料经监理工程师检验合格后，由运输车辆将成品料运送到施工现场。运输车辆在通过已铺筑好的路面时，应低速行驶，车辙应均匀错开，以便使铺筑层得到均匀的压实。当拌和场距摊铺现场较远时，混合料应加以覆盖，以防止水分的蒸发；同时应保证装载高度均匀，以防止混合料发生离析。

（2）摊铺和整型。

摊铺时应按照要求的松铺厚度，均匀地摊铺在要求的宽度上。摊铺时混合料的含水量宜高于最佳含水量0.5%～1.0%，以补偿摊铺及碾压时水分的损失。当摊铺厚度超过20cm时，应分层摊铺，最小压实厚度为10cm。先摊铺的一层经过整型压实，经监理工程师批准后，将先摊铺的一层表面翻松后再进行上层的摊铺，以便使前后摊铺层能够很好地结合成一体。摊铺完后，由平地机按照规定的拱度进行整型。

（3）碾压。

混合料经摊铺和整型后，应立即在全宽范围内进行碾压，使混合料从加水拌和到碾压终了时间不超过规定范围。直线段，由两侧向中心碾压；超高段，由内侧向外侧碾压，以确保路拱符合技术要求。相邻两碾压带应重叠一定的宽度，以便使全路宽都得到均匀地压实。在碾压过程中，混合料表面应始终保持湿润，如表面水分蒸发较快，应及时补充少量洒水。为了保证表面平整无轮迹和隆起，严禁压路机在碾压路段上掉头和紧急制动。

（4）养生。

碾压完成后应立即进行养生。养生时间不少于7d。养生方法可视具体情况，采用洒水或沥青乳液等。养生期间应封闭交通，不能封闭时，车速应控制在30km/h以内，禁止重型车辆通行。

（5）取样和试验。

混合料应在施工现场每天或每拌和250t混合料取样一次，并进行含水量、稳定剂用量和无侧限抗压强度试验。在已完成的基层上每1 000m^2随机取样一次，并进行压实度试验。

（6）气候条件。

工地气温低于5℃时，不应进行施工。雨季施工，应特别注意天气变化，勿使水泥和混合料受雨淋。降雨时应停止施工，但已摊铺的混合料应尽快压实。

第二节　沥青混合料路面机械施工

黑色路面即沥青混凝土路面。所谓沥青混凝土是按一定的配合比将经烘干加热的碎石、砂子等热集料和热沥青(加入一定的石粉)均匀拌制而成。用来完成沥青混凝土的拌制、运输、铺筑和压实的机械统称为黑色路面机械,主要有:沥青洒布机、沥青混凝土拌和机、沥青混凝土摊铺机、运输车辆和压实机械等。本节主要介绍沥青洒布机、沥青混凝土拌和机、沥青混凝土摊铺机和沥青混凝土路面机械化施工等。

一、沥青洒布机

1. 沥青洒布机的用途和分类

沥青洒布机是在以贯入法、表面处治法修筑路面,稳定土壤以及路拌沥青混合料等工程中,用以运输、洒布液态沥青和煤焦油的一种专用机械。

沥青洒布机可分类如下:

(1)按其用途分有养护用和筑路用两种。养护用沥青洒布机的储料箱(储存液态沥青)的容量较小,一般≤400L;筑路用沥青洒布机的储料箱的容量为3 000~20 000L。

(2)按运行方式分有自行式、拖式和半拖式三种。自行式沥青洒布机安装在汽车底盘上;拖式和半拖式用汽车或单轴牵引车牵引。

(3)按沥青泵的驱动方式分有由汽车发动机驱动和专用发动机驱动两种。后者可在较大范围内调节沥青的洒布量。

(4)按喷洒方式分有泵压洒布和气压洒布两种。

2. 自行式沥青洒布机

自行式沥青洒布机是在汽车底盘上装有储料箱、加热系统、传动系统、循环—洒布系统、操纵机构和检查计量仪表等。

(1)储料箱。

储料箱(图5-2-1)的作用是储存高温液态沥青并具有一定的保温作用。储料箱是由钢板焊制而成的椭圆形长筒,箱体外包以50mm厚的玻璃绒或石棉,用以保温和隔热,可使箱内的热态沥青在外界温度为12~15℃时,冷却速度保持每小时2℃左右。隔热层外用金属薄皮套包住。在运输过程中,为了减轻沥青对箱壁的冲击,在箱内设有底部带有缺口的隔板17。在箱顶的中部有一个带滤网5的大圆口,可以直接加料,亦可供维修人员进出之用。箱内还装有进料管13和测定液量的浮标15等。

(2)加热系统。

加热系统的作用是加热沥青,使储料箱中的沥青温度保持在150℃~170℃,以确保工作的需要。加热系统由燃油箱、两只固定喷灯,一只手提喷灯、两根U形火管、滤清器、油管和仪表等组成。

两根U形火管安装在储料箱的底部,两只固定喷灯向U形火管内喷入火焰,加热储料箱内沥青;一只手提喷灯用于施工前加热沥青泵与管路,熔化凝积的沥青,使各运动部件灵活运转。

(3)传动系统。传动系统的作用是使车辆行走,驱动沥青泵进行工作。

(4)循环—洒布系统。循环—洒布系统(图5-2-2)的作用是完成向储料箱内吸入热态沥青；转输热态沥青；通过循环使储料箱内沥青的温度保持均衡；完成热态沥青的各种洒布（全洒布、少量全洒布、左洒布、右洒布、手提洒布）；抽空洒布管中余料及出空储料箱中沥青等十种工作。循环—洒布系统主要有沥青泵、全部循环—洒布管路和大小三通阀等部分组成。

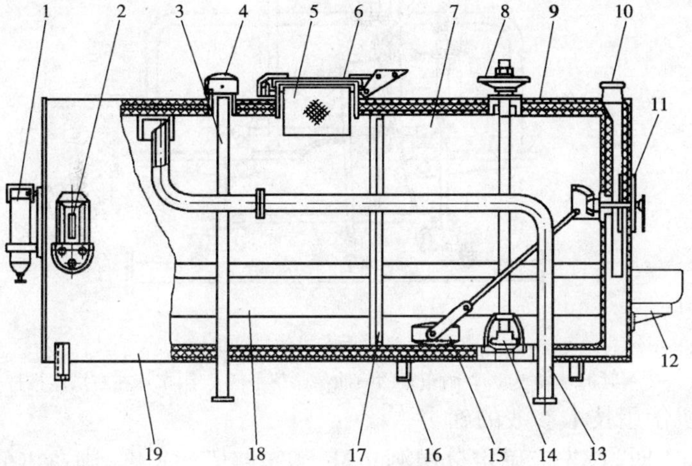

图 5-2-1　沥青储料箱

1-灭火器；2-温度计；3-溢流管；4-排气盖；5-进料滤网；6-进料口盖；7-筒体；8-总阀门手轮；9-玻璃绒；10-排烟口；11-刻度盘；12-固定喷灯；13-进油管；14-总阀门；15-浮标；16-料箱固定架；17-隔板；18-加热火管；19-箱外罩

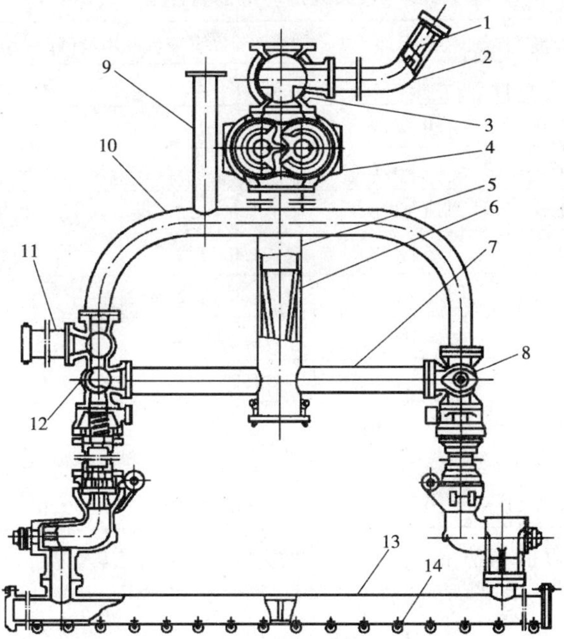

图 5-2-2　循环—洒布系统

1-滤网；2-加油管；3-沥青泵上的主三通阀；4-沥青泵；5-输油总管；6-滤网；7-横管；8-右横管的小三通阀；9-进油管；10-循环管；11-传输时的放油管；12-左横管的小三通阀；13-洒布管；14-喷嘴

（5）操纵机构。

操纵机构（图 5-2-3）包括三通阀的拨动，洒布管的提升、下降、水平移动和回转，以及驱动沥青泵的发动机和减速器（对后置专用发动机驱动而言）等操纵控制。这些操纵机构都集中在车后的操纵台上,通过手轮和操纵杆进行。

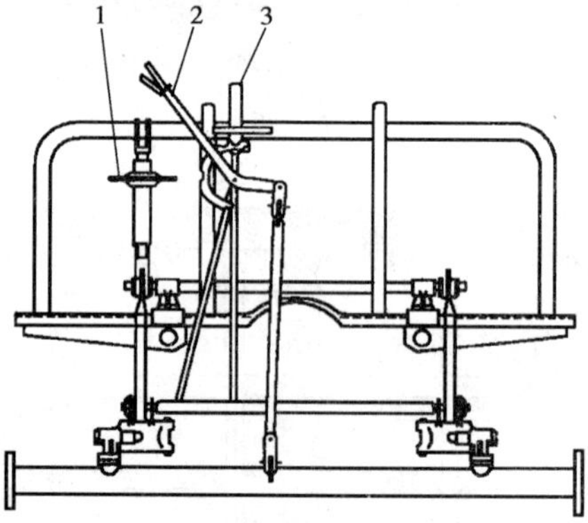

图 5-2-3　沥青洒布机的操纵机构

1-洒布管的升降手轮;2-洒布管的喷油角调整手柄;3-洒布管左右摆动推杆

3. 沥青洒布机使用技术参数的确定

沥青洒布机施工时,首先应确定分层洒布量,洒布路段的长度,洒布机的生产率。

(1)分层洒布量的确定。

沥青洒布机分层洒布时,应根据《公路沥青路面施工技术规范》(JTG F40—2004)的要求确定每层的洒布量。表 5-2-1 所列为各种表面处治时的沥青用量。

各种表面处治时的沥青用量　　表 5-2-1

沥青种类	类型	厚度(mm)	沥青或乳液用量(kg/m^2)			
			第一次	第二次	第三次	合计用量
石油沥青	单层	1.0	1.0~1.2	—	—	1.0~1.2
		1.5	1.4~1.6	—	—	1.4~1.6
	双层	1.5	1.4~1.6	1.0~1.2	—	2.4~2.8
		2.0	1.6~1.8	1.0~1.2	—	2.6~3.0
		2.5	1.8~2.0	1.0~1.2	—	2.8~3.2
	三层	2.5	1.6~1.8	1.2~1.4	1.0~1.2	3.8~4.4
		3.0	1.8~2.0	1.2~1.4	1.0~1.2	4.0~4.6
乳化沥青	单层	0.5	0.9~1.0	—	—	0.9~1.0
	双层	1.0	1.8~2.0	1.0~1.2	—	2.8~3.2
	三层	3.0	2.0~2.2	1.8~2.0	1.0~1.2	4.8~5.4

单位面积的沥青洒布量与洒布机的行驶速度、洒布宽度以及沥青泵的生产率有关。其公式为:

$$Q_b = qvB \qquad (kg/min) \tag{5-2-1}$$

式中:Q_b——沥青泵的生产率,kg/min;

v——洒布机的行驶速度,m/min;

B——洒布宽度,m;

q——单位面积洒布量,kg/m^2。

依照上式,根据沥青泵的生产率、洒布宽度,即可确定洒布机的行驶速度。

(2)每次洒布路段长度的确定。

为了便于施工，当沥青洒布量确定后，应进一步确定每一罐料能洒布路段的长度，即；

$$L=\frac{KV}{qB}\quad (\mathrm{m}) \tag{5-2-2}$$

式中：L——洒布路段长度，m；

V——洒布机储料箱容量，kg；

K——两洒布带重叠系数（0.90～0.95）；

B——洒布的路面宽度，m；

q——单位面积洒布量，kg/m^2。

（3）沥青洒布机生产率的计算。

沥青洒布机的生产率主要视运距、洒布机的准备工作和施工组织而定。其生产率可用下式计算。

$$Q_s=nK_mV\quad (\mathrm{kg/d}) \tag{5-2-3}$$

式中：Q_s——沥青洒布机的生产率，kg/d；

V——沥青洒布机的油罐容量，kg；

K_m——油罐充满系数（0.95～0.98）；

n——洒布机每班洒布次数。

$$n=\frac{60TK_b}{t} \tag{5-2-4}$$

式中：T——每天工作时间，h；

K_b——时间利用系数（0.85～0.90）；

t——洒布机每一循环所需时间，min。

$$t=t_1+\frac{L}{v_1}+\frac{L}{v_2}+t_2+t_3+t_4 \tag{5-2-5}$$

式中：t_1——加满每一储料箱所需时间，min；

L——由沥青基地至作业工地的距离，m；

v_1——洒布机重载行驶速度，m/min；

v_2——洒布机空载行驶速度，m/min；

t_2——洒布一储料箱沥青所需时间，min；

t_3——洒布机两处调头倒车时间，min；

t_4——准备洒布所需时间，min。

在实际作业过程中，沥青洒布机用于洒布沥青的时间很短，大部分时间都用于运输。这样不但影响了洒布机的利用率，同时也影响了洒布的顺利进行，增加了非生产辅助时间。另外，由于长距离运行，必然增加洒布机的数量，提高了洒布机运行费用，这样很不经济。为了更好地组织施工，减少洒布机的用量，目前在大型工程中多用大型沥青保温油罐车进行运输和储存，相对减少了沥青的运输距离，使洒布机的生产率大大提高。保温油罐的用量可用下式计算：

$$n=\frac{Q}{tVK_m} \tag{5-2-6}$$

式中：n——保温油罐用量；

Q——洒布机只洒布不运输时的生产率，kg/d；

t——保温油罐车每次往返工地与沥青基地的时间，h；

V——保温油罐的容量,kg;

K_m——保温油罐的充满系数。

4. 沥青洒布机的使用

为了保证沥青洒布机的正常工作,在每次洒布完毕之后都要将循环—洒布管路中的残余沥青抽回储料箱内。若当天不再使用,还要用柴油或煤油清洗储料箱、沥青泵和管路,以防止沥青凝固在各处影响下次使用。在每次使用之前都要检查沥青泵,若发现有沥青凝固现象,需用手提喷灯烤化。直到沥青泵运转灵活为止。

为了提高沥青的洒布质量,施工中应注意以下要点:

(1)要求沥青洒布机有稳定的行驶速度,速度可按施工要求而定。

(2)要求汽车驾驶员和洒布操纵者密切配合,动作协调一致,确保洒布均匀。

(3)要保持沥青的洒布温度。因沥青的黏度和其温度成反比,而黏度又决定沥青泵的输出量,若沥青温度不当,则其黏度的变化会引起沥青泵输出量的变化,使洒布不均匀,从而影响到洒布的质量。

(4)洒布设备的喷嘴应适用于沥青的稠度,确保能成雾状,与洒油管成15°~25°的夹角。要选好喷嘴的离地高度,因喷嘴的离地高度不同,其洒布宽度不同(图5-2-4)。洒油管的高度应使同一地点接受2~3个喷嘴喷洒的沥青,不得出现白条。

(5)要求汽车轮胎有足够的气压。若轮胎气压不足,储料箱内沥青数量的变化使轮胎变形较大,从而影响到喷嘴的离地高度。

(6)要保持稳定的洒布压力。因洒布压力不同,喷出沥青的扇形形状不同,致使洒布不均匀。

(7)要注意前后两次喷油的接缝。一般纵向应重叠10~15cm,横向应重叠20~30cm。

(8)要注意安全。沥青洒布机在加注或洒布热态沥青时,温度很高,必须注意安全,防止烫伤或跌倒。使用固定喷灯时,储料箱内的沥青液面应高于火管。在洒布过程中,不应使用喷灯。

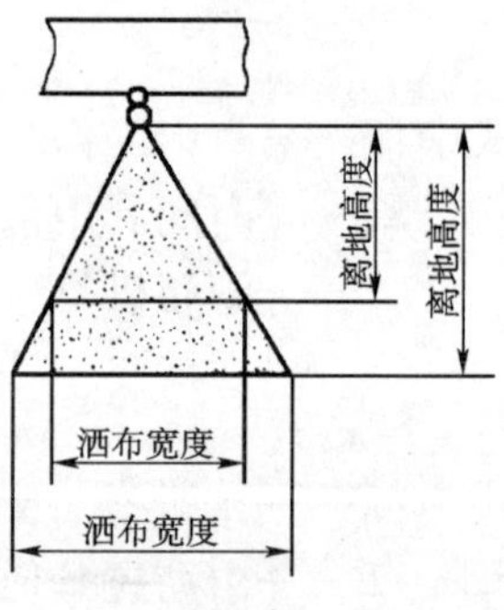

图5-2-4 离地高度和洒布宽度的关系

二、沥青混凝土拌和机

沥青混凝土拌和机是将不同粒径的集料和填料,按规定的比例掺和在一起,用沥青作结合料,在规定的温度下拌和成均匀混合料的专用设备。

1. 沥青混凝土拌和机的拌和工艺

(1)将砂石料烘干加热至155~200℃,筛分后按比例称量;

(2)将沥青加热熔化至145~170℃,保温,按容量或质量称量;

(3)将热砂石料(加入适量的石粉)与热沥青均匀拌和成所需的混合料,出料温度为135~170℃。

2. 沥青混凝土拌和机的分类

目前沥青混凝土拌和机的类型很多,其主要类型有:

(1)按拌和规模和搬移情况分有固定式、半固定式和移动式三种。

固定式沥青混凝土拌和机的全部机组固定安装在预先选好的场地上,规模较大,生产率较高,设备较完善,可进行多种级配的生产。由于其拌和设备安装的很高,可允许运输车辆在其下面直接受料,故又称为拌和楼。它适用于城市道路或工程量大而集中的路面铺筑工程。

半固定式沥青混凝土拌和机是将全部设备分装在数辆特制的平板挂车上，拖运到预定施工地点后，利用辅助起重设备，迅速拼装架设起来，投入工作。转移工地时，可迅速拆除，分别拖运。它特别适用于工程量较大而集中的路面铺筑工程。

移动式沥青混凝土拌和机是将所有的设备都安装在一辆特制的平板挂车上，其生产率大多在20t/h以下。主要适用于黑色路面的改建和修理工作，也可用于工程量小且分散的路面建设。

(2)按作业方式分有间歇作业式和连续作业式两种。

间歇作业式的特点是砂石料的供给、烘干与加热是连续进行的，而砂石料与沥青的称量、拌和及出料是按一定的时间间隔周期进行的，即为按份拌制。

连续作业式的特点是混合料中各类材料的烘干、称量、拌和与出料等工艺过程，都是连续进行的。

比较以上两种作业方式，连续作业式生产率最高，但各料的配合比不准确；间歇作业式配合比准确，生产率较高，高速公路、一级公路宜采用间歇拌和机拌和。

(3)按拌和方式分有强制拌和式、自落拌和式两种。

强制拌和式的特点是砂石料的烘干、加热及与热沥青的拌和，是先后在不同的设备中进行的。拌和是利用旋转的叶桨，将热砂石料和沥青强制搅拌，拌和的质量较好，目前运用较广泛。

自落拌和式的特点是砂石料的烘干、加热及与热沥青的拌和，是在同一滚筒中进行的。拌和是依靠砂石料在旋转滚筒内的自由跌落实现与沥青的裹敷。其生产工序有周期进行的，也有连续进行的。

3. 沥青混凝土拌和机的组成和工艺过程

沥青混凝土拌和机的类型不同，其主要组成差异较大。大到一座自动化拌和厂，小到一台机组。目前在公路工程中，常采用间歇作业式沥青混凝土拌和机，下面介绍间歇作业式沥青混凝土拌和机的组成和工艺过程。

如图5-2-5所示，拌和机由干燥机组和拌和机组两个机组组成。干燥机组的作用是烘干加热砂石料；拌和机组的作用是按一定的配比，将热砂石料和热沥青拌制成所需的混合料。

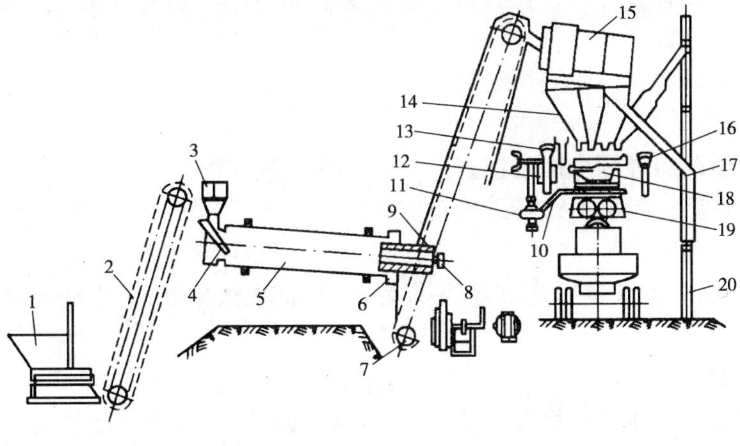

图5-2-5　间歇作业式混凝土拌和机的组成

1-给料器；2-冷料升运机；3-烟囱；4-加热槽；5-烘干筒；6-卸料箱；7-热料升运机；8-喷燃器；9-燃烧室；10-沥青管；11-沥青泵；12-沥青量桶；13-沥青称重指示器；14-热储料仓；15-筛分机；16-矿料称量指示器；17-溢流管；18-矿料称量斗；19-拌和器；20-石粉升运机

其工艺过程如下：

湿的砂石料在给料器 1 中初配后，由冷料升运机 2 连续不断地供入到烘干转筒 5 内烘干加热。烘干、加热好砂石料，经热料升运机 7 连续送入筛分机 15 内，由筛分机筛分成几种不同规格，并分别储存于热储料仓 14 的各个斗内。当储料仓内的砂石料积存过多时，多余的部分由溢流管 17 排于地下。热储料仓根据矿料级配不同配有不同的斗室(图 5-2-5 有 4 个斗)，其中 3 个斗分别储存各种不同规格的热砂石料；而另一个斗储存由封闭式矿粉升运机 20 连续送来的矿粉。储存在各个热储料仓中的矿料，分别卸入矿料称量斗 18 内，按一定的质量比例称量。称好一份卸入拌和器 19 内。与此同时，热沥青由称量桶 12 称好后，经沥青泵 11 泵送到拌和器内，喷洒在热矿料上。各料在拌和器中进行拌和。拌和好的混合料进入成品料热储料仓储存，或卸入运输车辆的车箱内，运往铺筑工地，其工艺流程如图 5-2-6 所示。

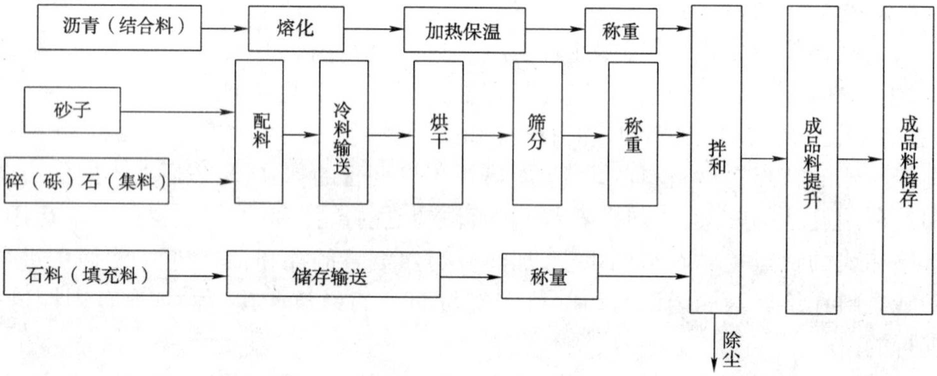

图 5-2-6　工艺流程

这种拌和工艺的优点是：配比准确，适应性高，可拌和任何比例的材料；可根据技术要求，控制拌和时间；所有工序的操作、计量等，均可由特制的设备、仪表和显示器等电气设备实行自动控制，这样既节省了人力，又提高了生产率。

为了减少拌和机对环境的污染，在拌和机上增设了除尘装置；为了提高拌和机的工作效率，不因运输车辆中断而停机，在拌和机上增设了成品料热储料仓。另外对沥青的加热，普遍采用了导热油加热装置。

4. 沥青混凝土拌和机的使用

1)工作前的准备

拌和机在工作前需进行全面的检查。如检查各部紧固螺栓是否松动；拌和机内是否有余料；传动皮带是否跑偏；各机组及辅助设备安装是否正确；沥青管路接头是否漏气；电气系统、除尘设备是否完好等。

对于移动式拌和机，就位后还需放下前后支腿，将平板车抬起，并保持水平位置，使轮胎卸荷。

2)运转中的有关规程

每一种沥青混凝土拌和机都有其使用技术规程，因此在使用时，必须按其技术说明书上的有关技术规程进行操作。

(1)拌和机在启动时，一般逆着运料流程进行。当烘干筒达到一定的温度后才能起动冷料输送机和配料给料装置。

(2)拌和机在正式拌和成品料之前，应先用热砂石料预拌 2～3 次，以便给拌和机壳体预热。在正式拌和时，应先将热砂石料与石粉在拌和机内干拌10～15s后，再喷入沥青拌和。间歇式拌和机每盘的生产周期不宜少于45s（其中干拌时间不少于5～10s）。改性沥青和SMA混合料的拌和时间应适当延长。

（3）在工作中，供料应均匀，以防止热料仓各料斗内物料堆积过多，发生串仓现象，而影响砂石料的配合比。

（4）高速公路和一级公路施工用的间歇式拌和机必须配备计算机设备，拌和过程中逐盘采集并打印各个传感器测定的材料用量和沥青混合料拌和量、拌和温度等各种参数。每个台班结束时打印出一个台班的统计量，按沥青路面质量过程控制及总量检验方法进行沥青混合料生产质量及铺筑厚度的总量检验。总量检验的数据有异常波动时，应立即停止生产，分析原因。

（5）沥青混合料的生产温度应符合《公路沥青路面施工技术规范》（JTG F40—2004）中的要求。烘干集料的残余含水率不得大于1%。

（6）拌和机的矿粉仓应配备振动装置以防止矿粉起拱。添加消石灰、水泥等外掺剂时，宜增加粉料仓，也可由专用管线和螺旋升送器直接加入拌和锅，若与矿粉混合使用时应注意二者因密度不同发生离析。

（7）间歇式拌和机的振动筛规格应与矿料规格相匹配，最大筛孔宜略大于混合料的最大粒径，其余筛的设置应考虑混合料的级配稳定，并尽量使热料仓大体均衡，不同级配混合料必须配置不同的筛孔组合。

（8）间隙式拌和机宜备有保温性能好的成品储料仓，储存过程中混合料温降不得大于10℃，且不能有沥青滴漏。普通沥青混合料的储存时间不得超过72h；改性沥青混合料的储存时间不宜超过24h；SMA混合料只限当天使用；OGFC混合料宜随拌随用。

（9）生产添加纤维的沥青混合料时，纤维必须在混合料中充分分散，拌和均匀。拌和机应配备同步添加投料装置，松散的絮状纤维可在喷入沥青的同时或稍后采用风送设备喷入拌和锅，拌和时间宜延长5s以上。颗粒纤维可在粗集料投入的同时自动加入，经5～10s的干拌后，再投入矿粉。工程量很小时也可分装成塑料小包或由人工量取直接投入拌和锅。

（10）使用改性沥青时应随时检查沥青泵、管道、计量器是否受堵，堵塞时应及时清洗。沥青混合料出厂时应逐车检测沥青混合料的重量和温度，记录出厂时间，签发运料单。

3）停机、清洗

拌和机停机时，应将烘干筒、料斗、料仓以及拌和机内余料卸空；停机后，应用柴油或煤油清洗沥青系统，以防止堵塞沥青供应管路及卡死沥青泵，影响下次使用。

三、沥青混凝土摊铺机

沥青混凝土摊铺机是摊铺沥青混凝土路面的专用机械，它可将已拌制好的沥青混合料按一定的技术要求（横断面形状和厚度）迅速而均匀地摊铺在已整好的路基或底基层上，并给予初步捣实和整平。这既大大增加了铺筑路面的速度、节约了成本，又提高了路面的质量。

1. 沥青混凝土摊铺机的用途和分类

沥青混凝土摊铺机广泛适用于公路和城市道路的建设和养护，还用于机场、港口、停车场等工程施工。沥青混凝土摊铺机的分类：

（1）按行走装置分为轮胎式和履带式。

轮胎式摊铺机（图5-2-7）一般为全桥驱动，其前轮为实心光面轮胎，实心的目的是为了防止因料斗内混合料质量的变化引起前轮的变形，而影响到摊铺厚度的变化；后轮为充气或充气液二相轮胎，可提高其爬坡及附着能力。轮胎式摊铺机可获得较大的行驶速度，机动性好，在弯道上摊铺可实现较平滑过渡。

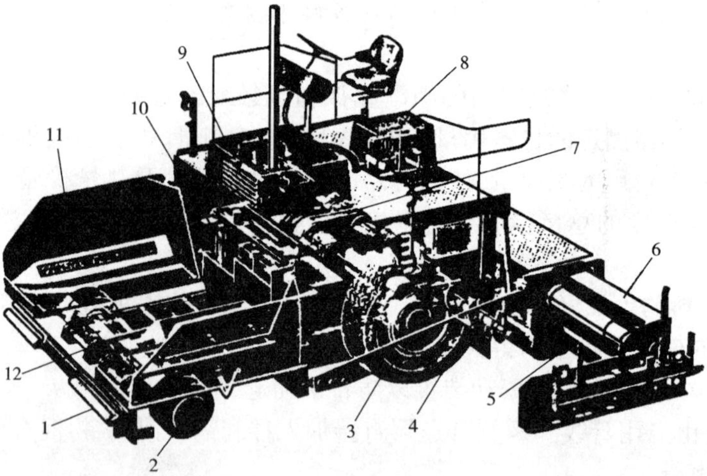

图 5-2-7　轮胎式沥青混凝土摊铺机

1-推滚；2-前轮；3-驱动轮(后轮)；4-螺旋分料器；5-振捣器；6-整平装置；7-传动系统；8-操纵台；9-发动机；10-料斗闸门；11-料斗；12-刮板输送器

履带式摊铺机(图 5-2-8)的履带为无履刺式。履带式摊铺机可获得较大的牵引力，接地比压低，对路基不平度敏感性较差。但其行驶速度较低，在弯道处摊铺会形成锯齿状。在喷洒有粘层油的路面上铺筑改性沥青混合料或 SMA 时，宜使用履带式摊铺机。

图 5-2-8　履带式沥青混凝土摊铺机

1-推滚；2-履带行走装置；3-传动系统；4-螺旋分料器；5-振捣器；6-整平装置；7-操纵台；8-发动机；9-料斗闸门；10-料斗；11-刮板输送器

(2)按动力传动系统分为液压式、机械式和液压机械式三种。

液压式摊铺机的行走、供料、分料、整平装置和振捣器的振动、整平装置的延伸等均采用液压传动。目前摊铺机向着全液压的方向发展，并广泛采用机电液一体化技术。

机械式摊铺机的行走、供料、分料采用机械传动，结构复杂，操作不便。由于传动链多，且中心距较大,调速性和速度匹配性较差。

液压机械式摊铺机的结构是机械式和液压式摊铺机的综合,因而,结构特点和使用性能介于二者之间。

(3)按摊铺宽度分为小型、中型、大型和超大型四种。

小型摊铺机摊铺宽度一般小于3.6m,主要用于沥青混凝土路面的养护和低等级路面的摊铺。

中型摊铺机摊铺宽度一般为4~5m,主要用于二级以下公路的修筑和养护作业。随着自动调平系统的应用,该机型也可用于一级公路的摊铺。

大型摊铺机摊铺宽度在5~10m之间,主要用于高等级路面的摊铺,传动形式以液压机械式和全液压式为主。具有自动找平系统,摊铺质量高。

超大型摊铺机摊铺宽度在10m以上,主要用于高速公路的施工,路面纵向接缝少,整体性好。

2. 沥青混凝土摊铺机的构造

沥青混凝土摊铺机主要由一台特制的轮胎式或履带式基础车、供料设备、工作装置以及操纵机构等部分组成(图5-2-7、图5-2-8)。

(1)供料设备。供料设备(图5-2-8)由料斗10、刮板输送器11和闸门9组成。

料斗置于机械前面,用来接受汽车卸下的混合料。它由底板与左右侧壁组成,前面敞开,后面以闸门作为后壁,其横截面有梯形和箱形两种。料斗的两侧壁连同其毗连部分(斗底)都可由其下面的油缸向中央顶翻,以便将料斗内的混合料向中央倾卸。

刮板输送器位于料斗下面,用来将料斗内的混合料连续向后输送到摊铺室内,它由一块与斗底共用的底板和两副装在链条1上的许多刮板所组成(图5-2-9)。链条的转动就使刮板沿底板向后移动,将斗内混合料向后刮送,一直送到摊铺室内卸下。左右两副刮板独立操纵,可控制在同速或不同速下运转。

闸门有左右两扇,可以独立升降,以控制向后输送混合料的数量。闸门开启的大小有标志,驾驶员可在驾驶室内观察到。

现代摊铺机一般设有供料电控系统,可根据摊铺室内混合料高度的变化成比例地调整供料速度。

(2)工作装置。工作装置(图5-2-8)由螺旋分料器4、振捣器5和整平装置6组成。

螺旋分料器是由两根大螺距、大叶片、螺旋方向相反的螺杆组成。它们同向旋转时能将混合料自中间向两侧推移。

振捣器是左右两块矩形板,由液压驱动的偏心轴来驱动作上下振动,对所铺混合料进行初步振实。

整平装置(熨平板)紧贴在振捣器之后,分左右两块,由竖板与箱形纵截面的底座组成,用来熨平混合料并做成所需路拱。箱形底座中装有电加热器(远红外加热器),以便冬季施工时加热混合料。

螺旋分料器,振捣器与整平装置三者的左右外侧都可接加长段,以便摊铺更宽的路面。

(3)自动调平系统。

现代摊铺机都设有自动调平系统(图5-2-10),可根据道路不平度的变化随时调节两大臂牵引点的垂直高度,使摊铺的路面平整度符合技术要求,而不受路基不平度的影响。自动调平系统包括纵坡调平自动控制系统和横坡调平自动控制系统。

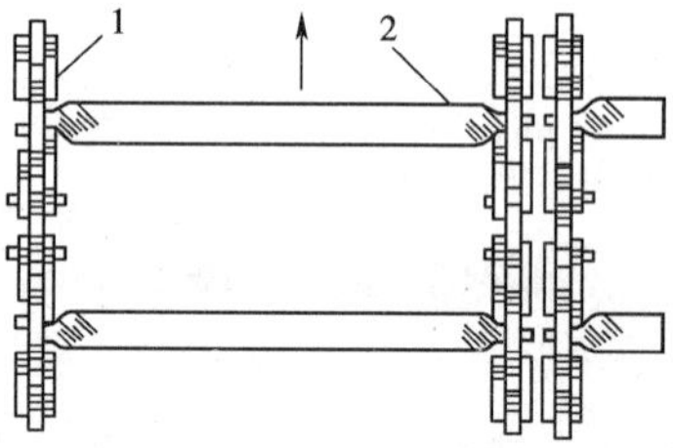

图 5-2-9 刮板输送器

1-滚子键;2-刮板

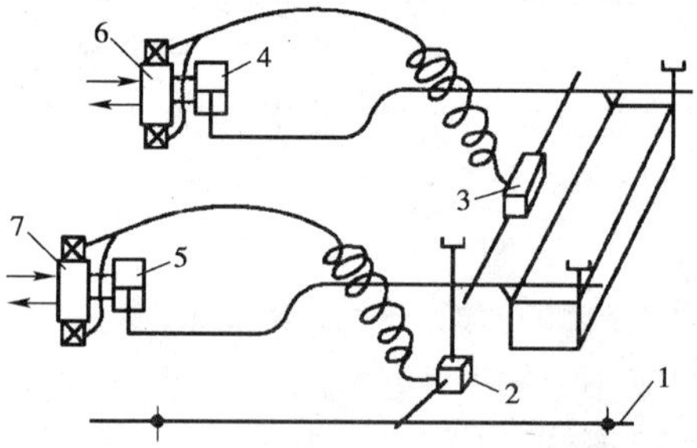

图 5-2-10 开关式自动调平系统布置图

1-基准线;2-纵坡传感器;3-横坡传感器;4、5-调平油缸;6、7-电磁阀

其工作情况如下:

摊铺机工作时,当左侧路面不平使左牵引臂的牵引点升降时,安装在左牵引臂上的纵坡传感器也随之升降,改变了传感器的传感臂与基准线之间的初始夹角(一般为45°),从而产生高度偏差信号,并经驱动电路推动左侧电磁阀,使调平油缸带动牵引臂的牵引点升降,直到整平装置恢复原来的工作仰角,传感器也回到原位。此时偏差信号消失,油缸停止调节。

右侧的调节与左侧相似,不同之处是它用横坡传感器检测横坡坡度的变化,只要有坡度偏差,右侧调平油缸便进行调节,直到横坡度恢复到设定值。

四、沥青混凝土路面的机械化施工

1. 施工工艺过程

摊铺沥青混凝土,是修建沥青混凝土路面中繁重而重要的工作之一。按其顺序包括清扫基层,运输混合料,摊铺混合料以及整平、压实等。采用沥青混凝土摊铺机、运料车和压路机进行联合作业,就可完成沥青混凝土路面铺筑的全部过程(图 5-2-11)。

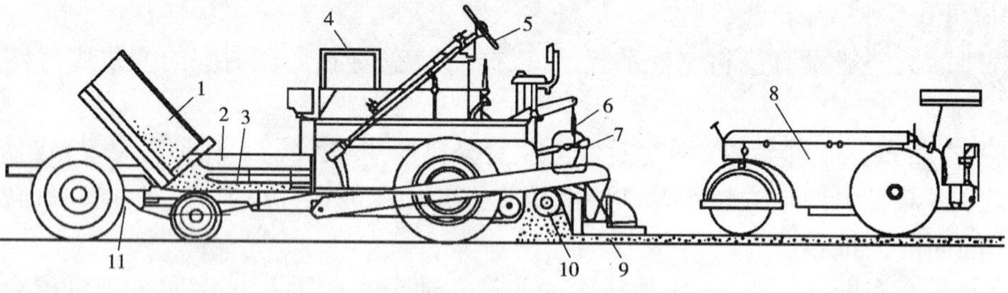

图 5-2-11 摊铺沥青混凝土机械化工作过程

1-运料车;2-摊铺机料斗;3-刮板输送器;4-发动机;5-转向器;6-整平装置升降装置;7-调整螺杆;8-压路机;9-整平装置;10-螺旋分料器;11-推滚

在摊铺沥青混凝土混合料之前,应使用路刷清扫基层表面,然后浇洒与沥青混凝土所用沥青标号相同的透油层,其定额可按施工要求决定。其次,检查混合料的施工温度和拌和质量,检查合格的混合料即可装车运往施工地点。摊铺机摊铺混合料的施工过程如下:

(1)运料车自沥青混凝土供应基地装料运至摊铺地点。混合料的运输应注意:

①热拌沥青混合料宜采用较大吨位的运料车运输,但不得超载运输,或急制动、急弯掉头使透层、封层造成损伤。运料车的运力应稍有富余,施工过程中摊铺机前方应有运料车等候。

对高速公路、一级公路,宜待等候的运料车多于 5 辆后开始摊铺。

②运料车每次使用前后必须清扫干净,在车厢板上涂一薄层防止沥青粘结的隔离剂或防粘剂,但不得有余液积聚在车厢底部。从拌和机向运料车上装料时,应多次挪动汽车位置,平衡装料,以减少混合料离析。运料车运输混合料宜用苫布覆盖保温、防雨、防污染。

③运料车进入摊铺现场时,轮胎上不得沾有泥土等可能污染路面的脏物,否则宜设水池洗净轮胎后进入工程现场。沥青混合料在摊铺地点凭运料单接收,若混合料不符合施工温度要求,或已经结成团块、已遭雨淋的不得铺筑。

④SMA 及 OGFC 混合料在运输、等候过程中,如发现有沥青结合料沿车厢板滴漏时,应采取措施予以避免。

(2)摊铺过程中运料车应在摊铺机前 10 ~ 30cm 处停住,空挡等候,由摊铺机推动前进开始缓缓卸料,避免撞击摊铺机。在有条件时,运料车可将混合料卸入转运车经二次拌和后向摊铺机连续均匀地供料。运料车每次卸料必须倒净,尤其是对改性沥青或 SMA 混合料,如有剩余,应及时清除,防止硬结。

(3)摊铺机推着自卸汽车前进,自卸汽车边移动边向摊铺机料斗内卸料。摊铺机料斗内的混合料先由刮板输送器连续送至摊铺室内,然后再由螺旋分料器横向摊铺开来。在刮板输送器速度一定的情况下,混合料的供料强度由闸门来控制。由螺旋分料器摊铺开来的混合料由振捣器初步刮平并捣实。整平装置将振捣器初步捣实的混合料,按照技术要求(厚度和拱度)加以熨平。

(4)整平后的摊铺层由压路机最终压实。压实成型的沥青路面应符合压实度和平整度的要求。

2. 摊铺机作业参数的确定与调整

摊铺机在施工以前,应首先对机械进行一次全面的检查,发现问题应及时处理,保证机械各部分技术状况的完好性,确保施工过程的顺利进行。同时,还要根据施工技术要求,做好摊铺机作业参数的确定与调整。

1)摊铺带宽度的确定和整平装置宽度的调整

现代公路路面的宽度,大都超过摊铺机整平装置的标准宽度和加宽后的总宽度,所以必须进行多次摊铺。《公路沥青路面施工技术规范》(JTG F40—2004)中规定铺筑高速公路、一级公路沥青混合料时,一台摊铺机的铺筑宽度不宜超过 6m(双车道) ~7.5m(3 车道以上),通常宜采用两台或更多台数的摊铺机前后错开 10 ~20m,阶梯组队摊铺。施工前应根据摊铺路面的总宽度,计算好所需摊铺带的次数和每次摊铺带的宽度。一般可按下式计算:

$$n = \frac{B - x}{b - x} \tag{5-2-7}$$

式中:n——摊铺的次数;

B——路面的总宽度,m;

b——每次摊铺带的宽度,m;

x——相邻两摊铺带的重叠量,m,一般为 0.05 ~0.1m。

上式中,摊铺的次数 n 最好为整数。若不能为整数时,应在尽可能减少摊铺次数的前提下,使所剩最后一次摊铺带的宽度不小于摊铺机的标准摊铺宽度。实在不足时,只好用切割机来切割摊铺带。同时,在确定摊铺带宽度时,还要注意以下因素:

(1)当全路宽分两次铺完时,决定摊铺宽度不得使机械在已铺好的路面上行走。

(2)使用缩短的整平装置进行施工时,尽可能在第一次摊铺时使用;使用加长宽度的整平装置时,尽可能避免反复加长、缩短。

(3)摊铺狭窄道路时,可以让整平装置伸到边沟或路缘石上,但应注意振捣器不能碰到路缘石上。

(4)上下层的接缝应错开20cm以上。

(5)摊铺纵向接缝时,整平装置与相邻的路面应重叠5~10cm左右。

(6)摊铺下层时,为了便于机械转向,熨平装置的端头与路缘石、边沟之间距,应保留10cm以上。

(7)摊铺大坡度路段时,应从低的路段开始;摊铺单向横坡时,应从内侧向外侧进行。

2)摊铺厚度的确定和整平装置仰角的调整

为了保证摊铺层厚度经碾压密实后符合设计要求,一般按下列顺序调整摊铺厚度:

(1)摊铺工作开始前,加工好两块木块,作为摊铺厚度的基准。木块的宽度为5~10cm,长与整平装置纵向尺寸相同或稍长,厚度为铺层厚加压实量(沥青混合料的松铺系数应根据混合料类型由试铺试压确定,一般约为铺层厚的1.15~1.2倍)。在摊铺机的行驶装置停置于摊铺带起点的平整处后,抬起整平装置,将两木块分别置放于整平装置的两端下面,如图5-2-12所示。如果整平装置采用加宽节段,垫木不可置放于接缝处,而应置于加宽节段的边侧内端。

(2)垫木置好后,打开液压阀,使整平装置的升降油缸处于自由浮动状态(油缸最好采用单作用式,当它处于浮动位置时,绝对不能有向下的液体压力,否则行驶装置将被抬升,影响到铺层厚度的准确性)。此后转动左右两个厚度调节器的螺杆,使其处于中立位置。此时整平装置只靠自重落在垫木上,不受其他垂直荷载的作用。

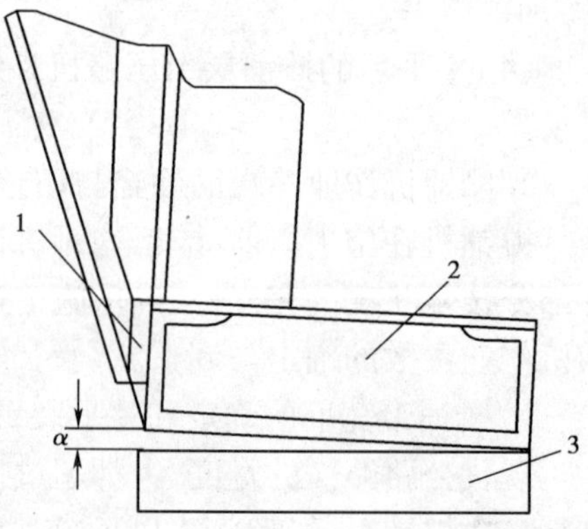

图5-2-12　用木块确定摊铺厚度

1-振捣板;2-整平装置;3-木垫块;α-仰角

(3)为了减小整平装置底座的前移阻力,整平装置置好后,接着要调整整平装置的初始工作仰角。仰角的调整视机型的不同,铺层厚度的不同,以及混合料种类和温度等因素而异,各机型的使用说明书中都有规定。在一般情况下,可将调节螺杆右旋(使整平装置后端向下压)1~1.25圈即可。此时整平装置的前端微升,形成20′~40′的仰角。摊铺厚度较大时,初始仰角应稍大些。

(4)按上述方法初步确定铺层厚度后,还要在开铺后立即用深度测量仪来复核其实际铺层厚度,必要时再转动厚度调节器进行调整。考虑到路基的不平度,复测时应分几处测试,取其平均值;对于凹凸不平较大的路基,几处测量仍难求得正确的厚度值时,可用摊铺的面积和所用混合料的数量求得,其平均厚度h可按下式计算:

$$h=\frac{100G}{\gamma A}\quad(\mathrm{cm})\tag{5-2-8}$$

式中:G——所用混合料的质量,t;

γ——未最终压实的混合料密度,约为2.0t/m^3;

A——摊铺的面积,m^2。

对于采用自动调平装置的摊铺机，在施工过程中，铺层厚度可自动控制，不必人工调整。

3）摊铺层拱度的调整

为了达到道路横断面设计拱度的要求，在摊铺机上大都设有拱度调节机构。在摊铺工作时，通过转动拱度调节器，以达到所需的拱度形状，并用整平装置底面，拉线绳校对。

在铺筑旧路面时，如旧沥青路面的拱度合适，可将整平装置贴在旧路面上调拱。摊铺开始后，以铺出的新路面进行拱度对比，如不合适再予以调整。

摊铺层拱度可在调整摊铺层厚度和整平装置仰角时同时进行，无特殊情况，铺筑同一摊铺带时不再调整。

4）振捣器振动频率的选择

为了保证沥青混凝土摊铺层有足够的密实度和平整度，振动频率与摊铺速度应相互匹配。特别是在摊铺细粒度沥青混凝土薄面层时更应注意。经验证明：摊铺机每前进5mm，振捣板最少振捣一次以上，即摊铺机以3m/min工作速度施工，振捣板的振动频率不应低于600次/min。

振捣板振动频率除与工作速度相匹配外，还应考虑其他因素的影响。例如：摊铺厚度增大，振捣行程增大；材料骨料粒径增大、混合料温度较低时，振动频率调低些。

5）整平装置的加热

在每天摊铺机开始施工前或停工后再工作时，应提前0.5～1h预热整平装置（熨平板）不低于100℃，即使在炎热的夏季也应如此。因为沥青混合料摊铺时的温度要求在100℃以上，当混合料碰到30℃以下的整平装置底面时，将会冷粘在上面，这些黏附的颗粒料随整平装置一起向前滑移时，会拉坏铺层表面，而形成沟槽和裂纹。如果先对整平装置进行加热，则加热后的整平装置可对铺层起到熨烫的作用，避免了混合料的黏结，从而使路面平整光滑。但是，加热整平装置时，不可过热。整平装置过热除了易使板本身变形、加速磨损外，还会使铺层表面烫出沥青胶浆和拉沟。因此施工中一旦发现此种现象应立即停止加热。

在连续的摊铺过程中，当整平装置已充分受热，可暂停对其加热。但对于摊铺低温混合料和沥青胶砂时，在较低的气温下，应对整平装置连续加热，以使板底对混合料经常起着熨烫作用。

6）摊铺机工作速度的选择

摊铺机必须缓慢、均匀、连续不间断地摊铺，不得随意变换速度或中途停顿，以提高平整度，减少混合料的离析。摊铺速度宜控制在2～6m/min的范围内，对改性沥青混合料及SMA混合料宜放慢至1～3m/min当发现混合料出现明显的离析、波浪、裂缝、拖痕时，应分析原因，予以消除。

摊铺机断续工作，会使路面形成台阶状。在摊铺粗粒沥青混合料时，如摊铺机停歇过久，因混合料已冷凝，以致难以压到所需的密实度，而新摊铺层，随之压实，其厚度将减小，因而在搭接处便形成台阶状的接缝。在摊铺面层细粒沥青混合料时，若摊铺机停歇过久，则会由于熨平装置自身的重力而下沉，在该处出现台阶状。因此，为了保证摊铺机工作的连续性，确保铺筑路面的质量，在选择摊铺速度时，首先要考虑混合料的供应能力，它包括沥青混凝土拌和设备的生产能力和运输车辆的运输能力，同时还要考虑摊铺的宽度、厚度。当摊铺机的供料能力即刮板输送器的输送能力一定时，摊铺机的工作速度 v 可按下式计算：

$$v = \frac{100Q}{60bh\gamma} \tag{5-2-9}$$

式中：Q——混合料的供给能力，t/h；

h——压实后的摊铺厚度,cm;

b——摊铺的宽度,m;

γ—— 沥青混合料压实后的密度,2.35t/m³。

另外,实际选择摊铺速度时,还要考虑所用混合料的类型、温度、交通条件及铺层的层次等。一般底层的摊铺速度较快,约为10m/min;面层的摊铺较慢,为6m/min以下,以得到足够的密度和平整度;摊铺薄细料罩面层时,要更慢些,因为速度减慢,铺层可得到较多的振捣次数(一般要求摊铺机每前进1m,振捣梁的振捣次数不应小于200次)。

现代化摊铺机一般设有电子自动调速系统,摊铺机速度一旦确定,就应力求保持恒定。因为当摊铺速度改变时,振捣器作用于单位面积上的振捣次数将随之改变,从而导致铺层密实度、厚度发生改变,影响到路面的质量。

在确定了摊铺速度后,如果拌和设备的生产能力(应稍大于摊铺机的生产率)足够,应计算出所需运输车辆的数量,并要妥善做好施工组织工作,使车辆既不中断混合料的供应,又不造成混合料的积压。

7)摊铺机供料机构的正确操作

摊铺机的供料机构包括通过闸门向后供料到摊铺室的刮板输送器和向两侧布料的螺旋分料器两部分。供料时,二者应密切配合,工作速度应匹配恰当。在确定了它们的工作速度后,要力求保持一致,确保摊铺路面的平整度。

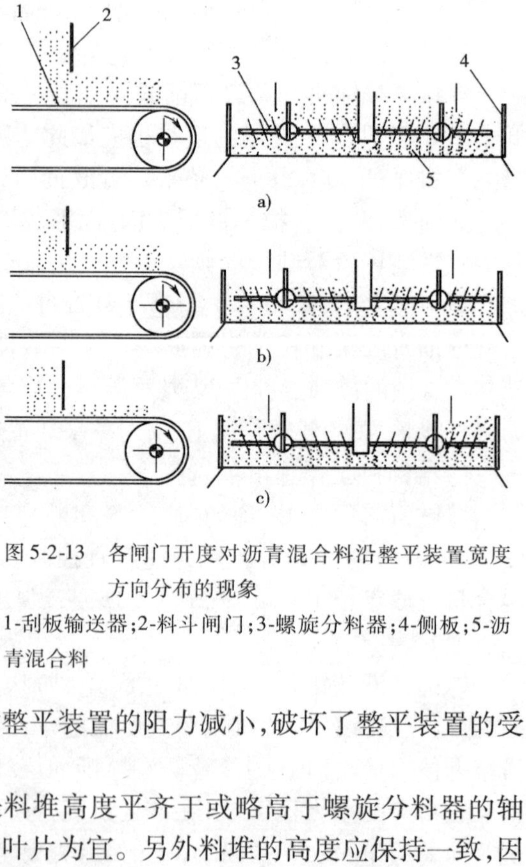

图5-2-13 各闸门开度对沥青混合料沿整平装置宽度方向分布的现象

1-刮板输送器;2-料斗闸门;3-螺旋分料器;4-侧板;5-沥青混合料

刮板输送器的供料速度及闸门的开启度,共同影响着向摊铺室的供料量。通常刮板输送的供料速度确定后,便保持恒定。因此向摊铺室的供料基本依靠闸门的开启度来调节。在摊铺速度恒定时,闸门开启过大(图5-2-13a),使得螺旋分料器来不及把刮板输器送来的混合料向两侧分布,而使摊铺室中部积料过多,形成高堆,从而造成螺旋分料器的过载,加速其叶片的磨损。同时也增加了整平装置的前进阻力,破坏了整平装置的受力平衡,使整平装置自动浮起,铺层厚度增加。如果关小闸门(图5-2-13c)或暂停刮板输送器的运转,掌握不好,又会使摊铺室内的混合料突然减少,摊铺室中部料堆高度下陷,密实度降低,同时对整平装置的阻力减小,破坏了整平装置的受力平衡,使整平装置下沉,铺层厚度减小。

摊铺室内最恰当的混合料数量(图5-2-13b)是料堆高度平齐于或略高于螺旋分料器的轴心线,即稍微看见螺旋分料器的螺旋叶片或刚盖住叶片为宜。另外料堆的高度应保持一致,因此要求螺旋分料器的转速应均衡。

闸门的最佳开度,应在保证摊铺室内混合料处于上述正确高度状态下,使刮板输送器和螺旋分料器在全部工作时间内,都要保持连续运转。但由于路基的不平以及诸多复杂的因素,为保证摊铺室内混合料维持标准高度,刮板输送器与螺旋分料器不可避免地要有暂停运转和再起动的情况发生。不过这种情况越少越好,因为频繁地停转与再起动,会加快其传动机构的磨损。一般要求其动转时间占全部工作时间的 80% ~90%。

为了保持摊铺室内混合料高度经常处于标准状态。现代摊铺机一般都配有供料电控系统,对供料速度和闸门的开度自动控制。

无论是手动操纵还是自动供料控制,都必须要求运输车辆对摊铺机有足够持续的供料量。一旦出现摊铺机停机待料,为了避免摊铺机料斗内混合料的温度降低而凝结在料斗内,摊铺机必须将余料一次摊铺完。经常这样做,除了造成铺层波浪起伏外,还会加速刮板输送器的磨损。

8)摊铺带长度的确定

用一台摊铺机分幅摊铺,如果摊铺长度过长,在摊铺下一幅时,因第一条摊铺带的混合料已凝固,接合处温差较大,难以结合,出现纵向接缝,影响到路面的质量;如果摊铺长度过短,则影响生产率,增加横向接缝。因此,必须确定合适的摊铺长度。

摊铺带的合适长度与施工地点的气温有关,同时还要考虑施工线路总长度、摊铺速度、混合料摊铺温度、工作环境和交通条件等。表 5-2-2 列举了不同温度、环境条件下的摊铺长度,可供选择。

摊铺带长度的选择 表 5-2-2

无风时气温(℃)	摊铺带长度(m)	
	防风处、建筑物段、林带和深路堑	开阔路段
5 ~ 10	30 ~ 60	25 ~ 30
10 ~ 15	60 ~ 100	30 ~ 50
15 ~ 25	100 ~ 150	50 ~ 80
>25	150 ~ 200	80 ~ 100

3. 摊铺接缝的施工方法

(1)纵向接缝的施工。

两条毗邻的摊铺带,其接缝处必然有一部分搭接,才能保证该处与其他部分具有相同的厚度和平整度。搭接的宽度应前后一致。搭接有冷接缝与热接缝两种。

冷接缝是指新铺层与经过压实后的已铺层的搭接,如图 5-2-14 所示。搭接宽度为 3 ~ 5cm,过宽了会使接缝处压实不足,产生热裂纹。新铺层的厚度必须与已铺层未压实前同厚。对新铺层的碾压,在压实前要捡出搭接处的大粒碎石。压实时,第一次只碾压到离前一条摊铺带边缘 20 ~ 30cm 处。以后依次移过纵向接缝。

热接缝是指使用两台或两台以上摊铺机并列(前后相隔 10 ~ 20m)施工时,两条摊铺带的搭接,如图 5-2-15 所示。此时两条毗邻摊铺带的混合料都还处于压实前的热状态,所以纵向接缝易于处理,连接强度较好。毗邻摊铺带的搭接宽度约为 3 ~ 6cm。碾压第一条摊铺带时,要离其接缝边缘约 30cm 暂不碾压,该处留待碾压第二条摊铺带时一起压过。

对纵向接缝,不管采用冷接法还是热接法,摊铺带的边缘都必须齐整,这就要求机械在直线和弯道上行驶时,都应始终保持正确位置。为此,可沿摊铺带的一侧敷设一根导线,在机械上安置一根带链条的悬杆。作业时,驾驶员只要注视所悬链条对准导线,就能保证机械行驶方向的准确性。

(2)横向接缝的施工。

横向接缝是摊铺施工中无法避免的。前后两条摊铺带横向接缝的质量好坏,对路面的平整度影响很大,它比纵向接缝对汽车行驶速度和舒适性的影响要大得多。所以必须妥善处理。为了减少横向接缝,每条摊铺带在一天的施工中应尽可能长些,最好是一个工班只留一条接缝。横向接缝基本上都是冷接缝。

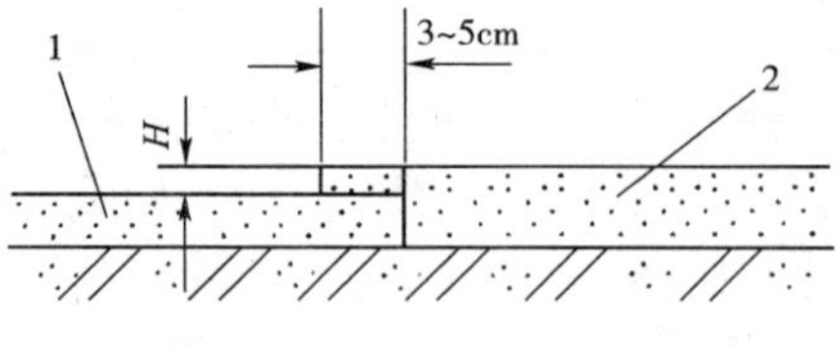

图 5-2-14 冷接缝处理

1-第一条摊铺带;2-第二条摊铺带;H-压实量

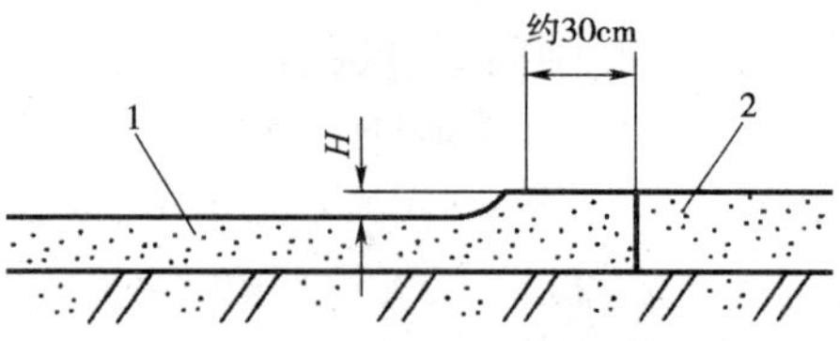

图 5-2-15 热接缝处理

1-第一条摊铺带;2-第二条摊铺带;H-压实量

处理好横向接缝的一个基本原则是,要将第一条摊铺带的尽头边缘铲成上下垂直状,并与纵向边缘成直角,接铺层的厚度为前一条摊铺带厚度加压实量。

4. 自动找平装置的运用

现代摊铺机一般都设有自动找平装置。使用自动找平装置,必须事先选好纵坡基准。基准有专设的弦线和现成的基准(如已铺的路面、平整的路缘石、路基等)。

(1)弦线基准及其敷设。

当路基高低不平,边侧又无平坦的基准面可供参考时,可采用弦线基准。它是在道路的边侧专门设置,具有规定纵坡的基准线。摊铺机工作时,传感器的触件沿着基准线移动。这是一种精确度很高的基准形式,一般由弦线、铁立杆、弹簧秤和张紧器等部分组成。常用于路面的下面层或基层。

基准线常用钢丝和尼龙线。

钢丝一般使用直径为 2 ~ 2.5mm 的弹簧钢丝,每根长度以 200m 为宜,过长不易拉紧。总数量要满足二、三天的施工用量。其优点是不受外界气候变化的影响;缺点是张紧比较困难,易出现松弛线段,需作脚踩实验。200m 长钢丝的张紧力一般需 800 ~ 1 000N。

尼龙线的缺点是遇水会伸长,所以在遭受露水、雨水或受潮后都要重新张紧。每天开工前,都要复查其张紧度,必要时应进行张紧。但尼龙线柔软,使用方便,所以使用仍较多。每根尼龙线长约 150 ~ 200m,张紧力为 300 ~ 400N。

基准线的敷设如图 5-2-16 所示。两立杆的间距一般为 5 ~ 10m,弯道处要短些。标桩用于测拉线的高程,应设在立杆附近,以便于检查。其数量视坡度变化程度而定。敷设基准线时,除了应按规定的纵坡保证各支点都处于正确的标高位置外,还要注意其纵向走向的准确性,最好使每根立杆与路面中线的距离都相等。这样,同时可充当前面所述的导向线。敷设好的基准线必须复核其高程的准确性,如果高程不准确,非但失去了使用自动找平装置的意义,反而会出现不平整或纵坡不合要求的铺层。另外,为了避免施工过程中发生碰撞,在各立杆上要做出醒目的标志,以引起人们的注意。

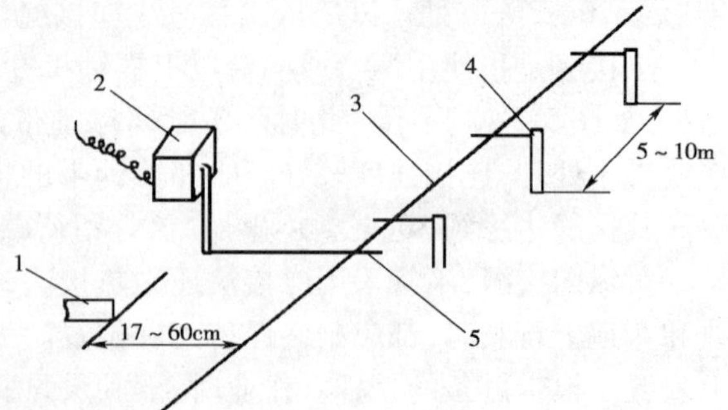

图 5-2-16 基准线的安装

1-整平装置;2-纵向控制器;3-基准线;4-支撑桩;5-传感器;6-拉力计

(2)现成的基准。

现成的基准有较平整的路基、已铺好的路面、较平整的路缘石和坚实的边沟等。但选用路缘石或硬边沟作基准面时，应检查它们的表面是否平整，可否用作基准，然后才能正式使用。

传感器的接触件有滑靴（雪橇式）、平衡梁等，应视所参考的基准面种类而定。对于底层的铺筑，以原路基作基准，可视原路基的平整情况，采用长短不一的平均直梁或带小脚（或小滚轮）的平衡梁作接触件。以铺好的路面作基准，常用于摊铺纵向毗邻的摊铺带。此时由于已铺路面较平整，可采用滑靴作接触件。对冷接缝施工，滑靴应置于离摊铺带边缘 30～40cm 处，因为已铺摊铺带经碾压后，其边缘会产生变形。对热接缝施工，滑靴可置于未碾压摊铺带的边缘处。铺筑改性沥青或 SMA 路面时宜采用非接触式平衡梁。

（3）纵向传感器的安置、检查与调整。

纵向传感器在安装妥善后，要将灵敏度调整旋钮调整在其“死区”的中立位置（“死区”范围一般都在出厂时调整好，不必再进行调整）。调整之前，首先要检查左右牵引臂铰点的高度是否一致，其适当的高度应是油缸行程处于中心位置。调整时要将牵引臂的铰销锁住。传感器处于中立时，传感器控制面板上的信号指示灯熄灭，如果信号指示灯是亮着的，则表明它还未处在中立位置，需重新调整。调好后，将传感器的工作选择开关拨到“工作”位置，打开电源开关，预热 10min，等到摊铺机向前摊铺 10～15m 左右，铺层厚度达到规定值时，就可让自动调平装置投入工作。

（4）横坡的控制。

一般情况，铺层的横坡由横坡控制系统配合一侧的纵坡传感器来控制。但是如果一次摊铺的宽度较大（6m 以上），由于整平装置的横向刚性降低，容易出现变形，使横坡传感器的检测精度降低，此时常改用左右两侧的纵坡控制系统进行控制。当路面的横坡变化过大时，也常如此。横坡控制系统包括横坡传感器、横坡选择器和控制器等。

横坡传感器的“死区”在 ±0.2% 左右，工作较为顺利。近年来的一些产品已提高到 ±0.02%。“死区”范围一般在出厂时已调好的，不必再调。

当机械直线摊铺时，只要给定设计的横坡值，就能实现自动控制。但在弯道上摊铺时，因转弯半径不同，横坡值也不同，这很难实现自动控制。为了正确的操作，可事先在弯道地段每隔 5m 打一标桩，将各桩处的坡度值记入表格，并画出曲线图，如图 5-2-17 所示。如果转弯半径很小，两桩的间距可适当缩小，最小为 1m，但在进出弯道处所设标桩间距可大些。作业时操作人员根据图表，在进入某标桩之前约 2m 处，提前调整横坡选择器（因为横坡的实际变化滞

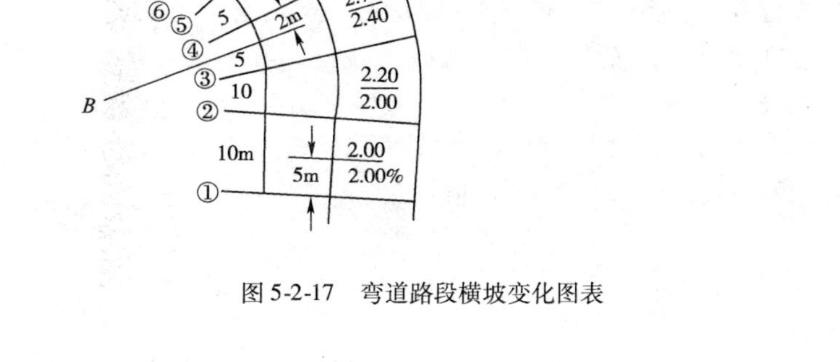

图 5-2-17　弯道路段横坡变化图表

后于调整动作)。例如:图中弯道标桩 A 处的横坡为3%,横坡选择器提前2m,在 B 处就要调到3%的位置。

第三节 水泥混凝土路面机械施工

水泥混凝土路面是将水泥、砂、碎石和水按适当比例配合,拌和后经摊铺、振捣、整平和养生而成为一块板状的路面。水泥混凝土路面和沥青混凝土路面相比,具有承载能力大,稳定性好,使用寿命长,平整度好,养护费用低等优点,适用于重载、高速、交通量大的道路。水泥混凝土路面机械主要有:搅拌设备、输送设备、摊铺机、整面机、切缝机、真空脱水设备等。本节主要介绍搅拌设备、摊铺机及水泥混凝土路面施工等。

一、水泥混凝土搅拌机

水泥混凝土搅拌机是将一定配合比的水泥、砂子、碎石(骨料)和水等拌制成水泥混凝土的机械。

1.搅拌机的用途、分类和型号

水泥混凝土搅拌机的用途就是机械化地拌制水泥混凝土,其种类较多,分类方法和特点如下。

(1)按作业方式分有间歇作业式和连续作业式两种。

间歇作业式的供料、搅拌、卸料三道工序是按一定的时间间隔周期进行的,即按份拌制。由于拌制的各种物料都经过准确的称量,故搅拌质量好。目前大多采此种类型的作业方式。

连续作业式的上述三道工序是在一个较长的筒体内连续进行的,虽然其生产率较循环作业式高,但由于各料的配合比、搅拌时间难以控制,故搅拌质量较差,目前使用较少。

(2)按搅拌方式分有自落式搅拌、强制式搅拌两种。

自落式搅拌机就是把混合料放在一个旋转的搅拌鼓内,随着搅拌鼓的旋转,鼓内的叶片把混合料提升到一定的高度,然后靠自重撒落下来。这样周而复始地进行,直至拌匀为止。这种搅拌机一般拌制塑性和半塑性混凝土。

强制式搅拌机是搅拌鼓不动,而由鼓内旋转轴上均置的叶片强制搅拌。这种搅拌机拌制质量好,生产效率高;但动力消耗大,且叶片磨损快,一般适用于拌制干硬性混凝土。

(3)按装置方式分有固定式和移动式两种。

固定式搅拌机是安装在预先准备好的基础上,整机不能移动。它的体积大,生产效率高,多用于搅拌楼或搅拌站。

移动式搅拌机本身有行驶车轮,且体积小,质量轻,故机动性能好,应用于中小型临时工程。

(4)按出料方式分有为倾翻式和非倾翻式两种。

倾翻式靠搅拌鼓倾翻卸料,而非倾翻式靠搅拌鼓反转卸料。

(5)按搅拌鼓的形状不同,有梨形、鼓筒形、双锥形,圆盘立轴式和圆槽卧轴式五种。前三种是自落式搅拌;后两种为强制式搅拌。

(6)按搅拌容量分有大型(出料容量1 000~6 000L)、中型(出料容量300~500L)和小型(出料容量50~250L)。

各搅拌机的分类见图5-3-1。

自落式				强制式		
倾翻出料		不倾翻出料		竖轴式		卧轴式
单口	双口	斜槽出料	反转出料	涡桨式	行星式	双槽式

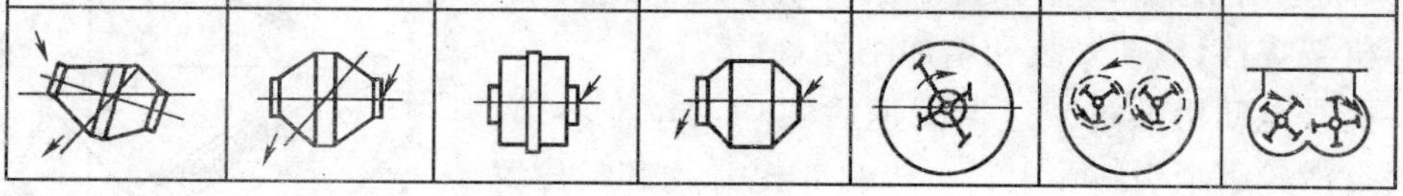

图 5-3-1　水泥混凝土搅拌分类图

2．锥形反转出料混凝土搅拌机

锥形反转出料搅拌机具有结构简单、搅拌质量好、生产率高、易实现自动控制等优点，是作为逐步取代鼓筒搅拌机的一种机型，它主要有以电动机为动力的 JZ 系列型号和 JZY 系列型号，也有部分采用柴油机为动力的 JZR 系列型号。

图 5-3-2 为 JZ350 型搅拌机，该机进料容量为 560L，额定出料容量为 350L，生产率为 11 ~ 13m^3/h。其主要机构有搅拌系统、进料装置、供水系统、底盘和电气控制系统等。

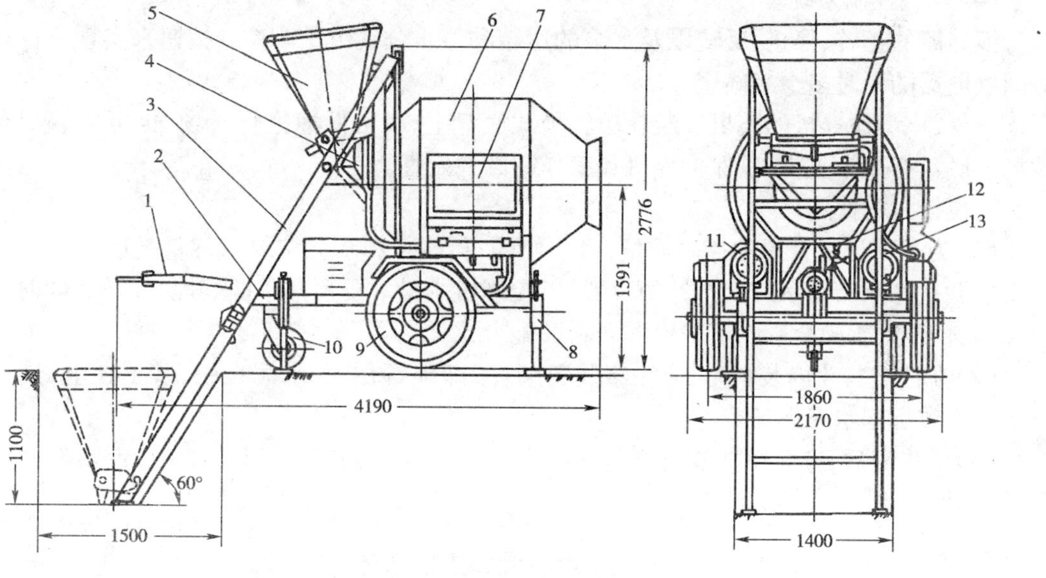

图 5-3-2　JZ350 型搅拌机

1-牵引架；2-底盘；3-上料架；4-中间料斗；5-料斗；6-搅拌筒；7-电气箱；8-支腿；9-行走轮；10-前支轮；11-搅拌动力和传动机构；12-供水系统；13-卷扬系统

（1）搅拌系统。

锥形反转出料搅拌机其搅拌筒见图 5-3-3，搅拌筒由中间的圆柱体及其两端的截头圆锥组成，通常采用钢板卷焊而成。搅拌筒内有两组交叉布置的搅拌叶片，分别与搅拌筒轴线成45°和40°夹角，且呈相反方向。其中一组较长的主叶片直接与筒壁相连；另一组较短的副叶片则由撑脚架起。当搅拌筒转动时，叶片使物料除作提升和自由下落运动外，而且还强迫物料沿斜面作轴向窜动，并借助于两端锥形筒体的挤压作用，从而使筒内物料在洒落的同时又形成沿轴向往返交叉运动，大大强化了搅拌作用，提高了搅拌效率和搅拌质量。

在搅拌筒的进料圆锥一端，焊有两块挡料叶片，防止进料口处漏浆。在出料圆锥一端，对称地布置一对与副叶片倾斜方向一致的螺旋形出料叶片。当搅拌筒正转时，螺旋运动方向朝里，将物料推向筒内；搅拌筒反转时，螺旋叶片运动方向朝外，将搅拌好的混凝土卸出。

(2)进料装置。

上料装置由料斗、上料架、中间料斗和传动装置等组成，上料架轨道的下端可向上翻转折叠，以便运输或转场；其上端与机架焊接，以便安装和增加刚性。

料斗提升电动机通过减速器减速后驱动钢丝绳卷筒，钢丝绳通过滑轮组牵引料斗上升。当料斗提升到卸料位置时，由电气控制装置控制，料斗便停止在卸料位置上卸料。

(3)供水系统。

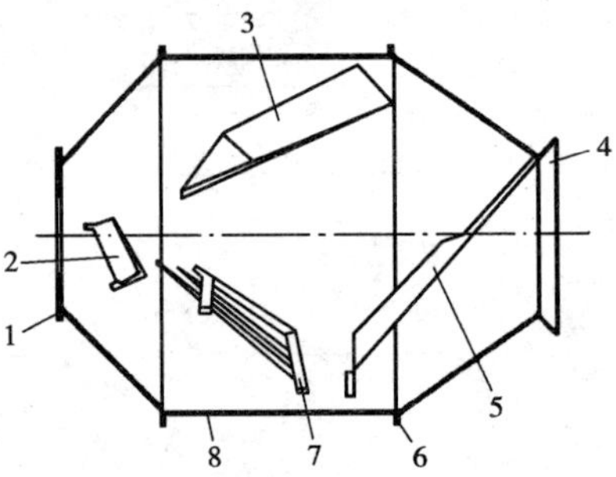

图 5-3-3 JZ350 型搅拌机的搅拌筒

1-进料口圈；2-挡料叶片；3-主叶片；4-出料口圈；5-出料叶片；6-挡圈；7-副叶片；8-筒体

供水系统由电动机、水泵、节流阀、管路等组成。它是由电动机带动水泵直接向搅拌筒供水，设有节流阀调节水的流量，通过时间继电器控制水泵供水时间来实现定量供水。工作时，根据每罐混凝土所需水量，将时间继电器的表盘指针拨至对应的时间刻度上，按下水泵启动开关即开始供水；当其指针回零时，水泵电动机断电，供水终止。

(4)电气控制系统。

搅拌筒的正转、停止、反转以及水泵的运转和停止分别由 5 个控制按钮来实现。供水量由时间继电器的延时多少来确定。

此外，该型搅拌机的整机安装在单轴拖式底盘上，既可低速拖行转场，也可由载货车装运转场。底盘有 4 个支脚，以保持停机和工作时的稳定性。

3. 搅拌机的使用

(1)为了保证混合料的拌制质量，必须使碎石、砂子和水泥按要求称量准确；并在搅拌前，按要求调整好水箱指示牌上指针的位置，以控制供水量。要严格掌握好搅拌时间，同时要求进料斗卸料干净，否则会影响下一份混合料的配合比。

(2)在往进料斗内装料时，应注意装料顺序，即碎石在下、水泥在中、砂子在上，这样料斗升起时不致引起水泥飞扬。

(3)工作完后，应向搅拌鼓内倒进一些碎石或砂子，搅拌 10min 再放出，否则鼓内的余料凝固后，很难清除。

二、水泥混凝土搅拌站

水泥混凝土搅拌站(搅拌楼)是用来搅拌混凝土的联合装置，亦称混凝土工厂。因其机械化和自动化程度较高，生产率较大，故常用于混凝土工程量大、施工周期长、施工集中的公路路面与桥梁工程、大中型水利电力工程、建筑施工以及混凝土制品工厂中。

1. 水泥混凝土搅拌站的用途和分类

(1)按工艺布置形式分有单阶式和双阶式两种。

单阶式碎石、砂子和水泥等材料一次就提升到搅拌站最高层的储料斗，然后配料称量直到搅拌成成品料，均借物料自重下落而形成垂直生产工艺体系，其工艺流程如图 5-3-4 所示。它具有生产率高，动力消耗小，机械化和自动化程度高，布置紧凑，占地面积小等特点；但其设备较复杂，基建投资大，故常用于大型永久性搅拌站。

双阶式碎石、砂子和水泥等材料分两次提升，第一次将材料提升至储料斗，经配料称量后，第二次再将材料提升并卸入搅拌机，其工艺流程如图 5-3-5 所示。它具有设备简单，投资少，建设快等优点;但其机械化和自动化程度较低,占地面积大,动力消耗多,故主要用于中小型搅拌站。

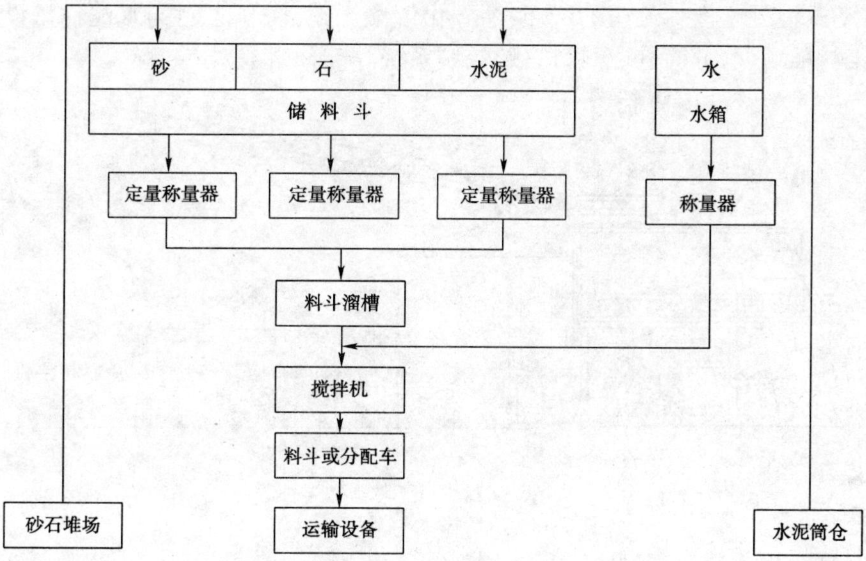

图 5-3-4　单阶式搅拌站工艺流程

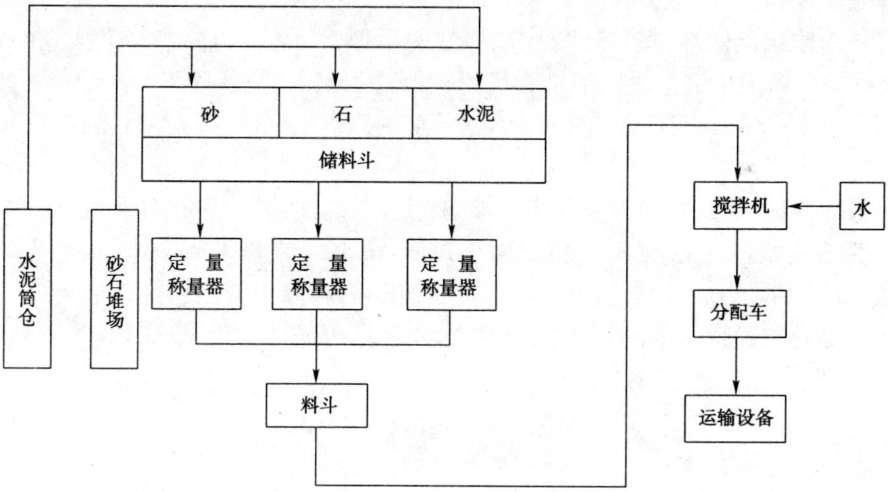

图 5-3-5　双阶式搅拌站工艺流程

(2)按装置方式分有固定式和移动式两种。

前者适用于永久性的搅拌站;后者则适用于施工现场。

(3)按搅拌机平面布置形式分有巢式和直线式。

巢式是数台搅拌机环绕着一个共同的装料和出料中心布置,其特点是数台搅拌机公用一套称量装置,但一次只能搅拌一个品种的混凝土。

直线式是指数台搅拌机排列成一列或两列,这种布置形式的每台搅拌机均需配备一套称量装置,但能同时搅拌几个品种的混凝土。

2. 水泥混凝土搅拌站

在目前的公路与桥梁施工中,水泥混凝土搅拌站已是修建高等级水泥混凝土路面和大型桥梁工程不可缺少的主要设备之一。下面以常用双阶移动式为例,介绍水泥混凝土搅拌站的主要组成与工作原理。

双阶移动式混凝土搅拌站(图5-3-6)主要由混凝土搅拌机、集料与水泥称量设备、供水及称量设备、集料堆场、水泥筒仓、运输机械、控制系统等部分组成。

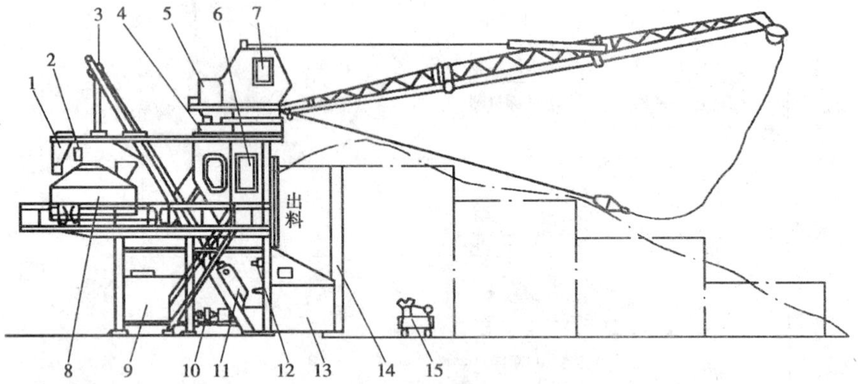

图5-3-6 双阶移动式混凝土搅拌站

1-水泥秤;2-示值表;3-料斗卷扬机;4-回转机构;5-拉铲绞车;6-主操作室;7-拉铲操作室;8-搅拌机;9-水箱;10-水泵;11-提升料斗;12-电磁气阀;13-集料秤;14-分壁柱;15-空气压缩机

(1)混凝土搅拌机:混凝土搅拌机采用涡桨式,搅拌机额定容积 $0.5m^3$,生产率为 $25m^3/h$。

(2)集料的输送及储存:集料堆积在搅拌站的后部,用隔墙隔成若干个独立的料仓,分别储存砂子、石子。采用拉铲把半圆形堆料场的材料堆积起来,并将砂子及两种规格的石子分别运送到3个出料区上部。当控制出料区的3个闸门依次打开时,流入称斗的砂石料由秤进行累计称量。

(3)集料的称量装置:集料称量秤由秤斗、秤盘、一级杠杆、二级杠杆和弹簧表头等主要部分组成。弹簧表头是秤的关键部分,精度为0.2%~0.5%,表盘上有3个定针,分别用来预选3种不同集料的质量,当动针与定针重合时就发出讯号,控制集料出料区3个闸门的开闭。

(4)集料提升装置:在提升料斗完成集料称量后,由专门的卷扬机牵引料斗沿轨道向上提升。料斗升至搅拌机上方时,料斗的底门打开,集料落入搅拌机。料斗下降转入水平轨道时速度减慢,在轨道末端设有挡块,以减小料斗进入秤盘时的冲击力。

(5)水泥筒仓与水泥称量装置:两个水泥筒仓分别安装在搅拌站的两侧(图中未表示)。筒仓底部装有闸门和给料器,并与螺旋输送机相连接,由螺旋输送机将水泥输送至水泥秤斗进行称量。在表盘上设有一动针与定针,当两针重合时,螺旋输送机停止运转,从而完成水泥的称量。

(6)供水及称量设备:搅拌用水由水泵抽水经计量水表、管道送入拌筒。用计量水表称量用水。当达到规定水量时,水泵停止供水。

(7)控制系统:混凝土搅拌站采用电器控制系统。称料时料仓闸门或给料器的开、闭,搅拌机搅拌时间,搅拌机卸料闸门的开、闭等工艺过程,可以按规定的程序自动运行。

三、水泥混凝土摊铺机

1. 水泥混凝土摊铺机的用途和分类

水泥混凝土摊铺机是将从搅拌输送车或自卸卡车中卸出的混合料,沿路基按给定的厚度、宽度及路型进行摊铺的机械。目前,水泥混凝土摊铺机主要有两种,一种是轨模式摊铺机,另一种是滑模式摊铺机。摊铺机摊铺器的形式有螺旋式、回转铲式和箱式。

螺旋式摊铺器是利用正反方向旋转的螺旋杆(直径约50cm)将混合料摊开(和沥青混凝土摊铺机分料器相似)。螺旋杆后面有刮板,可以准确调整摊铺层厚度。这种摊铺器摊铺能力大,目前在滑模式和轨模式摊铺机上均有采用。

回转铲式摊铺器的匀料铲可回转180°,同时,可在前面的导管上左右移动,将卸下的混合料直接摊铺在路基上。匀料铲的高度可无级调整,故能随意调节布料高度。这种摊铺器比其他类型摊铺器的质量轻,容易操作,但摊铺能力较小。目前在轨模式摊铺机上采用较多。

箱式摊铺器是一装满混合料的钢制箱子。机械前进时,箱子横向移动,其下端按松铺高度刮平混合料。由于混合料全部放在箱内,质量大,故摊铺均匀准确,故障较少,但作业效率低,目前仅用在周期作业的轨模式摊铺机上。

2. 轨模式水泥混凝土摊铺机

轨模式摊铺机(图5-3-7)是由摊铺机、整面机、修光机等组成的摊铺列车。施工时,列车在轨模上通过就可铺筑好一条行车带,轨模既是列车的行驶轨道,又是水泥混凝土的模板。摊铺机上装有摊铺器(又称布料器)用来将倾卸在路基上的水泥混凝土按一定的厚度均匀的摊铺在路基上。摊铺机在摊铺水泥混凝土时,轨模是固定不动的。

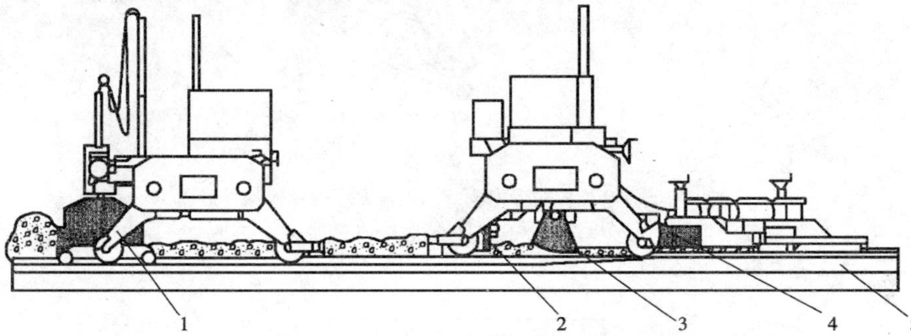

图5-3-7 轨道式摊铺机(弗格勒)

1-摊铺器(回转铲式);2-顶平整刮板;3-振捣装置;4-修光器;5-轨模

轨模式摊铺机结构简单,但在摊铺作业中铺设和调整轨道十分不便。

3. 滑模式水泥混凝土摊铺机

滑模式水泥混凝土摊铺机是连续作业式机械(图5-3-8),它由动力传动、主机架、四条履带支腿总成、螺旋布料器、虚方控制板、振捣棒、捣实板、成型模板、浮动模板、边模板、自动找平和自动转向系统组成。其摊铺工艺流程(图5-3-9)为:螺旋布料器→虚方控制板→振动棒→捣实板→成型模板→浮动模板→自动磨光机→拖布,摊铺完成后,拉毛、喷洒养生剂、切缝等工序由另外的机械完成。

近几年来,国外综合了轨模式和滑模式两者的长处,生产出了轨道滑模式水泥混凝土摊铺机。摊铺机用履带行走,被其牵引装有滑模板的整面机、修光机等在轨道上行走。该摊铺机亦可用来摊铺沥青混凝土,一机两用。

四、切 缝 机

水泥混凝土路面有横缝和纵缝之分。横缝有伸缝和缩缝两种。路面每隔6~8m设置的一条横缝叫缩缝，一般做成假缝形式，缝宽约1cm，缝内填塞沥青类材料，以防渗水。路面每隔30~40m设置一条横缝叫做伸缝，必须做成透底缝形式，缝宽1~2cm，缝的下部填以软木或甘蔗板，上部用沥青填料封口。根据实践经验，有些地区认为伸缝的距离可以增长，甚至可以取消。通常在7m宽的路面中间设置一条纵缝。路面宽度超过双车道时，纵缝的距离按一条车道的宽度确定。纵缝可按缩缝形式做成假缝。

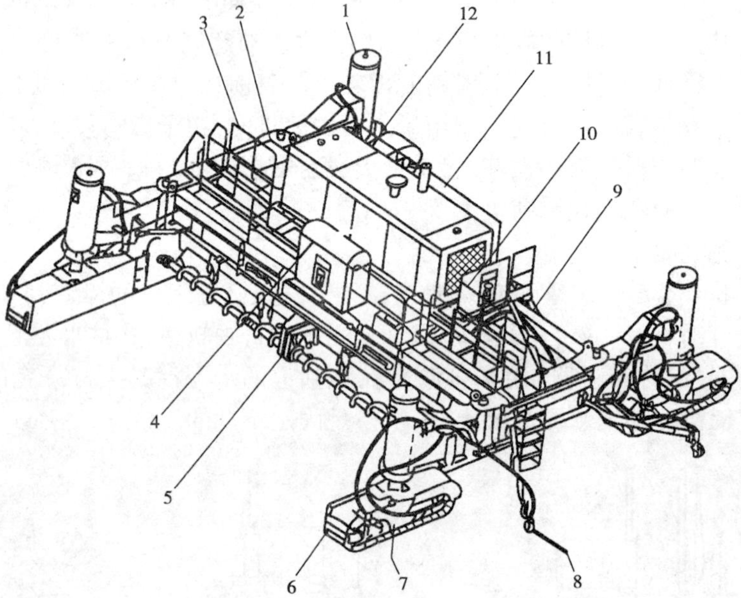

图5-3-8 SF350型四履带滑模式水泥混凝土摊铺机的外形图

1-支腿装置；2-喷水装置；3-机架伸缩部分；4-操作控制台；5-摊铺装置；6-履带装置；7-转向装置；8-自动找平装置；9-伸缩梁；10-中间通道；11-发动机组；12-油箱组

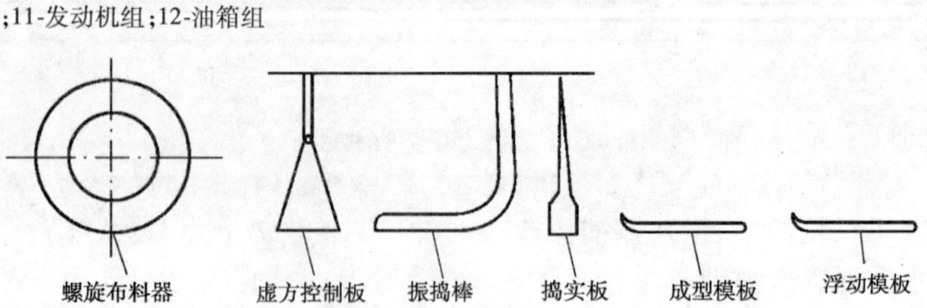

图5-3-9 SF-350摊铺机主要工艺流程图

切缝机就是专门对水泥混凝土等进行高效率切割的设备，主要用于公路路面、机场道路和广场等可以连续大面积摊铺的施工，作伸缩缝切割，使得伸缩缝笔直、光滑、美观，并可以提高工作效率。另外，切缝机还可以用于沥青混凝土、石料、陶瓷制品及路面修补作业的坑槽等方面的切割。

切缝机按其工作原理的不同可分为手持式切缝机和盘式切缝机两种。

手持式切缝机是把一种电动或气动的偏心式振动器安装在一块长板条上而成。该切缝机利用偏心电动机旋转时产生的振动，把振动沉板压入未凝固的混凝土内，并停留4~7min后拔出，这样划出的切缝较为清晰，并能增加混凝土边缘强度和切缝处的外观，提高混凝土铺砌层的质量。

盘式切缝机(图5-3-10)由切割、进刀、行走、定位导向和冷却等5部分组成。工作时，电动机通过皮带轮带动盘式圆钢轮或圆砂轮旋转进行切割工作。用圆钢轮切缝时，由于水泥混凝土用摊铺机上捣实机械配合而具有坚固而整齐的边缘。

图 5-3-10　盘式切缝机

五、水泥混凝土路面机械化施工

1. 水泥混凝土路面施工工艺过程

水泥混凝土路面施工工艺过程见图 5-3-11。图中定线放样工序首先由施工技术人员完成，而其他各工序必须根据施工单位所具有机械的类型、数量及施工方法来确定。图 5-3-11 所示水泥混凝土路面的施工工艺过程，既适用于人工、小型机械化施工，也适用于全机械化施工。在全机械化施工过程中，由于使用机械类型不同，有些工序可交叉进行或省略，如使用自动控制滑模式水泥混凝土摊铺机时，就不需要安装边模（或轨模）这道工序。

1）安装边模

模板一般架立在路中心线、纵缝处或路边线处，可选用木模板或钢模板。木模板应选用质地坚实、变形小、无腐朽、扭曲、裂纹的木料。模板高度应与混凝土板厚度一致，允许误差为 ±2mm，企口舌部或凹槽的长度允许误差为：钢模板 ±1mm；木模板 ±2mm。

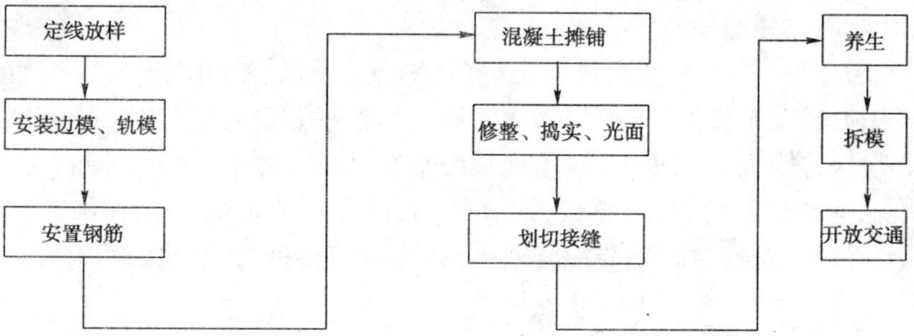

图 5-3-11　水泥混凝土路面施工工艺过程

立模的平面位置与高程应符合设计要求，架立应准确稳固，接头应紧密平顺，不得有离缝、前后错茬和高低不平等现象。

水泥混凝土摊铺前，应对模板的间隔、高度、润滑、支撑稳定情况，基层的平整、润湿情况，以及钢筋的位置和传力杆装置等进行全面检查。轨模是供轨模式水泥混凝土摊铺机行走的轨道，一般可用金属、混凝土、钢筋混凝土或木料制成。目前施工过程中大多数采用金属制的轨模。

轨模的需要量，要求在混凝土浇筑后 2 ~ 3 日内（经 24h 以上才可以拆模）不拆卸原用轨模，而又可连续进行浇注施工的数量。若每天摊铺 300m，则必须架立 1200m 的模板。

2）安置钢筋

混凝土板边和板钢筋、传力杆、窨井加固钢筋等都应按设计要求定好位置，并结扎牢固。

在机械化施工过程中，钢筋和钢筋网格都是在工厂中预制的，用专用机械设备进行铺设，但在工序上有交叉，即边摊铺混凝土边安放钢筋网格，并将钢筋网格用专用设备压入混凝土层。

3)摊铺水泥混凝土

在人机综合摊铺混凝土作业中，一般用拌和机拌制混凝土，利用运输机械运达施工点，将混凝土卸入边模内，摊铺工作大多利用人工进行。

在机械化铺筑水泥混凝土路面施工过程中，可利用轨道式或滑模式水泥混凝土摊铺机来摊铺。

摊铺混凝土层的厚度，视不同的混凝土稠度而定。一般层高应比振实后的路面高度高20% ~30%，以保证对料层的振实。

4)水泥混凝土路面铺砌层的捣实、整平和光面

水泥混凝土的捣实、整平和光面等作业应和摊铺作业紧密配合。

在人机综合作业施工中，应符合下列规定：

(1)对厚度不大于22cm的混凝土板，在边角处先用插入式振捣器顺序振捣，再用功率不小于2.2kW平板振捣器纵横交错全面振捣。纵横振捣时，应重叠10 ~20cm，然后用振捣梁振捣拖平。有钢筋的部位，振捣时应防止钢筋变位。

振捣器在每一位置振捣持续的时间，应以混合料停止下沉、不再冒气泡为准，且当水灰比小于0.45时，不宜少于30s，用插入式振捣器时，不宜少于20s。

当采用插入式振捣器和平板式振捣器配合使用时，应先用插入式振捣器振捣，后用平板式振捣器振捣。分两次摊铺的，振捣上层混合料时，插入式振捣器应插入下层混合料5cm，上层混合料的振捣必须在下层混合料初凝以前完成。插入式振捣器的移动间距不宜大于其作用半径的0.5倍，并应避免碰撞模板和钢筋。

(2)混合料整平时，填补板面应选用集料(碎石、砾石)较细的混合料，严禁用纯水泥砂浆填补找平。经用振捣梁整平后，可再用铁滚筒进一步整平。设有路拱时，应使用路拱成型板整平。整平时必须保持模板顶面整洁，接缝处板面平整。

(3)光面前，应清边整缝，清除粘浆，修补掉边、缺角。光面时严禁在板面上洒水、撒水泥粉，一般分两次进行。先找、抹平，待混凝土表面无泌水时，再第二次抹平。抹平后沿横坡方向拉毛或用机具压槽，槽深一般为1 ~2mm。

在机械化施工中，水泥混凝土铺砌层的捣实、整平和光面等作业都是由整面机来完成的。整面机上设有振捣梁、振捣板、整平梁和光面器等，它和带边模的轨道式摊铺机、切缝机等组成一个摊铺列车进行作业。滑模式水泥混凝土摊铺机整面装置是与摊铺机制成整体联合作业的，只要摊铺机一通过，即可完成一个行车带。

5)划切伸缩缝

在机械化施工中，可以使用切缝机在混凝土上划切，形成伸缩缝。

利用手扶式切缝机切缝，应在混凝土浇注后2 ~4h以内进行。时间过早，切缝容易淤塞，深度不足；时间过迟，则工作困难。

使用圆砂轮盘式切缝机切缝时，必须在混凝土凝固后进行。其特点为切缝几何形状尺寸准确，相邻板块表面平整，生产率高；但使用时必须加水，并要用较大的动力。

在人工摊铺或工程量不大的情况下，可以使用预埋木板、金属制板或压缩材料制成的隔板来制作伸缩缝。使用前应涂抹润滑油，伸缝压缝板可起模板作用。缩缝压缝板一般宜用钢板。为便于混凝土摊铺工作的进行，压缝板可在浇筑混凝土后压入。如用木板做成压缩缝使用前木板应浸水胀透，必须架设牢固，并保持垂直，保证振捣混凝土时不走样。

6)养生

为了防御混凝土日晒干燥和雨淋，在其表面上加盖蓄水的麻袋、湿布或草席（但不能覆盖太早，否则路面上会残留麻袋等痕迹），并经常洒水使其保持湿润，养生 14 ~ 21d。

在配套机械化施工中，有的在轨模上配有可移动的帐篷，除防止日晒雨淋外，还可以防止气流变化而导致混凝土干裂。帐篷尽量低矮，越接近铺砌层越好，只要不接触表面即可。帐篷内应设置洒水设备以保持混凝土养生期内的湿润。

水泥混凝土路面施工用水量较大。一般用水定额：浇注混凝土以前的基层洒水 $5L/m^2$，或每 $1m^3$ 混凝土 25 ~ 30L；拌制混凝土为 $1m^3$180L；养生期内洒水为 $1m^3$ 混凝土 700 ~ 1000L。

7）拆模及填缝

拆模时间根据施工期的气温及混凝土强度增长情况而定。一般日平均温度为 5℃，拆模时间为 3 天；日平均温度每增高 5℃，拆模时间可缩短半天。日平均温度为 25 ~ 30℃，路面施工 24 小时即可拆模。拆模时注意不要损伤板边、角和企口的混凝土。

填缝工作一般在用水期满后进行，填缝时采用填缝机。在填缝前，先用压缩空气将缝内杂物吹扫干净。透底缝内如有砂浆牵连，一定要凿去，以免造成将来缝边破损。填缝时，为使填缝料与混凝土有较好的黏结，在接缝两壁应先涂上一层沥青。鉴于材料的热胀冷缩，夏季灌注填缝料应高出路面 4 ~ 5mm，冬季则与路面平齐，以使接缝内填料常年饱满。

填缝料应具有伸缩回弹的能力，即冬季不因冷冻和载荷作用而脆裂；夏季不因高温软化膨胀而挤出。填缝材料配方可参照表 5-3-1。

填料配方 表 5-3-1

编号	掺配后沥青%		石棉屑（%）	石粉（%）	橡胶粉（%）	软化点（℃）
	油-60 沥青 96% + 重柴油 4%	油-30 沥青 80% + 重柴油 20% 油-10 沥青 85% + 重柴油 15%				
1	60 ~ 65		5 ~ 10	10 ~ 15	15 ~ 20	>80
2		70 ~ 75	5	10	10 ~ 15	>80
3	油-18，沥青 50		30	20		>80

8）开放交通

一般混凝土强度达到 40% 时允许行人通过，强度完全达到设计要求时正式开放交通。特殊情况下混凝土强度达到 90% 以上也可开放交通。如需提前开放交通，可在普通水泥混凝土中掺入早强剂（或用高等级水泥），以提高混凝土早期强度。

2. 水泥混凝土路面全机械化施工

在修整规模较大的水泥混凝土路面工程中，多采用全机械化施工。水泥混凝土的拌制使用水泥混凝土拌和机；水泥混凝土的供应一般采用拌和输送车和自卸汽车；水泥混凝土的摊铺采用水泥混凝土摊铺机。现以滑模式水泥混凝土摊铺机为例，介绍其施工组织。

1）滑模摊铺施工拉线设置

滑模式摊铺机是沿着两侧（或一侧）的基准线来摊铺水泥混凝土路面的，因此基准线设置必须准确无误，所用的工具、测量仪器和基准线设施必须齐备。基准线准确是摊铺出路面高程、横坡、纵坡、板厚、板宽、弯道等符合规范要求的基本保证。

基准线桩到摊铺路面边沿的距离应根据滑模式摊铺机侧模到传感器的位置而定，基准线桩必须牢固打入基层 10 ~ 15cm。当打入困难时，应采用手电锤打孔后打入。基准线桩纵向最大间隔为 15m。为保证与基层里程桩号一致，推荐拉线桩距离为 5 ~ 10m。夹线臂到基层顶面的距离为 45 ~ 75cm。基准线必须张紧。一般每侧基准线应施加 1kN 的拉力。一根拉线的最大长度为400m，超过400m应采用两根拉线，用两个紧线器在一个接线桩上平顺连接。当滑模式摊铺机通过连接部位时，操作人员要特别注意传感的过渡。

基准线有单向坡双线式、单向坡单线式（后幅）、双向坡双向式三种。采用单向坡双线式基准线时，两根基准线间的横坡应与路面横坡一致；单向坡单线式基准线，要保证路面横坡与前幅路面一致；双向坡双向式的两根基准线是平行的，路拱则靠滑模式摊铺机调整后自动铺成。

基准线和滑模摊铺的精度要求如下：摊铺中线平面偏位：20mm；

路面宽度偏差：±20mm；

面板厚度偏差：-5mm，极值：-10mm；

纵断面高程偏差：±10mm；

横坡偏差：±0.15%；

前后幅纵缝高差：±2.5mm；

基准线设置好后，禁止扰动，特别是正在摊铺作业时，严禁碰撞。风力达5～6级，基准线振动厉害时，应停止施工作业，防止出现波状的路面表面。

2）滑模摊铺施工前的准备

使用滑模式摊铺机进行路面摊铺施工之前，应全面检查摊铺基层是否平整、清洁和湿润；基准线是否准确；工作缝支架和传力杆是否定位；纵缝拉杆板是否直；是否涂好沥青等。同时应对滑模式摊铺机进行彻底全面的保养检查：振动棒位置在挤压板最低点以上，中间间距为35～45cm；振动棒与摊铺机边沿不大于25cm；挤压板前倾角为5°；配有前后远近照明灯，以便于夜间施工作业。施工前，将滑模式摊铺机驶进待摊铺位置，测量摊铺底板的高程和坡度，将传感器挂到基准线上，检查传感器的灵敏度及显示是否准确无误。这一切准备完成后，方可进行摊铺施工。

3）滑模摊铺施工

使用滑模式摊铺机进行摊铺施工时，必须有专人指挥车辆卸料，以便较准确地估计卸料位置。滑模摊铺前的水泥混凝土拌和料不得高于滑模摊铺机卸料板允许高度，亦不得出现缺料现象。要求供料与摊铺机速度协调，尽可能匀速摊铺，最大限度地减少摊铺施工中的停机次数。料位过高或过低时，可采用小型挖掘机或装载机进行初摊布料；用人工卸料时，用锹反扣，严禁抛掷和楼耙，以防止水泥混凝土产生离析。

在滑模摊铺施工过程中，操纵人员应随时观察新拌混凝土的稠度（坍落度一般为40～60mm），并根据水泥混凝土的工作性来调整滑模摊铺机的作业速度和振动频率。当新拌水泥混凝土显得过稀时，应适当降低振动频率，加大机器作业速度；当新拌水泥混凝土显得过干时，则应适当提高振动频率，降低机器作业速度。滑模摊铺机的作业速度应控制在1～3m/min范围内；振动频率应控制在6 000～11 000rad/min范围内，振动频率不得低于6 000rad/min。为防止水泥混凝土过振或漏振，开机前必须先开启振捣棒，然后再行走；停机时应立即关闭振捣棒。为防止振捣棒空载振动而烧毁振捣棒，严禁振捣棒在水泥混凝土外面振动，同时要随时观察每个振捣棒的振动情况及是否有漏油现象。

在滑模摊铺施工过程中，若新拌水泥混凝土供应不足时，滑模摊铺机停机等待的时间不能超过当时气温下新拌混凝土初凝时间的2/3。在此时间内，应每隔15min，开动振捣棒振动3min；若超过此时间，为防止施工冷缝断板，应将滑模式摊铺机驶出摊铺位置，该点作为施工缝。

滑模式摊铺机进行整体或分幅摊铺路面时,必须配置自动或人工打纵缝拉杆的装置。分幅打进或整体植入的拉杆,必须位于路面板厚的中间位置。拉杆的高低误差不得大于 ±2cm;横向误差不得大于 ±3cm;纵向误差不得大于 ±5cm。分幅打入的拉杆必须到底,防止拉杆刮坏路面边沿。

分幅摊铺时,滑模摊铺机履带上前幅水泥混凝土路面的时间应在此路面养护 7 天以后,最短时间不得小于 5 天。同时,滑模摊铺机上路面一侧的履带底部必须铺橡胶垫,并且滑模摊铺机的底板不得刮坏前幅路面的边部。

4)滑模摊铺施工后的结束工作

滑模摊铺机施工作业完后,必须进行下述两项工作:

(1)将滑模式摊铺机驶离施工作业点,升起机架,将粘附在机器上的水泥混凝土用水清洗干净,并喷涂废机油以防止锈蚀和黏结。滑模式摊铺机严禁不清洗,严禁留待下一班开工前硬敲黏结在机器上的水泥混凝土。

(2)做横向施工缝时,应铲除从摊铺机振动仓内脱离出来的纯砂浆,设置工作缝端模并用水准仪测量路面高程、坡度和平整度,传力杆的设置要符合允许误差的要求。后幅工作缝要尽量与前幅缩缝、工作缝和胀缝对齐。在有设备条件时,也可切掉施工端部,钻孔插入传力杆。

第四节　路面机械的选配

在沥青、水泥混凝土路面施工中,使用的机械主要有:混凝土拌和机、混凝土摊铺机、运输车辆、压实机械等。其中前两种属主导机械,后两种属配套机械。它们之间的合理选配是保质、保量、迅速、经济地完成路面铺筑的前提。

一、路面机械的选型

所谓机械选型,是根据路面铺筑工序和工艺要求,从众多的同类型机械中,经过充分的分析比较,选择技术性能先进,使用经济可靠,主要参数协调一致,能够胜任各工序工作的机型。

1. 选型原则

(1)机械规格必须满足路面技术标准要求;

(2)在工艺条件允许的情况下,尽可能使用重型或专用机械,以确保有足够的工作量;

(3)整套机械的主要参数必须得到最大限度的发挥,次要机械的选型必须在保证主导机械主要参数充分发挥最大效益的前提下进行;

(4)尽量减少整套机械的数量;

(5)机械的选型要根据平均技术经济资料进行;

(6)要求安全可靠,立足国内,便于推广;

(7)应考虑机械的使用费用,修理成本,动力来源等因素;

(8)应符合当地环境保护条件(噪声、振动、排气等)。

2. 机械选型的程序

(1)全面调查和研究路面施工技术要求(道路等级、宽度、摊铺厚度等),工程量的大小,工期长短,施工条件等;

(2)确定路面机械的类型和数量;

(3)对现有机械进行调查、分析、比较;

(4)按选型原则选型。

3. 路面机械的选型

路面机械使用的种类很多，一般主要进行拌和机和摊铺机的选型。

(1)拌和机的选型。混凝土拌和机可根据施工规模及技术要求等来选型。

对低等级沥青混凝土路面的铺筑及小工程量路面的修补，多使用移动式沥青混凝土拌和机；对城市道路多使用综合作业的固定式沥青混凝土拌和机；对高等级路面的铺筑多使用综合作业的半固定式沥青混凝土拌和机。

对工程量大，供料较集中的水泥混凝土路面的修筑，多选用水泥混凝土拌和楼；对工程量较小，供料较分散的水泥混凝土路面的修筑，多选用水泥混凝土拌和机。

(2)摊铺机的选型。混凝土摊铺机可根据道路等级、摊铺宽度、摊铺厚度和工程量的大小等选型。

对高等级沥青混凝土路面的铺筑，多使用带自动找平装置的履带式沥青混凝土摊铺机；对高等级水泥混凝土路面的铺筑，多使用滑模式水泥混凝土摊铺机。

二、路面机械的选配

对路面机械进行选配，一般先选配主导机械(混凝土拌和机、混凝土摊铺机)，然后选配配套机械(运输车辆、压实机械等)。

1. 沥青混凝土机械的选配

选配时，要根据沥青混凝土的供料方式和施工单位沥青混凝土机械的现有情况来决定。

沥青混凝土的供料方式有：沥青混凝土拌和厂，沥青混凝土拌和场(点)两种。前者多用于城市道路的铺筑；后者常用于公路工程的铺筑。

施工单位沥青混凝土机械现有情况包括：已有沥青混凝土拌和机(或摊铺机)，已有沥青混凝土拌和机和摊铺机，无沥青混凝土机械三种。

因此，机械的选配有以下2种方法。

(1)先选定拌和机，然后根据拌和机的供料能力选择摊铺机。

沥青混凝土拌和机的数量，取决于工程量和拌和机生产率的大小。其计算公式如下：

$$N_{\mathrm{b}} = \frac{Q}{Q_{\mathrm{b}}} \tag{5-4-1}$$

式中：N_{b}——沥青混凝土拌和机的数量，台；

Q——每小时工程量，t/h；

Q_{b}——沥青混凝土拌和机的生产率，t/h。

其中：$Q = \dfrac{hBL\gamma}{nTK}$

式中：h——铺砌层厚度，m；

B——铺砌层宽度，m；

L——流水作业长度，m；

γ——沥青混凝土摊铺后单位体积质量，t/m^3；

n——季度有效工作日；

T——拌和机每天工作时间，h；

K——拌和机的时间利用率。

其中：$Q_b = \frac{60}{t}Kq$

式中：t——拌和一次所用时间，min；

q——拌和一次出料的质量，t。

拌和机选择好后，可根据拌和机数量和生产率选择与之匹配的摊铺机。若一台摊铺机的工作能力不能满足拌和机的生产率时，可选用多台摊铺机联合作业，并使摊铺机的总生产能力略大于拌和机的生产能力。所需摊铺机的数量如下：

$$N_t = \frac{Q_b}{Q_t} \tag{5-4-2}$$

式中：N_t——摊铺机数量，台；

Q_t——摊铺机的生产率，t/h。

其中：$Q_t = hBv\gamma K$

式中：h——摊铺厚度，m；

B——摊铺宽度，m；

v——摊铺机的摊铺速度，m/h；

γ——沥青混凝土摊铺后单位体积质量，t/m^3；

K——摊铺机的时间利用率，一般为0.75～0.95。

这种选配方法，可使拌和机满负荷工作，充分发挥机群效率，避免了拌和机中途停机。只要摊铺机的生产能力和拌和机的生产能力相差不大，摊铺机也不会中途多次停机或停机时间较长，因而对路面摊铺质量影响不大。

(2)先选择摊铺机，然后选择与之匹配的拌和机。

摊铺机的数量取决于工程量和摊铺机的生产率，其计算公式如下：

$$N_t = \frac{Q}{Q_t} \tag{5-4-3}$$

若一台拌和机的生产能力不能适应摊铺机的工作能力时，可用多台拌和机联合进行作业，所需拌和机的数量如下：

$$N_b = \frac{Q_t}{Q_b} \tag{5-4-4}$$

当拌和机的生产能力与摊铺机的工作能力无法相等时，可选用生产能力略小于摊铺机工作能力的拌和机。

这种选配方法的优点是，摊铺机是根据道路的宽度、厚度等技术要求来选定的。因而可尽量减少道路的纵向接缝，提高道路的质量。

2. 水泥混凝土机械的选配

水泥混凝土机械的选配就是为水泥混凝土拌和机（或摊铺机）选择性能相适应的水泥混凝土摊铺机（或拌和机），其选择方法也有以下两种：第一种方法：首先选择水泥混凝土拌和机，再选择水泥混凝土摊铺机。第二种方法：首先选定水泥混凝土摊铺机，再选择水泥混凝土拌和机。

以上两种方法的具体选配，可参考沥青混凝土机械的选配。

水泥混凝土拌和设备的生产率，必须与水泥混凝土摊铺设备的生产率相匹配。即要保证摊铺设备生产率的充分发挥，又要保证拌和设备生产率的发挥，一般可按以下两种公式计算后，再参考相近机械选取配套：

推导公式：

$$Q' = \frac{1}{\eta}bhv \tag{5-4-5}$$

式中：Q'——选定摊铺设备的生产率，m^3/h；

b——路面板宽，m；

h——路面板厚，m；

η——水泥混凝土的压实系数；

v——摊铺设备的工作速度，m/h。

经验公式：

$$Q = (1.15 \sim 1.20)bhv$$

三、运输车辆的选配

运输车辆是混凝土拌和设备和摊铺设备能够协调工作的纽带，也是主导机械生产率充分发挥的关键。当拌和设备和摊铺设备选配之后，其主要选配问题也就是运输车辆与主导机械的选配。

运输车辆选型的主要依据是运距和运量。从国内外试验资料得知，运送水泥混凝土时，运距在0.5km以内，采用1～2t小翻斗车比较经济；运距超过1km时，则采用自卸汽车最为经济，但考虑到塑性水泥混凝土在长距离运送过程中的水分流失和水泥混凝土的离析问题，在运距超过5km时，则采用水泥混凝土搅拌输送车较为理想。在运送沥青混凝土时，无论运距长短都采用自卸汽车。

运输车辆配置数的选择，应能保证及时将拌和料送至工作面，使拌和机械和摊铺机械有正常的生产率和协调的工作节拍。运输车辆数的选配，可用下式计算：

$$N = \frac{\alpha[60(L/v_1 + L/v_2) + t_1 + t_2]}{t} \tag{5-5-6}$$

式中：N——自卸汽车（或其他运输车辆）数量；

α——途中通行阻滞的安全系数，一般取1.2～1.3；

L——拌和场（厂或点）与摊铺地点之间距离，km；

v_1——自卸汽车（或其他运输车辆）重载行驶速度，一般取30～35km/h；

v_2——自卸汽车（或其他运输车辆）空载行驶速度，一般取35～45km/h；

t_1——路线上调度和卸料时间（包括配合摊铺机摊铺），min；

t_2——在拌和机下面估计待装时间，min；

t——装满一车料所需时间，min。

思考题

1. 说明稳定土厂拌设备的组成和工作原理。使用时应注意哪些问题？
2. 稳定土拌和机使用时应注意哪些问题？
3. 简述路拌稳定土路面施工的施工程序。
4. 说明厂拌稳定土路面施工的内容。
5. 沥青洒布机循环—洒布系统的作用有哪些？施工中应注意哪些要点？

6. 说明综合式沥青混凝土拌和机的组成和工作原理。
7. 画简图说明沥青混凝土摊铺机自动找平系统的组成和工作原理。
8. 说明沥青混凝土路面铺筑的施工过程?
9. 沥青混凝土摊铺机施工中应注意哪些问题?并能说明其要点。
10. 说明水泥混凝土路面施工的工艺过程?
11. 滑模式水泥混凝土摊铺机在施工中应注意哪些问题?
12. 说明路面机械选型原则的要点。

第六章　桥梁机械施工

重点内容和学习要求

本章重点介绍了在公路桥梁建设中比较常见的桩工机械、水泥混凝土机械、起重机械和架桥机械。对于每一种机型,重点放在施工方法的介绍上,其次是选用原则和生产率的计算,对机械的原理和组成只做了极其简单的介绍。

通过学习,要求学生掌握所学机械的使用技术(施工方法)和选用原则及生产率的计算,能组织此类机械进行机械化施工,了解所学机械的特点。

要实现桥梁机械化施工,必须合理地选用施工机械及设备,现代桥梁施工机械品种繁多,按功能分类主要有桩工机械、水泥混凝土机械、排水机械、起重机械与架桥机等。

第一节　桩工机械施工

一、桩工机械的用途与分类

桩工机械是用于各种桩基础、地基改良加固、地下挡土连续墙、地下防渗连续墙施工及其他特殊地基基础等工程施工的机械设备,其作用是将各式桩埋入土中,以提高基础的承载能力。

现代造桥用的基础桩有两种基本类型:预制桩和灌注桩。前者用各种打桩机将其埋入土中,后者用钻孔机钻出深孔以灌注混凝土。

根据预制桩和灌注桩的施工可把桩工机械分为预制桩施工机械和灌注桩施工机械两类。

1. 预制桩施工机械

预制桩施工机械主要包括打桩机、振动沉拔桩机和液压静力压桩机三类。它们也可用于沉井基础施工和管柱基础施工等。

(1)打桩机:打桩机由桩锤和桩架组成,靠桩锤冲击桩头,使桩在冲击力的作用下贯入土中,故又称冲击式打桩机。

根据桩锤驱动方式不同,可分为蒸汽、柴油和液压三种打桩机。

(2)振动沉拔桩机:振动沉拔桩机由振动桩锤和桩架组成。振动桩锤利用机械振动法使桩沉入或拔出。

(3)静力压桩机:静力压桩机采用机械或液压方式产生静压力,使桩在持续静压力作用下压入至所需深度。

(4)桩架:桩架是打桩机的配套设备,桩架应能承受自重、桩锤重、桩及辅助设备等重量。

由于工作条件的差异,桩架可分为陆上桩架和船上桩架两种。

由于作业性的差异,桩架有简易桩架和多能桩架(或称万能桩架)。简易桩架具有桩锤或钻具提升设备，一般只能打直桩；多能桩架具有多种功能，即可提升桩，桩锤或钻具，使立柱倾斜一定角度，平台回转360°，自动行走等。多能桩架适用于打各种类型桩。

由于行走机构不同，桩架有滚管式、轨道式、轮胎式、汽车式、履带式和步履式等。

2. 灌注桩的施工机械

灌注桩的施工关键在成孔，其施工方法和配套的施工机械有以下5种：

(1)全套管施工法：即贝诺特法(Benoto)，使用设备有全套管钻机。

(2)旋转钻施工法：采用的设备是旋转钻机。

(3)回转斗钻孔法：使用回转斗钻机。

(4)冲击钻孔法：使用冲击钻机。

(5)螺旋钻孔法：使用长螺旋钻孔机和短螺旋钻孔机。

二、桩工机械组成与工作原理

1. 柴油打桩机

柴油打桩机由柴油桩锤和桩架两部分组成。桩架有专用的，也有利用挖掘机或起重机上的长臂吊杆加装龙门架改装而成。柴油桩锤按其动作特点分导杆式和筒式两种。导杆桩锤冲击体为汽缸，它构造简单，但打桩能量小；筒式桩锤冲击为活塞，打击能量大，施工效率高，是目前使用较广泛的一种打桩设备。下面以筒式桩锤为例介绍柴油桩锤的工作原理。

柴油桩锤系利用冲击部分自由下落的冲击能和柴油燃烧爆炸的能量使桩下沉。它实质上是一个单缸二冲程柴油发动机。其工作情况如图6-1-1所示。

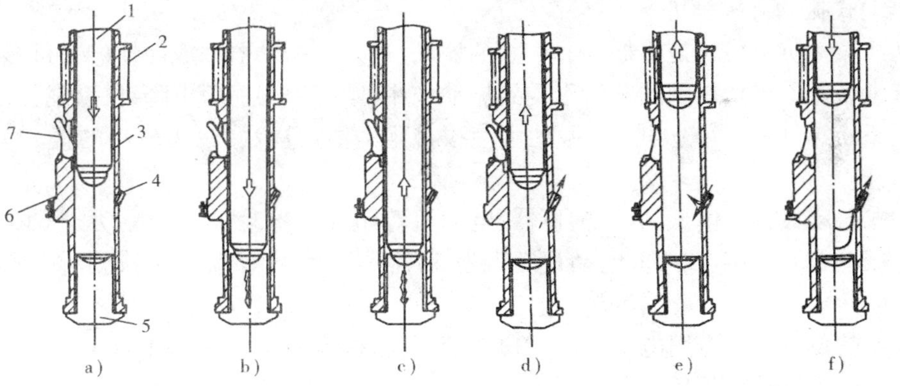

图6-1-1　筒式柴油桩锤工作过程

a)喷油和压缩；b)冲击；c)爆炸；d)排气；e)吸气；f)活塞下行并排气

1-活塞；2-柴油箱；3-汽缸；4-吸排气口；5-锤座；6-喷油泵；7-油泵操纵压块

当活塞1下行并触及油泵压块7时，就开始向锤座5的中央球槽中喷油；活塞继续下行至关闭吸排气口4时，空气被压缩，这是喷油与压缩过程，如图6-1-1a)所示。此后活塞下行，直到冲击锤座5，产生强大的冲击力，使桩下沉。与此同时，喷入球槽中的柴油，在高温高压空气的作用下雾化，并着火燃烧，如图6-1-1b)所示。燃烧爆炸力一边将活塞向上推，一边对锤座产生压力，如图6-1-1c)所示。

当活塞上行到超过吸排气口4时，废气排于缸外，如图6-1-1d)所示。缸内废气排出，但活塞还要惯性上行，于是新鲜空气又被吸入，如图6-1-1e)所示。

当活塞重新下行时，缸内新鲜空气被向缸外扫出一部分，如图6-1-1f)所示，直到活塞下行至图 6-1-1a)所示情况。至此,完成一个工作循环。

2. 振动沉拔桩机

振动沉拔桩机由振动桩锤和通用桩架组成。振动桩锤是利用机械振动法使桩沉入拔出。按振动频率分为低、中、高和超高频四种形式;按作用原理分为振动式和振动冲击式两种;按动力装置与振动器连接方式分为刚性式和柔软性式两种。按动力源分为电动式和液压式两种。

1)振动桩锤工作原理

振动桩锤主要装置为振动器,利用振动器所产生的激振力,使桩身产生高频振动。这时桩在其自重或很小的附加压力作用下沉入土中,或是在较小的提升力作用下而拔出土。

振动器产生激振力的方法如下:振动器都是采用机械式振动器,是由两根装有偏心块的轴组成(图 6-1-2)。这两根轴上装有相同的偏心块,但两根轴相向转动。这时两根轴上的偏心块所产生的离心力,在水平方向上的分力互相抵消,而其垂直方向上的分力则迭加起来。其合力

$$P = 2m\gamma\omega^2\sin\varphi \qquad (N)$$

式中:m——偏心块的质量,kg;

ω——角速度,1/s;

γ——偏心块质心到回转中心的距离,cm。

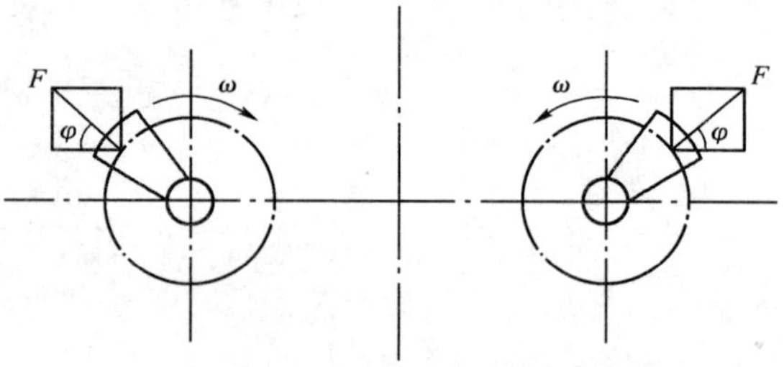

图 6-1-2　振动原理图

合力 P 一般称为“激振力”。就是在这一激振作用下,桩身产生沿其纵向轴线的强迫振动。

2)电动式振动沉拔桩机

电动式振动沉拔桩机是将振动器产生的振动,通过与振动器联成一体的夹桩器传给桩体,使桩体产生振动。桩体周围的土由于受到振动作用,摩擦阻力显著下降,桩就在振动沉桩机和自重作用下沉入土中。在拔桩时,振动可使拔桩阻力显著减小,只需较小的提升力就能把桩拔出。

电动式振动拔桩机由振动器、夹桩器、电动机等组成。电动机 2 与振动器 1 刚性连接的,称为钢性振动锤(图 6-1-3a)。电动机 4 与振动器 1 之间装有螺旋弹簧则称为柔性振动锤(图6-1-3b)。

振动器的偏心块可以用电动机以三角胶带驱动,振动频率可调节,以适应不用土上打不同桩对激振力的不同要求。

夹桩器用来连接桩锤,分为液压式、气压式、手动(杠杆或液压)式和直接(销接或圆锥)式等。

图 6-1-3c)所示为振动冲击式振动桩锤。沉桩既靠振动又靠冲击。振动器和冲击板经由弹簧相连。两个偏心块在电动机带动下,同步反向旋转时,在振动器 1 作垂直方向振动的同时,给予冲击凸块以快速的一连串的冲击,就使桩迅速下沉。

这种振动冲击式桩锤,具有很大的振幅和冲击力,其功率消耗也较少,适于在黏性土或坚硬的土层上打桩。其缺点是冲击时噪音大,电动机受到频繁的冲击作用易损坏。

3)液压式振动沉拔桩机

液压式振动沉拔桩机的原动力采用液压马达驱动。液压马达驱动能无级调节振动频率,还有启动力矩小、外形尺寸小、质量轻、不需要电源等优点。但其传动效率低,结构复杂,维修困难,价格高。

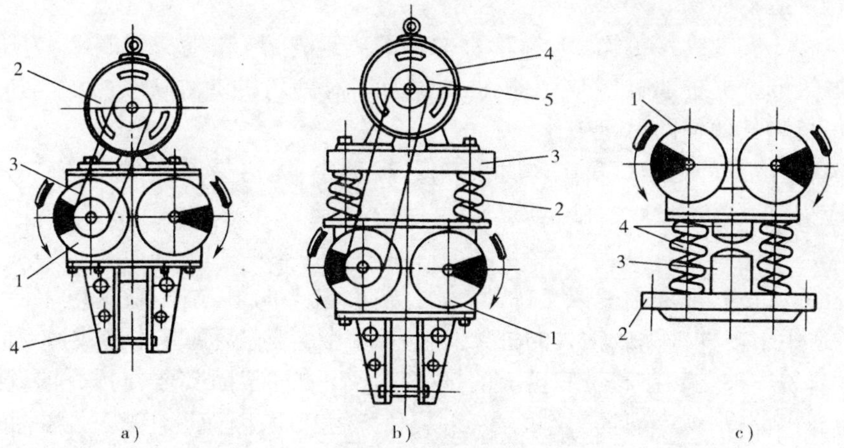

图 6-1-3　振动打桩机的型式

a)刚性打桩机:1-振动器;2-电动机;3-传动机构;4-桩夹

b)柔性打桩机:1-振动器;2-弹簧;3-重荷;4-电动机;5-皮带

c)冲击式打桩机:1-振动器;2-桩帽;3-冲击凸块;4-弹簧

3. 静力压桩机

依靠持续作用静压力,将桩压入或拔出的桩工机械,称为静力压桩机。

静力压桩机分为机械式和液压式两种。机械式压桩力由机械方式传递,液压式用液压缸产生的静压力来压桩或拔桩。

图 6-1-4 为 ZYB400B 型液压静力沉桩机结构组成图,由驾驶室 1、控制台 2、升降机构 3、压桩机构 4、起重机及机身 6、横移回转机构 9、纵移机构 10、油箱 11、泵站 12、配重 7、边桩机构 8(选配)、液压系统及电气系统等组成。

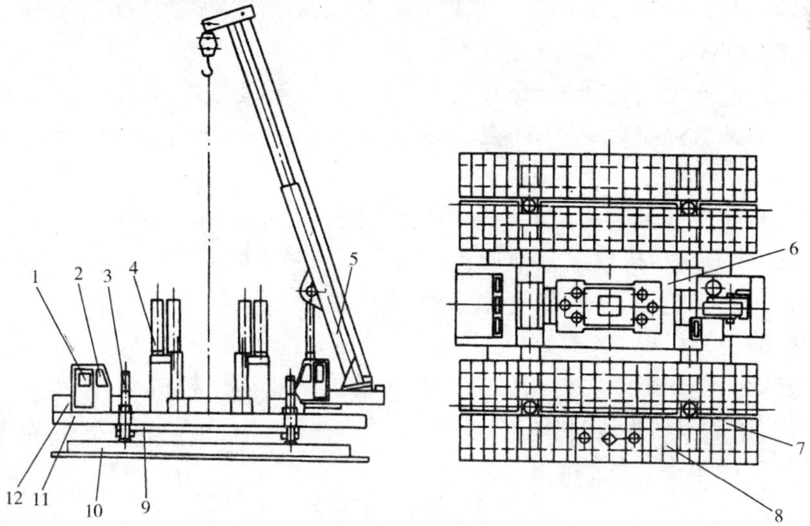

图 6-1-4　ZYB400B 型液压静力沉桩机结构组成图

1-驾驶室;2-控制台;3-升降机构;4-压桩机构;5-起重机;6-机身;7-配重;8-边桩机构;9-横移回转机构;10-纵移机构;11-油箱;12-泵站

驾驶室 1 焊接于泵站 12 上,控制台板焊接于驾驶室内前部。

泵站内装 45kW 和 55kW 电机油泵组,为主机液压系统提供压力油,通过液压系统实现桩机各工作机构的运动控制。

由升降机构3实现纵移机构10、横移机构9的离地、接地和机身的调平，为压桩作准备。压桩机构4通过四个夹桩油缸、一对主压桩油缸及一对副压桩油缸实现夹桩与压桩功能。起重机5用于吊桩和其他辅助吊运工作。

ZYB400 B型液压静力压桩机工作时噪声低、振动小、无污染，与冲击式施工方式比较，桩身不受冲击应力，损坏可能性小，施工质量好，效率高。

4. 桩架

大多数桩锤或钻具都要用桩架支持，并为之导向，桩架的形式很多，这里主要介绍通用桩架，即那些能适用于多种桩锤或钻具的桩架。目前通用桩架有两种基本形式：一种是沿轨道行驶的万能桩架，另一种是装在履带底盘上的打桩架。万能桩架因其要在预先铺就的水平轨道上工作，机构庞大，占用施工现场工作面大，组装和搬运麻烦，因而近年来已很少使用。而履带底盘式桩架发展较为迅速。这里仅介绍这种桩架。

1）悬挂式履带桩架

如图6-1-5所示，悬挂式履带打桩架是以履带起重机为底盘，用吊臂2悬吊桩架立柱6，立柱6下面与车体1通过支撑叉7相连接。由于桩架、桩锤的重量较大，重心高且前移，容易使起重机失稳。所以通常在车体上增加一些配重。立柱在吊臂端部的，安装比较简单。为了能方便的调整立柱的垂直度，立柱下端与车体支撑连接一般都是采用丝杠和液压式等伸缩可调的机构。

悬挂式打桩架的缺点横向稳定性较差，立柱的悬挂不能很好地保持垂直。这一点限制了悬挂式桩架不能用于打斜桩。

2）三点式履带桩架

三点式履带打桩机也同样是以履带式起重机为底盘，但在使用时必须作较多的改动。首先要拆除吊臂，增加两个斜撑，斜撑2下端用球铰支持在液压支腿的横梁上使两个斜撑的下端在横向保持较大的间距，构成稳定的三点支撑结构，如图6-1-6所示。

三点式拉架在性能上是比较理想的，工作幅度小，具有良好的稳定性，其次还可通过斜撑的伸缩使立柱倾斜，以适应打斜桩的需要。

5. 冲击钻机

冲击式钻机是灌注桩基础施工的一种重要钻孔机械，它能适应各种不同地质情况，特别是在卵石层中钻孔，冲击式钻机较之其他形式钻机适应性强。同时，用冲击式钻机造孔，成孔后，孔壁四周形成一层密实的土层，对稳定孔壁，提高桩基承载能力，均有一定作用。

目前常用的冲击钻机有CZ系列（表6-1-1），其所有部件装在拖车上，包括电动机、传动机构、卷扬机和桅杆等，整体牵引。冲击钻孔是利用钻机的曲柄连杆机构，将动力的回转运动改变为往复运动，通过钢丝绳带动冲锤上下运动。通过冲锤自由下落的冲击作用，将卵石或岩石破碎，钻渣随泥浆（或用掏碴筒）排出。

CZ型冲击钻机主要技术参数 表6-1-1

型　号	钻孔直径（m）	钻孔深度（m）	冲击次数（次/min）	提吊力（kN）	主机重（t）	钻具重（t）	外形尺寸（m）
CZ-22	0.6	300	40～50	20	7.5	1.3	8.6×2.3×2.3
CZ-30	1.3	500	40～50	30	13.67	2.5	10×2.7×3.5

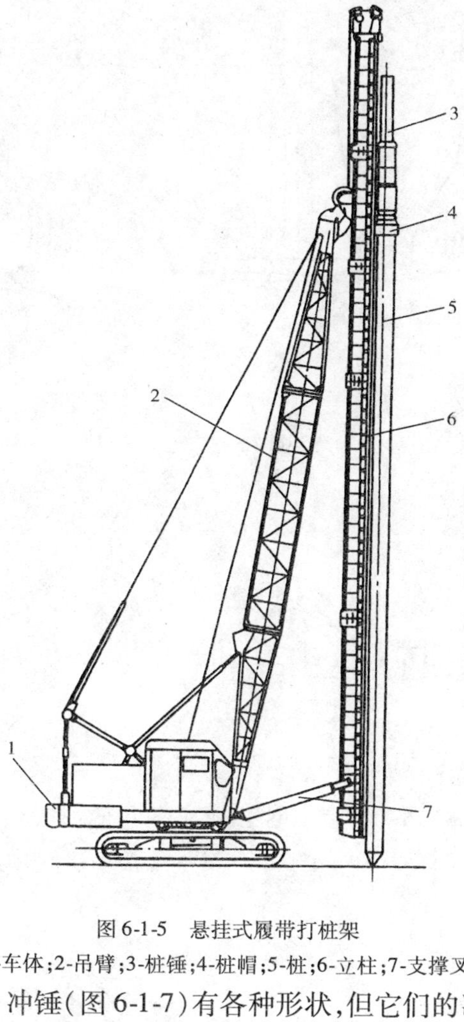

图 6-1-5　悬挂式履带打桩架

1-车体;2-吊臂;3-桩锤;4-桩帽;5-桩;6-立柱;7-支撑叉

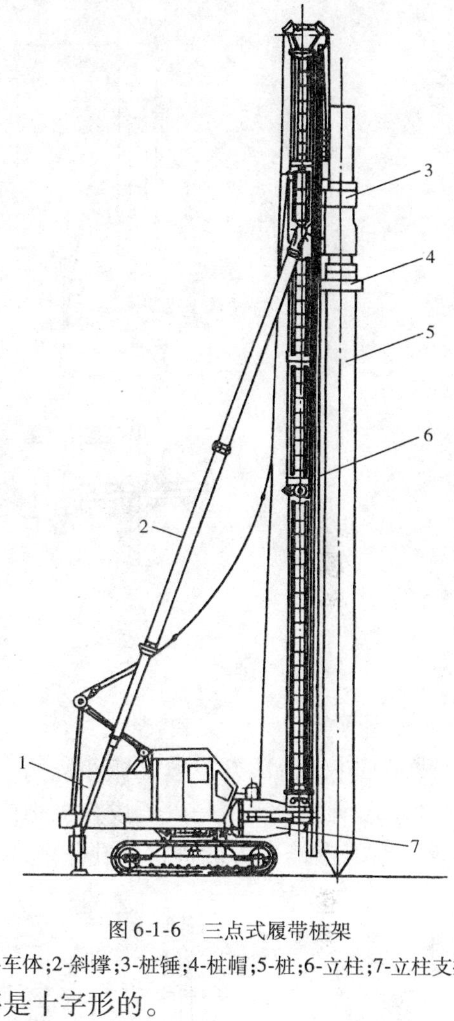

图 6-1-6　三点式履带桩架

1-车体;2-斜撑;3-桩锤;4-桩帽;5-桩;6-立柱;7-立柱支撑

冲锤(图 6-1-7)有各种形状,但它们的冲刃大多是十字形的。

由于冲击式钻机的钻进是将岩石破碎成粉粒状钻渣,功率消耗很大,钻进效率很低。因此,除在卵石层中钻孔时采用外,其他地层中已被其他形式的钻机所取代。

6. 全套管钻机

全套管施工法是由法国贝诺特公司在 40 多年前发明的一种施工方法,也称为贝诺特工法。配合这个施工工艺的设备称为全套管设备或全套管钻机,它主要用于在桥梁等大型建筑基础钻孔桩施工时使用,施工时在成孔过程中一面下沉钢质套管,一面在钢管中抓挖黏土或砂石,直至钢管下沉至设计深度,成孔后灌注混凝土,同时逐步将钢管拔出,以便重复使用。

1)全套管钻机分类及总体结构

全套管钻机按结构形式分为两类:整机式和分体式。

整机式是以履带式或步履式底盘为行走系统,同时将动力系统、钻机作业系统等集成于一体。其结构如图 6-1-8 所示,由主机、钻机、套管、锤式抓斗、钻架等组成。主机主要由驱动全套管钻机短距离移动的底盘、动力系统和卷扬系统等组成;钻机主要由压拔管、晃管、夹管机构组成,包括压拔管、晃管、夹管油自由式和液压系统及相应的管路控制系统。套管是一种标准的钢质套管,互相连接采用连接螺栓,要求有严格的互换性;锤式抓斗由单绳控制,靠自由落体冲击落入孔内取土,提上地面卸土;钻架主要是为锤式抓斗取土服务,设置有卸土外摆机构和

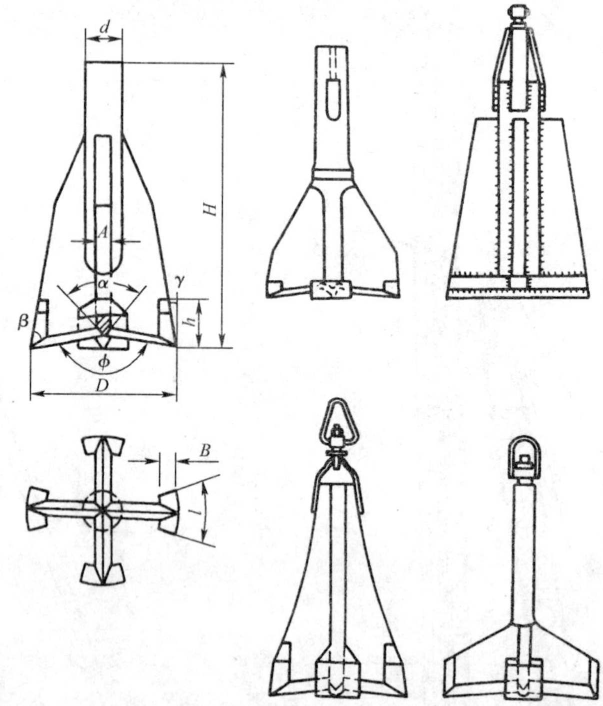

图 6-1-7　冲锤

配合锤式抓斗卸土的开启锤式抓斗机构。

分体式全套管钻机是以压拔管机构作为一个独立系统，施工时必须配备其他形式的机架（如履带式起重机），方能进行钻孔作业。其结构如图 6-1-9 所示，分体式体套管钻机是由起重

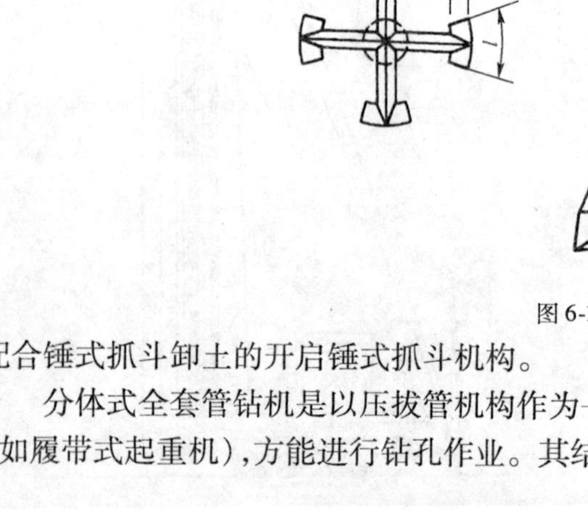

图 6-1-8　整机式全套管钻机

1-主机；2-钻机；3-套管；4-锤式抓斗；5-钻架

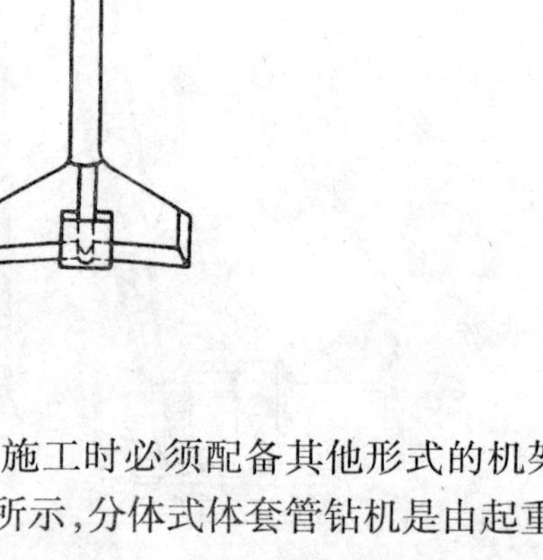

图 6-1-9　分体式全套管钻机

1-起重机；2-锤式抓斗；3-导向口；4-套管；5-钻机

机、锤式抓斗、锤式抓斗导向口、套管、钻机等组成。起重机为通用起重机，锤式抓斗、导向口、

套管均与整机式全套管钻机的相应机构相同;钻机是整套机组中的工作机,它由导向及纠偏机构、晃管装置、压拔管液压缸、摆动臂和底架等组成。

2)全套管钻机工作原理

全套管钻机一般均装有液压驱动的抱管、晃管、压拔管机构。成孔过程是将套管边晃边压进入土之中,并使用锤式抓斗在套管中取土。抓斗得用自重插入土中,用钢绳收拢抓瓣。这一特殊的单索抓斗可在提升过程中完成向外摆动、开瓣卸土、复位、并开瓣下落等过程。成孔后,在灌注水下混凝土的同时逐节拔出并拆除套管,最后将套管全部取尽(图6-1-10)。

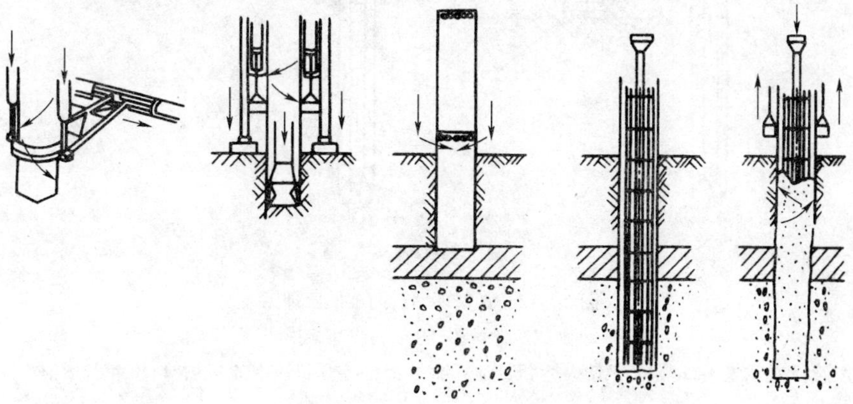

图6-1-10　全套管施工法原理

a)用套管工作装置将套管一面沿圆周方向往复晃动,一面压入地层中;b)用落锤式抓斗取土;c)接长套管;d)当套性达到预定标高后,清孔,并插入钢筋笼及水下混凝土导管;e)随注水下混凝土,灌注的同时拔套管,直到灌注完毕

7. 旋转式钻机

旋转式钻机如图6-1-11所示,由带转盘的基础车(履带式或轮胎式)、钻杆回转机构、钻架、工作装置(钻杆和钻头)等组成。

旋转钻机是利用旋转的工作装置切下土,使之混入泥浆中排出孔外。根据排出渣浆的方式不同,回转式钻孔机分为正循环和反循环两类,常用的是反循环钻孔机。

正循环钻机的工作原理如图6-1-12所示。钻机由电动机驱动转盘带动钻杆、钻头旋转钻孔,同时开动泥浆泵对泥浆池中泥浆施加压力使其通过胶管、提水笼头、空心钻杆,最后从钻头下部两侧喷出,冲刷孔底,并把与泥浆混合在一起的钻渣沿孔壁上升经孔口排出,流入沉淀池。钻渣沉积下来后,较干净的泥浆又流回泥浆池,如此形成一个工作循环。

反循环钻机的工作循环如图6-1-13所示。这类钻机工作泥浆循环与正循环方向相反,夹带杂渣的泥浆经钻头、空心钻杆,提水笼头、胶管进入泥浆泵,再从泵的闸阀排出流入泥浆池中,而后泥浆经沉淀后再流向孔井内。

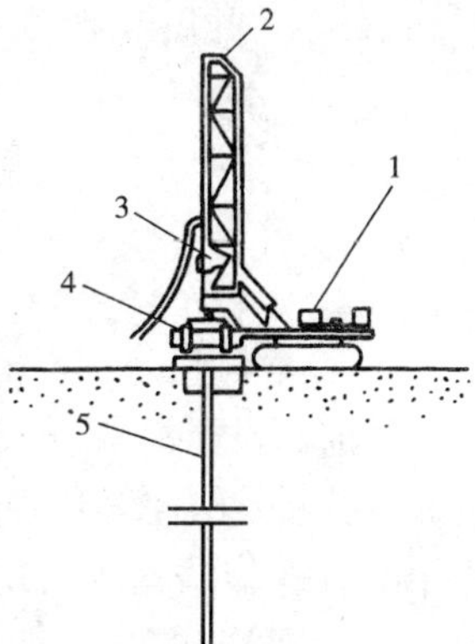

图6-1-11　旋转钻机示意图

1-基础车;2-钻架;3-水龙头;4-钻杆回转机构;5-钻杆;6-钻头

8. 螺旋钻孔机

螺旋钻孔机是钻孔灌注桩施工机械的主要机种。其原理与麻花钻相似,钻头的下部有切削刃,切下来的土沿钻杆上的螺旋叶片

上升,排至地面上。螺旋钻孔机钻孔直径范围为150～2 000mm,一次钻孔深度可达15～20m。

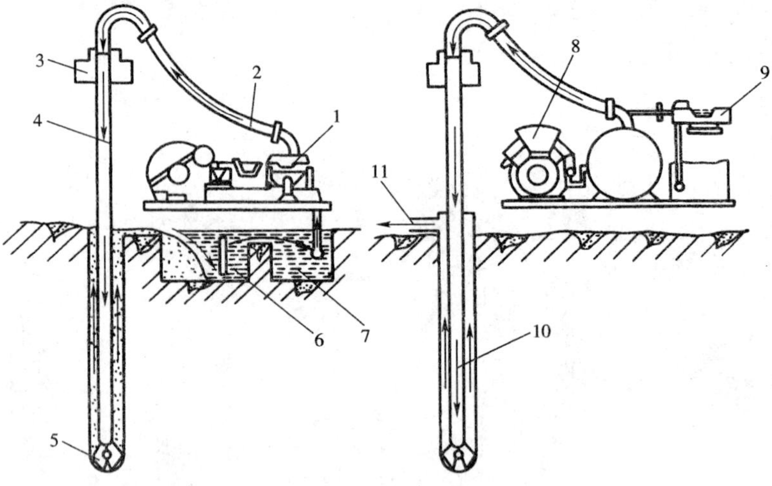

图6-1-12　正循环钻机的工作原理图

a)水或水泥排渣;b)空气或泡沫排渣

1-泥浆泵;2-胶管;3-提水笼头;4-钻杆;5-钻头;6-沉淀池;7-泥浆池;8-空压机;9-泡沫喷射管;10-空气或泡沫;11-排渣管道

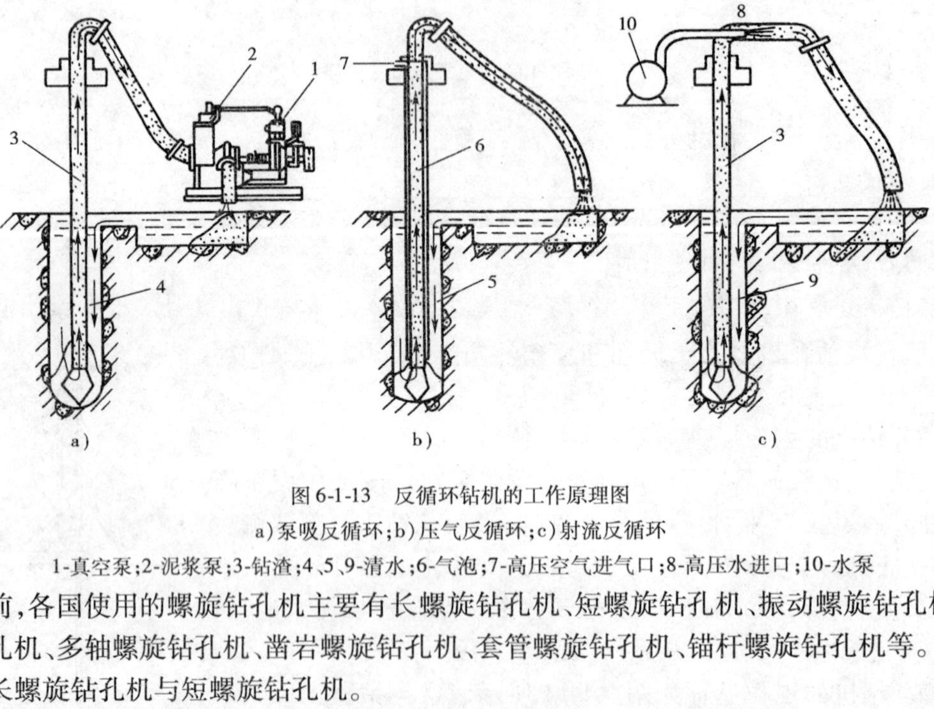

图6-1-13　反循环钻机的工作原理图

a)泵吸反循环;b)压气反循环;c)射流反循环

1-真空泵;2-泥浆泵;3-钻渣;4、5、9-清水;6-气泡;7-高压空气进气口;8-高压水进口;10-水泵

目前,各国使用的螺旋钻孔机主要有长螺旋钻孔机、短螺旋钻孔机、振动螺旋钻孔机、加压螺旋钻孔机、多轴螺旋钻孔机、凿岩螺旋钻孔机、套管螺旋钻孔机、锚杆螺旋钻孔机等。这里主要介绍长螺旋钻孔机与短螺旋钻孔机。

1)长螺旋钻孔机

长螺旋钻孔机如图6-1-14所示,通常由钻具和底盘桩架两部分组成。钻具的驱动动力可用电动机、内燃机或液压马达。钻杆3的全长上都有螺旋叶片,底盘桩架有汽车式、履带式和步履式。采用履带打桩机时,和柴油锤等配合使用,在立柱上同时挂有柴油锤和螺旋钻具,通过立柱旋转,先钻孔,后用柴油锤将预制桩打入土中,这样可以降低噪声,提高施工进度,同时又能保证桩基质量。

长螺旋钻孔机钻孔时，钻具的中空轴允许加注水、膨润土或其他液体进入孔中，并可防止提升螺旋时由于真空作用而塌孔和防止泥浆附在螺旋上。

2）短螺旋钻孔机

短螺旋钻孔机（图6-1-15），其钻具与长螺旋的钻具相似，但钻杆上只有一段叶片（为2～6个导程）。工作时，短螺旋不能像长螺旋那样，直接把土输送到地面上来，而是采用断续工作方式，即钻进一段，提出钻具卸土，然后再钻进。此种钻孔机也分为汽车式底盘和履带式底盘。

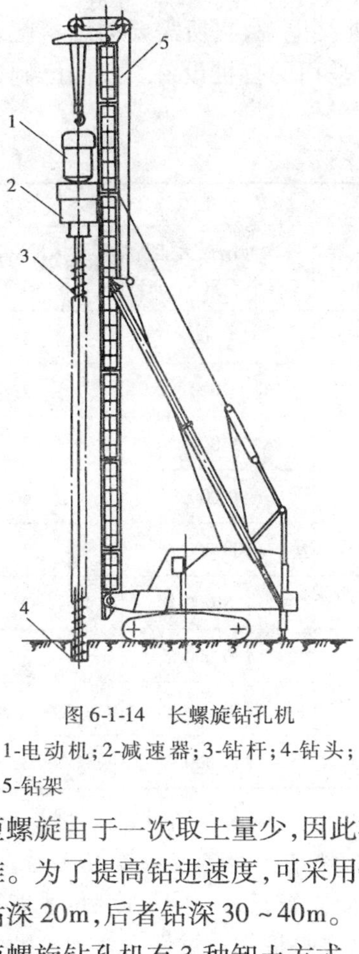

图6-1-14　长螺旋钻孔机

1-电动机；2-减速器；3-钻杆；4-钻头；5-钻架

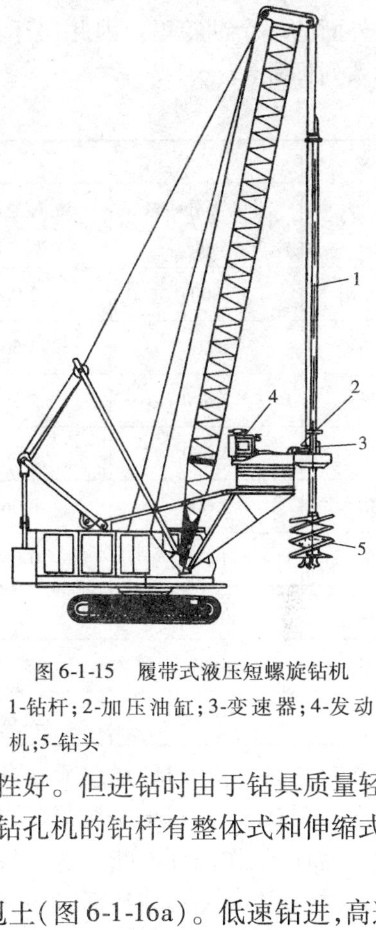

图6-1-15　履带式液压短螺旋钻机

1-钻杆；2-加压油缸；3-变速器；4-发动机；5-钻头

短螺旋由于一次取土量少，因此在工作时整机稳定性好。但进钻时由于钻具质量轻，进钻较困难。为了提高钻进速度，可采用钢绳加压。短螺旋钻孔机的钻杆有整体式和伸缩式两种。前者钻深20m，后者钻深30～40m。

短螺旋钻孔机有3种卸土方式。一种方式是高速甩土（图6-1-16a）。低速钻进，高速提钻卸土，土块在离心力作用下被甩掉。这种方式虽然外出土迅速，但因甩土范围大，对环境有影响。第二种方式为刮土器卸土（图6-1-16b）。当钻具提升至地后，将刮土器的刮土板插入顶

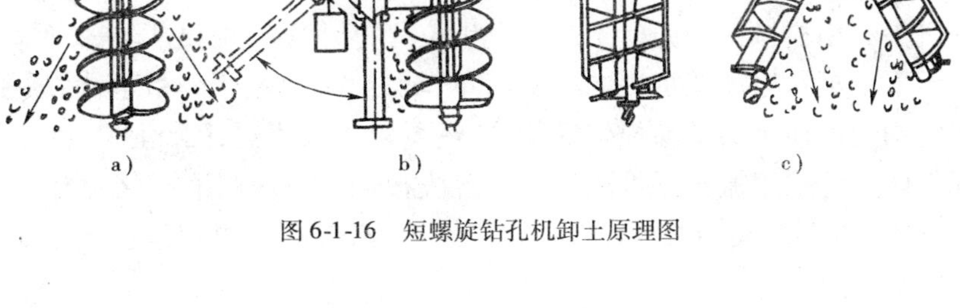

图6-1-16　短螺旋钻孔机卸土原理图

部螺旋叶片中间，螺旋一边旋转，一边定速提升，使刮土板沿螺旋刮土，清完土后，将刮土器抬离螺旋，再进行钻孔。另一方式为开裂式螺旋卸土（图 6-1-16c）。在钻杆底端设有铰，钻进时，当螺旋被提升至底盘定位板外，开裂式螺旋上端的顶推杆与定位板相碰，开裂式螺旋即被压开，使土从中部卸出。如一次未卸净，可反复几次。

三、桩工机械的应用

1. 柴油打桩机的应用

柴油桩锤构造简单，使用方便，它不像振动桩锤需要外接电源，它所需要的燃料就装在它的汽缸外面的一个油箱里。因此，柴油桩锤成为目前广泛采用的打桩设备。我国已制定了柴油桩锤系列标准（表 6-1-2）。

柴油桩锤系列标准 表 6-1-2

型 号	项 目				
	冲击部分质量（kg）	桩锤总质量（不大于）（kg）	桩锤全高（不大于）（mm）	一次冲击最大能量（不小于）（N·m）	最大跳起高度（不小于）（m）
D8	800	2 060	4 700	24 000	3
D16	1 600	3 560	4 730	48 000	3
D25	2 500	5 560	5 260	75 000	3
D30	3 000	6 060	5 260	90 000	3
D36	3 600	8 060	5 285	108 000	3
D46	4 600	9 060	5 285	138 000	3
D62	6 200	12 100	5 910	186 000	3
D80	8 000	17 100	6 200	240 000	3
D100	10 000	20 600	6 358	300 000	3

柴油锤的另一特点是：地层愈硬，桩锤跳得愈高，这样就自动调节了冲击力。地层软时，由于贯入度（每打击一次桩的下沉量，一般用 mm 表示）过大，燃油不能爆发或爆发无力，桩锤反跳不起来，而使工作循环中断。这时只好重新启动，甚至，要将桩打入一定深度后，才能正常工作。所以，在软土地使用柴油锤时，开始一段效率较低。若在打桩作业过程中发现桩的每次下沉量很小，而柴油锤又确无故障时，说明此种型号桩锤规格太小，应换大型号桩锤。过小规格的桩锤作业效率低，而用过大的油门试图增大落距和增大锤击力的做法，其生产效率提高不大，而往往将桩头打坏。一般要求是重锤轻击，即锤应偏重，落距宜小，而不是轻锤重击。另外，柴油桩锤打斜桩效果较差。若打斜桩时，桩的斜度不宜大于 30°。

2. 振动沉拔桩机的应用

振动沉桩机是利用机械振动力使土颗粒发生位移，从而减少了土与桩表面间的摩擦阻力，使桩在自重作用下下沉。振动沉桩机的结构简单、辅助设备少、工作效率高、质量轻、体积小、对桩头的作用力均匀而使桩头不易损坏等优点，还可以用来拔桩，因此已得到广泛使用。

桥梁工程中已广泛采用振动沉桩法施工来解决板桩、钢管桩、钢筋混凝土桩和管桩的施工问题。振动沉桩工作效率决定于振幅，离心力和静压力，振幅是决定沉桩速度的主要因素，理想的振幅是 10～20mm。过大的振幅不但消耗动力多,而且机械工作不平稳。沉桩作业时,作用在桩身单位断面积上的静压力对桩的下沉也有很大的影响,只有当静压力(包括桩的自重)超过某值时才发生沉桩现象,振动沉桩机必须有足够的重量,必要时还应附加配重。

图 6-1-17 为振动沉桩机沉钢桩作业图。

图 6-1-18 为振动沉桩机沉斜桩作业图。

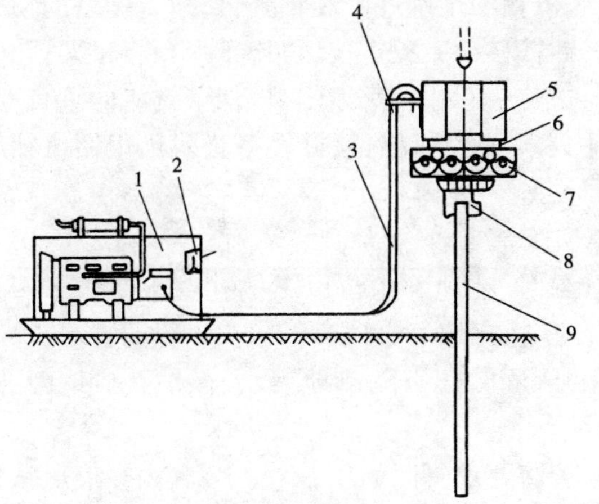

图 6-1-17　振动沉桩作业图

1-动力装置;2-操纵杆;3-电线;4-弹性悬挂装置;5-隔振器;6-电动机;7-偏心块;8-夹紧装置;9-桩

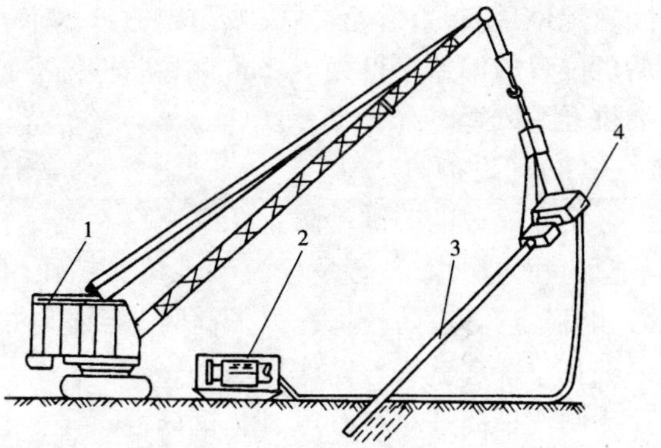

图 6-1-18　沉斜桩作业图

1-起重机;2-动力装置;3-桩;4-打桩机

3. 钻孔灌注桩施工方法

钻孔灌注桩的施工,因其所选护壁形成的不同,有泥浆护壁方式法和全套管施工法两种。

1)泥浆护壁施工法

冲击钻孔,冲抓钻孔和回转钻削成孔等均可采用泥浆护壁施工法。该施工法的过程是:平整场地→泥浆制备→埋设护筒→铺设工作平台→安装钻机并定位→钻进成孔→清孔并检查成孔质量→下放钢筋笼→灌注水下混凝土→拔出护筒→检查质量。施工顺序如图 6-1-19 所示。

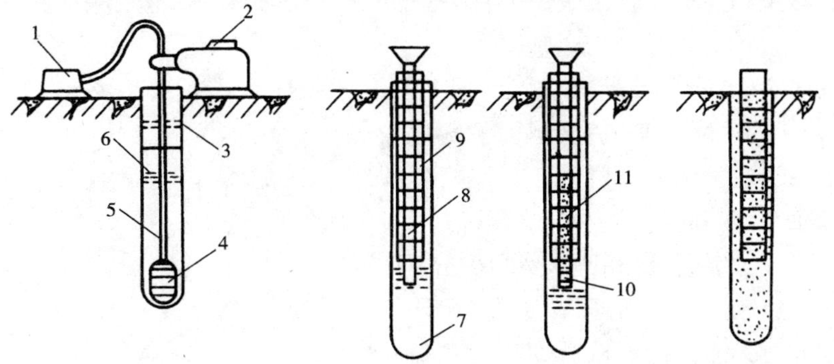

图 6-1-19　泥浆护壁钻孔灌注桩施工顺序图

a)钻孔;b)下钢筋笼及导管;c)灌注混凝土;d)成型

1-泥浆泵;2-钻机;3-护筒;4-钻头;5-钻杆;6-泥浆;7-沉淀泥浆;8-导管;9-钢筋笼;10-隔水塞;11-混凝土

(1)施工准备。

施工准备包括:选择钻机、钻具、场地布置等。

钻机是钻孔灌注桩施工的主要设备，可根据地质情况和各种钻孔机的应用条件来选择。

(2)钻孔机的安装与定位。

安装钻孔机的基础如果不稳固，施工中易产生钻孔机倾斜、桩倾斜和桩偏心等不良影响，因此要求安装地基稳固。对地层较软或有坡度的地基，可用推土机推平，再垫上钢板或枕木加固。

为防止桩位不准，施工中很重要的是定好中心位置和正确地安装钻孔机，对有钻塔的钻孔机，先利用钻机本身的动力与附近的地笼配合，将钻杆移动大致定位，再用千斤顶将机架顶起，准确定位，使起重滑轮、钻头或固定钻杆的卡孔与护筒中心在一垂线上，以保证钻机的垂直度。钻机位置的偏差不得大于2cm。对准桩位后，用枕木垫平钻机横梁，并在塔顶对称于钻机轴线上拉上缆风绳。

(3)埋设护筒。

钻孔成败的关键是防止孔壁坍塌。当钻孔较深时，在地下水位以下的孔壁土在静水压力下会向孔内坍塌，甚至发生流沙现象。钻孔内若能保持比地下水位高的水头，增加孔内静水压力，能稳定孔壁、防止坍孔。护筒除起到这个作用外，同时还有隔离地表水、保护孔口地面、固定桩孔位置和钻头导向作用等。

制作护筒的材料有木、钢、钢筋混凝土三种。护筒要求坚固耐用，不漏水，其内径应比钻孔直径大(旋转钻约大20cm，潜水钻、冲击或冲抓锥约大40cm)，每节长度为2～3m。一般常用钢护筒。

(4)泥浆制备。

钻孔泥浆由水、黏土(膨润土)和添加剂组成。具有浮悬钻渣、冷却钻头、润滑钻具，增大静水压力，并在孔壁形成泥皮，隔断孔内外渗流，防止坍孔的作用。调制的钻孔泥浆及经过循环净化的泥浆，应根据钻孔方法和地层情况来确定泥浆稠度，泥浆稠度应视地层变化或操作要求机动掌握，泥浆太稀，排渣能力小，护壁效果差；泥浆太稠会削弱钻头冲击功能，降低钻进速度。

(5)钻孔。

钻孔是一道关键工序，在施工中必须严格按照操作要求进行，才能保证成孔质量，首先要注意开孔质量，为此必须对好中线及垂直度，并压好护筒。在施工中要注意不断添加泥浆和抽渣(冲击式用)，还要随时检查成孔是否有偏斜现象。采用冲击式或冲抓式钻机施工时，附近土层因受到震动而影响邻孔的稳固。所以钻好的孔应及时清孔，下放钢筋笼和灌注水下混凝土。钻孔的顺序也应事先规划好，既要保证下一个桩孔的施工不影响上一个桩孔，又要使钻机的移动距离不要过远和相互干扰，一般可采用如图6-1-20所示的顺序钻孔。

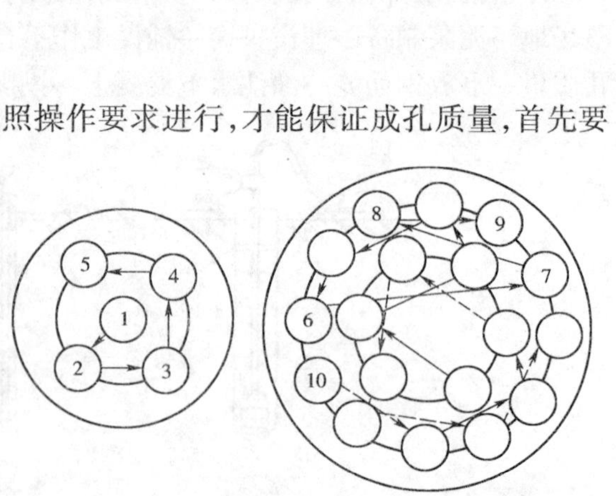

图6-1-20　钻机钻孔顺序图

(6)清孔。

钻孔的深度、直径、位置和孔形直接关系到成桩质量与桩身曲直。为此，除了钻孔过程中密切观测监督外，在钻孔达到设计要求深度后，应对孔深、孔位、孔形、孔径等进行检查。在终孔检查完全符合设计要求时，应立即进行孔底清理，避免隔时过长以致泥浆沉淀，引起钻孔坍塌。对于摩擦桩当孔壁容易坍塌时，要求在灌注水下混凝土前沉渣厚度不大于30cm；当孔壁不易坍塌时，不大20cm。对于柱桩，要求在射水或射风前，沉渣厚度不大于5cm。清孔方法视使用的钻机不同而灵活应用。通常可采用正循环旋转钻机、反循环旋转钻机真空吸泥机以及抽渣筒等清孔。其中用吸泥机清孔，所需设备不多，操作方便，清孔也较彻底，但在不稳定土层中应慎重使用。图6-1-21为风管吸泥清孔示意图。其原理就是用压缩机产生的高压空气吹入吸泥机管道内将泥渣吹出。

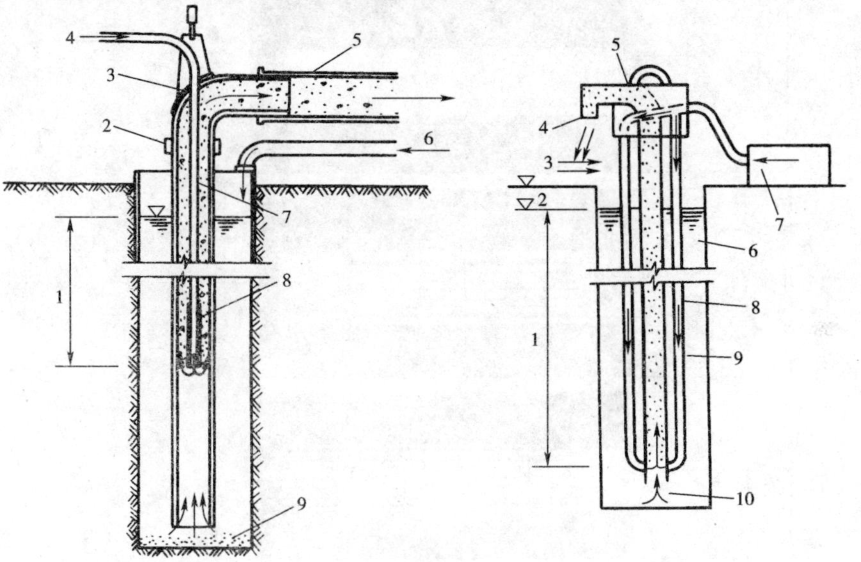

图6-1-21 吸泥清孔示意图

a)内风管吸泥清孔：1-高压风管入水深；2-弯管和导管接头；3-焊在弯管上的耐磨短弯管；4-压缩空气；5-排渣软管；6-补水；7-输气软管；8-ϕ25钢管长度大于2m；9-孔底沉渣

b)外风管吸泥清孔：1-水面到导管进风管口；2-钻孔水面；3-地面；4-浆渣出口；5-接在导管上的弯管；6-钻孔；7-空压机；8-小风管；9-灌注混凝土导管；10-浆渣进口

(7)灌注水下混凝土。

清完孔之后，就可将预制的钢筋笼垂直吊放到孔内，定位后要加以固定，然后用导管灌注混凝土，灌注时混凝土不要中断，否则易出现断桩现象。

2)全套管施工法

全套管施工法的施工顺序如图6-1-22所示。其一般的施工过程是：平场地、铺设工作平台、安装钻机、压套管、钻进成孔、安放钢筋笼、放导管、浇注混凝土、拉拔套管、检查成桩质量。

全套管施工法的主要施工步骤除不需泥浆及清孔外，其他步骤与泥浆护壁法都类同。压入套管的垂直度，取决于挖掘开始阶段的5~6m深时的垂直度。因此应该随时用水准仪及铅垂校核其垂直度。

四、桩工机械的选用

1. 预制桩施工机械适用范围及选用

1)适用范围

预制桩施工机械的适用范围见表6-1-3。

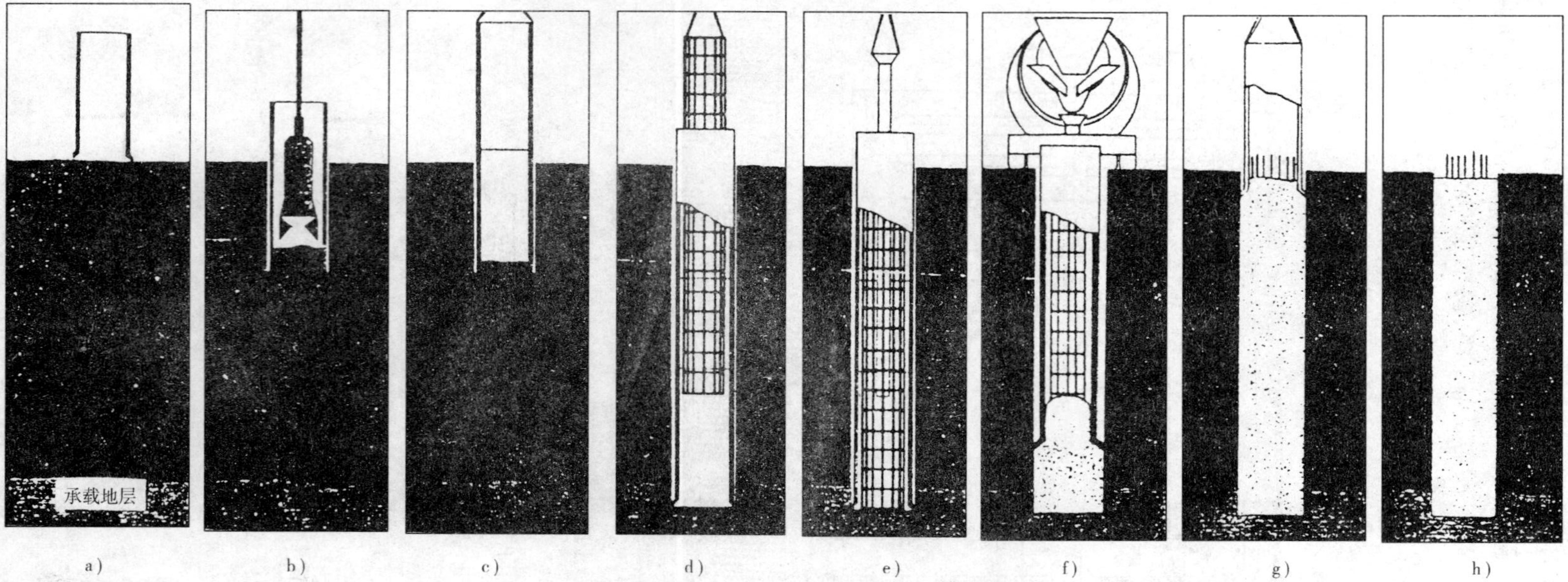

图 6-1-22　全套管施工法的施工顺序图

a)压入第一根套管;b)挖掘;c)连接第二根套管;d)插入钢筋笼;e)插入导管;f)浇注混凝土;g)拉拔套管;h)结束就地灌注柱桩作业

预制桩施工机械适用范围 表6-1-3

打桩机类别	适 用 范 围	优 缺 点
柴油打桩机	1. 轻型宜于打木桩、钢板桩 2. 重型宜于打钢筋混凝土桩，钢管桩 3. 不适于在过硬或过软土层中打桩	附有桩架、动力设备，机架轻，移动方便，燃料消耗少，沉桩效率高
振动沉拔桩机	1. 用于沉拔钢板桩、钢管桩、钢筋混凝土桩 2. 宜用于砂土、塑性黏土及松软砂黏土 3. 在卵石夹砂及紧密黏土中效果较差	沉桩速度快，施工操作简易安全，能辅助拔桩
静力压拔桩机	1. 适用于不能有噪声和振动影响邻近建筑物的软土地区 2. 适用压拔板桩、钢板桩、型钢桩和各钢筋混凝土方桩 3. 宜用于软土基础及地下铁道明挖施工中	对周围环境无噪声，无振动，桩配筋简单，短桩可接，便于运输。只适用松软地基，且运输安装不便

2）柴油桩锤的选用

桩锤是打桩机的核心部件，因此正确选择柴油锤对提高工作效率至关重要。选择桩锤，必须考虑桩的规格、基础规格和土质条件等因素。一般选用柴油打桩机，采用桩质量与锤质量之比为0.7～2.5时，则可提高工作效率。选择一般桩的适当打击次数，按表6-1-4的标准决定。采用适当质量的桩锤进行打桩，在接近打桩结束时，每次打击的贯入量应小于2mm，这样可充分发挥极的承载力。在确保承载力的条件下，也可采用比上述限值更大一些的贯入量。

各种桩的限制打击次数 表6-1-4

桩 种	限制总打击次数	桩 种	限制总打击次数
钢桩	3 000次以下	预应力混凝土桩	2 000次以下
钢筋混凝土桩	1 000次以下		

2. 灌注桩施工机械适用范围及选用

如前所述，灌注桩基础施工工艺过程繁多，在整个施工过程中，关键环节是钻孔。因此钻孔机械的选择尤为重要，其他工艺过程的机械随钻孔机械而进行配套。钻孔机械就是灌注桩基础施工的主导机械。

钻机的种类有：旋转式钻机、冲击式钻机、冲抓钻机、套管钻机、潜水钻机等，各种钻机有其各自的工作特点和适用范围。因此钻机的选择往往是顺利完成施工的重要环节。钻机的选择根据以下原则进行。

（1）选择钻机类型时，必须根据所钻孔位的地质（土及土层结构）情况结合钻机的适用能力而选型，参见表6-1-5。

（2）钻机的型号应根据设计钻孔的直径和深度结合钻机钻孔能力而定。

（3）一台钻机配备有不同形式的钻头，而钻头的选择应根据地质结构情况而选择。

（4）钻机的选择还应考虑钻架设立的难易程度，钻机的运输条件及钻机安装场地的水文、地质、钻机钻进反力等情况，力求所选钻机结构简单，工作可靠，使用及运输方便。

（5）钻机的选择要考虑其生产率应符合工程进度的要求，在保证工程质量和工作进度的前提下，生产率不宜过大。因为生产率高的钻机费用高，工程造价高。

各种钻孔方法适用范围 表 6-1-5

各类灌注桩适用范围		适用条件
护壁成孔灌注桩	冲击成孔	用于各种地质情况
	冲抓成孔	用于一般黏土、砂土、砂砾土
	旋转正、反循环钻成孔	用于一般黏土、砂土、砂砾土等土层，在砂砾或风化岩层中亦可应用机械旋转钻孔。但砾石粒径超过钻杆内径时不宜采用反循环钻孔
	潜水钻成孔	用于黏性土、淤泥、淤泥质土、砂土
干成孔灌注桩	螺旋钻成孔	用于地下水位以上黏性土、砂土、及人工填土
	钻孔扩底	用于地下水位以上坚硬塑黏性土，中密以上砂土
	人工成孔	用于地下水位以上黏性土、黄土及人工填土
沉管灌注桩	锤击沉管	用于可塑、软塑、流塑黏性土、黄土、碎石土及风化岩
	振动沉管	
爆扩灌注桩	爆扩	用于地下水位以上黏性土、黄土、碎石土及风化岩

(6)一个工程队如要配备两台以上钻机时，应尽可能统一其型号规格，便于管理。根据施工需要也可配各不同型号种类的钻机。

总之，在钻机选型时，要综合考虑各种因素，力求经济实用。

第二节　水泥混凝土机械施工

用来拌制、输送、振实水泥混凝土，以预制桥涵等各种人工构筑物构的专用机械叫水泥混凝土机械，主要有水泥混凝土拌和机、水泥混凝土拌和输送车、水泥混凝土泵车和振捣器等。

这里主要介绍水泥混凝土泵、水泥混凝土泵车及振捣器的工作原理及应用，其余见路面机械部分。

一、混凝土输送泵

1. 概述

混凝土泵是水泥混凝土机械中的主要设备，用于垂直与水平方向混凝土的输送工作，具有效率高、质量好、机械化程度高和作业时不受现场条件限制并可减少环境污染等特点。德国于1927年首创了泵送混凝土施工技术，是欧洲泵送混凝土技术发展最快的国家，至1973年泵送混凝土的普及率为40%～50%。美国、日本在引进德国技术之后发展也十分迅速，也已成为泵送混凝土普及率最高的国家。

在20世纪80年代初，我国泵送混凝土的技术开始被广泛采用，其应用范围遍及水利、水电、隧道、地铁、桥梁、大型基础和高层建筑等工程。

2. 混凝土泵的分类

(1)按其工作原理可分为：挤压式混凝土泵和液压活塞式混凝土泵。

挤压式混凝土泵主要由料斗、鼓形泵、驱动装置、真空系统和输送管等组成。主要特点是：结构简单、造价低，维修容易且工作平稳。由于输送量及泵送混凝土压力小，输送距离短，目前已很少采用。

液压活塞式混凝土泵主要由料斗、混凝土缸、分配阀、液压控制系统和输送管等组成。通过液压控制系统使分配阀交替启闭。液压缸与混凝土缸相连,通过液压缸活塞杆的往复运动以及分配阀的协同动作,使两个混凝土缸轮流交替完成吸入与排出混凝土的工作过程。目前国内外均普遍采用液压活塞式混凝土泵。

(2)按其形式可分为:

固定式混凝土泵(HBG)——安装在固定机座上的混凝土泵。

拖式混凝土泵(HBT)——安装在可以拖行的底盘上的混凝土泵。

车载式混凝土泵(HBC)——安装在机动车辆底盘上的混凝土泵。

(3)按其理论输送量可分为:超小型(10~20m^3/h)。小型(30~40m^3/h)、中型(50~95m^3/h)、大型(100~150m^3/h)和超大型(160~200m^3/h)。

(4)按其驱动方式可分为:电动机驱动和柴油机驱动。

(5)按其分配阀形式可分为:垂直轴蝶形阀、S形阀、C形阀、裙形阀、斜置式闸板阀与横置式板阀。

(6)按工作时混凝土泵出口的混凝土压力(即泵送混凝土压力)可分为低压(2.0~5.0MPa)、中压(6.0~9.5 MPa)、高压(10.0~16.0 MPa)和超高压(22.0~28.5 MPa)。

3. 混凝土泵的主要结构、工作原理及分配阀的形式

1)主要结构及泵送原理

以下以中联重工的HBT60型混凝土输送泵为例,介绍其结构特点与泵送原理:

如图6-2-1所示,HBT60型混凝土输送泵由料斗、泵送系统、液压系统、清洗系统、电气系统、电机、行走底盘等组成。

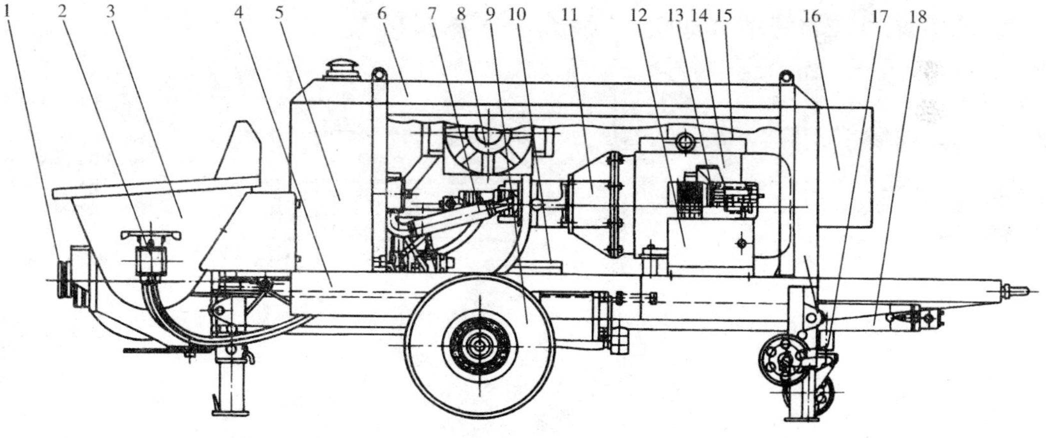

图6-2-1 HBT60型混凝土输送泵

1-分配机构;2-搅拌机构;3-料斗;4-机架;5-液压油箱;6-机罩;7-液压系统;8-冷却系统;9-拖运桥;10-润滑系统;11-动力系统;12-工具箱;13-清洗系统;14-电动机;15-电气系统;16-软启动箱;17-支地轮;18-泵送系统

其泵送系统如图6-2-2所示,泵送机构由两只主缸1、2,水箱3,换向装置4,两只混凝土缸5、6,两只混凝土活塞7、8,料斗9,分配阀10(s形阀),摆臂11,两只摆动油缸12、13和出料口14组成。

混凝土活塞(7、8)分别与主油缸(1、2)活塞杆连接,在主油缸液压油作用下,作往复运动,一缸前进,则另一缸后退;混凝土缸出口与料斗连通,分配阀一端接出料口,另一端能过花键轴与摆臂连接,在摆动油缸作用下,可以左右摆动。

泵送混凝土料时，在主油缸作用下，混凝土活塞7前进，混凝土活塞8后退，同时在摆动油缸作用下，分配阀10与混凝土缸5连通，混凝土缸6与料斗连通。这样混凝土活塞8后退，便将料斗内的混凝土吸入混凝土缸，混凝土活塞7前进，将混凝土缸内混凝土料送入分配阀泵出。

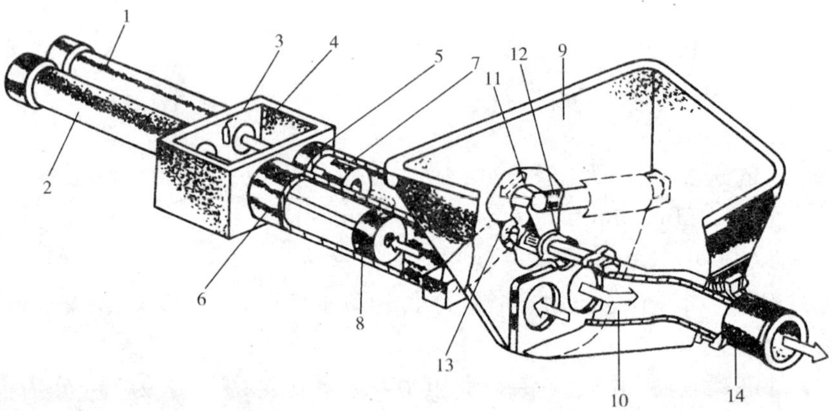

图6-2-2　泵送机构

1、2-主油缸；3-水箱；4-换向装置；5、6-混凝土缸；7、8-混凝土活塞；9-料斗；10-分配阀；11-摆臂；12、13-摆动油缸；14-出料口

当混凝土活塞8后退至行程终端时，触发水箱3中的换向装置4，主油缸1、2换向，同时摆动油缸12、13换向，使分配阀10与混凝土缸6连通，混凝土缸5与料斗连通，这时活塞7后退，8前进。如此循环，从而实现连续泵送。

反泵时，通过反泵操作，使处在吸入行程的混凝土缸与分配阀连通，处在推送行程的混凝土缸与料斗连通，从而将管路中的混凝土抽回料斗（图6-2-3）。

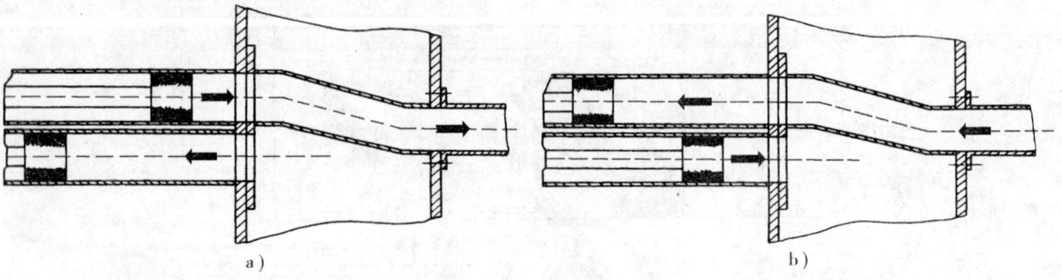

图　6-2-3

a）正泵状态；b）反泵状态

泵送系统通过分配阀的转换完成混凝土的吸入与排出动作，因此分配阀是混凝土泵中的关键部件，其形式会直接影响到混凝土泵的性能。

2）几种常见分配阀型式

（1）垂直轴蝶形阀（图6-2-4）。

在料斗、混凝土缸与混凝土泵出口之间的通道上，设置一个蝶形板，在液压缸活塞杆的推动下蝶形板翻动，使工作缸3、4得到与输送管2及集料斗不同的通道。该阀具有结构简单、体积小、混凝土流道短、换向阻力小和检修方便等特点。因混凝土流道截面面积变化较大，吸入流道后方向改变又剧烈，因此在分配阀内泵送阻力大，故泵送混凝土压力小，使用寿命长。

(2)S 形阀(图 6-2-5)。

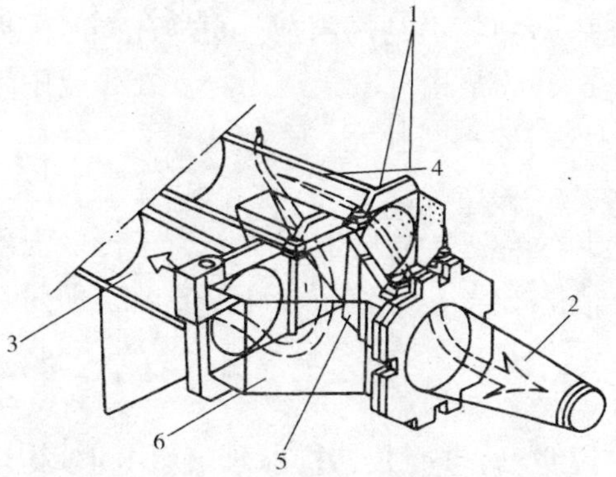

图 6-2-4 垂直轴蝶形阀

1-通集料斗;2-通输送管;3,4-工作缸;5-蝶形板;6-壳板

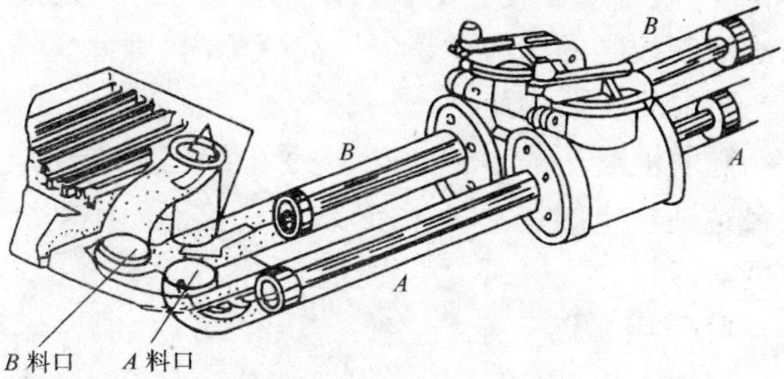

图 6-2-5 S 形阀

S 形阀置于料斗内,一端与混凝土泵出口接通,另一端在两个液压缸活塞杆的作用下作往复摆动,分别与两个混凝土缸 A、B 接通,当 S 形阀与混凝土泵缸 B 接通时,泵缸 B 压送混凝土,此时 A 缸吸入混凝土;而 S 形阀与混凝土泵缸 A 接通时,则 A 缸压送、B 缸吸入混凝土,如此实现吸料和排料的过程。S 形阀本身就是输送管的部分,流道截面形状没有变化,故泵送阻力小。S 形阀与阀体之间具有磨损自动补偿系统,并设置了耐磨环和耐磨板。易损件磨损后便于维修和更换。因泵送混凝土压力大,具有输送距离远和输送高度大的特点。

(3)C 形阀(图 6-2-6)。

C 形阀置于料斗内,一端与混凝土泵出口 10 接通,另一端在两个液压缸的作用下作往复摆动,分别与两个混凝土缸 7 接通,实现吸料和排料过程。应用该阀具有下列特点:清除残余混凝土容易,泵送混凝土后清洗整个输送系统时,无须打开输送管就可以把海绵球反泵吸入用来清理输送管道;C 形阀更换方便;耐磨板与 C 形阀之间的接触面可由自动密封环自动补偿磨损量;C 形阀采用厚锰钢材质,耐磨损;没有类似 S 形阀的摆轴,混凝土能直接流入混凝土缸,吸入效率高;C 形阀轴承位于混凝土区域之外,可免除经常维护;对骨料的适应性较强等。

(4)斜置式闸板阀(图 6-2-7)。

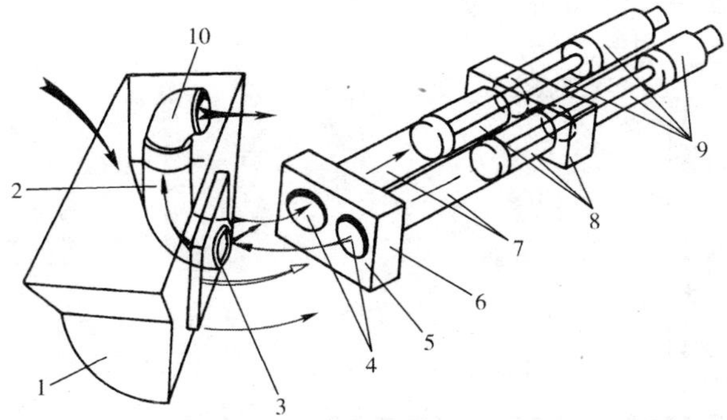

图 6-2-6 C 形阀

1-集料斗;2-C 形阀;3-摆动管口;4-工作缸口;5-可更换的摩擦板面;6-缸头;7-工作缸;8-清水箱;9-油缸;10-输送管口

图 6-2-7 斜置式闸板阀

1-料斗;2-油缸;3-闸板;4-混凝土工作缸;5-液压缸活塞;6-输送管

该阀设置在料斗1后部，这样既可以降低集料斗的高度，又使泵体紧凑而且不妨碍搅拌车向集料斗卸料，两个液压缸各有一个闸板阀，在液压缸活塞杆的作用下做往复运动，完成打开或关闭混凝土的进、出料口的动作。此阀对混凝土的适应性强，但结构繁杂。更换此阀时需拆下料斗，故维修不便。出料回采用Y形管，压力损失较大，故泵送混凝土压力小。在作业中用来润滑闸板阀的润滑脂易进入混凝土内，因此属消耗品，需要不断补充。

4. 混凝土泵的使用

随着混凝土的不断发展，混凝土泵已被广泛地应用在混凝土浇筑工程中。为了确保混凝土泵达到规定的技术状况，必须认真执行使用和维修保养规程，以提高混凝土泵送施工质量与进度。

1）使用要点

（1）操作者及有关设备管理人员应仔细阅读使用说明书，掌握其结构原理、使用和维护以及泵送混凝土的有关知识；使用及操作混凝土泵时，应严格按照使用说明书执行。因操作者能完全掌握机械性能需要有一个过程，因此使用说明书应随机备用。同时，应根据使用说明书制定专门的操作要点，达到能有效地控制泵送技术中的一些可变因素，如泵机位置、管道布置等。还需制定具体泵送方案，并在施工中贯彻实施。

（2）支撑混凝土泵的地面应平坦、坚实，整机需水平放置，工作过程中不应倾斜。支腿应能稳定地支撑整机，并可靠地锁住或固定。泵机位置既要便于混凝土搅拌运输车的进出及向料斗进料，又要考虑有利于泵送布管以减少泵送压力损失，同时要求距离浇筑地点近，供电、供水方便。

（3）应根据施工场地特点及混凝土浇筑方案进行配管，配管设计时要校核管路的水平换算距离是否与混凝土泵的泵送距离相适应。弯管角度一般分15°、30°、45°和90°四种，曲率半径有1m和0.5m两种（曲率半径较大的弯管阻力较小）。配管时应尽可能缩短管线长度，少用弯管和软管。输送管的铺设应便于管道清洗、故障排除和拆装维修。当新管和旧管混用时，应将新管布置在泵送压力较大处。配管过程中应绘制布管简图，列出各种管件、管卡、弯管和软管等的规格和数量，并提供清单。

（4）需垂直向上配管时，随着高度的增加即势能的增加，混凝土存在回流的趋势，因此应在混凝土泵与垂直配管之间铺设一定长度的水平管道，以保证有足够的阻力阻止混凝土回流。当泵送高层建筑混凝土时需垂直向上配管，此时其地面水平管长度不宜小于垂直管长度的1/4。如因场地所限，不能放置上述要求长度的水平管时，可采用弯管或软管代替。

在垂直配管与水平配管相连接的水平配管一侧，宜配置一段软件包管。另外在垂直配管的下端应设置减振支座。垂直向上配管的形式如图6-2-8所示。

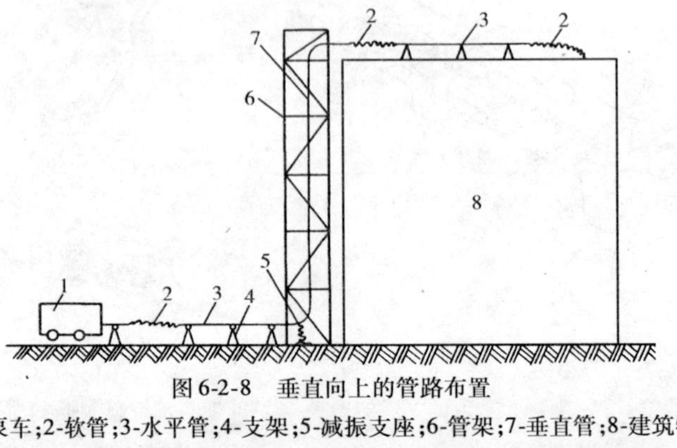

图6-2-8　垂直向上的管路布置

1-泵车；2-软管；3-水平管；4-支架；5-减振支座；6-管架；7-垂直管；8-建筑物

(5)在混凝土泵送过程中，随着泵送压力的增大，泵送冲击力将迫使泵管来回移动，这不仅损耗了泵送压力，而且使泵管之间的连接部位处于冲击和间断受拉的状态，可导致管卡及胶圈过早受损、水泥浆溢出，因此必须对泵加以固定。

(6)混凝土泵与输送管连通后，应按混凝土泵使用说明书的规定进行全面检查，符合要求后方能开机进行空运转。空载运行 10 min 后，再检查一下各机构或系统是否工作正常。

(7)在炎热季节施工时，宜用湿草袋、湿罩布等物覆盖混凝土输送管以避免阳光直接照射，可防止混凝土因坍落度损失过快而造成堵管。

(8)在严寒地区的冬季进行混凝土泵送施工时，应采取适当的保温措施，宜用保温材料包裹混凝土输送管，防止管内混凝土受冻。

2)泵送工作要点

(1)混凝土的可泵性。泵送混凝土应满足可泵性要求，必要时应通过试泵送确定泵送混凝土的配合比。

①粗集料的最大粒径与输送管径之比应为：泵送高度在 50m 以下时，对于碎石不宜大于 1:3，对于卵石不宜大于 1:2.5：泵送高度在 50～100m 时，宜在 1:3～1:4 范围；泵送高度在 100m 以上时，宜在 1:4～1:5之间。针片状颗粒含量不宜大于 10%。

②对不同泵送高度，入泵混凝土的坍落度可按 6-2-1 表选用。

入泵混凝土的坍落度　　表 6-2-1

泵送高度(m)	30 以下	30～60	60～100	100 以上
坍落度(mm)	100～140	140～160	160～180	180～200

③泵送混凝土的水灰比宜为(0.4～0.6):1。

④泵送混凝土的含砂率宜为 38%～45%。细集料宜采用中砂，通过 0.315 mm 筛孔的砂量不应少于 15%。

⑤泵送混凝土中水泥的最少含量为 300kg/m^3。

(2)混凝土泵启动后应先泵送适量水，以湿润混凝土泵的料斗、混凝土缸和输送管等直接与混凝土接触的部位。泵送水后再采用下列方法之一润滑上述部位：泵送水泥浆；泵送 1:2的水泥砂浆；泵送除粗集料外的其他成分配合比的水泥砂浆。

润滑用的水泥浆或水泥砂浆应分散布料，不得集中浇筑在同一地方。

(3)开始泵送时，混凝土泵应处于慢速、匀速运行的状态，然后逐渐加速。同时应观察混凝土泵的压力和各系统的工作情况，待各系统工作正常后方可以正常速度泵送。

(4)混凝土泵送工作尽可能连续进行，混凝土缸的活塞应保持以最大行程运行，以便发挥混凝土泵的最大效能，并可使混凝土缸在长度方向上的磨损均匀。

(5)混凝土泵若出现压力过高且不稳定、油温升高。输送管明显振动及泵送困难等现象时，不得强行泵送，应立即查明原因予以排除。可先用木槌敲击输送管的弯管。锥形管等部位，并进行慢速泵送或反泵，以防止堵塞。

(6)当出现堵塞时，应采取下列方法排除：

①重复进行反泵和正泵运行，逐步将混凝土吸出返回至料斗中，经搅拌后再重新泵送。

②用木槌敲击等方法查明堵塞部位，待混凝土击松后重复进行反泵和正泵运行，以排除堵塞。

③当上述两种方法均无效时，应在混凝土卸压后拆开堵塞部位，待排出堵塞物后重新泵送。

(7)泵送混凝土宜采用预拌混凝土,也可在现场设搅拌站供应泵送混凝土,但不得泵送手工搅拌的混凝土。对供应的混凝土应予以严格的控制,随时注意坍落度的变化,对不符合泵送要求的混凝土不允许入泵,以确保混凝土泵的有效工作。

(8)混凝土泵料斗上应设置筛网,并设专人监视进料,避免因直径过大的骨料或异物进入而造成堵塞。

(9)泵送时,料斗内的混凝土存量不能低于搅拌轴位置,以避免空气进入泵管引起管道振动。

(10)当混凝土泵送过程需要中断时,其中断时间不宜超过1h。并应每隔5~10min进行反泵和正泵运转,以防止管道中因混凝土泌水或坍落度损失过大而堵管。

(11)泵送完毕后,必须认真清洗料斗及输送管道系统。混凝土缸内的残留混凝土若清除不干净,将在缸壁上固化,当活塞再次运行时,活塞密封面将直接承受缸壁上已固化的混凝土对其的冲击,导致推送活塞局部剥落。这种损坏不同于活塞密封的正常磨损,密封面无法在压力的作用下自我补偿,从而导致漏浆或吸空,引起泵送无力、堵塞等。

(12)当混凝土可泵性差或混凝土出现泌水、离析而难以泵送时,应立即对配合比、混凝土泵、配管及泵送工艺等进行研究,并采取相应措施解决。

5.混凝土泵选型

(1)混凝土泵的选型应根据工程对象、特点、要求的最大输送量、最大输送距离与混凝土浇筑计划以及具体条件进行综合考虑。

(2)混凝土泵的生产率可按下式计算:

$$Q=60Ans\alpha K$$

式中:Q——混凝土泵的生产率,m^3/h;

A——混凝土泵活塞断面积,m^2;

s——混凝土泵活塞行程,m;

n——混凝土泵活塞每分钟循环次数,次/min;

α——混凝土泵缸数;

K——容积效率,一般为0.6~0.9。

(3)混凝土泵的最大水平输送距离,可按下列方法之一确定:

①由试验确定。

②根据混凝土泵的最大出口压力、配管情况、混凝土性能指标和输送量,按下式计算。

$$L_{max}=P_{max}/\Delta P$$

式中:L_{max}——混凝土泵的最大水平输送距离,m;

P_{max}——混凝土泵的最大出口压力,Pa;

ΔP——混凝土在水平输送管内流动每米产生的换算压力损失,Pa/m(参看表6-2-2)。

混凝土泵送的换算压力损失 表6-2-2

管件名称	换算量	换算压力损失(MPa)
水平管	每20m	0.10
垂直管	每5m	0.10
45°弯管	每只	0.05
90°弯管	每只	0.10
管卡	每只	0.10
管路截止阀	每个	0.80
3.5m橡胶软管	每根	0.20

(4)混凝土泵的泵送能力，可根据具体施工情况按下列方法之一进行验算，同时应符合产品说明书中的有关规定。

①按表6-2-3计算的配管整体水平换算长度，应不超过混凝土泵的最大水平输送距离L_{max}。

混凝土输送管的水平换算表

表6-2-3

类别	单位	规格	水平换算长度(m)
向上垂直管 K	每米	100mm 125mm 150mm	4 5 6
锥形管 t	每根	150→125mm 125→100mm	10 20
90°弯管 b	每根	$R=0.5$m $R=1.0$m	12 9
软管 f	每根	3m 5m	18 30

注：该表为一定混凝土条件下，试验测得的经验数值，并非理论数值。不同的混凝土条件，其值亦不同，因此，仅作配管之参考。

②按换算的总压力损失，应小于混凝土泵正常工作时的最大出口压力。

(5)就混凝土泵型式而言，由于拖式混凝土泵较固定式混凝土泵可以拖行，又较车载式混凝土泵价格低，故被优先选用。

(6)就混凝土泵理论输送量而言，50～95m^3/h被优先选用。

(7)在缺少电源及施工现场电网配置容量小的工地，宜选用柴油机驱动。

(8)在隧道施工中，宜选用电动机驱动。

(9)混凝土缸径主要取决于输送量及泵送混凝土压力。输送量大，输送距离短或输送高度小，可选用大直径混凝土缸；输送量小，输送距离长或输送高度大，可选用小直径混凝土缸。

混凝土缸径又与骨料有关，输送碎石混凝土时，缸径应不小于碎石最大粒径的3.5～4.0倍；输送卵石混凝土时，缸径应不小于卵石最大粒径的2.5～3.0倍。

(10)料斗容积尽可能大一些，一方面可使料斗内经常保持足够的混凝土，避免吸入空气，另一方面可有利于提高混凝土搅拌运输车的利用率。

(11)混凝土输送管应根据粗骨料最大粒径、混凝土泵型号、混凝土输送量和输送距离，以及输送难易程度等进行选择。输送管应具有与泵送条件相适应的强度。输送管径有ϕ100mm、ϕ125mm、ϕ150mm等三种规格，选择时主要考虑混凝土中骨料最大粒径和工程对象，管径应大于骨料最大粒径的3倍。大直径输送管可输送较大粒径粗骨料混凝土，一般多用于基础工程；小直径输送管轻巧，使用方便，混凝土泌水时在小直径输送管中产生离析的可能性小，一般多用于高层建筑。

(12)混凝土泵的台数，可根据混凝土浇筑量、单机的实际输送量和施工作业时间进行计算。对于重要工程的混凝土泵送施工，除根据计算确定外宜有1～2台的备用泵。

二、混凝土泵车

1. 概述

混凝土泵车也称臂架式混凝土泵车，其形式定义为：将混凝土泵和液压折叠式臂架都安装在汽车或拖挂车底盘上，并沿臂架铺设输送管道，最终通过末端软管输出混凝土的机器。由于臂架具有变幅、折叠和回转功能，可以在臂架所能及的范围内布料。

目前，在国家重点建设项目的混凝土施工中都采用了混凝土泵车泵送技术，其使用范围已经遍及水利、水电。地铁、桥梁、大型基础、高层建筑和民用建筑等工程中。近年来已经成为泵送混凝土施工机械的首选机型。

混凝土泵车可以一次同时完成现场混凝土的输送和布料作业，具有泵送性能好、布料范围大、能自行行走、机动灵活和转移方便等特点。尤其是在基础、低层施工及需频繁转移工地时，使用混凝土泵车更能显示其优越性。采用它施工方便，在臂架活动范围内可任意改变混凝土浇筑位置，不需在现场临时铺设管道，可节省辅助时间，提高工效。特别适用于混凝土浇筑需求量大、超大体积及超厚基础混凝土的一次浇筑和质量要求高的工程，目前地下基础的混凝土浇筑有80%是由混凝土泵车来完成的。

2. 混凝土泵车的分类

(1)混凝土泵车的臂架高度是指臂架完全展开后，地面与臂架顶端之间的最大垂直距离。其主参数为臂架高度和理论输送量。臂架高度和理论输送量已系列化。

(2)按其臂架高度可分为：短臂架(13 ~ 28m)、长臂架(31 ~ 47m)、超长臂架(51 ~ 62m)。

(3)按其理论输送量可分为：小型(44 ~ 87m^3/h)、中型(90 ~ 130m^3/h)、大型(150 ~ 204m^3/h)。

(4)按工作时混凝土泵出口的混凝土压力即泵送混凝土压力可分为：低压(2.5 ~ 5.0MPa)、中压(6.1 ~ 8.5MPa)、高压(10.0 ~ 18.0MPa)和超高压(22.0MPa)。

(5)按臂架节数可分为：2、3、4、5节臂。

(6)按其驱动方式可分为：汽车发动机驱动、拖挂车发动机驱动和单独发动机驱动。

(7)按臂架折叠方式可分为：Z形折叠、卷折式(如图6-2-9所示)。

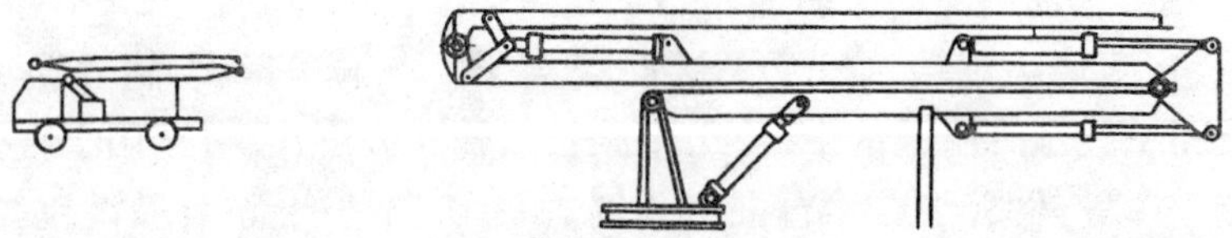

a)

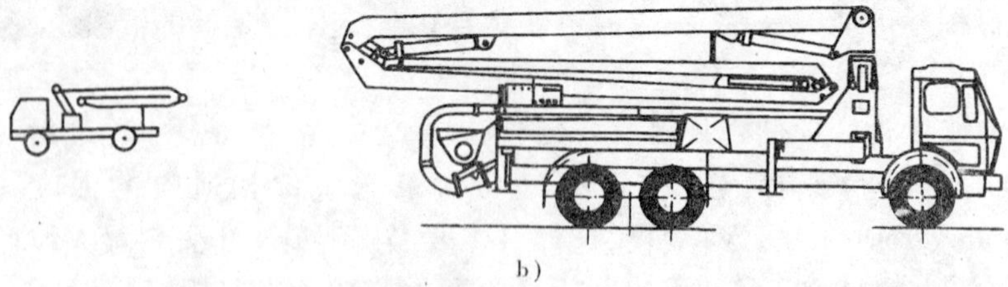

b)

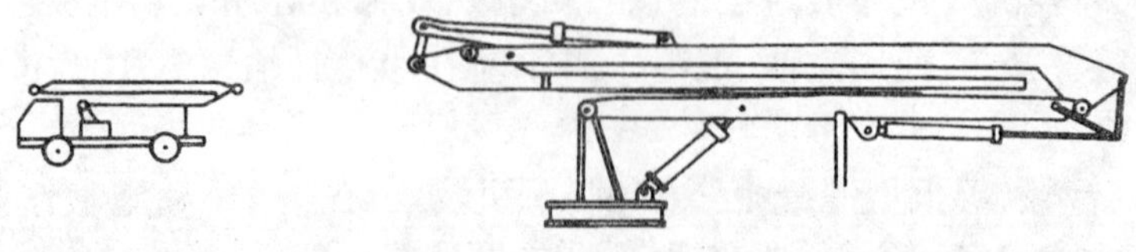

c)

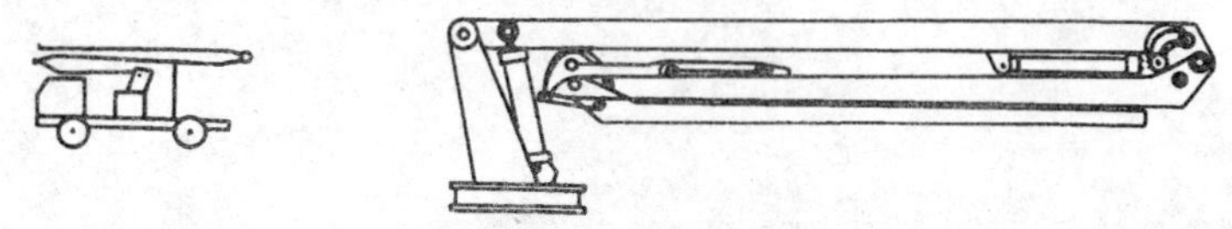

d)

图6-2-9 臂架的折叠方式

a)、d)Z形折叠；b)、c)卷折折叠

3. 混凝土泵车的主要结构及其特点

混凝土泵车主要由混凝土泵、搅动器、隔筛、臂架、臂架管道、末端软管、分配阀、专用汽车底盘、取力装置(PT0)、操纵系统、液压系统和电气系统等组成,见图6-2-10。

(1)混凝土泵车的泵送机构是通过分配阀的转换,来完成混凝土的吸入与排出动作的。因此分配阀是混凝土泵车的关键部件之一,其形式直接影响到混凝土泵车的性能,其结构特点请参照混凝土泵的分配阀。

(2)臂架为箱形截面结构,由2~5节铰接而成。

(3)取力装置。混凝土泵车的动力一般来自汽车发动机,通过液压系统进行驱动运转。当混凝土泵车作业时,发动机通过变速箱和取力装置驱动液压泵工作。这套取力装置一般由汽车制造商按混凝土泵车的技术要求改装而成。主液压泵、搅拌泵及臂架泵由同一轮驱动,可简化取力装置的结构。

(4)液压系统。由泵送(包括换向)、臂架、支腿、搅拌(包括冷却)和水洗等部分的液压系统组成。

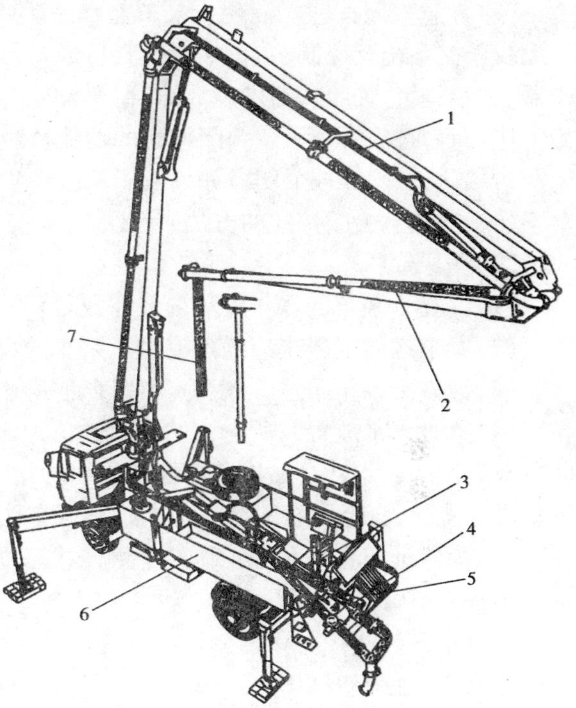

图6-2-10 混凝土泵车结构

1-臂架;2-混凝土料流;3-混凝土泵;4-分配阀;5-料箱、搅拌器、隔筛;6-专用底盘;7-末端软管

4. 混凝土泵车的使用

混凝土泵车已推广使用在混凝土浇筑施工中,该设备技术的先进性和维修保养的复杂性,决定了对它的使用、维护和管理人员需提出较高的要求。为了确保混凝土泵车在工作时能达到规定的技术状态、降低维修成本、提高使用的可靠性和寿命,必须认真执行其使用和维修规程。

1)安全操作规程

为了确保混凝土泵车作业的安全性,避免造成人身或设备事故,必须严格遵守下列安全操作规程。

(1)场地选择。应尽可能远离高压线等障碍物。

(2)作业前的检查。操作台的电源开关应位于"关"的位置;混凝土排量手柄及搅拌装置换向手柄应位于中位。

(3)支腿操作。混凝土泵车应水平放置,支撑地面应平坦、坚实,保证工作过程中不下陷。支腿能稳定可靠地支撑整机,并能可靠地锁住。

(4)臂架操作。臂架由折叠状态伸展或收回时,必须按照规定顺序进行。臂架的回转操作必须在臂架完全离开臂架托架后进行。在处于暴风雨状态或风力达到8级或8级以上时(风速16~17m/s),不得使用臂架。臂架绝对不能用于起重作业。

(5)泵送作业。当开始或停止泵送时,应与在末端软管处的操作人员取得联系;末端软管的弯曲半径不得小于1m,而且不准弯折;在拆开堵塞管道之前,应反泵2~3次,待确认管道内没有剩余压力后再进行拆卸。

(6)作业后的检查。臂架应完全收回在臂架支架上;支腿也应完全收回,并插入锁销。操作台的电源开关应处于“关”的位置。

(7)蓄能器内只能充入氮气,不能充入氧气、氢气等易燃及有爆炸危险的气体。

(8)紧急关闭按钮。混凝土泵车上有一系列紧急关闭按钮,分别设置在支腿控制阀、有线和无线遥控系统及控制箱上,如遇有紧急情况,只需按下其中的某一个紧急关闭接或就可关闭机器。如果紧急关闭按钮发生故障,在突发危险情况时就不能迅速关闭机器。因此,在每次开始工作之前,必须检查紧急关闭按钮的功能。当紧急关闭按钮被按下时,机器的电气系统即被切断,导致电磁阀等被关闭。如果液压系统产生泄漏,会造成如布料杆下沉等故障现象,此情况不能用按紧急关闭按钮的方法来解决。

2)使用要点

(1)混凝土泵车的操作人员须经专业培训后方可上岗操作。

(2)所泵送的混凝土应满足混凝土泵车的可泵性要求。

(3)混凝土泵车泵送工作要点可参照混凝土泵的使用。

(4)整机水平放置时所允许的最大倾角为3°,更大的水平倾角会使布料的转向齿轮超载,并危及机器的稳定性。如果布料杆在移动时其中的某个支腿或几个支腿曾经离过地,就必须重新设定支腿,直至所有的支腿都能始终可靠地支撑在地面上。

(5)为保证布料杆泵送工作处于最佳状态,应做到:

①将1节臂提起45°。

②将布料杆回转180°。

③将2节臂伸展90°。

④伸展3、4、5节臂并呈水平位置。若最后一节布料杆能处于水平位置,对泵送来说是最理想的。如果这节布料杆的位置呈水平状态,那么混凝土的流动速度就会放慢,从而可减少输送管道和末端软管的磨损,当泵送停止时,只有末端软管内的混凝土才会流出来。如果最后一节布料杆呈向下倾斜状态,那么在这部分输送管道内的混凝土就会在自重作用下加速流动,以至在泵送停止时输送管道内的混凝土还会继续流出。

(6)泵送停止5 min以上时,必须将末端软管内的混凝土排出。否则由于末端软管内的混凝土脱水,再次泵送作业时混凝土就会猛烈地喷出,向四处喷溅,那样末端软管很容易受损。

(7)为了改变臂架或混凝土泵车的位置而需要折叠伸展或收回布料杆时,要先反泵1~2次后再动作,这样可防止在动作时输送管道内的混凝土落下或喷溅。

5.混凝土泵车选型

(1)混凝土泵车的选型。应根据混凝土工程对象、特点、要求的最大输送量、最大输送距离、混凝土浇筑计划、混凝土泵型式以及具体条件进行综合考虑。

(2)混凝土泵车的性能随机型而异,选用机型时除考虑混凝土浇筑量以外,还应考虑建筑的类型和结构、施工技术要求、现场条件和周围环境等。通常所选用的混凝土泵车的主要性能参数应与施工需要相符或稍大,若能力过大,则利用率低;过小,不仅满足不了施工要求还会加速混凝土泵车的损耗。

(3)由于混凝土泵车具有使用灵活性,而且臂架高度越高,浇筑高度和布料半径就越大,施工适应性也越强,放在施工中应尽量选用高臂架混凝土泵车。臂架长度28~36 m的混凝土泵车是市场上量大面广的产品,约占75%。长臂架混凝土泵车将成为施工中的主要机型。

(4)年产10~15万m^3的混凝土搅拌站,需装备2~3辆混凝土泵车。

(5)所用混凝土泵车的数量,可根据混凝土浇筑量、单机的实际输送量和施工作业时间进行计算。对那些一次性混凝土浇筑量很大的混凝土泵送施工工程,除根据计算确定外,宜有一定的备用量。

(6)由于混凝土泵车受汽车底盘承载能力的限制,臂架高度超过 42 m 时造价增加很大,且受施工现场空间的限制,故一般很少选用。

(7)混凝土泵车的产品性能在选型时应坚持高起点。若选用价值高的混凝土泵车,则对其产品的标准要求也必须提高。对产品主要组成部分的质量,从内在质量到外现质量都要与整车的高价值相适应。

(8)混凝土泵车采用了全液压技术,因此要考虑所用的液压技术是否先进,液压元件质量如何。因其动力来源于发动机,而一般泵车采用的是汽车底盘上的发动机,因此除考虑发动机的性能与质量外,还要考虑汽车底盘的性能、承载能力及质量等。

(9)混凝土泵车上的操纵控制系统设有手动、有线以及无线的控制方式,有线控制方便灵活,无线遥控可远距离操作,一旦电路失灵,可采用手动操纵方式。

(10)混凝土泵车作为特种车辆,因其特殊的功能,对安全性、机械性能、生产厂家的售后服务和配件供应均应提出要求。否则一旦发生意外,不但影响施工进度,还将产生不可想象的后果。

三、水泥混凝土振捣器

1. 概述

用混凝土拌和机拌和好的混凝土浇筑构件时,必须排除其中气泡,进行捣固,使混凝土密实结合,消除混凝土的蜂窝麻面等现象,以提高其强度,保证混凝土构件的质量。混凝土振捣器就是机械化捣实混凝土的机具。

混凝土振捣器的种类较多。常用的分类方法有以下 4 种:

(1)按传递振动的方法分,有内部振捣器、外部振捣器和表面振捣器三种。

内部振捣器又称插入式振捣器(图 6-2-11)。工作时振动头 1 插入混凝内部,将其振动波直接传给混凝土。

这种振捣器多用于振压厚度较大的混凝土层,如桥墩、桥台基础以及基桩等。它的优点是质量轻,移动方便,使用很广泛。

外部振捣器又称附着式振捣器(图 6-2-12),是一台具有振动作用的电动机,在该机的底面安装上特制的底板,工作时底板附着在模板上,振捣器产生的振动波通过底板与模板间接地传给混凝土。

这种振捣器多用于薄壳构件、空心板梁、拱肋、T 形梁等的施工。

根据施工的需要,外部振捣器除附着式外,还有一种振动台,它是用来振捣混凝土预制品的。装在模板内的预制品置放在与振捣器连接的台面上,振捣器产生的振动波通过台面与模板传给混凝土预制品。

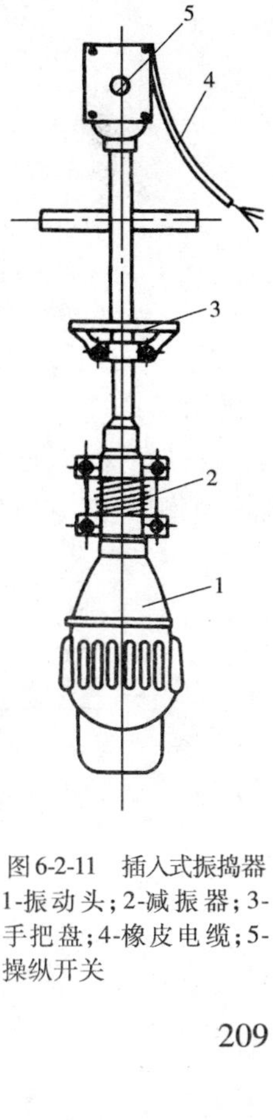

图 6-2-11 插入式振捣器
1-振动头;2-减振器;3-手把盘;4-橡皮电缆;5-操纵开关

表面振捣器(图 6-2-13)是将它直接放在混凝土表面上,振捣器 2 产生的振动波通过与之固定的振捣底板 1 传给混凝土。由于振动波是从混凝土表面传入,故称表面振捣器。工作时由两人握住振捣器的手柄 4,根据工作需要进行拖移。它适用于厚度不大的混凝土路面和桥面等工程的施工。

(2)按振捣器的动力来源分,有电动式、内燃式和风动式三种,以电动式应用最广。

(3)按振捣器的振动频率分,有低频式、中频式和高频式三种。

低频式的振动频率为25～50Hz(1 500～3 000次/min);中频式为83～133Hz(5 000～8 000次/min);高频式为167Hz(10 000次/min)以上。

(4)按振捣器产生振动的原理分,有偏心式和行星式两种。其振动结构和工作原理分别如图6-2-14所示。

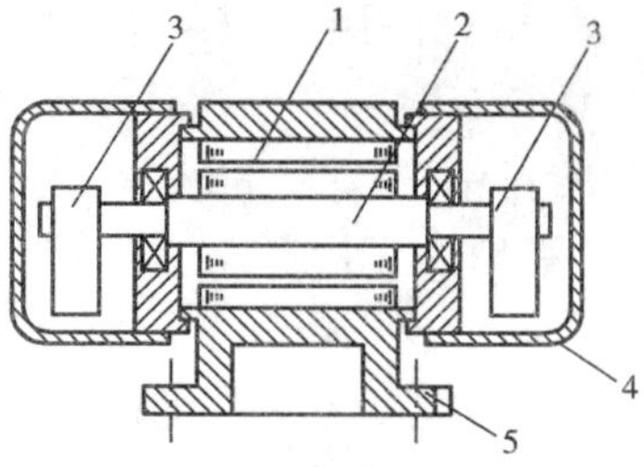

图6-2-12 外部振捣器

1-电动机;2-电机轴;3-偏心块;4-护罩;5-固定基座

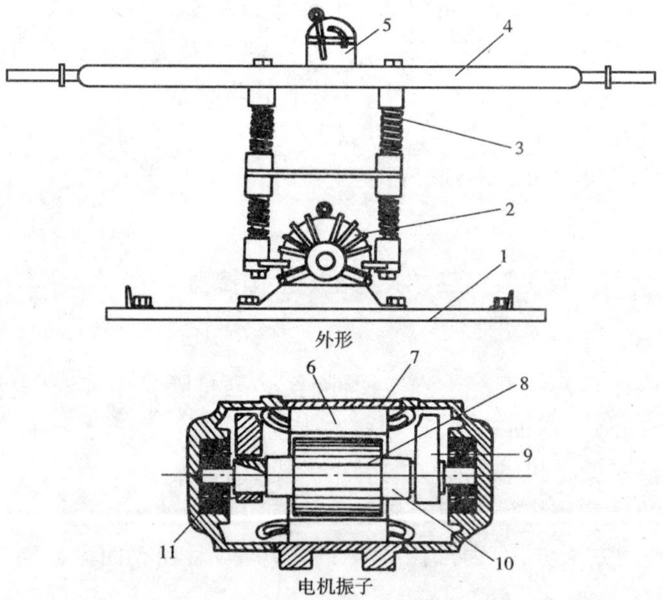

图6-2-13 平面式表面振捣器和电机振子

1-振捣底板;2-振动器;3-缓冲弹簧;4-手柄;5-开关;6-定子;7-机壳;8-转子;9-偏心块;10-转轴;11-轴承

偏心式如图6-2-14a)所示。它是利用振动棒中心安装的具有偏心质量的转轴,在作高速旋转时所产生的离心力通过轴承传递给振动棒壳体,从而使振动棒产生圆周振动的。

行星式的激振原理见图6-2-14b),它是利用振动棒中一端空悬的转轴,在它旋转时,其下垂端的圆锥部分沿棒壳内的圆锥面滚动,从而形成滚动体的行星运动以驱动棒体产生圆周振动。

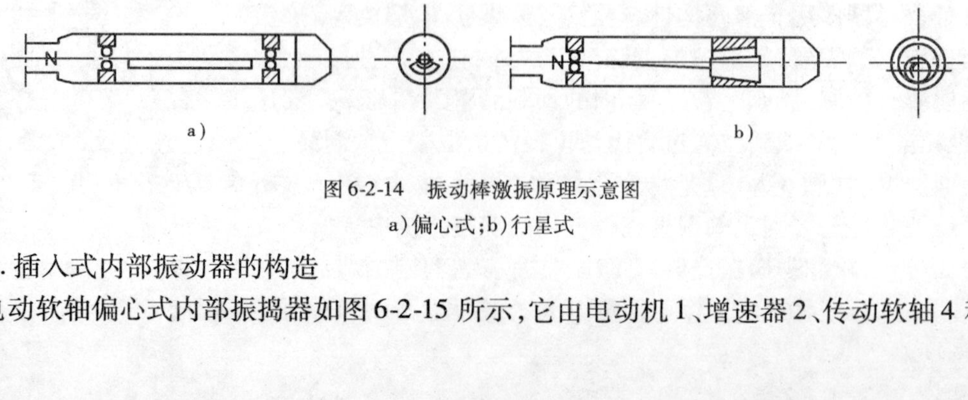

图6-2-14 振动棒激振原理示意图

a)偏心式;b)行星式

2. 插入式内部振动器的构造

电动软轴偏心式内部振捣器如图6-2-15所示,它由电动机1、增速器2、传动软轴4和激振体6等组成。其构造特点是激振体用传动软轴与驱动部分联系，形成柔性连接，这样就可以最大限度地减轻操作人员的持重，并且传动软轴允许在一定范围内的各向挠曲，因此激振体能从任何方向穿过钢筋骨架插入混凝土，操作相当方便。

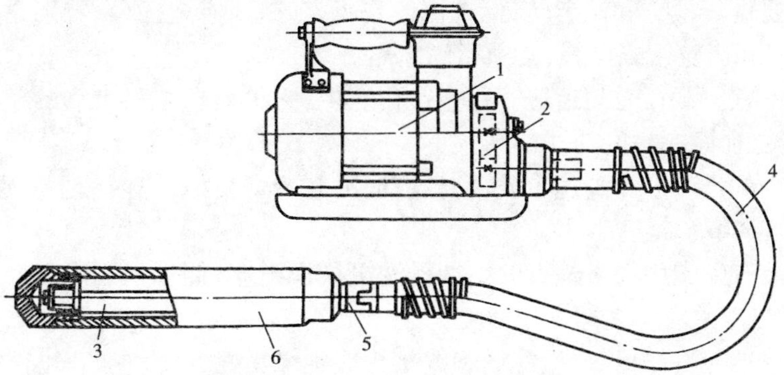

图6-2-15 偏心式内部振捣器示意图

1-电动机;2-增速器;3-激振子;4-传动软轴;5-连接套;6-激振体

这种偏心式内部振捣器的软轴在使用中容易损坏，轴承也容易磨损，软轴的转速也不能提得太高，因此振动频率和振捣作用的效果受到一定的限制。

3. 插入式振捣器使用注意事项

(1)插入式振捣器的电动机通电后旋转时，若软轴不转，则电动机转向不对，任意调换两相电源线即可；若软轴转动振动棒不起振可摇晃棒头或将棒头轻磕地面，即可起振动。

(2)作业中应使振动棒自然沉入混凝土，一般应垂直插入，并插到下层尚未初凝层中5~10cm，以促使上下层相互胶合。

(3)插入式振捣器振捣时，除了做到快插慢拔外，振动棒各插点间距应均匀。不要忽远忽近。一般间距不应超过振动棒有效作用半径的1.5倍。

(4)振动棒在混凝土内振密的时间，一般每插点振密20~30s，以混凝土不再显著下沉，不再出现气泡，表面泛出水泥浆和外观均匀为止，在振密时应将振动棒上下抽动5~10cm，使混凝土振密均匀；棒体插入混凝土的深度不应超过捧长的2/3~3/4，以免困振动棒不易拔出而导致保护软管损坏；不许将保护软管插入混凝土中，以防砂浆侵蚀保护软管及砂浆渗入软管而损坏机件。

(5)使用插入式振捣器时，应避免将振动棒触及钢筋，芯管及预埋件，不得采取振动棒振动钢筋的方法来促使混凝土振密。以免因振动使钢筋位置变动、降低钢筋与混凝土之间的黏结力。

(6)振捣器作业时，保护软管弯曲半径应大于规定数值，软管不得有断裂。钢丝软轴使用200h后应更换，若软管使用过久，长度变长时应及时进行修复或换新。

(7)振捣器在使用中若温度过高，应停机冷却检查，是机件故障，要及时修理。冬季低温下，振捣器作业前应缓慢加温，在棒内的润滑油解冻后，再投入作业。

(8)操作人员应注意用电安全，在穿戴好胶鞋和绝缘橡皮手套后方能操作插入式振捣器进行作业。

(9)振捣器作业完毕，应将振捣器电动机、保护软管、振动棒刷干净，按规定要求进行润滑保养工作；振捣器存放时，不要堆压软管，应平直放好，以免变形，应防止电动机受潮。

4. 混凝土振动台使用注意事项

(1)应将振动台安装在牢固的基础上,地脚螺栓应有足够强度并拧紧,同时在基础中间必须留有地下坑道,以便经常调整与维修。

(2)使用前要进行检查和试运转,检查机件是否完好,所有坚固件,特别是轴承座螺栓、偏心块螺栓、电动机和齿轮箱螺栓等,必须紧固牢靠。

(3)振动台不宜空载长时间运转。在生产作业中,必须安置牢固可靠的模板锁紧夹具,以保证模板和混凝土台面一起振动。

(4)齿轮箱中的齿轮因受高速重载荷,故应润滑和冷却良好;箱内油平应保持在规定的水平面上,工作时温升不得超过70℃。

(5)振动台所有轴承应经常检查并定期拆洗更换润滑脂,使轴承润滑良好,并应注意检查轴承温升当有过热现象时应立即设法消除。

(6)电动机接地应良好可靠,电源线和线接头应绝缘良好,不得有破损漏电现象。

(7)振动台面应经常保持清洁平整,以便与钢模接触良好。因台面在高频重载下振动,容易产生裂纹,必须注意检查,及时修补。每班作业完毕应及时清洗干净。

第三节　起重机械施工

一、概　　述

起重机械是一种作循环、间歇运动的机械。一个工作循环包括:取物装置从取物地把物品提起,然后水平移动到指定地点降下物品,接着进行反向运动,使取物装置返回原位,以便进行下一次循环。

通常,起重机械由起升机构(使物品上下运动)、运行机构(使起重机械移动)、变幅机构和回转机构(使物品作水平移动),金属机构、动力装置、操纵控制及必要的辅助装置组合而成。

在建桥工程中所用的起重机械,根据其构造和性能的不同,一般可分为轻小型起重设备、桥式类型起重机械和臂架类型起重机三类。轻小型起重设备如千斤顶、葫芦、卷扬机等。桥架类型起重机械如梁式起重机、龙门起重机等。臂架类型起重机如固定式回转起重机、塔式起重机、汽车起重机、轮胎/履带起重机等。

二、简单起重设备

简单起重设备一般只备有起升机构,用以起升重物。构造简单、质量轻,便于携带,移动方便。常用的简单起重设备有液压千斤顶、滑车和卷扬机等。

1. 液压千斤顶

千斤顶是一种起重高度小(小于1m)的最简单的起重设备。它有机械式和液压式两种。机械式千斤顶又有齿条式与螺旋式两种,由于起质量轻,操作费力,一般只用于机械维修工作,在修桥过程中不适用。液压式千斤顶结构紧凑,工作平稳,有自锁作用,故使用广泛。其缺点是起重高度有限,起升速度慢。

液压千斤顶分为通用和专用两类。

通用液压千斤顶适用于起重高度不大的各种起重作业,它由油室1、油泵2、储油腔3、活塞4、摇把5、油阀6等主要部分组成,如图6-3-1所示。

工作时，只要往复扳动摇把5，使手动油泵2不断向油缸1内压油，由于油缸内的油压不断增高，就迫使活塞4及活塞上面的重物一起向上运动。打开回油阀，油缸内的高压油便流回储油腔3，于是重物与活塞也就一起下落。

专用液压千斤顶是专用的张拉机具，在制作预应力混凝土构件时，对预应力钢筋施加张力。专用液压千斤顶多为双作用式，常用的有穿心式和锥锚式两种。

穿心式千斤顶适用于张拉钢筋束或钢丝束，它主要由张拉缸、顶压缸、顶压活塞及弹簧等部分组成。它的特点是：沿拉伸机轴心有一穿心孔道，钢筋（或钢丝）穿入后由尾部的工具锚锚固。

其工作原理如图6-3-2所示。张拉时，打开前后油嘴，从后油嘴向张拉工作油室内供油，张拉缸缸体向后移动。由于钢索锚固在千斤顶层部的工具锚上，因此千斤顶通过工具将钢索张拉。当钢索张拉到需要的长度时，关闭后油嘴，从前油嘴进油至顶压缸内，使顶压缸活塞向前伸移而顶住锚塞，并将锚塞压入锚圈中，从而使钢索锚固。打开后油嘴并继续从前油嘴进油，这时张拉缸向前移动，缸内油液回流。最后打开前油嘴，使顶压缸内的油液回流，顶压活塞由于复位弹簧的作用而复位。

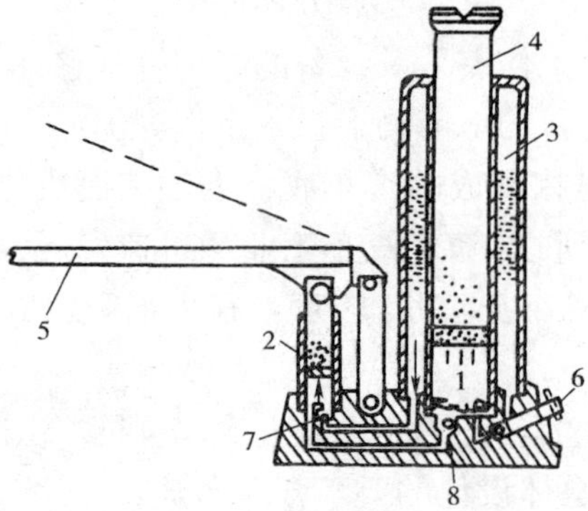

图6-3-1 液压千斤顶工作原理

1-油室；2-油泵；3-储油腔；4-活塞；5-摇把；6-回油阀；7-油泵进油阀；8-油室进油阀

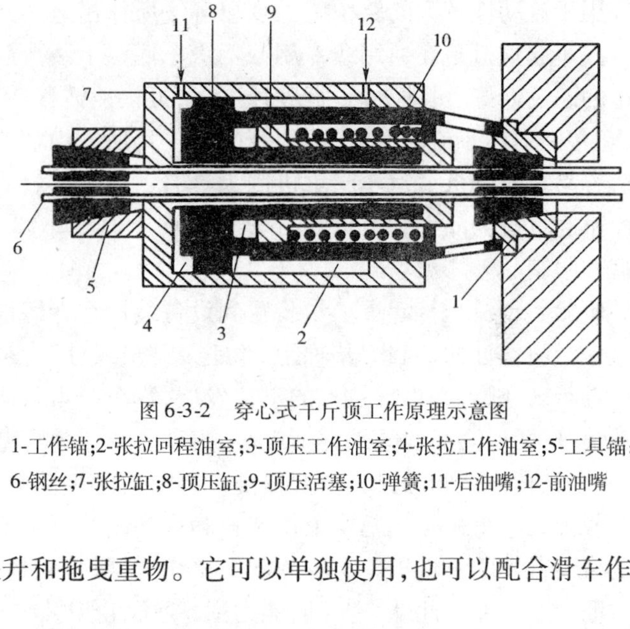

图6-3-2 穿心式千斤顶工作原理示意图

1-工作锚；2-张拉回程油室；3-顶压工作油室；4-张拉工作油室；5-工具锚；6-钢丝；7-张拉缸；8-顶压缸；9-顶压活塞；10-弹簧；11-后油嘴；12-前油嘴

2. 卷扬机

卷扬机又称为绞车，它主要用于提升和拖曳重物。它可以单独使用，也可以配合滑车作其他起重机构使用。

卷扬机实际上是由一个卷筒再配上齿轮或蜗轮减速器而组成的简单起重设备，有手动、机动或电动的。

电动式卷扬机（图6-3-3a）由机架1，卷筒2、减速箱3、制动器4和电动机5等部分组成。电动机的动力输出轴通过弹性联轴器和制动器4与减速箱相连。它的传动系统如图6-3-3b）所示。

三、自行式动臂起重机

1. 自行式动臂起重机的类型及特点

自行式动臂起重机是起重机中应用较广泛的一种类型，按行走装置的构造不同，可分为汽车式起重机、轮胎式起重机、和履带式起重机三种。其产品型号的编制方法分别是：机械式汽

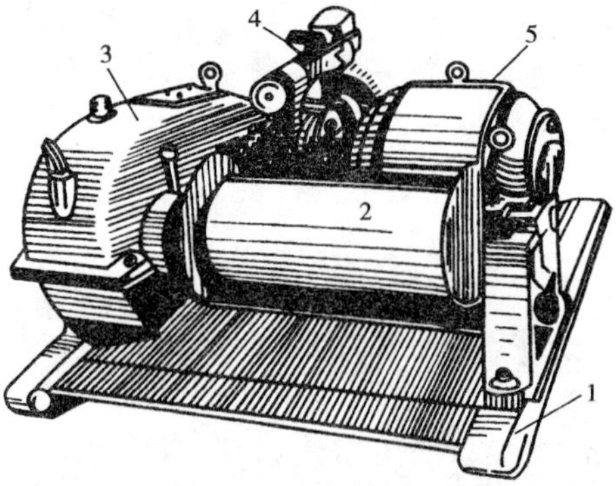

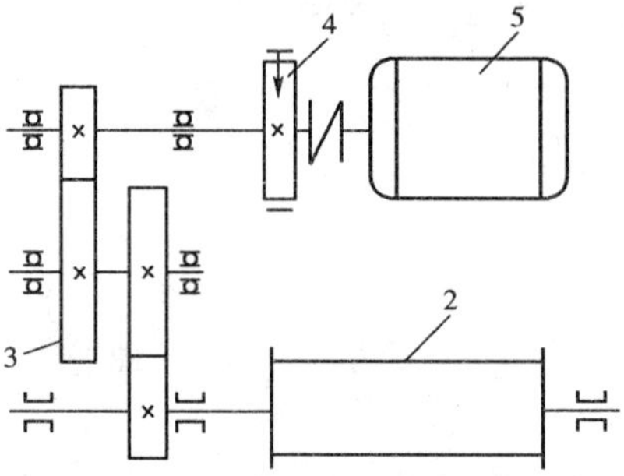

图 6-3-3　电动式卷扬机

a)结构简图;b)传动系统图

1-机架;2-卷筒;3-减速器;4-制动器;5-电动机

车起重机代号为 Q,液压式代号为 QY,机械式轮胎起重机代号为 QL,液压式为 QLY,机械式履带起重机代号为 QU,液压式为 QUY。自行式动臂起重机由于都装有行走装置,灵活性好,广泛应用于流动性较大的路桥施工现场等场所作吊运、安装工作,具体特点分述如下。

汽车起重机是在通用或专用载货汽车底盘上装上起重工作装置及设备的起重机。它具有汽车的通过性好、机动灵活、行驶速度大,可快速转移,到达目的地能马上投入工作等优点。因此,它特别适用于流动性大、不固定的工作场所。由于它是在现成的汽车底盘上改装而成,故制造容易且较经济。汽车起重机因为具有上述这些特点,所以,随着汽车工业的迅速发展,各国汽车起重机的品种和产量都有很大发展。但汽车起重机车身较长,转弯半径大(因受汽车底盘的限制)。

轮胎起重机是将起重工作装置和设备装设在专门设计的自行轮胎底盘上的起重机。由于底盘是专门设计的,因此,其轴距、轮距及外形尺寸可根据总体设计的要求合理布置。

近年来,随着起重机技术的迅速发展,汽车起重机吨位越来越大,轮胎起重机行驶速度越来越快,使两者之间的差别逐渐缩小,出现了快速越野型轮胎起重机。这种起重机采用了动力换挡,全轮转向,油气悬架,从而提高了起重机的机动性、越野性及作业稳定性,很有发展前途。

履带式起重机是把起重工作装置和设备装在履带底盘上,靠行走支撑轮在自身封闭的履带上滚动行驶的起重机。与轮胎起重机相比,履带对地面的平均比压小,可在松软、泥泞的等恶劣地面上作业。此外,它爬坡能力强,牵引性能好,能带载行驶,并可借助附加装置实现一机多用,所以起重量大于 100t 的大型履带起重机在桥梁施工中占有重要地位,目前世界上起重量最大的履带起重机的起重量可达 3 000t。但履带起重机自身质量大,行驶速度低(1 ~5km/h),且破坏公路路面。因而目前轻型履带起重机(100t 以下)已逐渐被快速方便的液压式汽车起重机所取代。

长期以来,国内汽车起重机应用最为广泛,故这里我们简单介绍汽车起重机的基本工作原理。

2. QY12 型全液压汽车起重机的基本工作原理

汽车起重机是成批生产的系列产品,种类较多,现以 QY12 型全液压汽车起重机为例介绍其主要组成部分的结构及工作原理。

图 6-3-4 所示为 QY12 汽车起重机外形图。其主要技术参数如下:

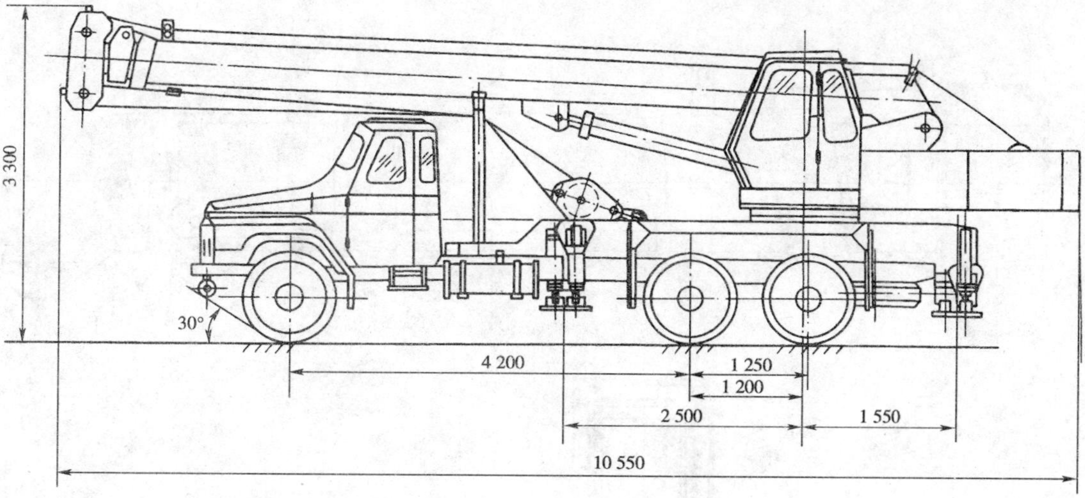

图 6-3-4　QY12 型全液压汽车起重机外形图

最大起重量：工作半径为 3m 时为 12 000kg。

最大起重量力矩：385kN · m。

主臂：三节。

整机重量：13 200kg。

行驶性能：最大车速 70km/h，最大爬坡度为 12.9°。

QY12 型汽车起重机为一种具有三节伸缩臂，全回转液压起重机。其取力装置位于起重机底盘变速器右侧，起重机从行驶状态转入起重机作业时，在底盘驾驶室内操纵取力操纵杆使取力装置接合之后，汽车发动机动力经过取力装置传至齿轮泵，则齿轮泵工作。齿轮泵产生的压力油通过液压系统驱动起重机的支腿操纵和上车回转、变幅、伸缩机构以及卷扬机构工作。

支腿为"H"形结构，前后固定腿分别焊接在底架下方，四个活动支腿分别装在前后固定腿箱形内，支腿机构为液压驱动。

活动支腿通过支腿操纵阀控制，它可以同时动作，也可以单独动作，操纵支腿一般情况是先将水平腿伸出后，再伸垂直腿，缩回时应先垂直支腿缩回后，再是水平腿缩回。

起重臂的主臂为三节四边箱形吊臂，伸缩机构为单级油缸加钢丝绳其结构如图 6-3-5 所示。

为提高伸缩油缸的稳定性，将伸缩油缸倒置安装在伸缩臂中，活塞杆头与基本臂尾部铰接固定，缸筒端部与二节臂根部铰接固定。当伸缩油缸伸出时，活塞杆固定于基本臂不运动，则缸筒运动将二节臂推出，当伸缩油缸缩回时，则缸筒运动将二节臂拉回。

起升机构由液压马达、双级圆柱齿轮、减速器、制动器、卷筒、钢丝绳、起重钩系统组成。其制动器为常闭摩擦片干式制动器，它的控制由制动油缸实现，并可在起重过程中任何位置实现重物停稳而不下滑。在起升机构液压回路中装有平衡阀，用以控制重物下降的速度。

回转机构由液压马达、蜗杆蜗轮减速器、回转支承等组成。回转机构工作时，由齿轮泵供给压力油，采用定量马达驱动，通过回转分配阀的控制可以实现正、反方向全回转。

变幅机构由吊臂、转台与一个前倾安装的双作用油缸所构成、其变幅动作是通过双作用油缸的伸缩实现的，变幅机构的作用是改变吊臂的仰角，从而使吊钩与上车回转中心的距离（即幅度）得到改变。

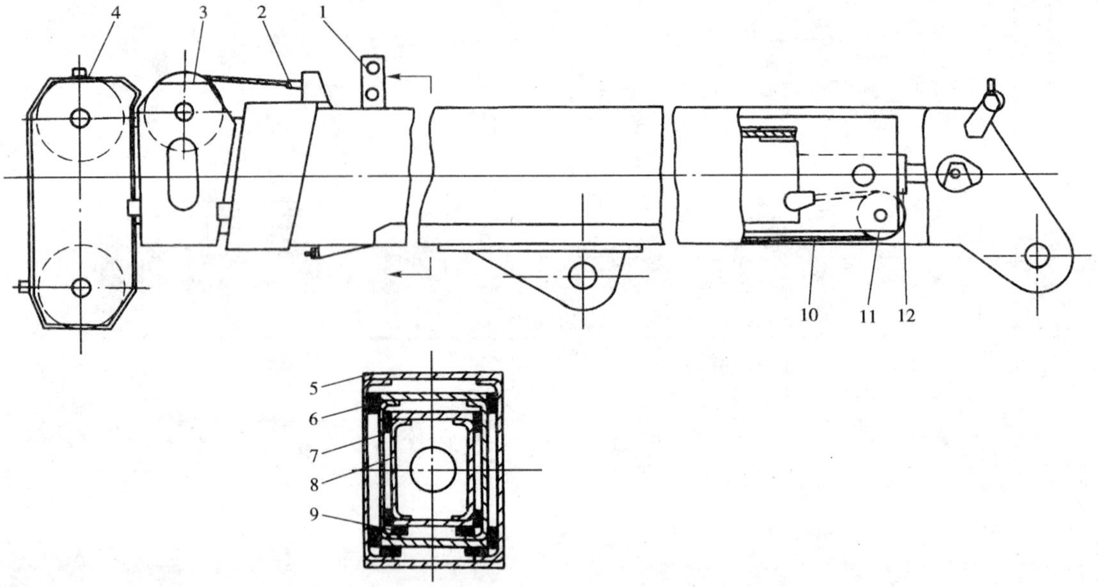

图 6-3-5　起重臂及伸缩机构

1-导绳器；2-伸臂绳；3-伸臂滑轮；4-导向滑轮；5-基本臂；6-侧滑块；7-二节臂；8-三节臂；9-下滑块；10-缩臂钢丝绳；11-缩臂滑轮；12-伸缩油缸

四、龙门式起重机

1. 龙门式起重机类型及特点

龙门式起重机，根据承重钢构梁的形式分为贝雷组合式龙门式起重机、钢梁桁架式龙门式起重机和混合型龙门式起重机。

贝雷组合式龙门式起重机的立柱和横梁主要由贝雷片组装而成，具有适用性强，互换性好，运输方便，用途多，经济节约等特点。

钢梁桁架式龙门式起重机的支柱和横梁都由钢桁架组成，具有横向稳定性好，挠度变形小，跨度大，自重轻的特点。

混合型龙门式起重机主要指横梁由贝雷片组装而成，立柱由其他钢构件组成，具有以上两种龙门式起重机有关特点。

以上龙门式起重机可分单轨龙门式起重机和双轨龙门式起重机，即可单台起吊也可两台抬吊，可根据用户具体施工要求，结合施工现场特点，施工外部条件等因素制订方案，以确保安全性、经济性、可行性和便捷性。

2. 龙门式起重机的基本结构和工作原理

龙门式起重机如图 6-3-6 所示，它是由龙门架、起重小车和操纵机构三大部分组成。龙门架是由水平的主梁和两根垂直的支架焊接而成的“Π”形架。主梁有单梁和双梁两种。起重小车总成 7 的滚轮在主梁 1 的轨道上横向移动。吊钩通过钢索及滑轮悬挂在小车的下面，重物的升降及小车沿主梁的横向移动是通过起重和牵引两根钢索，分别由卷扬机的两个卷筒来控制。被吊起的重物可作上下、横向和纵向三个方向的移动。由于它的起重范围大，因此广泛应用于桥梁构件的安装、料场及港口等处的大宗物品的装卸。

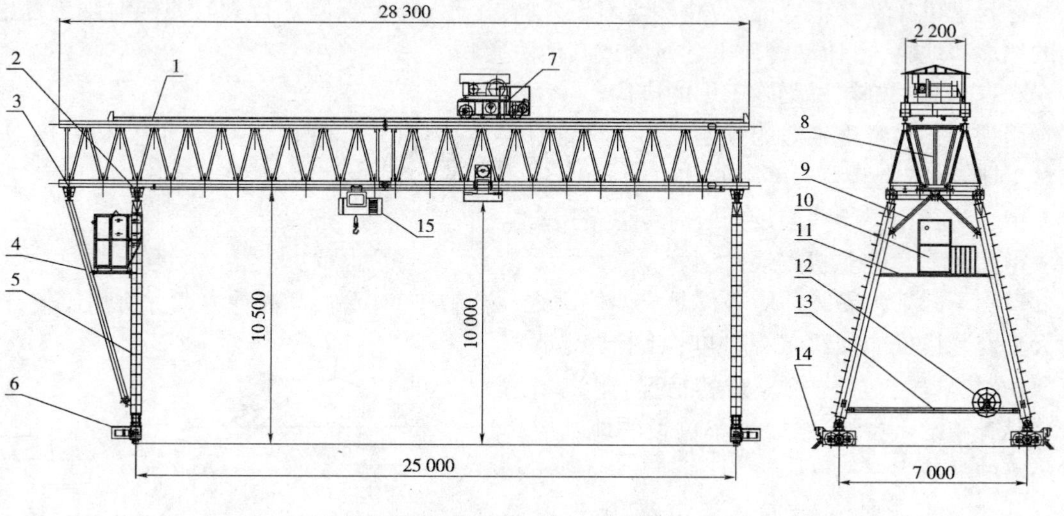

图 6-3-6　MDSG90/25-10 龙门式起重机

1-主梁;2-主梁座;3-副梁座;4-副支腿;5-主支腿;6-轮箱组件;7-小车总成;8-连接梁;9-稳定杆;10-司机室;11-司机室平台;12-电缆卷筒;13-均衡器;14-夹轨器;15-电动葫芦

五、起重机械在桥梁施工中的应用

1. 起重机械安全使用的注意事项

起重机的安全使用必须按安全操作规程进行。其要点如下:

(1)起重机作业时,必须设有专人指挥,并有统一信号,在进行任何作业前,起重司机必须先发出信号。

(2)吊装的重物必须绑扎牢固。吊钩的吊点应在重物的重心。提升时勿使吊钩到达顶点。提升速度要均匀平稳,重物下落要低速轻放,禁止忽快忽慢或突然制动。

(3)在重物或动臂下严禁站人,以防钢丝绳断裂或操纵机构失灵使动臂或重物落下而发生事故。

(4)起升重物时,卷筒上的钢丝绳应排列整齐。放出后,钢丝绳在卷筒上的余量不得少于三圈,并要经常检查钢丝绳的牢固性。

(5)在吊装作业中,禁止同时升降动臂与重物,只有将重物放下后,才能升降动臂。

(6)遇下雨或有雾时,由于带式制动器容易失效,故重物的升降速度应慢。

(7)在起重作业中,应随时观察风力。在6级以上的大风天气里,起重机应停止露天作业。

(8)两台起重机同时吊装一件重物时,重物的质量不得超过两机在各动臂的仰角下起升质量总和的75%。同时要注意负荷的分配,每台起重机分配的负荷不得超过该机允许载荷的80%。并使升降速度保持一致。

(9)起重机在行驶与作业时,为了保证它的稳定性须注意:

①在作业时,应按动臂某伸幅所规定的起升质量来起吊重物,不得超载。同时,动臂的最大仰角不得超过原厂规定。

②汽车式起重机不能吊物行驶。若必须吊物行驶时,则重物需在起重机的正前方,且离地高度不得超过50cm,要缓慢行驶,不得转弯。

③起吊重物左右回转时,应注意平稳。不得使用紧急制动或没有停稳前又作反向回转。

④工作时的最大地面倾斜角:汽车式与轮胎式起重机不用支腿时为3°,用支腿时为1.5°。地面应紧实平整,必要时垫枕木。

⑤起重机在转移工地前,应将转盘对正,动臂下落,扣上保险。行驶时要随时随地注意周围的地形和地物,不让动臂碰上建筑物或其他障碍物。

2. 汽车起重机在桥梁施工中的应用

用预制梁吊装施工法的预制梁吊装设备有很多,因汽车起重机本身有动力、架设迅速、可缩短工期,不需要架设桥梁用的临时动力设备,不需要如其他方法架梁时所必需的技术工种,故在中小跨径预制梁的架设安装时可以采用。

1)用单汽车起重机安装

单汽车起重机安装适应条件是只要能进入一台吊车的位置,与其他方式方法相比较,比使用大型安装机械能加快工程进度;对于安装地点分散,安装阶段工序比较复杂的情况,单汽车吊安装是有利的。当然,停放吊车位置的地基应具有足够的承载力。

其安装的步骤是:修筑运梁道路;清理停放吊车位置的场地;布置吊车;运进安装的梁,并将钢丝绳挂到梁上(钢丝绳与梁面的夹角不能太小,一般以45°~60°为宜,否则,应使用起重横梁);最后用吊车起吊梁,安装到支座上。图6-3-7为单汽车起重机架设法。

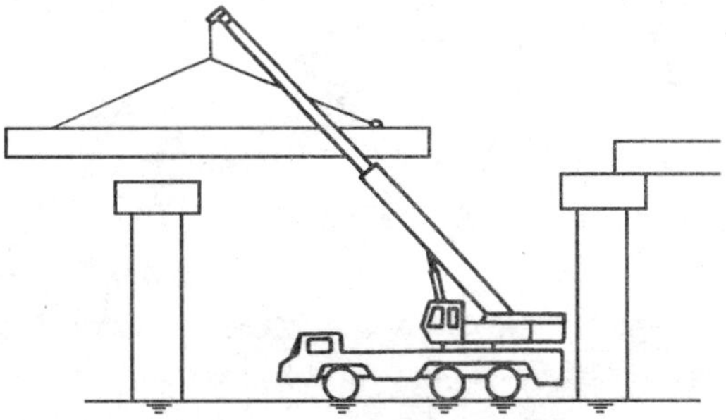
图6-3-7　单汽车起重机安装示意图

2)双汽车起重机安装

双汽车起重机安装是在桥墩附近布置两台起重机,把平板车运来的梁用两台起重机吊起,安装到支座上的施工方法。

与单汽车起重机安装相比,双汽车起重机安装一般是在主梁质量较大或者构件跨度特长,一台起重机架设有困难时采用。

其安装步骤与单汽车起重机安装步骤基本相同。不过要特别注意两机的互相配合,因此现场指挥是特别重要的。图6-3-8为双汽车起重机安装示意图。

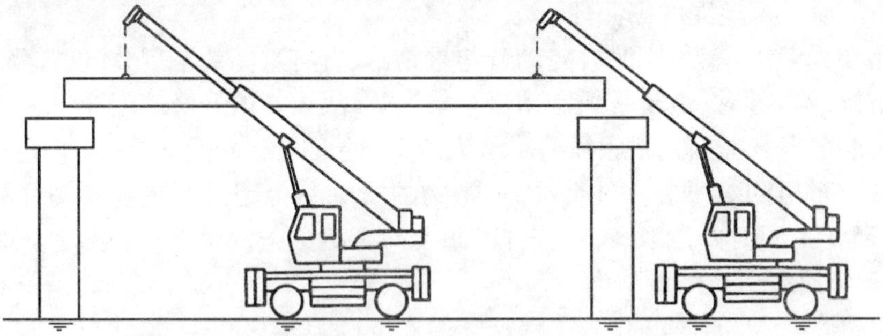
图6-3-8　双汽车起重机安装示意图

第四节　架桥机械施工

一、概　述

架桥机是将桥梁预制钢筋混凝土(或预应力混凝土)梁片(或梁段)吊装到桥梁支座上的

专用施工机械。近几年来，我国高速公路发展很快，由于地理情况的原因，修建的高速公路中高架桥路段相对较多。为适应高架桥梁片架设的需要，架桥机作为施工机械的一个门类，在未来的高等级公路建设中起着至关重要的作用。

1. 架桥机的组成及结构原理

以单导梁架桥机为例说明架桥机的组成，架桥机主要由主梁、前、后吊梁小车、运梁车、液压顶升装置、前支腿、中支腿、后支腿、横移轨道以及电气系统、液压系统、安全装置及配套的前后运梁车及发电车等组成，如图 6-4-1 所示。

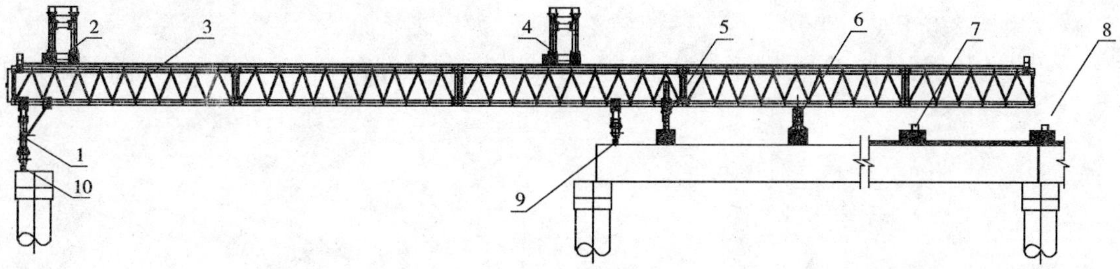

图 6-4-1　架桥机结构示意图

1-前支腿；2-前吊梁小车；3-主梁；4-后吊梁小车；5-中支腿；6-液压顶升装置；7-前运梁车；8-后运梁车；9-中横移轨道；10-前横移轨道

架桥机的主梁一般为双轨三角刚架结构，长度约为架桥机能架设最大跨度的 2 倍，在双轨三角刚架的前端和后端连接成为整体。起重小车运行在承载梁上面的轨道上，通常采用电动机驱动。运梁车可根据施工需要制作，用电动机驱动或内燃机驱动，运行在专用的轨道上，其上配备有大吨位卷扬机。前支腿固定在承载梁的前端，它上面通常配有液压顶升装置，在架桥机过跨时收回，以免由于支撑梁悬臂挠度的影响而撞上桥墩，在架桥机过跨就位后靠它来支撑。前支腿上面也带有可以横向移动的驱动机构。中支腿和梁体之间可以相对运动，一般它们之间用齿条连接比较方便可靠。架桥机过跨主要由中支腿支撑来实现，中支撑具有纵向和横向移动功能。

2. 架桥机的分类

目前国内架桥机在结构形式上大同小异，主要区别在于架桥机纵导梁形式和过孔方式。

根据纵导梁形式可分为单导梁式架桥机和双导梁式架桥机，这两类架桥机是利用拼装成的导梁作为承重移动支架，再配置部分起重装置与移动机具来实现架梁。

按过孔形式分为轮轨式架桥机和步履式架桥机，轮轨式架桥机整机大悬臂轨行式为纵移方式，对整机性能来说具有重心低、质量轻、架设曲线桥半径较小等优点，但其最大不利之处则是在悬臂纵移过程中，固定端处会有较大的垂直力作用在已架裸梁梁片的中部，对梁片可能造成危害。同时，还要铺设纵移轨道（横移轨道自带），从而增加了施工成本和劳动强度。而步履式纵移方式的公路架桥机在纵移和架梁时，架桥机的施工载荷只作用在已架裸梁的端头和桥台上，改善了梁体受力状况，对梁片的结构型式及中部受力情况无特殊要求，且无需铺设纵移轨道。但其最其缺点是结构质量大、成本高、架设曲线桥半径也较大，重心相对高一些，因而在使用中受到一定的限制。

随着高速公路桥梁架桥施工的需要，轮轨式架桥机正逐步被步履式架桥机所取代。因此，目前中国公路用架桥机通常采用步履式导梁架桥机。

3. 单导梁式架桥机、双导梁式架桥机和步履式架桥机的结构及特点单导梁式架桥机为单支臂,如图 6-4-2 所示,导梁一般采用空腹箱型做主承力构件,以此减轻自重,导梁可上下升降、前后伸缩、左右横移,可连续架设直线、斜线、曲线等不同种类的公路桥梁。新型单导梁式架桥机在吊梁小车上设置慢速横移机构,如果仅仅依靠整机横移机构来实现移梁与落梁调整,落梁时需反复调整多次才能就位,设置慢速横移机构则可一次落梁到位单导梁式架桥机结构紧凑、自重轻、利用系数高、对曲线及斜交桥适应能力强,整个架梁过程在接近简支的受力状态下进行,不需设置岔线,也不需吊梁走行。其广泛应用于桥面宽度较大,且要求一次铺装完成的桥梁。

双导梁式架桥机(图 6-4-3)具有结构简单、快速轻巧、适应性强、组合结构系统性好、互换性强、容易组装等特点,广泛用于桩墩较高、跨越公路和铁路的桥梁架设,不受桥下条件的限制。

图 6-4-2　单导梁式架桥机外貌图

图 6-4-3　双导梁式架桥机外貌图

双导梁架桥机是目前公路架桥中应用最广泛的,双导梁架桥机的优点可总结为以下 5 点:

(1)导梁承载能力强、整机横向稳定性较好。

(2)机上横移,无需墩顶移梁。

(3)两端结构对称,不掉头,可双向架梁。

(4)重心低,安全可靠。

(5)大梁受力状况好,改进方便。

4. 架桥机的发展趋势

中国公路建设的高速发展,使公路桥梁架设量越来越大,其结构形式也呈多样化趋势,原有的架梁设备也很难满足架桥的施工需要。特别是在一些地形复杂、交通困难的地带架桥,常出现大型架桥机械难以进入施工现场的情况。为了满足市场的需要,公路架桥机的发展趋势体现在:

(1)架桥机将向大型化与小型化发展,以满足不同规格桥梁的需求。

(2)能在斜交桥、曲线桥、错位桥的架设中适用,具有重梁、变梁、半幅、全幅梁片的铺设及双向架桥功能。

(3)配置电子编程控制系统,自动化程度高,在确保安全的前提下提高架设速度。

(4)集机、电、液为一体,安全、可靠、稳定,使用寿命长。

(5)结构新颖、合理,便于拆装、运输。

(6)机身质量减轻,综合能力强。

(7)广泛采用新技术、新工艺、新方法,尽力改善操作人员的劳动条件和劳动强度,提高整机的生产率和降低工作损耗。

二、架桥机在桥梁施工中的应用

1. 双导梁式架桥机的架梁作业过程

1) 运梁车运梁［图 6-4-4a)］

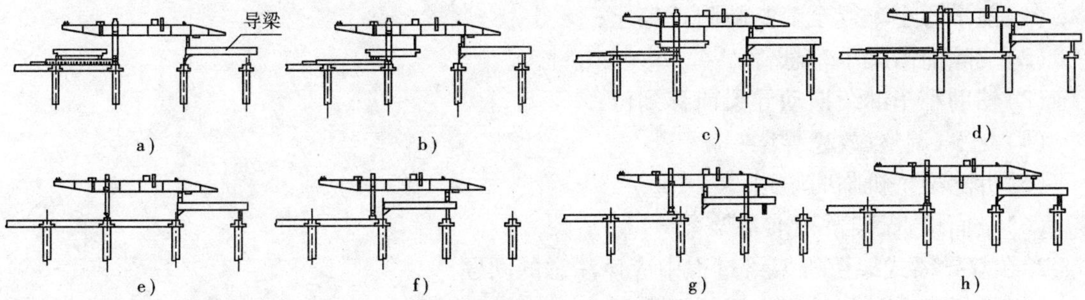

图 6-4-4　双导梁架桥机的架梁作业过程

(1) 运梁车运输箱梁至跨墩龙门吊提梁位置;

(2) 运梁车载梁行至架桥机尾部,停止、制动;

(3) 运梁车喂梁之前,后支腿千斤顶顶起后支腿,使车轮悬空,架桥机前、后支腿分别锚固在梁和墩上。

2) 前吊梁小车吊梁前行［图 6-4-4b)］

(1) 前吊梁小车吊起梁体前端;

(2) 前吊梁小车拖梁和运梁车上后移梁台车配合,前移梁体;

(3) 将梁体前端行至架桥机主梁 1/2 处。

3) 后吊梁小车吊梁前行［图 6-4-4c)］

(1) 梁体继续前移,梁体后端至架桥机尾部;

(2) 后吊梁小车吊起梁体后端;

(3) 前后吊梁小车共同前移梁。

4) 落梁就位［图 6-4-4d)］

(1) 前后吊梁小车行至架桥机架梁梁位上方;

(2) 落梁至距离支座顶面 200mm;

(3) 前后左右调整梁体位置,梁体就位;

(4) 架桥机准备过孔。

5) 架桥机过孔准备［图 6-4-4e)］

(1) 于桥面铺设架桥临时轨道;

(2) 解除架桥机后支腿台车下部油缸使其悬空,走行轮着力于钢轨上;

(3) 利用辅助支腿和前油缸,使前支腿离开墩面悬空。

6) 架桥机过孔前移［图 6-4-4f)］

(1) 开动辅助支腿和后支腿车电动机,使架桥机前移;

(2) 架桥机前移至设计位置;

(3) 调整前支腿,支平主梁。

7) 调移下导梁［图 6-4-4g)］

(1) 前吊梁小车前移吊起导梁前端;辅助支腿后扣轮吊起导梁后端;

(2)前吊梁小车前移,推动导梁在辅助支腿引导下前移;

(3)导梁重心移至辅助支腿后方1m处停止前移,辅助小车吊导梁;

(4)前吊梁小车和辅助小车、吊导梁同时前移。

8)架桥机过孔完毕,进入下一循环[图6-4-4h)]

(1)前吊梁小车行至前支腿附近停止;

(2)解除前吊梁小车悬臂;

(3)辅助小车继续拖动导梁前移到位;

(4)支平、调整、放稳导梁;

(5)拆除架桥机临时轨道;

(6)全面检查,架桥机准备架梁。

2. 在双导梁式架桥机架梁过程中应该注意的问题

(1)架桥机在工作过程中要加固稳定。

(2)架桥机在吊梁、送梁、落梁的过程中不能出现急停,速度要均匀,以保证梁体的安全。

(3)在落梁时要准确,避免反复起落,增加不安全因素。

3. 在双导梁式架桥机过孔过程中应该注意的问题

(1)架桥机固定的位置要与梁体架设的位置相同。

(2)导梁支腿的位置要不影响架梁。

4. 单导梁架桥机的架梁作业过程

单导梁架桥机的架梁过程如下:

(1)首先在要架设的桥头组装架桥机,整机组装完毕后,将两台吊梁小车开至架桥机尾部配重,启动后走行台车,架桥机自行过孔[图6-4-5a)]。

(2)架桥机过孔前支腿到位后,铺设前横移导轨,将前走行台车落在前横移导轨上。利用液压顶升装置将架桥机后部顶起,将后走行台车转向90°。铺设后横移导轨,将后走行台车落在后横移导轨上。

(3)架桥机定位后,启动运梁车,将混凝土梁送至架桥机,前运梁车接近架体时,用前吊梁小车吊起混凝土梁前端,启动前吊梁小车和后运梁车将混凝土梁往前运送[图6-4-5b)]。

(4)待混凝土梁全部送至架桥机内时,用后吊梁小车吊起混凝土梁后端,同时启动前后吊梁小车,将混凝土梁纵向运送过孔[图6-4-5c)]。

(5)待混凝土梁纵向到位后,停止运行,启动起升装置将混凝土梁下降,至接近支座。启动架桥机前后台车,架桥机吊梁横移,待横移基本到位后,利用小吊梁小车将混凝土梁横移定位,放置梁到桥墩上[图6-4-5d)]。

(6)归位架桥机重新回到运梁轨道的位置,运梁小车再次到梁场运梁。

5. 在单导梁式架桥机架梁过程中应该注意的问题

(1)架桥机在工作过程中要加固稳定,避免在架设过程中出现不安全因素。

(2)架桥机在吊梁、送梁、落梁的过程中不能出现急停,速度要均匀,以保证梁体和架桥机的安全。

(3)在落梁时要准确,避免反复起落,增加不安全因素。

6. 在单导梁式架桥机过孔过程中应该注意的问题

(1)架桥机固定的位置要与梁体架设的位置相同。

(2)导梁支腿的位置要不影响架梁。

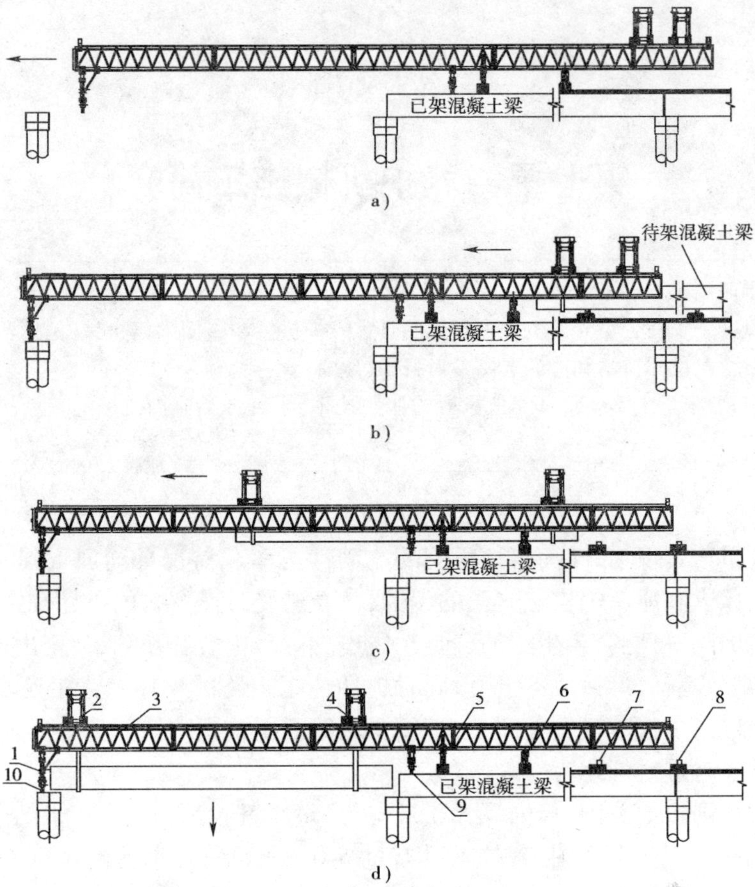

图6-4-5　单导梁架桥机的架梁作业过程

a)过孔状态;b)送梁状态之一;c)送梁状态之二;d)吊梁状态

1-前支腿;2-前吊梁小车;3-主梁;4-后吊梁小车;5-中支腿;6-液压顶升装置;7-前运梁车;8-后运梁车;9-中横移轨道;10-前横移轨道

(3)架桥机过孔过程中应该注意机械的整体平衡,以保证架桥机的安全。

思　考　题

1. 简述柴油打桩机的原理及应用特点。
2. 混凝土泵的使用有哪些要点需注意?
3. 混凝土泵的分配阀有哪几种形式?各有何特点。
4. 简述双导梁架桥机的工作过程。

第七章　养护机械施工简介

重点内容和学习要求

本章重点介绍了在公路养护工程中常见的日常养护机械和路面维修机械，包括各类养护机械的分类、工作过程、使用技术和产品选用参考目录等。

通过学习，要求学生熟悉常见养护机械的使用技术，了解各类养护机械的特点并会正确使用和选用。

现代交通流量与日俱增，路面直接承受的流动性行车载荷也日渐加重，此外，路面还常年经受日晒、雨淋、风雪和冰霜等自然气候的侵蚀，甚至遭受自然灾害的破坏和影响。久而久之，路基可能会发生坍陷，可能会产生泛油、起包、脱皮、麻面、龟裂和裂缝，甚至出现坑洼及波浪等病害，从而导致交通不畅，运输成本上升，同时也加速了道路的损坏。为了延长道路的使用寿命，改善其行车条件，确保车辆行驶安全，必须要对路面实施预防性的日常养护，并根据路面的实际病害和症状及时进行修理。

国外一些发达国家如美国、德国、法国、日本等，每年都投入巨额资金用于道路养护，他们同时也是养护机械的主要生产国，其技术具有世界领先水平，几乎垄断了国际市场。20 世纪 80 年代中后期，特别是 90 年代以来，随着我国公路建设规模的不断扩大及公路等级的不断提高，养护机械的发展也日益受到重视，特别是进入 21 世纪之后，养护机械的发展已经达到了一个新的阶段。

由于道路设施不断完善和多样化，养护机械品种和机型也日益增多。通常，根据机械作业项目和养护内容，可把养护机械分为日常养护作业机械和路面修理与再生机械两类。日常养护作业机械主要有清扫机械、洒水车、除雪机械、清障车、划线机械及多功能工程机等。路面修理与再生机械主要有路面铣刨机械、沥青路面修补车、水泥路面维修机械、沥青路面再生机械、乳化沥青稀浆封层机及道路重铺机等。

第一节　清扫机施工

一、概　　述

清扫机的作用是清扫道路和场地。清扫机按用途分为扫路刷、清扫收集机和专用收集机三类。扫路刷只能将路面上的垃圾扫到一边，通常仅在郊外的道路上使用，在铺路和修理路面时也常用它来清扫场地。清扫收集机不但能把垃圾和尘土扫到一边，而且能自动将垃圾装入垃圾箱中运走，在城市道路清扫中应用较为广泛。专用收集机专门用来收集机场上的金属和其他物品。

按驱动装置的不同可分为机械式(图 7-1-1)和电动式(图 7-1-2)。

按清扫作业装置的形式,可分为刷式、真空式和刷—真空组合式。

按把垃圾送入垃圾箱中的方式不同,可分为机械式,空气式和空气—机械式。

按清扫时洒水与否,可分为干式和湿式两种。一般刷式清扫机是湿式的(图 7-1-3),而真空式和刷—真空式清扫机则是干式的(图 7-1-4)。另外,按行走的轮数还可分为三轮式和四轮式等。

图 7-1-1　机械式清扫机

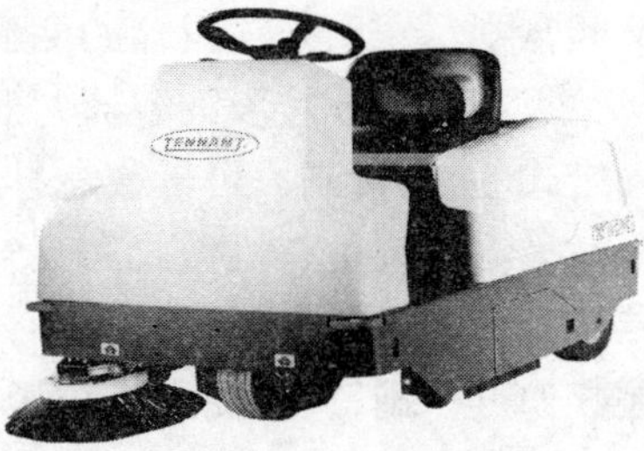

图 7-1-2　电动式清扫机

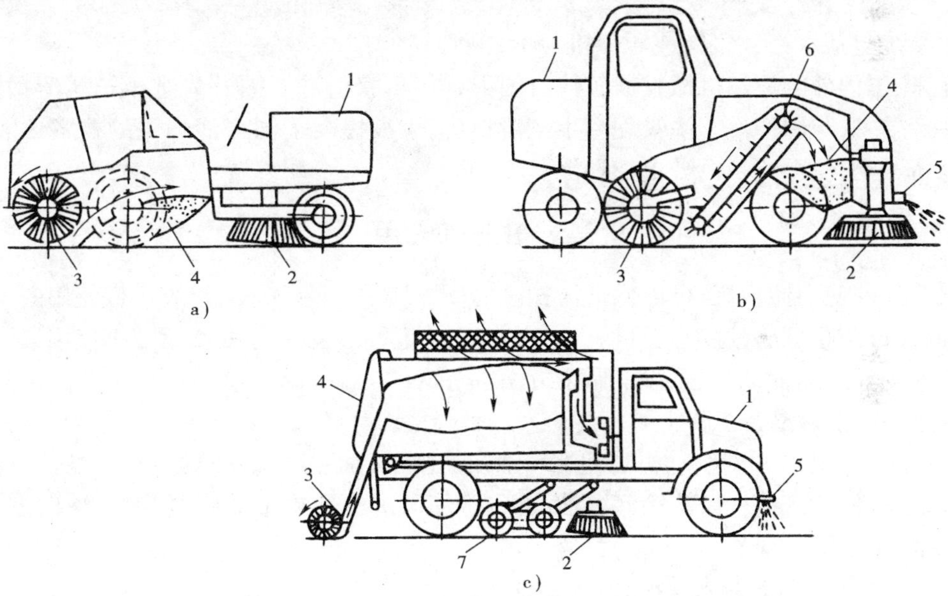

图 7-1-3　湿式清扫机

a)抛垃圾到垃圾箱中;b)机械输送垃圾;c)气力输送垃圾

1-底盘车;2-盘刷;3-主圆柱刷;4-垃圾箱;5-喷水箱;6-输送机;7-辅助主圆柱刷

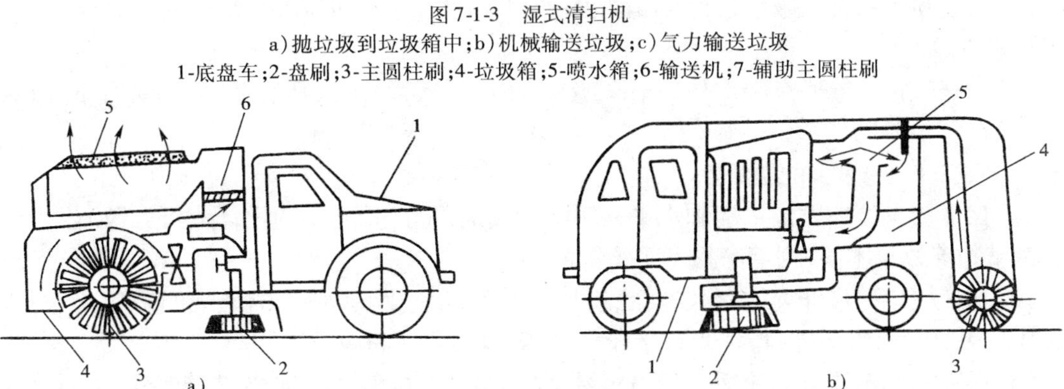

图 7-1-4　干式清扫机

a)直接抛垃圾到箱中的机器;b)输送垃圾装置的机器

1-底盘车;2-盘刷;3-主刷;4-垃圾箱;5-棉织物滤清器;6-麻织物滤清器

清扫机一般由机架、发动机、传动系统、扫地刷、垃圾箱、垃圾输送装置和洒水系统等组成。扫地刷是清扫机的主要工作机构，由刷、刷架、悬杆和驱动机构组成。按刷的功用，扫地刷可分为主刷和副刷，主刷一般做成圆锥形，担负大部分清扫面积的清扫作业，并将垃圾扫到垃圾箱中，副刷则用来清扫道路边缘，并将垃圾送到主刷的扫道上。

扫地刷常用的有圆柱刷和圆锥刷。圆柱刷由刷芯、刷毛及固定刷毛的零件组成。刷毛的材料常用钢丝、棕榈丝、竹条、人造纤维等。圆锥刷成截头圆锥形，刷毛安装在一个圆盘上，因此又叫盘刷。它安装在机器的两侧，又名侧刷。

垃圾箱是存放垃圾的容器，扫地刷扫起的垃圾通过输送装置送入垃圾箱中。垃圾箱一般是固定式的，也可制成可拆或悬挂式的，通过端盖或倾倒进行卸载。

垃圾输送装置有机械式和真空—机械式。机械式输送装置有带式、刮板链式和斗形提升式结构。真空机械式输送装置不仅能从路面上扫起垃圾，而且还可将其抛到垃圾箱中，同时气流还能通过扫刷，这样促进了垃圾和灰尘从地面离开，细微的灰尘通过滤清器被留下，排入大气中几乎是无尘的空气，从而避免了空气的污染。该装置在现代城市清扫收集机中使用最为普遍。

洒水系统包括水箱、水泵(或压气机)和喷洒管等。

近年来，国内外的清扫机械发展较快。国内有些厂家引进了国外先进吸扫式清扫机工作装置的生产技术，与国产汽车底盘配套生产清扫机，大大提高了国产清扫机的技术性能，有的采用电动机驱动，使得清扫机械更加环保。

二、清扫机的使用

正确合理的使用清扫机，可以保证清扫机的作业性质，减少故障，提高机械使用效率，延长使用寿命，还可防止事故，避免人身伤亡。操作清扫机之前，必须仔细阅读随车使用说明书，严格遵守操作规程。通常，应注意以下两个方面：

1. 做好使用前的准备工作

(1)给底盘发动机和副发动机加注燃料油及润滑油；加注冷却水；检查空气滤清器的堵塞情况及安装是否正确；检查齿轮箱润滑油液面；冷却风扇驱动皮带的张紧状况；油门控制是否正常；有无漏水漏油等现象。

(2)检查液压油箱的充满状况；有无漏油现象。

(3)检查喷水系统的吸水过滤器是否清洁；水阀通断是否正常；水泵驱动皮带张紧状况；有无漏水现象。

(4)检查吸扫系统所有摩擦件(扫刷、吸口、耐磨衬板等)的工作状态；风机是否平静，是否转动自如。

2. 保证工作装置的最佳状态

(1)保证侧盘接地方位正确和水平柱刷两端接地压力相等(结构设计成可调节)。否则易造成两端扫除效果不同，刷毛磨损不平衡等问题。

(2)保证吸口的最佳离地间隙，对密度比较大的垃圾尘粒，吸口的离地间隙应小一些；对于轻质垃圾、树叶、纸屑等，特别当数量较大时，吸口的离地间隙应大些。

(3)保证喷水系统雾化和适当的喷水量，要按照清扫机使用说明书，根据路面垃圾状况选择适当的喷水量，并保证雾化效果。

三、清扫机的选用

北京天路通科技有限责任公司生产的 BTL5121TSL 吸尘车是采用发明专利技术研制的新产品，主要适用于高等级公路、城市主干道、机场、港口、码头、工矿企业等区域的清扫作业，是目前较为理想的清扫车辆。它改变了以往清扫车用盘刷滚动刷扫的传统方式，而全部采用气流来完成作业，利用气流运动方式将粉尘和垃圾收集储存起来，因此效率很高。该产品可有效减少粉尘污染，提高空气质量，降低空气中可吸入颗粒物的含量，改善人们的生活环境。其特点主要有：

(1)全气动干式清扫。作业时全部用气流完成，吹吸结合，无二次扬尘。

(2)不用刷子不用水，节约能源，干吸式，车子一过，地面干干净净。

(3)清扫效果好。从几十微米灰尘到一般小石子、树叶等杂物都能得到有效的清除，清扫效率为 98% 以上，可谓"扫十遍不如吸一遍"。

(4)结构简单，磨损件少，使用维护方便、操作简单。

(5)使用维护费用低，且符合欧 3 排放标准。

BTL5121TSL 吸尘车的主要技术参数见表 7-1-1。

BTL5121TSL 吸尘车的主要技术参数 表 7-1-1

外形尺寸(mm)	7 100 × 2 460 × 2 890	清扫速度(km/h)	5 ~ 20
底盘型号	东风 EQ1126KBJ (欧 3)	清扫效率(%)	≥98
副发动机型号	朝柴 CY4100ZLQ	垃圾箱容积(m^3)	8
清扫宽度(mm)	2 950 ~ 3 300	清扫作业油耗($L/10\ 000m^2$)	1.8 ~ 2.2

部分清扫车产品目录见表 7-1-2。

部分清扫车产品目录 表 7-1-2

型 号	最大清扫速度 (km/h)	清扫宽度 (m)	转弯半径 (m)	垃圾仓有效容积 (m^3)	配套动力 (kW)	整机质量 (t)	生产厂家
JTS140GXC	30	2.3		5.6	66	14	扬州江扬集团公司特种车辆厂
BTL5060TSL	20	2.8		5	五十铃 NKR77LLPACJAY 和 4JB1 柴油机		北京天路通科技有限责任公司
BQJ5130TSL	12	2.5		6.5	康明斯 6BT118	9.5	北京市清洁机械厂
Sentinel 扫地车	40	3.2	3.96	2.6	42	5.67	美国
SR1000SB 扫地机	5.5	1	0.98	0.05	电瓶 24V	0.11	丹麦
凯弛 ICC 2 清扫车	40	2.35		1,5	37	2,2	德国
意大利驾驶式扫地机 Boxer D		1.55		0.24	9.8		意大利

第二节　洒水车施工

一、概　　述

洒水车的用途是向路面上洒水和冲洗路面，以达到除尘和清洁路面的作用。此外，还可用来浇灌绿化用的花草树木，提高工程用水，以及熄灭火灾等。在其上悬挂雪犁和扫刷，可在冬季进行扫雪。

洒水车按用途分为喷洒式、冲洗式、喷洒—冲洗式；根据底盘形式，分为汽车式（图7-2-1）、半拖挂式和拖挂式；按水箱容量可称为某立方米（吨）的洒水机，如用黄河JN150汽车底盘的8.4m^3洒水机。

对用于公路、城市道路和机场的洒水机，主要安装在载荷为4t或高于4t的汽车底盘上（图7-2-2）。其主要组成有底盘、水箱、管路系统、水泵、扫刷和喷嘴等。洒水车的工作状态主要有两种：停车吸水和行车洒水。

图7-2-1　汽车式洒水车

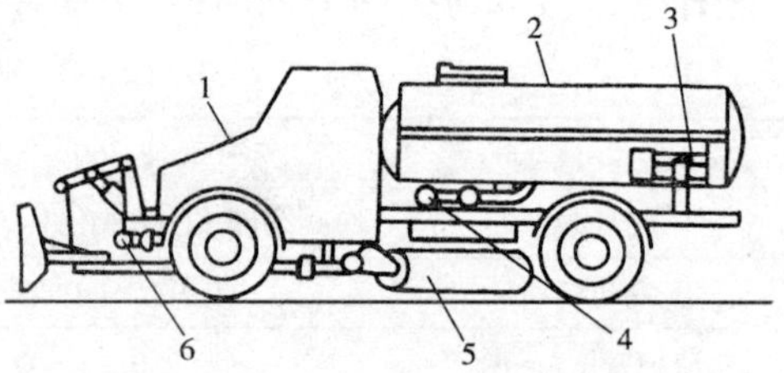

图7-2-2　洒水车示意图

1-底盘；2-水箱；3-管路系统；4-水泵；5-扫刷；6-喷嘴

1. 停车吸水

将车停在靠近水源处，连接好吸水管，如水泵为离心泵时，则需加够引水，此时将取力箱挂至工作挡，保证水泵以正常转速运转，同时打开吸水开关，将水泵入水箱内，即：

水源→吸水管→水泵→分流阀（执行机构）→水管→水箱

　↑

控制阀

2. 行车洒水

洒水车到达洒水位置后，停车挂上取力箱工作挡和行车挡位，然后操纵离合器按设定车速行驶，同时打开洒水开关，将水箱中的水洒向需要的地方，即：

水箱水→管→水泵→分流阀（执行机构）→水管→喷头

　↑

控制阀

随着公路建设的发展，公路工程及养护作业对洒水车不断提出新的要求，如前喷后喷、自流浇灌、冲洗路面及绿化等多种功能。洒水车功能的增加使得其使用范围进一步扩大。

二、洒水车的应用

使用洒水车前应认真阅读使用说明书。严格按使用要求操作，是使用好洒水车的重要保证。

1. 对水源的要求

当洒水车利用河沟、池塘作为水源时，注意吸水管端部全部没入水中。为避免吸入石块或较多的泥沙、漂杂物，吸水管端部一般设有过滤装置，吸水时严禁将过滤装置拆下。如果水源较浅，需要事先将吸水处挖深一些，以保证不含有杂物、不吸进空气。不同洒水车的水泵对水源的要求有所区别，清水泵要求水中不能有杂质，浊水泵则要求水中不能有石块和过多的泥沙。

2. 加引水

离心式水泵每次吸水前，必须向水泵内加入一定量的引水，加完后必须关闭加水口。自吸式水泵第一次使用时，需要加引水，以后不必再加。

3. 进水管必须要真空

吸水时进水管系统必须保持一定的真空度，才能将水吸入箱内。进水管系统务必要密封可靠，软管不能破损，硬管不能有裂纹，否则会产生漏气现象，造成吸不上水的情况。

4. 停车挂挡

洒水车无论是在吸水前还是在洒水前，取力装置挂挡都必须在停车时进行。

5. 冬季放水

冬季来临前，应将水泵和水管内的水放空，以防冻裂。我国北方一般严冬不再施工，故在施工结束后，应立即将水泵及水管内的水排空，以防后患。

6. 洒水注意事项

洒水车前喷头位置较低，靠近地面，喷洒压力较大，可用于冲洗路面；后喷头位置较高（洒水车后喷头一般左右各安装一个），洒水面较宽，可用于公路施工洒水；使用后喷头时，应将前喷管关闭；使用可调喷头洒水时，洒水宽度可根据需要调整。洒水宽度越宽，中间重叠量越少，洒水密度越均匀。

7. 润滑与紧固

在使用过程中要定期润滑传动总成各润滑点，经常紧固联结点，以保证正常使用。

8. 定期排污

洒水车储水箱设有排污管，该管的进口为水箱的最低点。经过一段时间的使用，应定期打开排污管开关，将罐内积存的杂物排除，直到水变清为止。

三、洒水车的选用

北京市清洁机械厂生产的 BQJ5110GSS 型洒水车结构简单、操作方便、噪声低、工作可靠，在保留了原 8t 长头水车的基本结构形式，有前喷洒、侧喷洒、后喷洒、喷枪、自吸引水和消防水口外，又增加后喷雾、化盐功能和多功能喷枪。适合大、中城市道路的冲刷、广场绿地、林阴便道等远程喷洒，道路工程施工压尘及消防作业的多功能水车。此产品是以东风 EQ1118G6D16 底盘为基础，加装了水罐、侧跨箱、水路系统、气控系统和操作平台等组合而成。其主要技术参数如表 7-2-1。

BQJ5110GSS 型洒水车的主要技术参数 表 7-2-1

外形尺寸（长×宽×高）(mm)	6 660×2 370×2 690	水罐容积(m^3)	6.8
洒水量(L/m^2)	0.35	洒水量大宽度(m)	22
最小转弯半径(m)	16	喷枪射距(m)	28
最高车速(km/h)	95		

国产部分洒水车产品目录见表7-2-2。

部分洒水车产品目录 表7-2-2

型　号	水罐容量(m^3)	洒水宽度(m)	洒水量(L/m^2)	洒水炮射程(m)	垂直吸程(m)	外形尺寸 长×高×宽(mm)	生产厂家
东风小霸王 EQ1042T14DJ3A 多功能洒水车	4~5	15	0.2~2	30	7	5 995×1 980×2 150	随州市东风专用汽车有限公司
XZL5050GSS	4~5	≥15	0.2~2	≥28	≥7	5 980×2 000×2 250	湖北新中绿专用汽车公司
XZL5101GSS	7~8	≥15	0.2~2	≥28	≥7	7 500×2 365×2 500	湖北新中绿专用汽车公司
东风小霸王洒水车系列	2.25	≥14		≥30	≥6	5 995×2 090×2 260	湖北成龙威专用汽车有限公司

第三节　清障车施工

一、概　　述

清障车是公路交通工程的重要装备之一。其功能是将公路和城市道路上发生故障而不能行驶的东西、发生肇事而损坏的车辆以及违章停放的车辆拖运移离现场,排除路障,疏畅交通,以确保车辆正常运行,避免重复肇事。

清障车按作业功能可分为专用型和综合型。目前国内普遍使用的是综合型。它具有托举、起吊(拖拽)、牵引等多种功能,适用于不同状态的清障作业,可实现一机多用,利用率高。

按作业能力可分为小型(托举能力小于2t)、中型(托举能力2~5t)、大型(托举能力5~10t)及超大型(托举能力大于10t)。其总体结构如图7-3-1所示。

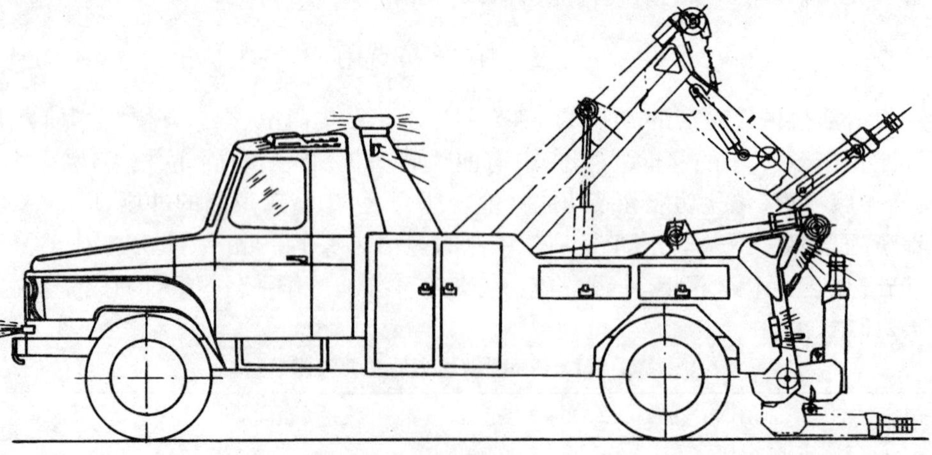

图7-3-1　清障车外形图

清障车的工作原理是:利用附具将肇事车辆损坏的前桥和后桥稳固在伸缩臂上(常见的肇事车辆一般是前桥或后桥损坏),然后托举牵引移离肇事现场。如肇事车辆翻倒,则需利用卷扬系统起吊将其扶正后托举牵引；如肇事车辆掉入边沟，则需利用卷扬系统拖拽、起吊将其拖到路上扶正后托举牵引，如图 7-3-2 所示。

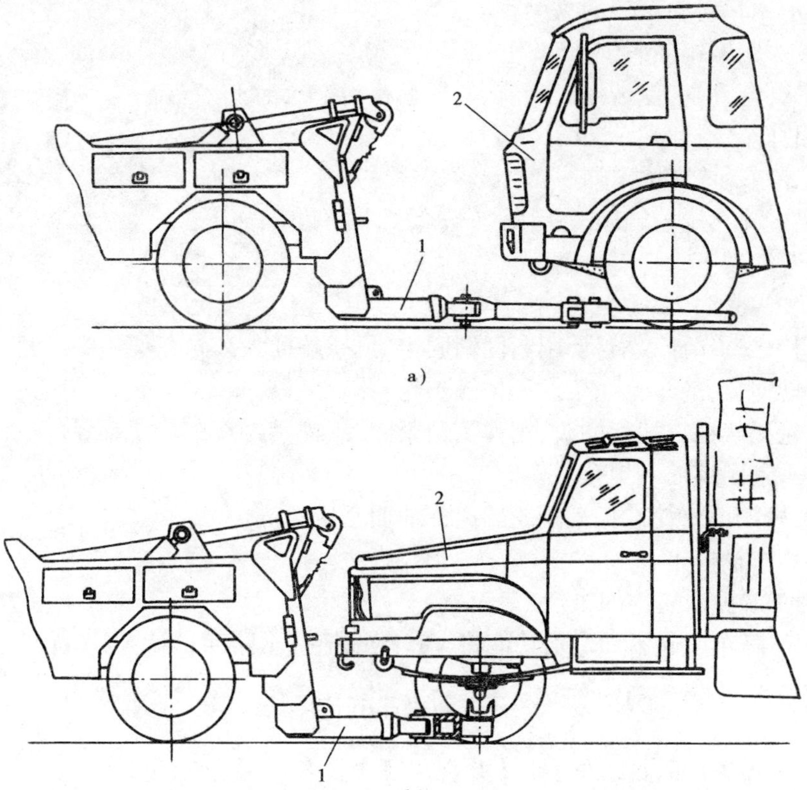

图 7-3-2　清障车工作原理示意图

1-伸缩臂；2-肇事车辆

目前，我国已有许多厂家生产清障车，满足着日益增长的市场需求。但是，国内生产的清障车均为多功能的中小类型的机种，其底盘均采用双桥型通用底盘，其综合性能与发达国家相比，还存在不少差距，有待于今后改进。

二、清障车的应用

清障工艺因现场情况的不同而有所不同。对于前桥或后桥损坏的车辆，又因车型的不同，清障工艺可分为钢叉支承法和固定车轮法。

1. 对于载货汽车和大型客车

由于载货汽车和大型客车的前轴荷(后轴荷)很大，为了缩短托举力臂，对于上述车辆可采用钢叉支承法，操作步骤如下：

(1)将托臂翻转下来，并将托臂接近路面。

(2)伸长托臂。

(3)取下叉紧固销。

(4)将横梁插入钢叉插头。

(5)取下止动销。

(6)装上钢叉插头。

(7)将支承钢叉插入钢叉插头。

(8)安装止动销。

(9)将支承钢叉对中车架的纵梁。

(10)将叉头紧固销插入销孔。

(11)将举升臂升高,使被拖车辆前桥(或后桥)离开路面一定高度。

(12)将损坏车辆托走。

2. 对于小客车和轻型越野车

对于小客车、轻型越野车可采用固定车轮法,操作步骤如下:

(1)将托臂翻转下来,并将托臂接近路面。

(2)取下叉头紧固销。

(3)将加长梁一端插入横梁,用紧固销固定,另一端插入车轮托架插头,用紧固销固定。

(4)将托臂伸长,使车轮托架插头接触到轮胎前部。

(5)将车轮托架插入托架插头,用弹簧销紧固,用锁紧带将车轮缚系好。

(6)将叉头紧固销插入销孔。

(7)将举升臂升高,使被托车辆轮胎离开地面一定高度。

(8)将损坏车辆拖走。

3. 对于翻车或掉入边沟的车辆

首先利用清障车的起吊和牵引功能将车扶正或拖拽至路面,然后再进行其他清障操作。

三、清障车的选用

国产部分清障车产品目录见表 7-3-1。

部分清障车产品目录 表 7-3-1

型　号	额定托举质量(kg)	托臂最大有效长度(mm)	最大起吊高度(mm)	吊臂伸缩行程(mm)	最高牵引车速(km/h)	底盘型号	制造厂
东风小霸王清障车	660	1 750	3 300	1 600	40	EQ1042T51DJ3A	湖北江南东风专用特种汽车有限公司
斯太尔双桥清障车	5 655	2 850	9 600	3 530	40	ZZ1256M4646F	湖北江南东风专用特种汽车有限公司
ZQZ5042TQZDH	1 500	1 750	3 300		40		常州中汽商用汽车有限公司
CLW5060TQZ	2 000	1 800			90	EQ3061TJ	中国东风程力汽车公司
东风双桥清障车	5 900	2 580	5 200	3 300		EQ1208VJ1	湖北东风汽车随州改装厂

第四节　除雪机械施工

一、概　　述

除雪机(图7-4-1)是用来清除道路、机场或广场上积雪的专用机械。

除雪机主要有转子式、犁式除雪机、除雪平地机和融雪车等。

图7-4-1　除雪机外貌

转子式除雪机用来清除公路、城市道路、机场和广场上的积雪,并可将雪输送到运输工具上。转子式除雪机的基本工作装置是叶片转子。按照工作原理的不同,分为独立作用式和综合作用式。独立作用式除雪机将切削雪和抛雪这两个工序分别由单独的工作装置来完成,其叶片转子形状制成辐射式;切削雪和集雪的机构制成犁刀式、螺旋式或铣刀式。

综合作用式除雪机将切削雪和抛雪两个工序由一个工作装置来完成。该工作装置制成专门形状的切削转子、综合螺旋转子或综合铣刀转子。目前使用最广的是螺旋转子和铣刀转子式除雪机。

犁式除雪机适用于各种道路上密度较小的新降积雪,以使交通线路畅通。它多由自卸汽车改装而成。此外,一些季节性较强的车辆如洒水机、扫地机以及农用汽车等也可改装成除雪车,以提高车辆的利用率。

犁式除雪机(图7-4-2)的工作装置为装在车辆前端、中部或侧面的各种犁板式除雪装置。犁式除雪机作业效率高、改装容易、价格低、工作可靠,因此是应用较广泛的除雪机械。

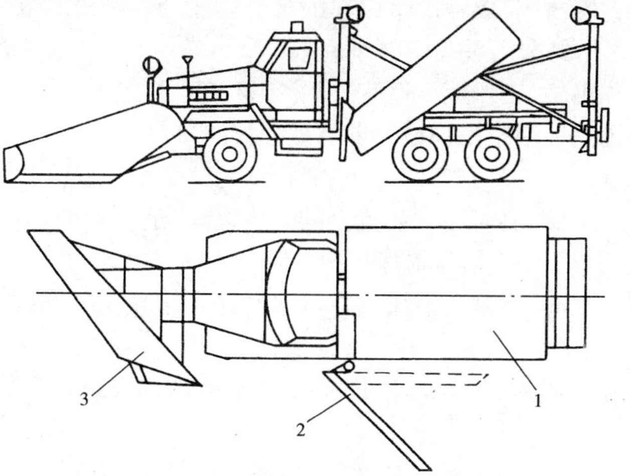

图7-4-2　带单向侧翼板的犁式除雪机

1-除雪车车体;2-单向侧翼板;3-前置单向犁

除雪平地机系自行式平地机用其刮刀来刮削积雪时的称谓。不过,为了扩大其除雪功能,除雪平地机一般还装有前置的V型犁或侧置的翼板。图7-4-3为除雪平地机进行除雪作业的工作简图。

融雪机(图 7-4-4)是一种能完成集雪、装雪和运雪的全能除雪机械。该机械用前滚轮旋转刮刀将地面上的积雪收集起来,通过滑雪槽送入融雪槽中,积雪在槽中被加热融化成水而被排出;也可以将滑雪槽转动 90°,向道路两侧喷散积雪。

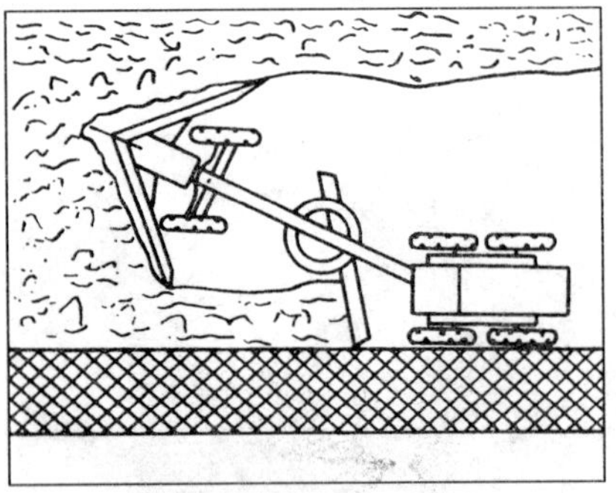

图 7-4-3　除雪平地机作业简图

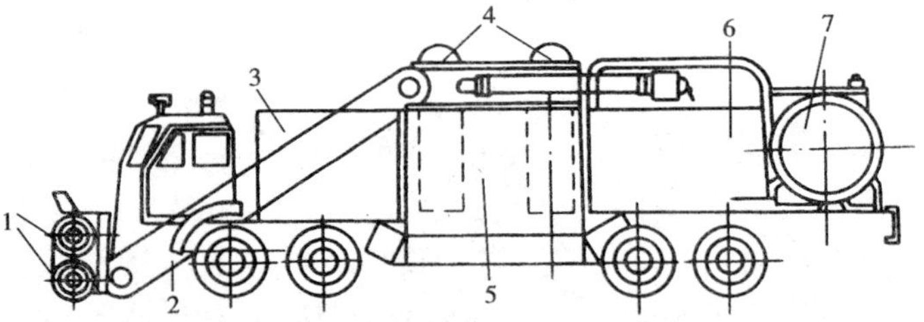

图 7-4-4　融雪车构造示意图

1-旋切除雪装置;2-传送带;3-行走及旋切装置用发动机;4-燃炉;5-融雪槽;6-发动机;7-燃料箱

二、除雪机械的应用

1. 注意事项

使用除雪机进行作业时,除严格执行操作说明外,还应注意以下 6 点:

(1)在使用除雪机进行除雪作业时,首先要对工作路段的雪质、雪的厚度、硬度及路面设障情况进行全面调查了解,按照计划除雪量选用除雪机类型及型号。

(2)使用前检查液压管路及连接部位是否有松动、渗漏现象,液压油温是否过低,若不符合要求,要进行预热处理后方可作业。

(3)调整工作装置雪橇及支撑轮,使工作装置底部与路面之间的间隙满足路面不平需求,该间隙一般为 1 ~2cm 较为适宜。

(4)对顶推拖挂式除雪车,要考虑牵引车的抗滑性能及雪雾对驾驶视野的影响,必要时安装防滑链,对犁式雪车尽量选用平头牵引车。

(5)操作时要动作平稳,工作速度适宜,以免损坏工作装置。

(6)要在除雪机前后适当范围内设立除雪作业标志,以保证行车安全。

2. 除雪车的维护

(1)除雪车工作结束后,要对除雪装置上的雪块、冰渣进行清理,尤其是轴承、转子叶片与壳体接触面更应及时清理,以免结冰损坏风扇叶片。

(2)除雪机闲置不用时,为避免液压油在低温时黏度增高及各部件锈蚀,需将机器晾干后停放在车库。

(3)车辆在车库停放时,使液压油温保持在一定范围内,以保证液压系统随时可以进行工作。

(4)选择液压油时,不仅要考虑其黏度等级,还必须考虑油液黏度指数,相对来说黏度指数高的工作油液所适应的温度范围大。

三、除雪机械的选用

哈尔滨天达科技有限公司生产的 V3100 型 V 型除雪铲适用于卡车、环卫车、自卸车、装载机、拖拉机等机动车辆快速挂接。通过活翼 V 型活板结构、全液压操纵,方便实现九种工作状态，完成软硬积雪刮除、归堆、左右排雪等多种作业。具备可靠缓冲装置，是城乡复杂路面的理想除雪工具，其主要技术参数如表 7-4-1。

V3100 型 V 型除雪铲主要技术参数 表 7-4-1

驱动底盘	卡车、环卫车、装载机、拖拉机等	除雪宽度（m）	1.6～3.1
最大驱动功率（马力）	160	除雪深度（m）	0.3～0.8
整机形式	V 型活翼铲刮式	作业时速（km/h）	2～35
作业对象	自然积雪、中等压实雪	除雪能力（m^2/h）	3 000～100 000

部分除雪机械产品目录见表 7-4-2。

部分除雪机械产品目录 表 7-4-2

型　号	驱动底盘	驱动功率（马力）	作业对象	除雪宽度（m）	除雪能力（m^2/h）	不含主机重量（kg）	生产厂家
C3100 型铲刮式除雪机	8～18 吨解放、东风等自卸车	160～260	自然积雪、坚硬压实雪	2.7～3.1	100 000（25 000 压实雪）	1 500	哈尔滨天达科技有限公司
D3000 抛扬式除雪机	ZL50、ZL40 装载机	200～240	自然积雪、轻度压实雪	3	1 000～1 300	2 400	哈尔滨天达科技有限公司
CZ-2420-II 多功能型除雪机				2.41	36 000		吉林省北欧除雪机械制造有限公司
CZ-2410 普通加强型除雪机				2.41	108 000		吉林省北欧除雪机械制造有限公司

第五节　划线机械施工

一、概　　述

路面划线机械就是在公路、城市街道等路面上划出各种交通标线的机械，也可以在厂矿道路、机场、公园、广场和体育场等划停车线、分区线等其他标线。一般是在干沥青混凝土和水泥混凝土路面上用油漆涂料或热塑性材料进行划线。路面划线机（图 7-5-1）可按功能、机动性、所用划线材料和划线方法等进行分类。目前，有四种供油漆涂料和热塑性材料用的机械化划线方法：无压缩机式、重力式、气压式和动力式。

图 7-5-1　划线机外貌

无压缩式的划线方法是从料罐流出的油漆涂料流在压力下进入喷雾器，在喷雾器的喷嘴内被破坏，从喷嘴的出口以单相的一股料流出。油漆涂料传送系统中的压力由压缩空气或泵建立。

重力式划线方法是将划线用的料加热到流动状态，以自流的方式流在路面上，依靠料的高稠度和出料口的形状形成标志线外形轮廓。

气压式油漆涂料喷涂法是一种全能性的方法。压缩机从大气中吸入空气，并在压力下把其送入三个管道支路分别进入储气筒、溶剂箱和喷雾器。在提供压缩空气的同时，通过机械手控制，向油漆涂料器供入从储料罐中排挤出的油漆涂料或热塑性材料。在喷雾器的喷嘴内，料流被有方向的气流分散，并经喷嘴隙孔流出两相分散的混合料。

动力(泵)式油漆涂料(又称高压无气喷涂法)和热塑性涂料喷涂法：物料是由泵送装置在系统中建立 10～15MPa 压力的作用下进入涂料喷雾器。当料流经小截面孔流向大气时，由于压力急剧下降，料流分散成细小颗粒，形成雾状。

国外划线机品种规格多，性能优良。全自动的划线机一般组装在汽车底盘上，喷涂设备自成系统，独立配套动力，即行走和喷涂互不干扰，在标线的施工时对标线厚薄等调节提供了有利条件，可划单线、双线、间断线，并有电脑控制、自动跟踪、自动定向等功能。图 7-5-2 为车载划线机外貌图。

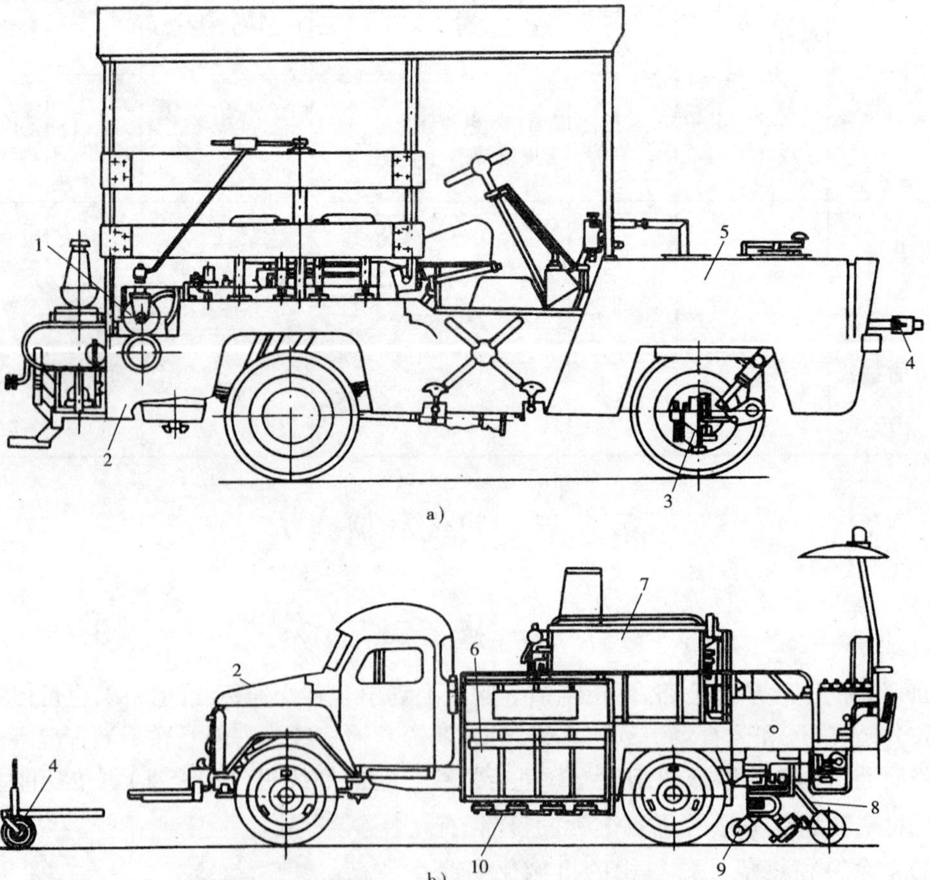

图 7-5-2　车载划线机外貌图

a)具有动力涂料的划线机；b)具有热塑性塑料层划线的划线机

1-可伸式涂料喷雾器；2-底盘；3-工作机构(涂料喷雾器)；4-指示装置；5-涂料箱；6-气筒；7-热塑性塑料加热锅；8-测量机件；9-划线器；10-带热体系统

二、划线机的应用

1. 高压无气喷涂划线机的使用技术

高压无气喷涂划线机在使用前，应做好各项准备工作，一是涂料、稀释剂等材料的准备，二是检查划线机的完好状况以及施工参数的确定和调整，同时要备齐安全设施标志，操作人员要穿安全工作服。

(1)划线机应有专人管理，人员必须经过技术培训，严格遵守操作规程，以免发生机械故障和人员安全事故。

(2)汽油发动机、减速器、发电机、液压元件等配套件，要按其出厂说明书的规定进行日常保养。液压系统应按有关规定进行日常保养。

(3)高压无气喷涂泵是划线机上的关键设备，应严格按其设备说明书的要求进行调整、启动及维修保养。

(4)涂料必须保持清洁，喷涂前涂料必须经过滤网过滤，以免喷涂过程中堵塞喷嘴，影响正常施工。

(5)若施工暂停或下一班继续使用，应保持涂料管路内充满涂料，取下喷嘴并清理干净，再将喷枪置于一小盆水内，使喷枪口隔绝空气。长期存放时，一定要将喷涂泵和管路清理干净。

2. 热熔涂料划线机械的使用技术

1)操作与管理

(1)热熔涂料划线机械应有专人管理，人员必须经过技术培训，严格操作规程，以免发生机械故障和人员安全事故。

(2)设备在使用之前，应分别进行检查，保证设备处于完好状态，必要时还要对设备的工作参数进行调整。液压传动热熔釜应进行空载试运行，检查各部件的顺序联动情况，在各个设备运转正常之后才能进行作业。

(3)热熔涂料在施工过程中应始终保持一定的加热温度，要经常检测温度(180℃～230℃)，同时进行充分搅拌。施工时应注意不同路面应采用不同的涂剂，当采用喷涂式的机械施工时，要选用喷涂式的专用涂料。

2)维修保养

(1)内燃机、减速器、液压元件等外购件均有出厂说明书，应按其规定进行保养。

(2)凡有轴承、轮轴、齿轮等旋转处要每周定期检查，加注润滑油，或及时更换配件，保证运转自如。

(3)每次施工结束后，应将剩余涂料全部清除，关闭各放料口及各个开关。

(4)严格按照热熔涂料施工机械各自的使用维修保养说明书的有关规定进行日常维修保养。

三、划线机的选用

车载高压无气冷喷划线机是公路划线的专用设备，主要用于公路、市区、机场、停车场等涂划实线、虚线、曲线、导向箭头、文字和图形等。该产品主要由机械数码器、电器系统、主机、喷枪和标尺等组成，选用日本发动机为动力，由液压缸驱动柱塞泵往复运动吸入涂料产生高压，可两把喷枪同时工作，双实线可一次性完成。该机分单缸、双缸和以汽车发动机取力三种类型,双缸划线机施工时可随时更换白色或黄色涂料。以汽车取力为专用划线车,功率大,线形效果更好。其主要技术参数见表7-5-1。

车载高压无气冷喷划线技术参数 表7-5-1

外形尺寸	1 665×1 298×1 600(主机)	喷漆宽度	100~400mm(可调)
发动机功率	9.5kW	喷漆厚度	0.2~0.4mm
柱塞泵压力	16MPa	划线速度	5km/h
液压缸工作压力	A腔4.5MPa B腔5.5MPa	整机质量	650kg

部分划线机产品目录见表7-5-2。

划线机产品目录 表7-5-2

型号	形式	主要技术参数	生产厂家
CKM凸起振荡划线机	自走式	体积1 360mm×900mm×1 100mm,质量265kg,涂料桶容量60L,玻璃珠容量10kg,行走速度>400m/h,凸起高度3~5mm,划线宽度150/200/300mm	广州创科交通设施有限公司
XDTQ-Z 150/200/300	自走式	质量275kg,涂料桶容量100kg,凸起线高度3~5mm,基础线高度1.8~2mm	沈阳现代交通设施有限公司
自走热熔划线机	自走式	体积1 150mm×1 150mm×850mm,质量200kg,划线速度0~5km/h,划线宽度100/150/200mm,玻璃珠撒珠器:定量式、可调100/150/200mm	沈阳现代交通设施有限公司
CL-15EA	手推式	体积1 155mm×975mm×810mm,质量120kg,保温釜容量50L,玻璃珠箱容量5L,标线宽度5~30cm,散布宽度15~20cm	北京菊水伟达交通机械设备有限公司
LXD自走式凸起振动标线机	自走式	体积1 318mm×818mm×1 018mm,质量188kg,玻璃珠存储箱容量20kg,施工速度>408m/h,划线宽度150/200/300mm,凸起高度3~5mm	镇江市路鑫达道路设备有限公司

第六节 路面铣削机械施工

一、概 述

路面铣削机械是一种利用装满小块铣刀的滚筒(简称铣刨鼓)旋转,对路面进行铣刨的一种高效率的路面修复机械。用它来铣刨需要维修的破损路面,对沥青路面和水泥路面均适用。采用路面铣刨机可以迅速地切除路面的各种病害,并且剥离均匀,不伤基础,形成整齐、平坦的铣刨面和齐直的铣刨边界,为重新铺设沥青混合料或混凝土创造条件。另外,路面铣削机械还可用于变形路面的平整、路面切槽及混凝土路面拉毛等作业。切下来的沥青混合料渣可以直接用于路面表层的铺设,如果这些料渣已低于要求,还可以与新的沥青加温搅拌后,再重新铺筑高质量的面层。

路面铣削机械主要有热铣刨和冷铣刨两种。热铣刨机是在铣刨前先用液化气、丙烷气或红外线燃烧器将路面加热,然后再进行铣刨作业。这种铣刨方式切削阻力小,但消耗能量较大。热铣刨机多用于沥青路面养护及再生作业中。冷铣刨机是直接在旧路上或需要养护的路段上进行铣刨作业。该机切削的料粒较均匀,适应性广,但切削刀齿磨损较快。冷铣刨机多用于铣削沥青路面隆起的油包及车辙等。

根据铣削转子的作业宽度,可分为小型、中型和大型三种。小型铣刨机的铣削宽度为300 ~ 800mm,铣削转子的传动方式多采用机械式,主要适用于施工面积小于 $100m^2$ 的路面维修工程;中型铣刨机的铣削宽度为 1 000 ~ 2 000mm,铣削转子的传动方式多为液压式;大型铣刨机的铣削宽度在 2 000mm 以上,一般与其他机械配合使用,形成路面再生修复的成套设备,其铣削转子传动方式也多为液压式。

根据传动方式分为机械式和液压式两类。机械式工作可靠、维修方便、传动效率高、制造成本低,但其结构复杂、操作不轻便、作业效率较低、牵引力较小,适用于切削较浅的小规模路面养护作业;液压式结构紧凑、操作轻便、机动灵活、牵引力较大,但制造成本高、维修较难,适用于切削较深的中、大规模路面养护作业。

目前,国内使用较多的铣刨机是德国维特根公司生产的各类铣刨机,此外,还有美国英格索兰公司生产的铣刨机及国产价格相对低廉的各类铣刨机。

SF1300C 铣刨机是美国英格索兰公司生产的一种全液压轮式中型冷铣刨机,其主要由发动机、底盘、铣刨装置、洒水装置、料输送装置等组成,其外形见图 7-6-1,铣刨装置中的铣刨鼓见图 7-6-2。

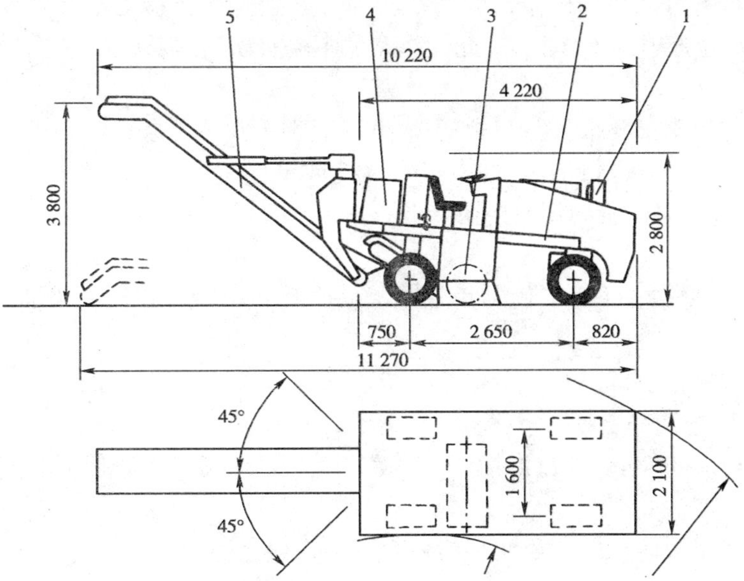

图 7-6-1 SF1300C 铣刨机

1-发动机;2-底盘;3-铣刨装置;4-洒水装置;5-料输送装置

主要技术参数如下:

铣削宽度 1300mm ；铣削深度 0 ~ 130mm；铣削精度 ±2mm

铣削齿速 0 ~ 30m/min；行驶速度 0 ~ 6km/h

SF1300C 铣刨机动力装置为卡特皮勒 3280I-T 型水冷式 V8 增压柴油机，转速为 2 400r/min，输出功率为 175kW；底盘由传动系统（传动路线为发动机、分动箱、油泵、油马达、行走轮）、行走系统（车架、前后轴悬架系统及硬橡胶轮胎）及转向系统、铣刨装置升降机构（由后轮升降油缸、单向节流阀、前轮升降油缸、液压锁及多路换向阀总成）及铣刨深度控制装置等组成。洒水装置由水泵、水箱、水管等组成；料输送装置包括拾料输送带（收集并将经铣刨下来的散料送至装车输送带）和装车输送带（可左右摆动 40°，并能进行高度调节）。

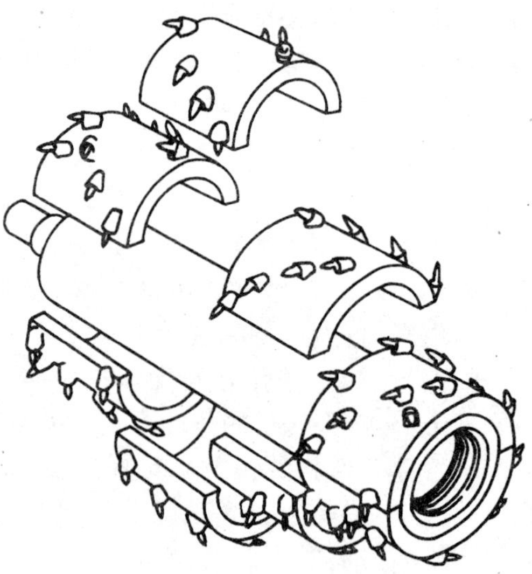

图 7-6-2　铣刨鼓

二、铣削机械的应用

1. 使用与管理

(1) 铣削机械必须由专人操作，操作人员必须经过严格的技术培训，熟悉整机各系统性能及操作规程，以免发生机械设备故障和人员设备安全事故。

(2) 机械在使用前必须对各部件进行空运转试验，检查各部件运转是否正常，在确认正常且各部件又无泄漏的情况下方可进入正常工作。

(3) 无论何种型号的铣削机械，在进行工作时，必须先使机械处于行走状态，然后使转子旋转并缓缓下降，逐渐进入工作状态，此操作顺序不能有误，否则易损坏机件或造成安全事故。

2. 维护

(1) 发动机按说明书要求进行日常维护，并注意在正常技术条件下使用。

(2) 液压系统应严格保持清洁，注意经常清洗或更换过滤装置，操作时如发现油压异常，应立即停车检查。油路油压的调整应由专业技术人员完成，一般人员不得随意调整，以免发生更大故障。

(3) 各运转部件应在每班工作结束后对其进行润滑保养，并注意检查传动部件的油位情况。

(4) 每班工作后，应打开护罩，检查铣削转子上的刀具是否松动，若有松动应及时紧固，刀头磨损严重或折断应及时更换。

(5) 每班工作后，整车应进行清洁处理。若暂时不用，应在做好保养和清洗工作后，将机械用护套遮盖。

(6) 其他应严格按使用保养说明书的规定进行维护。

三、铣削机械的选用

2000DC 路面铣刨机，是徐州工程机械制造厂从世界著名铣刨机生产厂家——德国维特根（Writgen）公司引进的生产制造技术，是江苏科委“九五”期间重大科技攻关项目，具有当今世界先进水平。该设备技术性能先进，工作效率高，施工工艺简单，铣刨深度易于控制，操作方便灵活，机动性能好，铣刨的旧料能直接回收利用，因而广泛地用于沥青路面的维修翻新养护施工工程之中。其主要技术性能参数见表7-6-1。

2000DC 路面铣刨机主要技术性能参数　　表7-6-1

最大铣刨深度(mm)	300	行走速度(km/h)	0~4.5
铣刨轮		爬坡能力(%)	80
刀具间距	15	距地间隙(mm)	235
刀具数量	162	工作质量(kg)	24 900
铣刨轮直径(带刀具)(mm)	980	燃油箱(L)	850
铣刨轮最大倾角(°)	5	液压油箱(L)	270
柴油发动机制造厂	Merecedes-Benz	水箱(L)	1 600
型号	OM442LA	集料输送带宽度(mm)	800
额定功率(kW)	297	输送带输送能力(m^3)	290

部分路面铣削机械产品目录见表7-6-2。

部分路面铣削机械产品目录　　表7-6-2

型　号	铣刨宽度(mm)	铣刨深度(mm)	行走速度(km/h)	工作速度(m/min)	离地间隙(mm)	功率(kW)	主机尺寸(长×宽×高)(mm)	主机质量(kg)	生产厂家
BG2100	2 100	0~300	0~5	30	325	470	8 000×2 700×3 300	32 050	长沙中联重工科技发展股份有限公司
PM50 轮胎铣刨机	500		0~22	50		279.5			日本酒井重工
W2000 型冷铣刨机	2 000	0~320	0~5		310	421	7 115×2 500×3 000	25 350	德国维特根公司
MP2100	2 100	0~320	0~5	30		440	14 000×2 500×2 960	29 000	意大利玛连尼公司
PL2000S	2 010	0~320	0~5	40		447	15 100×2 700×3 100	33 500	瑞典戴纳派克公司

第七节　沥青路面修补车施工

一、概　　述

沥青路面修补车是一种对沥青路面进行综合性修理和保养的养护机械，可完成路面的破碎、清理、补料、压实等多种工序作业，主要用于公路和城市道路中沥青路面的修理和养护。其作业效率高，机动性能好。

图7-7-1为湘潭公路机械厂20世纪90年代生产的一种沥青路面综合养路车。该车是一

种自行式沥青路面专用养护机械,具有开挖和破碎沥青路面、沥青混合料保温运输、沥青混合料填补、液态沥青保温运输、沥青喷洒、路面压实等多种功能。修补车结构紧凑,装备轻便,备有发电机组,工作装置全部采用电力和液压传动。发电机组还可在夜间为施工提供照明或为其他小功率电动设备提供电源。该车采用双排座汽车通用底盘,可兼作中、短途路面巡查车,是公路市政专业养护队和大道班机械化养路较为理想的养护设备。

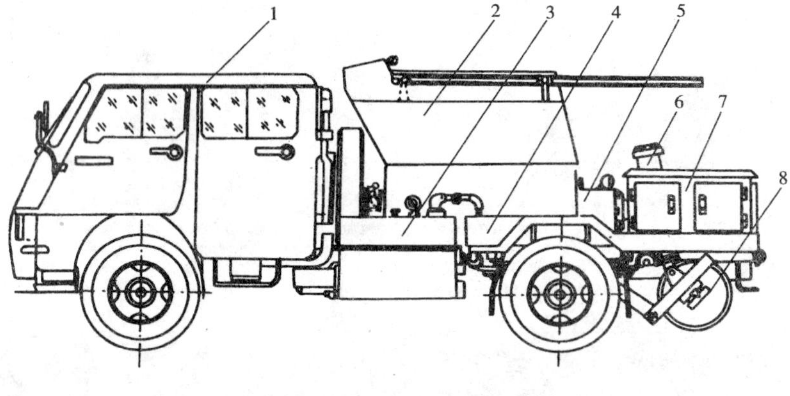

图 7-7-1 XTG5071-DYD 型沥青路面综合养路车

1-驾驶室;2-沥青混合料保温装置;3-沥青保温箱;4-清洗油箱;5-螺旋输送器;6-电动碾压滚提升油缸;7-液压控制柜;8-电动碾压滚

目前,国内外沥青路面修补车的发展趋势,主要表现在以下 5 个方面:

(1)性能先进、操作可靠、作业安全;

(2)一机多能,满足多种养护作业的需要;

(3)各种操纵与控制实现自动化;

(4)生产和研制公路养护机械专用底盘;

(5)注意环境污染,控制废气排放,回收利用旧的沥青路面材料等。

二、沥青路面修补车的应用

不同类型的沥青路面修补车,由于底盘、结构、功能及配备的机具不同,其具体使用技术也有所不同,使用时应遵照使用说明书的有关规定。

1. 动力装置

修补车在路上行驶进行路况巡查和长距离转移作业地点时,除行驶外的动力装置都要停止工作,取力器与基础车变速脱挡。修补车在进行作业前,先将动力装置发动,待运转和输出动力正常后再开始工作。取力器挂上挡后。要避免发动机空转,以免降低油泵使用寿命和引起故障。

2. 混合料箱

(1)装入混合料箱的材料温度不能低于规定的使用温度,一般在 150℃以上。

(2)及时关闭斗门和箱盖,以便保温和防止杂质混入。

(3)及时清除粘结在料箱内壁的残余物料等。

3. 沥青罐

(1)装灌沥青时,先确定管路、阀门及沥青泵均畅通时,再开动沥青泵。

(2)罐内的沥青,除性能达到规定指标外;温度也要符合要求,一般石油沥青在 160°C 以上。

(3)罐内的沥青数量达到总容量的 80% 即可,最低液面应使加热管路在沥青面以下 100mm。

(4)修补车行驶时不能对罐内沥青加热,停车后方能加热。

(5)每次收工后,要将罐内剩余的沥青排除干净。

4. 拌和装置

(1)混合料拌和前,先启动拌和装置空转几分钟,待运转平稳后,再投入拌和。

(2)混合料拌和均匀后,要当即出料,不能停留在拌和装置内。

(3)不连续进行拌和时,要将拌和装置内残留的混合料清除干净。

三、沥青路面修补车的选用

图 7-7-2 为美国 KASI 沥青路面修补车示意图,该车采用远红外线对路面进行加热 7 ~ 10min,当路面受热软化后,用齿耙翻松待补路面,喷洒少许乳化沥青,从料仓内取出适量熟料填平坑洞,然后用随车携带的压路机进行碾压整平即可完成修补作业。其主要技术参数见表 7-7-1:

KASI 沥青路面修补车主要技术参数 表 7-7-1

路面加热板(m^2)	2.4 × 1.8	再生时间(h)	16
加热时间(min)	7 ~ 10	仓内表面最大温度(℃)	150℃
保温时间(h)	48	保温范围(℃)	120℃ ~ 135℃

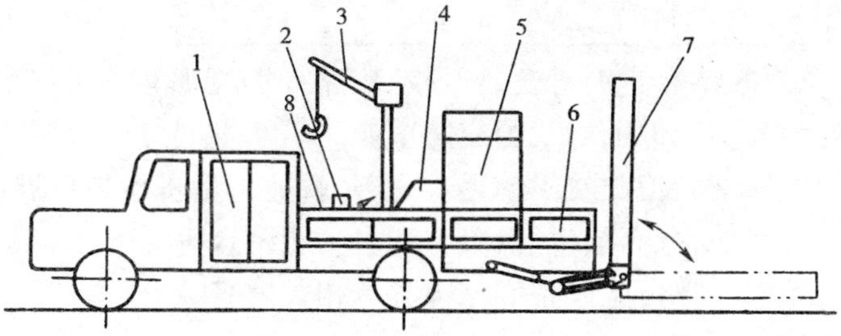

图 7-7-2 美国 KASI 沥青路面修补车示意图

1-沥青箱;2-板夯;3-起重架;4-丙烷气罐;5-侧卸料箱;6-工具箱;7-红外线加热器;8-平台

部分沥青路面修补机械的产品目录见表 7-7-2。

部分沥青路面修补机械的产品目录 表 7-7-2

型号	功能	主要性能参数	生产厂家
CZL5090TYH	路面开挖、底基层夯实、现场拌和、沥青洒布、路面压实等	沥青箱容量 900L,拌和筒单次拌料 600kg,拌和筒拌料能力 4 ~ 5t/h	路桥集团郴州筑路机械厂
CTT5070TLY	路面破碎开槽、沥青加热及喷洒、沥青混合料拌制、旧料再生、路基、路面压实等	沥青箱容积 10 000L,拌和生产能力 4 ~ 5t/h,电镐破碎效率 ≥ 17m^2/h,平板夯激振力 17 ~ 20kN,冲击夯冲击能量 55J	成都通途交通机械实业有限公司
KFM5070TYH-SGT	路面破碎开槽、沥青加热及喷洒、沥青混合料拌制、旧料再生、路基、路面压实等,连续作业,炒料速度快	沥青箱容量 50L,沥青喷洒速度 3L/min,加热温度 160,搅拌机容量 15 ~ 30m^3/次	沈阳北方交通重工集团
TYH 系列拖式沥青路面养护车	自动上料、现场拌和、路面切割、开挖、沥青喷洒、沥青加热、旧料再生、压实、提供电力输出等	拌和机产量 8 ~ 12t,冲击夯冲击能量 55J,电动破碎器效率 17m^2/h,碾压碾线压力 240N/cm	南京金长江交通设施有限公司
TP4 沥青路面养护车	高等级公路坑槽填补等	乳化沥青容量 226L,料仓容量 4m^3,丙烷气燃烧和电加热	西安筑路机械有限公司

第八节　沥青路面再生机械施工

一、概　　述

沥青路面再生机械是对旧沥青路面材料进行再加工并使其恢复原有形态的机械设备，适用于产生裂缝、车辙、各种变形及磨耗的沥青路面的修复工程。它是道路养护专用机械之一。

按再生地点的不同，再生机可分为厂拌再生和就地再生；按加热方式的不同其又可分为热再生和冷再生。沥青路面再生工艺的不同，决定了采用机械种类的不同。在工程中采用何种工艺，主要应考虑旧路面基层损坏情况和沥青路面层的厚度，推荐应用工艺如表 7-8-1 所示。

沥青路面再生工艺的选择　　表 7-8-1

基层情况	面层的厚度(mm)	再生工艺
损坏		厂拌再生
完好	≤40	厂拌再生
	40~60	厂拌再生或就地再生
	≥60	就地再生

以前，我国沥青路面的特点是沥青含蜡量较高，路面面层厚度较小，质量等级较低，因此，其再生工艺以厂拌再生为宜。但随着我国交通事业的不断发展，高等级公路的不断增加，以及路面加热设备和就地材料试验检测技术的逐步完善，就地再生机械也发展迅猛。目前，国内外再生机械的发展方向是大功率、高效率、低成本和多功能综合等。

沥青路面再生机械的厂拌再生设备详见第五章相关内容，不再赘述。

二、路面就地再生机械

沥青路面就地再生工艺是采用就地铣削(或加热)、翻松、搅拌、摊铺、压实等连续作业，一次成型新路面的施工方法，一般是在路面的损坏程度还没有波及到基层时采用。该方法可就地恢复原有路面材料的使用性能，同时原有路面材料可得到全部利用。

德国 Writgen 公司生产的道路重铺机(图 7-8-1)由一次加热器具、翻松器、切削器、整型刮刀、二次加热器、分料器、熨平板、水平输送带、液化气罐、倾斜输送带和料斗等组成。该机能对旧路面进行加热、切削、摊铺整型等作业。

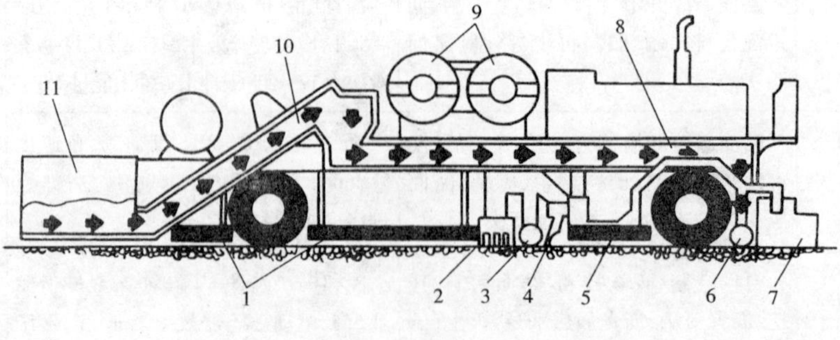

图 7-8-1　Writgen 道路重铺机示意图

1-一次加热器；2-翻松器；3-切削器；4-整型刮刀；5-二次加热器；6-分料器；7-熨平板；8-水平输送带；9-液化气罐；10-倾斜输送带；11-料斗

道路重铺机进行施工作业时,必须配备新沥青混合料运输车辆及压实机械,如图7-8-2所示。在翻修旧路面时,先用一次加热器将路面加热到110℃~130℃,使路面材料软化,由翻松器和切削器将旧路面切削破碎并由整型刮刀刮平,再经二次加热器加热,并在表面铺上由料斗经倾斜输送带和水平输送带送来的沥青混合料,该混合料由分料器、熨平板摊铺并整形,最后由配套的压实机械碾压成型,至此即完成旧路面翻新的全过程。

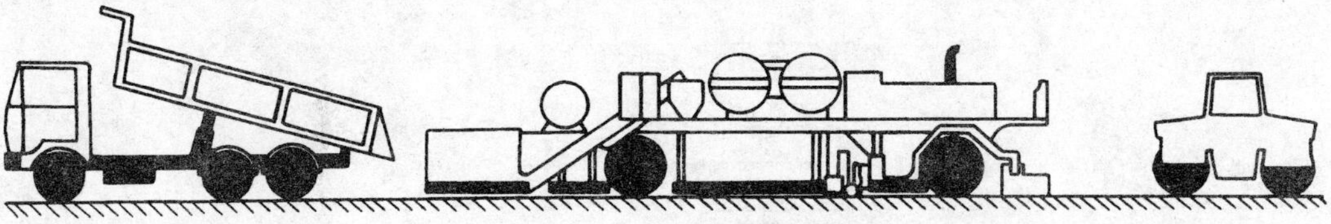

图7-8-2 道路重铺机和自卸汽车、压路机配合一次作业简图

上述翻修过程为标准的路面重铺工艺,即原路面旧料和补充后的新料分层铺平、共同压实。也有将新旧料混合在一起铺平和压实的。有时还可将各种改性添加剂掺入新、旧混合料内,以提高再生路面的性能。还可以只将旧面料重新铺压,也即复原性修复法。

部分沥青路面再生机械产品目录见表7-8-2。

部分沥青路面再生机械产品目录 表7-8-2

型号和名称	主要性能参数	生产厂家
AD5140TRX 型沥青路面热再生修补车	发动机功率132kW,最高行驶速度80km/h,料仓温控范围120℃~170℃,加热常温料至使用温度≤10h,乳化沥青系统容积100L	鞍山森远路桥养护机械制造有限公司
AR2000 超级再生机组	再生层深度50mm,操作面积400~1 000m²/h	日本格林安株式会社
WR4200 型冷再生机	发动机功率420kW,工作宽度2 400m,工作深度0~500mm	德国维特根(Writgen)公司

第九节 乳化沥青稀浆封层机施工

一、概 述

乳化沥青稀浆封层是用适当级配的集料、填料、沥青乳液和水等四种材料,按一定比例掺配、拌和,制成均匀的稀浆混合料,并按要求厚度摊铺在路面上,形成密实坚固耐磨的表面处治薄层。乳化沥青稀浆封层机是完成稀浆封层施工的专用设备。

稀浆封层机的特点是在常温状态下现场拌和摊铺,因此能大大降低工人的劳动强度,加快施工速度,并能够节省资源和能源,适用于公路和城市道路部门对路面磨耗进行周期性预防养护,以保持路面的技术性能和延长使用寿命。还可对路面早期病害进行修复,以提高路面的防水能力、平整度及抗滑性能等。

根据稀浆封层施工工艺要求(图7-9-1),稀浆封层机必须具有给料、拌和、摊铺和计量控制等功能,它能将集料、矿粉、水、乳化沥青按一定比例输送到拌和筒内,加入添加剂,经快速搅拌形成流动状态的乳化沥青稀浆混合料,通过分料器送入摊铺槽内,然后均匀摊铺在路面上。稀浆封层机的结构一般可分为两大部分:一是行驶底盘部分,主要完成预定速度行驶、运输及布置全套作业装置；二是作业部分，主要完成作业过程中的各种物料的储存、输送、搅拌、摊铺、控制及操作等，其主要由给料系统、拌和系统、动力传动系统和计量控制系统等组成，如图7-9-2所示。

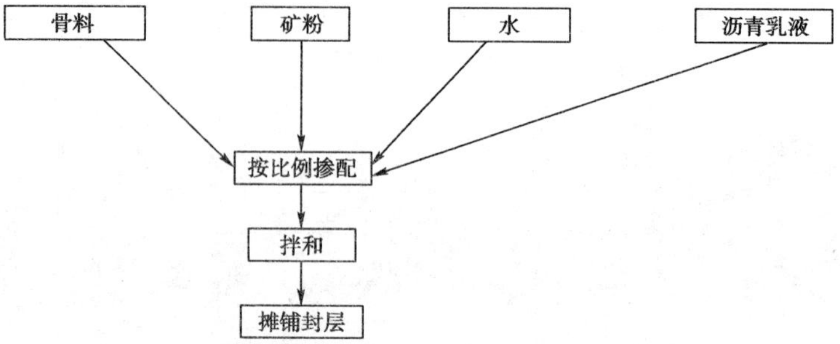

图 7-9-1　稀浆封层施工工艺流程图

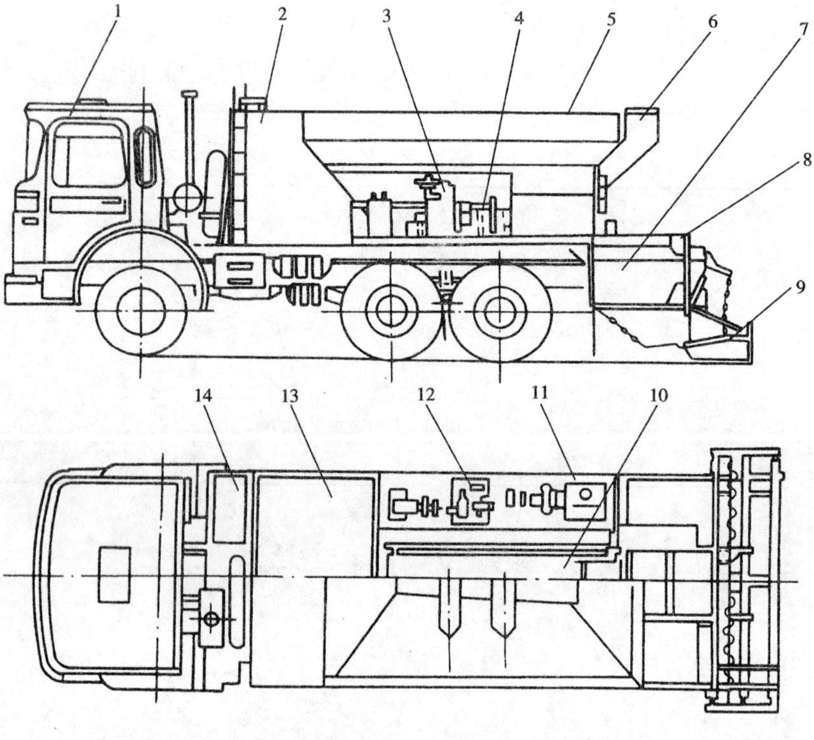

图 7-9-2　稀浆封层机结构示意图

1-行驶系统；2-水箱；3-作业柴油机；4-机械传动系；5-集料仓；6-填料仓；7-搅拌箱；8-操作台；9-摊铺器；10-皮带运输机；11-添加剂箱；12-流控系统；13-乳液箱；14-柴油清洗装置

瑞典、德国和美国是生产乳化沥青稀浆封层机的主要国家，具有代表性的公司是美国斯堪道路公司和德国布莱宁公司。

它们的产品具有以下特点：

(1)产品规格系列化；

(2)采用机电液一体化技术；

(3)采用先进的货车底盘、最高运速可达80m/h以上。20世纪90年代初，我国也已开发出多种型号的自行式乳化沥青稀浆封层摊铺机，其自动化程度高，容量大，效率高，性能先进，封层质量好，加快了我国乳化沥青稀浆封层技术的发展。

现代乳化沥青稀浆封层机,不仅可以生产和摊铺普通的乳化沥青稀浆混合料,还可以生产和摊铺用于精细表面自治(PSM)和车辙填补修复(PSR)的聚合物改性乳化沥青稀浆混合料。改性稀浆封层摊铺机是当今最先进的稀浆封层机。

二、稀浆封层机的应用

1. 稀浆封层机的计量标准

为了对材料进行精确计量,以得到精确的配比和高质量的稀浆混合料,就必须对稀浆封层机的给料系统进行标定。计量标定工作是在稀浆封层机初次使用前进行,而后应每半年或一年进行一次复检标定。标定的基本原理是:固定发动机的输出转速,调节各料门或阀门的开度,得出单位时间各种材料在不同开度下的出料量并绘制成曲线。如集料标定,则固定皮带传动速度,测定在不同料门开度下单位时间的出料量。根据室内试验得出的配合比,在标定曲线图上找出相应所需料门开度,施工前将各材料开度调整并固定,则施工中将按此配比供料。

稀浆封层机的生产厂家一般都在产品说明书中提供机器的标定方法,使用时可以参考执行。

2. 稀浆封层机的使用

1)操作与管理

稀浆封层施工应有固定的专业施工队伍,其中应包括驾驶员、机修工、试验工、摊铺工、装料工等工作人员,施工前应进行技术培训,使操作人员系统掌握稀浆封层机各部分的性能及用途,并能熟练操作,同时还需向施工人员就施工要求、质量标准等进行详细的技术交底。

施工前应检查稀浆封层机的油泵、水泵系统、油(乳)液、水管道、各类控制阀门等有无故障,还应对各部分进行分别启动和停机试验,检查运转是否正常。具有自动控制功能的封层机应使用自动控制操作使其空运转,检查各部件的顺序联动情况。在稀浆封层机整体运转正常之后才能进行施工作业。

2)稀浆封层的使用技术

(1)将稀浆封层机开至施工摊铺起点处,调整机前导向链轮,使其对准走向控制线,将摊铺槽调整到要求宽度并挂在封层机的尾部,且摊铺槽与机尾保持平行。

(2)确认封层机上各种材料的输出刻度为设定刻度。

(3)使用自动控制操作系统,启动后所有材料几乎同时按设计出料量进入搅拌筒。

(4)接合输送带离合器,同时迅速打开水阀和乳液阀,使集料、乳液、水、水泥等同时按比例进入搅拌筒。待搅拌筒内的稀浆混合料达到半筒时,打开搅拌筒出口,使混合料流入摊铺槽内。此时,应仔细观察稀浆混合的稠度,调节给水量的出水量,使稀浆混合达到要求稠度。

(5)当稀浆混合料注满摊铺槽容积的2/3时,开动机器进行均匀摊铺,同时打开封层机下部的喷水管,喷水湿润路面。

(6)当间断作业的封层机上的备用材料有两种用完时,应立即脱开输送带离合器,关闭乳液阀和水阀,待搅拌筒和摊铺槽内稀浆混合料全部摊铺完后,即停止前进,清理后,再重新上料摊铺。

(7)若施工完毕,关闭各总开关,提起摊铺箱,将车开到清理场,用摊铺机上备有的高压水枪冲洗搅拌筒和摊铺箱,尤其是摊铺箱后的橡胶刮板必须冲洗干净。乳液输送泵和输送管道进行冲洗时,应先用水冲,之后用柴油注入乳液泵内。

3. 作业完毕或长期停放时的维修保养技术

(1)应按照发动机使用说明的规定对封层机的底盘发动机和作业发动机进行日常保养,

液压系统应按液压方面有关规定进行日常保养。

(2)利用柴油清洗枪对机器、搅拌器、摊铺器等沾有乳液的部分进行喷洗并用棉纱擦拭。乳液输送系统内的乳液要彻底放净,清洗过滤网,并用少量柴油对系统进行循环清洗。

(3)清洗各种料斗、料箱内的所有物料。

(4)各转动件加油或进行脂润滑。

(5)冬季发动机系统若不使用防冻液,应将冷却水全部放净。

(6)设立库房,避免露天存放。

三、稀浆封层机的选用

ZZ5316TXJN3866F 型稀浆封层机,是河南省高远公路养护设备有限公司在吸取国外先进技术的基础上,自行研制开发的具有国际先进水平的新型道路养护专用设备,拥有独立的知识产权。该产品历经多年的施工实践,不断优化,是目前稀浆封层与微表处施工的理想机械。其主要用来处理道路表面的磨阻力下降、裂缝、车辙等病害,以提高路面的抗滑性和防水性,改善路面平整度和行车舒适性,从而达到"返老还新"的效果。该设备可广泛应用于普通稀浆封层、改性稀浆封层及微表处的施工工艺中。其主要技术参数见表 7-9-1。

ZZ5316TXJN3866F 稀浆封层机主要技术参数 表 7-9-1

发动机功率 (kW)	骨料仓容积 (m^3)	乳液罐容积 (m^3)	水罐容积 (m^3)	助剂罐容积 (L)	填料箱容积 (m^3)	最低车速 (km/h)	摊铺箱宽度 (m)
110	12	4	4	600	2×0.5	1	2.5~4.3

国内外部分沥青稀浆封层机产品目录见表 7-9-2。

部分沥青稀浆封层机产品目录 表 7-9-2

型　号	骨料箱 (m^3)	乳液箱 (L)	水箱 (L)	添加剂罐 (L)	摊铺宽度 (m)	拌和器	工作速度 (km/h)	发动机功率(kW)	生产厂家
RF100	10	3 000	2 500	600	2.5~3.5	双轴	1.5~30	47	徐州工程机械集团有限公司
SMS 12000	12	5 000	4 000	400	4		根据卡车变化	90	德国 SHEAFER 公司
MS9 系列改性乳化沥青稀浆封层机	9	2 700	3 200	230	2.6~4	双轴		74	西安筑路机械有限公司
CCG5251TYL (RF-100A)	10	3 200	3 200	300	2.8~3.8	双轴	20~35	192	河北省卢龙县金牛机械制造有限责任公司

第十节　水泥路面维修机械施工

一、概　述

水泥路面的维修方法是根据破损的实际情况确定的,其维修常用的工艺有:扩缝、清缝、灌缝、凿孔、切缝、罩面、凿毛、钻孔、振捣、破碎及翻修等。破损形式和维修工艺的多样化，导致维修机具的多样化。常用的机具有：破碎机、凿岩机、空气压缩机、高压水清洗机、切缝机、封层机、搅拌机、振捣器、挖掘机、装载机等。

对于大面积的翻修，要用专门设备将旧路面拆除，然后用施工机械重新铺筑；对于小面积的维修，也可将需要维修的路段经过处理后，利用现有的小型机具进行施工。下面介绍几种常用的小型水泥路面维修机具。

二、水泥路面破碎机（落锤式）

目前，落锤式水泥混凝土路面破碎机应用较为广泛。中小型落锤式破碎机除了可以破坏混凝土路面外，还可以用来在混凝土上开沟、剥离表层，也能用于打桩、拔桩、夯实路基等作业。

图 7-10-1 为落锤式水泥路面破碎机简图。定滑轮组 10 装在油缸 4 的底座下面。当液压油进入提升油缸 4 的下腔后，油缸的推力通过滑轮组转变为钢丝绳 8 的拉力，当此拉力将锤 11 提升到一定高度时，油缸下腔的油迅速回油箱。锤 11 则以近似于自由落体的速度落下，装在锤头上的刀具冲击地面、击碎混凝土。使用时应注意以下 4 点：

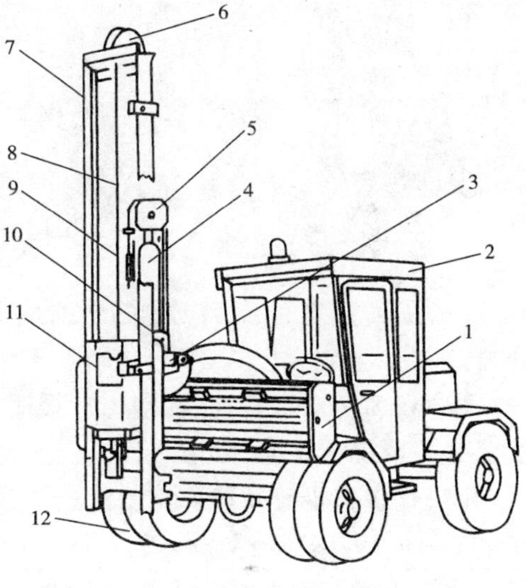

图 7-10-1 落锤式水泥路面破碎机简图

1-平移导轨；2-驾驶室；3-摆动油缸；4-提升油缸；5-动滑轮组；6-提升滑轮；7-提升架；8-钢丝绳；9-油缸导向机构；10-定滑轮组；11-重锤；12-底盘

（1）作业时提升架一般应与工作面垂直，需要斜打时，锤开始不要提得太高，待凿出工作面后方可重打，可减少提升架受侧向冲击。

（2）经常清理粘在滑动导轨上的杂物，并在其上涂抹润滑油。

（3）在运输状态下或者人工在锤下作业时，要用安全销将锤固定。

（4）进行破碎作业时，地面上的工作人员应远离作业点，以确保安全。

图 7-10-2 为 PS360 型水泥路面破碎机外貌图。该机是山东公路机械厂针对破损水泥路面的改造而开发的新产品，其采用进口液压元件及电器元件，强劲的康明斯发动机为动力，目前在国内尚属首创。此种机械是将原有的旧水泥路面彻底打碎，完全消除原有路面存在的病害，释放面板下空洞的隐患，将打碎的混凝土面板直接作为基层或底基层，再加铺新的面层，是旧水泥路面翻修改造的理想设备。该机械最大的优点是不必把破损的水泥面板打碎搬走，节约了路基材料及运输成本，提高了工程进度，大大降低了工程的总费用。同时，也解决了丢弃水泥碎块垃圾的环保问题。其主要技术参数如表7-10-1 所示。

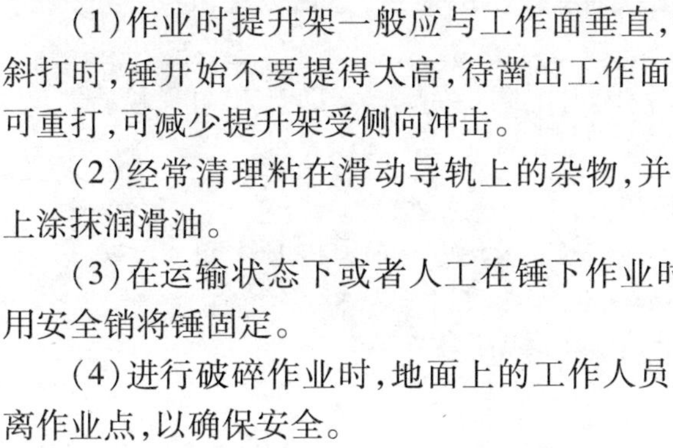
图 7-10-2 PS360 水泥路面破碎机外貌图

三、混凝土切缝机

1. 圆锯片式切缝机

圆锯片式混凝土路面切缝机用于混凝土路面

纵、横伸缩缝的加工以及养护作业中旧水泥路面的破坏。图 7-10-3 为圆锯片式切缝机外形图。

PS360 型水泥路面破碎机主要技术参数 表 7-10-1

工作速度（m/h）	工作锤数量（个）	侧翼锤数量（个）	发动机额定功率（kW）	发动机额定转速（r/min）	最大破碎宽度（m）	最小破碎宽度（m）	破碎频率（次/min）
8	12	4	268	2 100	4	0.8	30 ~ 35

1）作业前的准备

（1）内燃机部分按通用操作规程的有关规定执行。

（2）详细了解施工技术、质量要求，选择与之相适应的刀具规格，并检查刀片是否完好。

（3）紧固刀片夹板螺母，检查各连接部位和安全罩是否正常完好。

（4）启动机器，检查刀片旋向及转动是否平稳，行走机构有无跑偏现象。

图 7-10-3 圆锯片式切缝机外形图

（5）校准切削“0”位。

2）作业中的要求

（1）如使用金刚石刀片，切缝前应先打开冷却水。启用新刀片时，需在耐火砖上带水开刀。

（2）将刀片对准切缝线，使刀片缓缓切入，注意刻度指示的切深，达到标定值后，应检查切缝深度是否符合要求。

（3）切缝机沿导轨或标定直线行走，当遇有较大切削阻力时，应立即升起刀片检查处理，恢复切缝时应稍后于退出位置。

（4）切缝过程中，操作人员应站在刀片侧面。

（5）切缝机停放或转移时，刀片应置于最高位置；长途运输时，必须将刀片卸下。

3）作业后的要求

（1）作业完毕，应及时做好清洁工作，并放于通风干燥处。

（2）长期不用时，应拆下刀片并悬挂放置。

（3）按规定做好维修保养工作。

北京戴蒙德科技有限责任公司生产的型号为 XQG500-600 型路面切割机出口阿尔及利亚，其进给方式为机械式进给，进给主机为日本本田汽油机或电动机，其主要技术参数如表 7-10-2 所示。

表 7-10-2

功 率（kW）	锯片直径（mm）	最大切深（mm）	重 量（kg）	外形尺寸 长×宽×高（mm×mm×mm）
7.5	500 ~ 600	190 ~ 230	180	1 350×600×1 100

2. 高压水射流切割机

高压水切削技术是近三十多年来发展起来的冷切割新工艺。20 世纪 70 年代初，美国研制成了高压射流切割样机。20 世纪 80 年代，美国首次研制成功了实用的磨料射流切割机，这种切割机可以用来切割各类金属，非金属、塑性或脆性材料。

高压水射流切割原理（图 7-10-4）是利用机械手段将水加至高压（一般 100MPa 以上，有的可达到 700 ~ 1 000MPa）状态，再经过小孔节流，使水的压力势能转变为射流动能，其流速可达

900m/s,利用这种高压射流进行切割。磨料射流则是让高压水射流经过一个混合管,在混合管内向水射流中添加磨料(铁砂、沙子等),使其形成磨料射流。由于磨料的质量大,在射流中被高速加速后,会产生更强的切削效果。

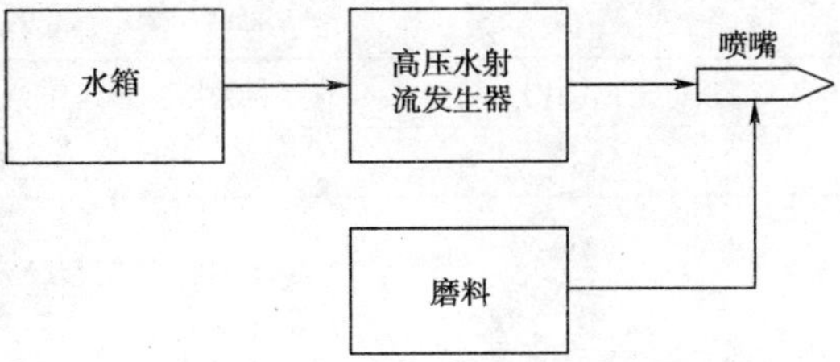

图 7-10-4　高压水射流切割原理

高压水切割有以下特点:

(1)不存在刀具变钝问题,永远“锋利”;

(2)可以切割各种金属、非金属材料;

(3)切缝窄、省材料;

(4)无灰尘、噪声小、不污染环境;

(5)在切割钢筋、混凝土时,只要压力调整适当,可以只切割凝固的水泥而保持其中钢筋完好无损;

(6)与冲击破碎相比,利用高压水拆除坏混凝土时,不会在保留部分中产生裂纹。

四、水泥路面清缝机

图 7-10-5　水泥路面清缝机外貌

水泥路面清缝机的功用是:清除水泥混凝土路面、机场道面、市政道路等接缝中的老化材料等杂物,为接缝的嵌灌缝做好准备工作。

新乡路大公路交通科技有限公司生产的 YQ95-2 型水泥路面清缝机(图 7-10-5)主要用于水泥路面接缝、胀缝维修,去除缝隙内老化的嵌缝材料。采用干切清缝技术,无需加冷却液,清缝后可立即嵌缝,操作简便、灵活,其主要技术参数见表 7-10-3。

YQ95-2 型水泥路面清缝机主要技术参数　　表 7-10-3

清缝深度(mm)	清缝宽度(mm)	清缝速度(m/h)	锯片直径(mm)	发动机功率(本田机)(kW)	质　量(kg)	外形尺寸(mm × mm × mm)
0 ~ 110	3 ~ 10	0 ~ 500	300/350	9.75	95	100 × 620 × 900

五、灌缝封缝机

水泥路面产生裂缝后必须及时灌缝,否则容易产生更为严重的损坏。灌缝封缝机是将沥青或环氧树脂等封缝材料灌入缝内的专用设备,包括缝的清理、填缝的灌入及表面整平等作业。

图 7-10-6 为瑞德工业(加拿大)集团生产的 Coaler-A30 手推式路面灌缝机。

该机主要是水泥、沥青路面等不规则裂缝灌封的小型养护设备,配置液化天然气加热、保温和手动搅拌系统,双金属温度计可准确、清晰显示灌缝材料的温度,可人工调节灌缝材料的流量,其体积小、质量轻、移动方便、使用灵活、操作简便、安全可靠。具有灌缝均匀、效率高、易于操作、节约材料等特点。其主要技术参数见表 7-10-4。

图 7-10-6　Coaler-A30 手推式路面灌缝机

Coaler-A30 手推式路面灌缝机主要技术参数 表 7-10-4

整机重量(kg)	料箱容积(L)	加热方式	外形尺寸(mm×mm×mm)
85	48	液化气加热	850×720×880

六、多功能水泥路面维修机(工程机械底盘式)

该类产品由于采用工程机械底盘,工作装置设计比较灵活,可以用来进行装载、挖掘、推土、松土、挖坑、开沟、铣刨及破碎等工作。其缺点是底盘车上不能携带物料,行驶速度较低。

图 7-10-7 所示的路面开凿机,俗称两头忙,是由现有的拖拉机、装载机等基础底盘改装而成,前部为装载,后部为破碎或挖掘等。

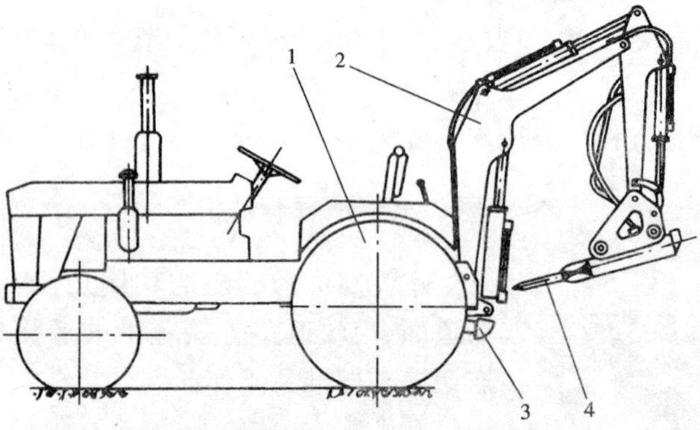

图 7-10-7 路面开凿机

1-拖拉机;2-工作臂;3-支腿;4-工作头

七、水泥路面维修机械的选用

国产部分水泥路面养护机械见表 7-10-5。

水泥路面养护机械产品目录 表 7-10-5

型 号	名 称	主要性能参数	生 产 厂 家
SLYS60	水泥混凝土路面破碎机	作业能力 6～7m^2/h,最大开凿深度 220mm,配套动力 12kW,机重 1500kg	江苏省交通工程总公司平山机械厂
LK2000	水泥路面开凿机	作业能力 6～11m^2/h,最大开凿深度 300mm,配套动力 17.6kW,最高行驶速度 25km/h,机重 2 000kg	浙江开山股份有限公司
SDW70-1	水泥路面多功能维修车	破碎效率 6～8m^3/h,搅拌机出料容量 200L,最大切削深度 24cm 等	湖北襄樊公路机械厂

第十一节 桥梁检测车施工

一、概 述

现代公路中建有各种桥梁,有的虽然跨度不长,但其可靠性不仅关系到道路的通畅,更关系到车辆和行人的安全。为了确保桥梁长期使用的安全可靠,就必须要对其进行定期检测和维护。此外，许多桥梁底部还铺设有电力、通信线缆及各种气液输送管道，这些设施也需要予以维护和检修。桥梁检测车就是一种移动方便，展开迅速，使用灵活，可将人员及必要的工具和仪器输送至桥梁底面进行检查、修理等作业的工程设备。图 7-11-1 为桥梁检测车外貌图。

图 7-11-1　桥梁检测车外貌图

桥梁检测车一般由汽车底盘和上部工作装置两部分组成。国外生产的桥梁检测维修车均采用电液控制，并配置有应急装置、稳定装置、发电设备。上部工作装置有桁架式和折叠臂式两种结构形式，桁架式桥梁检测车采用通道式工作平台，稳定性好，承载能力大，使用时检测维修人员能方便的从桥面进入平台或返回桥面，若配置升降机可大大增加下桥深度。折叠臂式桥梁检测车采用吊篮式工作台，受桥梁结构制约较少，工作灵活，既可检测桥下也可升起检测桥梁上部结构。

MOOG 桥梁检测车（图 7-11-2）由德国 MOOG 公司生产。该公司于 20 世纪 80 年代开始生产桥梁检测车，其生产的 MBI 系列桁架式桥梁检测车工作平台长度为 6 ~ 21m，最大下桥深度 9m，且工作平台能从桥梁两侧下桥。由于它是采用车载式设计，具有灵活的机动性。同时操作简便，安全迅速，适用于对桥梁进行检查和轻度的维修保养工作。其主要结构为底盘部

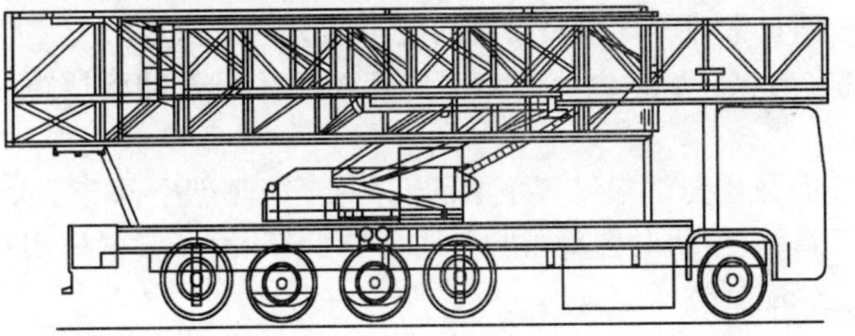

a）

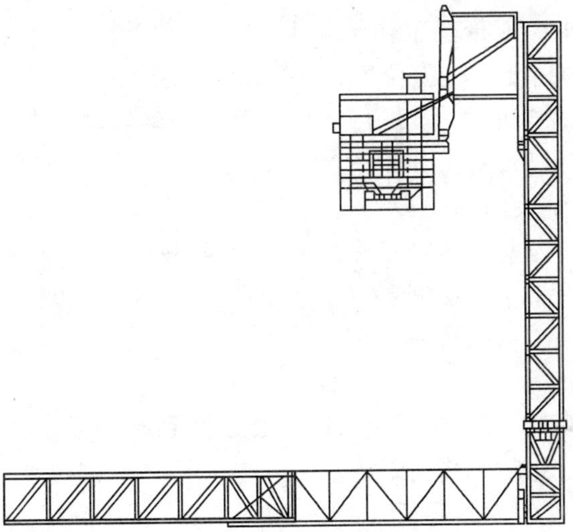

b）

图 7-11-2　桥梁检测车结构示意图

a）行走状态；b）工作状态

分、工作装置部分、应急操作系统、液压系统、工作装置的控制装置等。其主要技术参数如下。

发动机输出功率:180kW。

工作平台最大水平范围:15m。

工作平台最大下降深度:9m。

工作平台宽度:1.7m。

工作平台最大承重:800kg。

工作平台旋转最大角度:180°。

工作装置配重:4 500kg。

工作平台完全伸展顶端承重:400kg。

作业时占据桥面宽度:2.53m。

最大跨越护栏高度:3.05m。

外形尺寸:12m×2.5m×4m。

整车质量:25 000kg。

二、桥梁检测车的应用

1. 桥梁检测车的使用技术

(1)在进行桥梁检测工作之前,首先要按照施工要求设置施工标志、减速标志及安全隔离墩等辅助物。其次是按照日常保养规范对设备的技术状况进行检查。

(2)将车辆沿行驶方向停好后根据实际情况确定主车距护栏的合适距离,距离桥梁防护栏一般应小于1m。

(3)按下箭头的按钮,放出压缩空气气泵中的部分空气,车架下部与车架相连的两对支重轮胎及液压滚子随之下降,最后两对支重轮胎着地,两对液压滚子紧紧压实在后轮上,这样可将整车的重量通过车轮分配到桥面上。

(4)踩下离合器,接通PTO开关,松开离合器。

(5)安装好警示灯,打开后方控制柜,将钥匙插入电门开口,打开电门,开警示灯开关。

(6)锁好后方控制柜,沿扶梯下行至工作平台上,将"驱动/操作"位打至"操作"位,即可根据实际需要调整工作平台的高度、长度、位置;将开关灯打至"驱动"位,即可通过驾驶室内的"前进/后退"操纵手柄实现整车的前后慢行,实现对整垮桥梁的检测工作。

(7)整个桥梁检测工作结束后,对工作架进行回收时的操作顺序与安装时恰好相反。注意必须将下方工作平台收回至起始位置。

(8)对桥梁进行检测时,首先要按照规定完成对工作架的安装:进行检测时,对车辆的行驶方向来说,一般由该跨的起始桥台开始前行至该跨的另一桥桥台,再倒回大约10m,以便工作平台能转出桥底,再前行12m左右,将平台转入桥底,从而开始对下一跨的检测工作。

2. 作业后的安全注意事项

(1)作业完毕后,应对桥下工作台进行回收,回收必须回到原始位置。

(2)将升降塔用螺栓锁住,并用弹簧锁固定。

(3)运输前位于辅助稳定支架内起升塔上部的支撑点必须正确支好。

(4)收回平台时,桥检车下方平台上不能有任何人或物体。

(5)工作完毕后对车辆进行清洁工作时,在连接及螺纹部位不得使用强力洗涤剂。

三、桥梁检测车的选用

部分国内外桥梁检测车见表 7-11-1。

桥梁检测车产品目录 表 7-11-1

型号或名称	主要性能参数	生产厂家
ABC 系列桁架式桥梁检测车	工作平台长度 5.5 ~ 20m，最大下桥深度 7.3m	意大利 BARIN 公司
UB 系列折叠臂式桥梁检测车	吊篮最大水平伸长 13.2 ~ 18.6m，最大下桥深度 15.8 ~ 21.3m，最大承重 272kg，吊篮向上最大举升高度（距离桥面）10.7 ~ 14.4m	美国 REACHALL 公司
PA19000 型折叠臂式桥梁检测车	桥下吊篮最大水平伸长 16.2m，最大下桥深度 14m，最大承重 280kg，吊篮向上最大举升高度（距离桥面）24.5m	奥地利 PALFINGER 公司
XZJ5240JQJ12 型自行式桥梁检测作业车	桥下垂直作业范围 0 ~ 15m，第一回转转动范围 0 ~ 90°，第二回转转动范围 0 ~ 225°，作业平台额定荷载 300kg	河南省南阳市维东工程机械有限责任公司

思 考 题

1. 简述清扫机施工技术与选用原则。
2. 简述洒水车使用技术。
3. 简述清障车的使用技术。
4. 简述路面铣削机械施工技术与选用原则。
5. 简述沥青路面修补车施工技术。
6. 简述沥青路面再生机械施工技术。
7. 简述乳化沥青稀浆封层机施工技术与选用原则。
8. 简述水泥路面维修机械施工技术。

第八章　工程机械施工管理

重点内容和学习要求

本章重点描述施工设备管理、施工成本管理和施工安全管理，论述了工程机械施工管理的目的、意义、内容和方法。

通过学习，要求学生了解工程机械施工管理的重要性，熟悉工程机械施工管理的内容，掌握工程机械施工管理的方法。

第一节　施工设备管理

在现代公路施工与养护过程中，机械化作业已经成为公路施工的主要手段和发展方向，工程机械装备水平的高低在公路工程招投标中已起到重要作用，如何管好、用好工程机械，已成为决定工程质量优劣、工程施工周期长短和工程成本高低的关键。

现代公路工程机械呈现出大型、高速、精密、连续、机电液一体化、自动化程度比较高的特点，由此带来了对工程机械管理的难度、管理的要求也高，对使用、保养、维修的要求严格。为此，必须建立科学的管理体系，采取先进的管理方法对工程机械进行科学管理，确保工程机械最大限度地发挥其威力和作用，服务于公路施工与养护。

一、设备的分类管理

公路工程机械种类繁多、型号复杂，每种型号的机械都具有不同的技术性能和技术要求。在野外施工条件下，机械容易损坏，忙闲不均。这就使机械管理工作具有一定的难度和复杂性。针对公路工程机械种类繁多、机型复杂以及技术含量高的情况，为了管好机械，对专用机械和非专用机械，进口机械和国产机械应采用分类管理的方法，这种管理方法称作分类管理法。

1. 机械的划分

凡构成固定资产的筑养路机械、车辆以及工作尾机、附属装置，其原值在 40 万元以上（含 40 万元）者属大型设备（A 类）；原值在 5 ~ 40 万元者属中型机械设备（B 类）；原值在 5 万元以下者为小型机具（C 类）。以上仅为参考划分值，具体如何划分，各个管理单位可以根据具体情况自行确定。

2. 机械的管理方法

（1）大型集中、中小型分散。大型机械一般结构较复杂，管理、操作技术要求较高，保修难度大，价格昂贵，如果管理不周，将直接影响机械的技术状况、使用寿命和经济效益。因此，大型施工机械应尽可能集中管理。中小型可以分散在分公司或项目经理部等基层管理。

（2）不常用的（专用、稀有的）机械集中，常用的（非专用的）机械分散。年工作台班达到年定额工作台班的70%以上,可视为常用机械。不常用(专用、稀有)机械往往闲置时间较长,调动机会多,管理较困难,如果固定给基层单位,就会造成积压浪费、经济效益差和机械的技术状况下降等弊病,因此应集中在上一级管理单位。

3. 大型、进口、专用机械设备的封存

大型、进口、专用机械设备封存后,应上报一级管理机构备案,一级管理机构要依据本系内的机械使用计划和需求情况,向机械所在单位提供信息,促使机械调剂使用,提高机械的利用率。

机械封存前要做好保养工作,对大型进口机械上的机电液气控制系统、微机控制系统,要做好防尘、防潮、防腐、防火处理,避免电子元件老化失效。对封存后的机械应避免露天存放,如确实条件不具备,必须露天存放时,则应配备机衣或防雨罩,并用垫木垫高机械设备,以做好防潮处理,对大型机械设备的微机控制室严禁露天存放。在封存期要实行定检、定养制度。

4. 大型、进口、专用机械设备的更新和报废

大型、进口、专用机械设备更新,不能简单地按照设备的役龄划线,要认真进行技术经济评价,根据经济效益原则确定是否进行更新,由设备管理部门提出技术经济评价报告,交由上级机构审查批准。因更新而退役的大型、进口机械设备,若降级能使用或通过改造后能使用,或在本单位不能使用,而本系统内其他单位还有使用价值的应予利用。

大型、进口机械需要报废时,设备管理部门要组织技术人员进行技术鉴定,核实使用年限、残值,提出详细的技术鉴定报告,交由上级主管部门审批,并按照机械设备报废的有关规定,上报国有资产管理部门审批,办理相应报废手续。凡折旧费未提足的,应予补提。

二、设备的使用管理

工程机械设备在工人操作下负荷运转、发挥规定功能的过程,称为使用过程。

机械使用是产生有形损耗的主要过程。机械使用不当,不仅直接缩短机械寿命,增加机械运行成本、修理次数和费用,还会造成修理工作及配件供应的紧张,并常常影响施工任务的完成。特别是进口关键设备,如果使用管理工作做的不细致,一旦发生事故,不仅难以修复,还会严重影响施工生产,其损失是巨大的。

因此,机械使用不但工程部门要管,机务部门也必须参与机械化施工的组织管理,着重管好用好机械,做到管用结合。

(一)机械操作使用责任制

机械操作使用责任制是明确机械操作人员责任范围的使用管理制度。完善与落实机械使用责任制,对解决操作人员职责不清、遇事互相推诿等,对消除机械操作使用管理上的各种混乱现象均有重要意义。

机械操作使用责任制可通过“三定”制度、机械委托书、交接班制来明确。

1. 三定制度

三定制度是指在机械设备使用中定人、定机、定岗位责任的制度。三定制度把机械设备使用、维护、保养各环节的要求都落实到具体人身上,是行之有效的一项基本管理制度。

三定制度的主要内容包括坚持人机固定的原则、实行机长负责制和贯彻岗位责任制,人机固定就是把每台机械设备和它的操作者相对固定下来,无特殊情况不得随意变动。当机械设备在企业内部调拨时,原则上人随机走。机长负责制,对于机械设备按规定需要配备两个以上操作人员的,应任命一人为机长并全面负责机械设备的使用、维护、保养和安全。若一人使用

一台或多台机械设备，该人就是这些机械设备的机长。对于无法固定使用人员的小型机械，应明确机械所在班组长为机长，即企业中每一台机械设备，都应明确对其负责的人员。岗位责任制包括机长责任制和机组人员责任制，并对机长和机组人员的职责作出详细和明确的规定，做到责任到人。机长是机组的领导者和组织者。全体机组人员都应听从其指挥，服从其领导。

1)实行三定制度的优越性

(1)有利于保持机械设备良好的技术状况，有利于落实奖罚制度。

(2)有利于熟练掌握操作技术和全面了解机械设备的性能、特点，便于预防和及时排除机械故障，避免事故发生。充分发挥机械设备的效能。

(3)便于做好企业定编定员工作，有利于加强劳动管理。

(4)有利于原始资料的积累，便于提高各种原始资料的准确性、完整性和连续性，便于对资料的统计、分析和研究。

(5)便于推广单机经济核算工作和设备竞赛活动的开展。

2)"三定"制度落实的方式

根据机械使用方式的不同，"三定"制度落实可采用下列三种方式：

(1)单人操作的机械，实行操作者自己负责。

(2)多班作业或由多人操作的机械，实行机长负责制。任命一名操作人员为机长，其余为机组人员。

(3)班组共同使用的机械以及一些不宜固定操作人员的机械，实行班组负责制。将其编为一组，任命一人为机组组长，对机组所有机械负责。

定人定机的名单由使用部门提出，经本单位机务部门批准，抄送劳资部门并报上级主管部门备案即可。对某些大型、精密、稀有、价值昂贵的机械，本单位机务部门在确定操作人员及职责时，需征求上级主管部门的意见。须强调的是，对这些大型、精密、稀有、价值昂贵的机械除了要制订操作人员的使用责任制外，各级机务部门应有相应技术负责制，必须有专人负责，做到层层机务部门有人抓。这样才可避免上下扯皮、相互推卸责任的不正常管理现象。

定人定机名单确定后应保持稳定，确需变动时按上述报批程序申请变动。当机械在单位内调拨时，原则规定机上人员随机调动。

2. 机械委托书

表 8-1-1 和表 8-1-2 分别为机械委托书的存根部分与正文部分。

机械委托书存根部分 表 8-1-1

×××局机械委托书存根

委托单位： 机委字第　　号

受委托人姓名： 操作证(驾驶证)号：

受托机械编号： 名称： 规格： 原值：

机械委托书正文部分 表 8-1-2

×××局机械委托书

×××同志，现将　　　　机(车)委托给你使用，希你以国家主人翁的政治责任感，精心操作，精心保管，精心维护，将机械管好、用好、保养好，为公路施工或养护做出贡献。

委托单位(公章)

机械是由操作人员直接使用、保管和维护的。他们的责任心强弱、操作技能和维护技术的好坏,对机械的使用效益、使用寿命有直接的影响。为了增强他们的责任感和荣誉感,在操作人员初次接机时,最好举行授机仪式,发给“机械委托书”,同时进行爱机方面的教育,勉励他们把委托的机械管好、用好、养好。

机械委托书一般由路桥建设公司或公路管理局制定,工程公司或公路分局(为二级机械管理单位)代表上级授予。当委托的操作人员工作调动时,由公司或分局收回委托书。如另派人接机时则另行发给机械委托书(临时顶班者不发)。

3. 交接班制

多班作业的机械必须认真执行交接班制度,以便能互相了解情况。分清责任,防止机械损坏和附件、工具等的丢失,保证机械连续、正常运行。交接班制度是机械使用责任制的组成部分。

交接班由交接两班的值班操作工执行,双方进行全面检查,做到交接清楚,不漏填交接记录。倘若交接班人员无法见面时,应以交接班记录双方签字为凭。

交接班记录由机务部门于月末收回,作为机务部门检查考核资料。使用部门的领导或班组长应经常检查交接班制度的执行情况,并作为对操作人员日常考核的依据。

交接内容如下:

(1)交接本班任务情况、技术要求及注意事项。

(2)交清机械的使用运行情况、燃油、润滑油、冷却液的消耗和储备情况。

(3)交清机械保养情况及存在问题。

(4)交清随机工具和附件。

(5)交班操作者负责搞好机械的清洁工作。

(二)工程建设机械在特殊条件下的合理使用

特殊条件是指走合阶段,寒冷、炎热气候条件,泥泞、沼泽或尘土飞扬区域,高原山区及腐蚀性空气环境等。工程建设机械在这些条件下使用,如果不遵循正确的使用技术,将产生严重的有形损耗,甚至损毁机械。因此,特殊条件下的机械使用是机械使用管理中不可忽视的内容。由于条件不同,对机械使用相应有不同的要求。以下分走合期的使用,寒冷气候条件下使用,炎热气候条件下使用,泥泞或沼泽区域使用,高原高山区使用等五部分来分别阐述。

1. 机械设备走合期的使用要求

走合也称为磨合,新机械设备和刚大修后的机械施工时,其使用寿命和大修间隔期的延长及其工作的可靠性和经济性,在很大程度上取决于机械设备使用初期的正常走合。为延长机械设备使用寿命,减少机械磨损,必须严格执行机械设备走合期的使用规定。走合期内使用机械设备应遵守以下规定:

(1)操作方面的规定。有关操作方面的规定有减载、限速和平稳操作的规定。一般机械设备在走合期内应减载20%运行。一般机械设备应减速30%;汽车在公路上行驶,速度应控制在30~40km/h,在工地不良路面上行驶,速度不得超过20km/h;平稳操作要求为:避免突然增加转速和负荷,避免传功机构承受剧烈冲击,起动内燃机时严禁猛踩加速踏板等。

(2)保养方面的规定。有关保养方面的规定有走合前、走合中、走合后的保养。机械设备走合前,要进行一次全面的检查和保养,包括清洗全机,检查各部润滑油质量和数量,紧固螺栓、螺母、锁销等紧固件,调整各处间隙,检查轮胎气压、蓄电池电解液密度和制动系统制功效果。在走合期内要密切注意机械设备各部机构运转情况,如发现异响、过热等应及时查明原因，予以排除。在走合期内还应认真例保和"十字作业"（清洁、紧固、润滑、调整、防腐）。机械设备走合结束后，应对全机进行一次全面的检查和保养，彻底清洗各部润滑系统，并按说明书规定更换和添加润滑油，做好投入正常使用的准备。

（3）管理程序方面的规定。机械管理部门应指定专人负责机械设备的走合，并在走合开始前，把有关注意事项和具体要求向操作人员交底。在走合的过程中，应随时检查机械设备的使用情况，并填写机械设备走合记录。走合结束后，在主管技术人员的主持下检查走合情况，拆除限速铅封，在走合记录上签章，并将走合记录纳入技术档案。

2. 机械设备的冬季使用要求

机械设备冬季使用要求包括做好冬季使用的准备工作，落实机械设备冷却系统的防冻措施，做好机械设备的换季保养与油液更换。严格遵守机械设备冬季操作四个方面的要求。

（1）入冬前应进行机械设备冬季使用的安全和技术业务教育，制定出具体措施并逐项落实；在单位主管领导带领下进行机械设备入冬准备工作落实情况的检查，发现问题及时处理；对冬季不用的设备进行检查，清除存水，将向上的进、排气口盖严，电瓶、轮胎拆下存库保管；做好冬季物资供应，如防冻液、发动机保温罩等；增设必要的防火设施。

（2）冬季施工必须落实机械设备冷却系统的防冻措施，从气温降至5℃时起，就应对具有冷却系统的机械设备采取每日放水或更换防冻液的措施。同时应将节温器装好，机械要加盖保温套。在加防冻液前，应对机械设备冷却系统彻底清洗，根据当地可能达到的最低温度选用和配制防冻液，在天气转暖无冰冻危险时，应及时将防冻液放出改用净水。

（3）对冬季使用的机械设备要进行一次季节性保养，同时换用冬季用燃油、润滑油、液压油、润滑脂，并调整蓄电池电解液的密度。

（4）在冬季操作机械设备时应注意：

①禁止用硬拖和硬顶的方法启动发动机，发动机起动后严禁立即加大油门，应怠速运转10～20min后再逐渐加速。

②根据路面积雪冻冰的情况，降低行驶速度。避免使用紧急制动，必要时安装防滑链，防止事故发生。

③轮胎气压不应过高，以减少打滑。

④严禁在发动机温度过高时立即加入冷水，以防缸体炸裂。

3. 炎热气候条件下使用技术

我国南方地区炎热气候的特点是：气温高，雨量较多，空气潮湿，辐射热强。因此给机械施工带来许多困难。如发动机因冷却系散热不良，机温容易过高，影响发动机充气效果，功率下降。润滑油因受高温影响，黏度降低，润滑性能变差。由于雨量多，容易使机械的金属零件生锈。机械离合器与制动装置的摩擦部分因高温而磨损增加，甚至烧蚀。液压系统因工作油液变稀而引起系统外部渗漏和内部渗漏，使传动效率降低。

1）发动机冷却系

（1）冷却系的检查和调整。经常检查和调整风扇皮带的紧度，防止风扇皮带过松打滑而降低冷却强度，防止风扇皮带过紧致使水泵轴承过热而烧损。对冷却系各管道和接头应经常检查，发现破裂和漏水应及时排除。保持散热器上水室的水位有足够的高度，并经常检查和增补。切勿在发动机工作中出现缺水现象，在过热的情况下不能快速地向发动机加注冷却水。

（2）清除水垢畅通管道。由于水垢导热性差（比铸铁小十几倍，比铝小100～300倍）。所以冷却系的散热器、水套部分等沉积水垢后，不但使冷却水容量减少，而且使散热性能变差，发动机经常过热。因此,在冷却系保养时应重视水垢的清除工作。

清除水垢用的清洗剂由洗衣碱(即粗制碳酸钠 Na_2CO_3,白色粉末)1kg 加水 10L 的比例组成,按冷却系容量配制。

除配制上述清洗剂外,还需按每 10L 水配 0.5L 煤油的比例,准备好煤油,清洗冷却系时使用。

清洗方法是:将配好的碱水(水和碱的混合液)加入冷却系,停置 8~10h 后启动发动机运转 5~10min,然后放出;加入清洁水,再启动发动机运转数分钟后放出。如冷却系内还不干净,再加清水清洗。一定要把碱水清洗干净,如有碱水成分留在冷却系内会造成腐蚀。清洗工作结束后,按规定添加冷却水。

2)受炎热气候条件影响的较大部件(总成)

(1)发动机的润滑与调整。高温下发动机应能迅速启动运转。对磨损产生的影响,主要取决于润滑油品质,所以应选用品质较好的夏季用油。

液压传动系中的工作油液,同样应更换夏季用油。由于夏季炎热、多雨,还要特别注意防止水分或空气进入系统内部,加速系统内各零件的磨损和腐蚀,并降低了系统的传动效率。

(2)蓄电池的保养。蓄电池的电解液因气温过高而使水分蒸发加快,因此必须勤加蒸馏水。为防止大电流充电造成蓄电池温度过高,引起蒸发量增加,因而须调整发电机调节器,减小发电机的充电电流,并检查和清洗蓄电池盖的通气孔,否则会因蓄电池内电解液的过热膨胀使蓄电池爆裂。

(3)轮胎的使用检查。由于外界气温高,轮式机械容易引起轮胎气压的骤增,稍有不慎就便轮胎爆裂。因此在炎热气候条件下,要特别注意轮胎的温度和气压,经常检查和注意,使轮胎保持在规定的气压标准内。

4.泥泞沼泽区域使用技术

在公路工程施工中,往往有一些机械要在泥泞、沼泽地段行驶。由于泥泞、沼泽地土承载力不足,易使机械打滑、下陷。当机械陷入深度超过它最低离地间隙时,机械会完全失去行驶能力。

1)预防方法

当机械通过泥泞、沼泽地段时,可预先在要驶过的区域摊铺树枝、木杆或整束干稻草、麦秸秆等。还可采用分段铺板的办法,使机械在板上驶过,在机械行驶位置下面板的长度,应使机械的接地比压在规定范围之内。

2)陷入泥泞时的解救办法

(1)牵引机和被拖机械陷入泥泞时的解救办法。

①如果牵引机与被拖机械分离后,牵引机可自行驶出时则先让牵引机驶出泥泞地段,然后换以较长的钢索连接被拖机械,把机械从泥泞中拖出。

②如果牵引机和被拖机械陷入泥泞后,虽分离二者,但牵引机仍不能自行驶出,此时只有另调功率较大的牵引机,用上述方法把牵引机和被拖机械一并从泥泞中拖出。

(2)载货的汽车或大平板拖车陷入泥泞时的解救方法。一般可用上述办法解救。如载货的汽车或大平板拖车上装载物很重时,最方便而拉力最大的办法是利用绞盘滑车自行拖拽(拖车本身备有绞盘时)。拖拽时先找好锚桩(如路边的大树、人工构筑物、制动的重型机械等)。注意:作为锚桩机械的重量应大于被陷机械的 0.5~3 倍。拖拽时绞盘上钢索一端固定在锚桩上,低速开动绞盘把被陷机械徐徐拉出。

(3)履带式重型机械陷入泥泞时,如推土机,也可利用锚桩和机械自身动力自行拖拽的办法进行。

实际上,上述办法和轮式机械轮胎上加装防滑链相似,都是为增加附着力。而专门的湿地作业机械则是通过增大履带板接地面积来解决附着力不足问题的。

5. 高原山区使用技术

高原山区一般地势高,空气密度低,温度变化大,坡道多。机械在这种自然条件下施工时,发动机易于过热,产生积炭和胶化,燃料消耗量增加,功率下降;此外,由于频繁转向、制动以及轮胎气压相对增高等给机械安全运行带来一定困难。为了适应高原山区的自然条件,保证机械正常运行,必须采取相应的技术措施。

1)发动机在高原山区的使用

(1)减少供油量。针对高原或高山地区空气稀薄的特点,为保证发动机的燃油和空气混合比适当,克服过快的积炭、胶化,对未安装废气涡轮增压器(以下简称增压器)的发动机,应适当减少供油量。

高原山区空气稀薄,柴油机进气量会不足,所以,应根据海拔高度,相应减少柴油机的负荷和喷油泵的最大供油量。调整喷油泵时,以海拔 0 ~ 1 000m 的最大供油量为 100%,不同海拔高度的最大供油量按图 8-1-1 调整。

(2)调整供油提前角。柴油机在高原山区工作时,由于压缩终了的温度和压力降低,使柴油机着火滞后期延长,因此也应适当提前供油角度,以改善燃烧过程;一般在海拔 2 000 ~ 3 000m 可提前 1° ~ 2°,在 3 500m 以上可提前 2° ~ 4°。

(3)加装增压器。在可能的条件下,没有增压器的发动机应设法加装增压器。加装增压器,是改善机械在高原或高山地区动力性和经济性的有效办法。装有增压器的发动机,由于进气压力较大,进气量增加,可改善燃烧条件,使发动机有效功率提高。

(4)减少冷却水消耗并缩短冷却系清洗周期。随着海拔高度的增加,大气压力逐渐降低,水的沸点也随之降低(图 8-1-2):冷却水的蒸发损耗和沸腾外溢,使冷却系水量大大减少,需要经常补充冷却水。冷却系的水垢因此将大量增多。结果致使冷却系的散热作用降低。因此,对冷却系的清洗周期,应比普通情况下缩短一半。

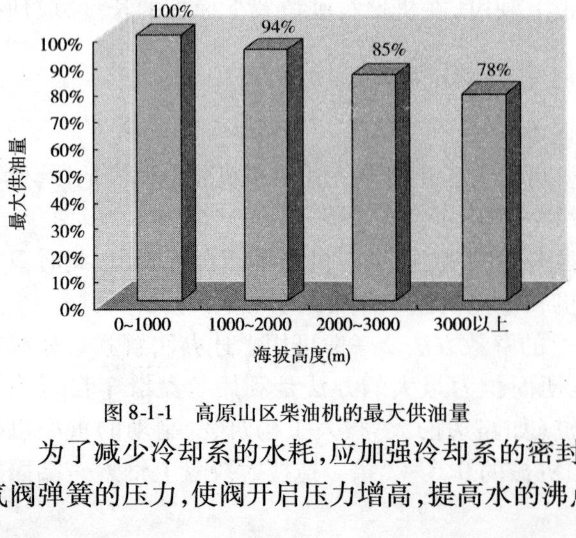

图 8-1-1　高原山区柴油机的最大供油量

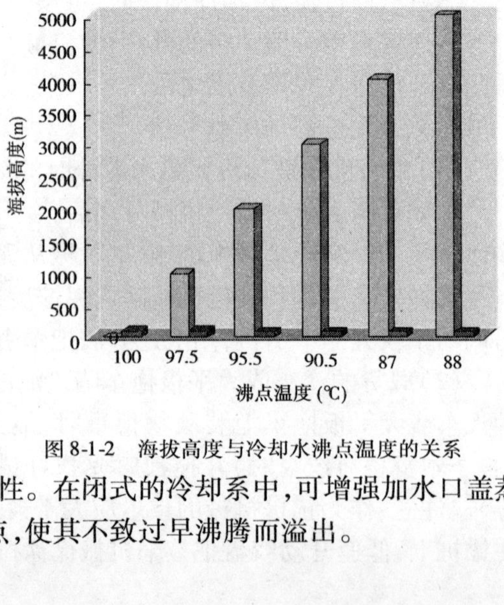

图 8-1-2　海拔高度与冷却水沸点温度的关系

为了减少冷却系的水耗,应加强冷却系的密封性。在闭式的冷却系中,可增强加水口盖蒸气阀弹簧的压力,使阀开启压力增高,提高水的沸点,使其不致过早沸腾而溢出。

2)制动系在高原或高山地区的使用

要加强制动系的检查和调整。凡采用气压制动或气液联合制动的机械,在机械运行中必须经常注意气压表读数,必要时应停止行走使发动机空转,向储气筒充气。也可使用低速挡下坡。油压式制动系应每天检视其制动总泵内的油面。由于采用醇型汽车制动液,易于挥发,制动管路容易发生"气阻"故障,所以,现代高速、大功率、重负荷、制动频繁的机械应改用合成型制动液,以免制动失灵。

有些机械采用辅助制动器,如电涡流制动器、流体涡流制动器和发动机排气制动器。前两种制动器由于体积较大,结构复杂,多用于山区或矿用的重型车辆上。发动机排气制动是一种有效而简便的措施,实际上它是在一般发动机制动装置的基础上,再在发动机排气管上装一个片状阀门,机械使用发动机制动装置将阀门关闭,以增大发动机的排气压力。

3)高原山区其他机械的使用技术

应改善机械灯光照明条件,确保夜间行车安全;由于高原山区大气压力低,轮胎的气不可充的太足,一般只可充气到标定气压的90% ~95%;蓄电池的电解液也因蒸发得较快,而应及时补加蒸馏水。

三、设备的保养管理

公路工程机械在作业过程中的技术使用性能是否经常保持良好,在很大程度上决定于对它的合理使用。但养护机械在长期作业过程中,随着机械的运转时间或行驶里程的增加,其技术使用性能亦不可避免的要发生变化,这是由于机械各机件和零件间的自然磨损,以及某些由于未遵守机械的技术使用和保养规程而引起的。

(一)机械保养的作业内容

主要是清洁、紧固、调整、润滑、防腐,称为"十字作业"。这是根据机械技术状况变化的规律,并经过多年实践得出的,都是必不可少的。此外,还有检查、加添等辅助作业内容。

1.清洁

机械在工作中,必然引起机械内外及各系统、各部位的脏污,有些关键部位脏污将使机械不能正常工作。为此,进行清洁作业不仅是保持机容整洁卫生的需要,更重要的是保证机械安全和正常工作的需要。

清洁作业中要特别注意做好发动机"三滤"和电器部分的清洁作业。发动机"三滤"的清洁对发动机的工作和寿命都有很大影响。

清洁作业的内容包括:空气滤清器的清洁、机油滤清器清洁、柴油滤清器的清洁、冷却系的清洁和电气设备的清洁。

2.紧固

机械上有许多用螺钉固定的部位,受机械不断振动和交变负荷等的影响,可能松动,必须及时检查,予以紧固。

3.调整

调整的内容和部位见表8-1-3。

4.润滑

机械上的润滑点是相当多的,检查、添加和更换润滑油脂的时间也不相同,因此,润滑是保养作业中一项重要、繁重和细致的工作。有些国家把机械的润滑划为保养以外的一项单独的作业,可见其对润滑的重视。

5. 防腐

施工与养护机械保养调整的内容　　表 8-1-3

序　号	调 整 部 位	调整的内容
1	间隙方面	各齿轮间隙、气门间隙、制动带间隙、火花塞间隙、分电器白金间隙
2	行程方面	离合器踏板行程、制动踏板行程
3	角度方面	提前点火角度、提前供油角度
4	压力方面	燃料喷油压力、机油压力、空压机压力、液压装置工作压力、蒸汽压力
5	流量方面	供油量
6	松紧方面	风扇皮带、履带松紧度
7	轮胎换位	
8	发动机方面	电压、电流、发动机怠速

机械在使用中,不可避免的造成一些金属制品的保护层脱落,为此必须进行补漆或涂上油脂等防腐涂料。对一些非金属制品也应采取必要的防腐措施,如洗净橡胶制品上的油污等,加以保护。

(二)机械保养制度

机械的各级保养计划,应以保养间隔周期为主要依据编制,报上级管理部门审批下达。计划一经批准下达,使用单位和保养单位必须按计划执行,不得漏保。

机械的一级保养作业可由操作或驾驶人员按规定进行。其他级别的保养应由专业保养工人或在具有保养能力的保养厂或车间进行。各单位应配制相应的保修力量。

机械保养制度的内容包括:保养分类、作业范围和项目、技术要求和质量要求、间隔期、停工日以及工时、消耗材料、费用定额等。

1. 例行保养

指在机械开工前,班内工作暂停时期以及一般工作结束后进行的检查保养。中心内容是检查,主要检查要害部位和易损部位。如机械和部件的完整情况;油、水数量;操纵和安全装置(如转向、制动等)的完好和工作情况;关键部位的紧固情况;以及有无漏油、水、气、电等情况,必要时加添燃料、润滑油脂和冷却水,以确保机械的正常运行和安全生产。

例行保养由操作人员按规定进行。

2. 定期保养

具体保养内容见表 8-1-4。

定期保养的内容　　表 8-1-4

保养类别	保养目的	保养要求	工作内容	实施人员
一级保养	维护机械完好状况,确保两次一保间隔期中正常运行	普遍进行清洁、紧固和润滑作业,以清洁、紧固、润滑为中心	检查紧固各部螺钉;按规定检查和加添润滑油脂;清洗各滤清器	操作人员
二级保养	保持机械各个总成、机构、零件具有良好的工作性能,确保两次二保间隔期的正常运行	以检查调整为中心	除进行一保的全部内容外,还要从外部检查发动机、燃料系、润滑系、离合器、变速器、传动轴、主减速器、转向和制动机构、液压和工作装置、电动机、发电机等工作情况,必要时进行调整,并排除所发现的故障	保修人员为主,操作人员参加

对机械定期分级保养应做到：

按时：按照规定时间进行保养，一般延后或提前的时间不应超过保养周期的 10%。

按级：按规定运转小时（或运行公里）间隔进行分级保养，不应跨越保养级别。

按项：各级保养必须按规定的项目逐条进行，保养结束前应认真检查，以防遗漏。

按质：必须按规定的保养要求与程序进行保养，保证保养质量，杜绝保养事故。

此外，对每台机械应进行日常保养（例保）。做好例保和一保是使机械经常处于完好状态的重要保证，必须严格要求，认真做好。

3. 特殊保养

包括停放保养、走合期保养、换季保养和转移前保养等，是在特定情况下进行的保养。

（1）停放保养：指停机及封存机械的保养，重点是清洁、防腐，每月最少一次，内燃机应定期发动，在特别潮湿的情况下，每半月发动一次。停放保养由操作或保管人员进行，库存机械由机务部门指定保修人员进行保养。

（2）走合期保养：指机械在走合期内和走合期完毕后的保养，以润滑、检查、限制使用为重点，一般结合一级保养进行。必须加强检查，选用优质润滑油和提前更换润滑油。

（3）换季保养：指进入夏季或冬季前的保养，主要是更换燃滑油料、调整蓄电池电解液比重、采取降温或防寒措施、清洗冷却系等。

（4）转移前保养：根据施工特点，在工程用完后，虽未到规定的保养周期，但为使机械能迅速投入新的施工生产而进行的保养。作业项目除按二级保养进行外，可增加防腐及喷漆等项目。

四、设备的维修管理

维修是机械设备维护和修理的合称，维修管理是对机械设备保养和修理工作的计划、组织、监督、控制和协调，其目的是减缓和消除机械设备在运行过程中所产生的损耗，提高机械设备使用的可靠性，延长机械设备的使用寿命，提高机械设备使用与维修的经济效益。

（一）机械修理的作用

1. 保证机械正常工作

任何机械，即使在正确使用、保养的情况下，也不可能永远保持正常工作状态。由于内部矛盾的发展和外界因素的影响，各部零件必然要发生磨损或其他变化。当一些零件的磨损或变化超过了使用允许的限度时，就会导致机械不能正常工作，就必须进行修理。通过修理，恢复零件的几何尺寸、光洁度、理化性能和装配间隙等，使已经不能正常工作的零件、部件、总成恢复正常工作状况，才能使机械继续正常工作，达到规定的性能。

2. 延长机械使用寿命

任何机械都不能无限期地使用，都有规定的修理标志和修理间隔期，达到修理标志就必须进行修理，只有通过修理才能取得继续工作的能力，延长机械使用寿命。一般情况下，在机械整个寿命周期中，可进行四次大修，加上新机出厂后的间隔期，共有 5 个修理间隔期的寿命。除第一个修理间隔期是由制造取得和由制造质量所决定外，其余的修理间隔寿命都是通过大修取得，其寿命的长短在同样使用、保养情况下主要是由大修质量所决定。

3. 降低机械使用成本

一台机械如果不经过大修就报废，只能使用一个修理间隔期，只达到规定使用寿命的四分之一左右。但一台机械的一次大修费用只占新机原值的 10% ~30%，所需费用不超过新机原值，而可获得相当于新机3倍的使用寿命，因此可以降低机械使用费的成本，节约物资，提高机械的经济效益。

综上所述，机械修理对机械技术管理和经济管理都有着很重要的作用。

（二）机械修理的作业内容

机械修理的作业内容较多，但主要是恢复零件的几何形状、几何尺寸、光洁度、理化性能和装配技术条件。同时，包括对修理部位和规定的部位进行保养作业的全部内容。

修理时，必须按修理范围对需修部位进行解体、清洗和鉴定，保留免修范围的零件，修复可修零件，更换不可修的报废零件，按技术标准重新进行装配，然后试运和整体检验，达到规定的性能参数后，方为修理完毕。

（三）机械修理的作业方法

在机械修理中常用的作业方法有7种。

1. 调整法

很多机械在设计制造时就考虑到一些部位的调整问题。例如，发动机的气门挺杆、高压柴油泵的油泵挺杆，都可用改变螺钉和螺帽的相对位置维持挺杆规定的长度。例如，轴和滑动轴承在径向磨损后，可用减薄或抽去轴承间垫片的方法调整；在轴向磨损后可用加厚或增加垫片的方法调整。但是，用抽去（减薄）或增加（加厚）垫片的调整方法，对滑动轴承来说，并不能完全恢复原有工作状态。

2. 换位法

机械零件磨损有些是不均匀的，零件工作部分磨损过多需要修理，而零件的其他部分可能并未磨损，将零件没有磨损的部位换到工作部位使机械恢复正常工作的方法称换位法。例如，履带式拖拉机的驱动轮和转向离合器的驱动齿轮，由于向前进行的时间多，磨损多集中于轮齿的一侧，修理时可左右倒换使用；C-80拖拉机驱动轮轮齿是双数（26齿），链轨节距又等于两个齿距，只有一半轮齿工作。磨损后，除可左右倒换外，还可以将驱动轮对链轨移过一个齿，用另一半轮齿工作。

3. 修理尺寸法

用修理尺寸法恢复磨损的配合件，是对配合中的一个零件进行加工，使它具有正确的几何形状，而根据加工后零件的尺寸更换另一个零件，以恢复配合件的工作能力。修理后配合件的尺寸与原来不同，这个新尺寸称为修理尺寸。通常进行加工的零件是较复杂而贵重的零件。例如，发动机汽缸磨损后可按修理尺寸镗大，更换加大活塞；曲轴磨损后，可按修理尺寸磨小，更换相应尺寸的轴瓦。

修理尺寸法可以充分利用零件的金属，延长复杂而贵重的零件寿命，修理质量高，修理工作可靠。但零件尺寸变化较大，相对地削弱了零件的强度，也增加了配件的储备。各种机械对有关零件的修理尺寸有一定的技术要求。因此，必须按照有关技术规定的修理尺寸进行修理。

4. 附加零件法

当配合零件磨损时，将配合零件分别进行机械加工，得到正确的几何形状，然后在配合中增加一个附加零件，以恢复原配合，称为附加零件法。例如，当轴颈与零件孔的磨损很大时，可将轴加工到最小尺寸，在孔中镶套或在轴颈上压上轴套。

附加零件法有一定的优点：可以修复磨损很重的配合体，零件加工时不受高温影响，材质不发生变化，修理质量较好，而且再磨损时可以再次更换附加零件，延长基本零件寿命。但是，只有在零件构造、强度允许的条件下方可采用，因为加工对零件强度削弱较多。

5. 局部更换法

局部更换法是只更换零件上损坏部分的修理方法。例如齿轮组中某一齿轮磨损严重，可将磨损部分退火后切去，更换新齿圈后，在接缝外进行焊接，使齿轮得到修复。这种方法能够节约优质钢材，修复质量较高。但是往往工艺复杂，有时对硬度高的零件加工困难。

6. 恢复尺寸法

使磨损的零件恢复到原来的形状和尺寸，以恢复配合的作用，称为恢复尺寸法。根据增补到磨损或损伤零件上的金属与原零件的结合关系，可分为以下6类：

（1）机械结合：如金属喷镀、嵌丝补裂纹等。

（2）电沉积结合：依靠离子在金属表面沉积上去，如电镀、涂镀等。

（3）熔焊：如气焊、电焊、锻接等。

（4）胶合：以化学胶将金属、木材等连接起来。

（5）挤压：用压力加工的方法，如气门头的扩展，活塞销直径的扩大等。

7. 更换新零件法

已经磨损不可修复或不值得修复的零件，可以用新的零件替换。

（四）机械修理制度

1. 机械修理制度确定的依据和内容（表8-1-5）

机械修理制度确定的依据和内容 表8-1-5

确定机械修理制度主要依据	机械修理制度的内容
机械技术状况变化规律	修理分类
计划修理	修理间隔期，包括不同机型、不同使用条件下的修理间隔期
质量第一	机械需修标志和技术鉴定制度
定期检查和按需修理	各种机械的修理规范和质量检验标准
机械的类别和复杂程度	机械送修和修竣出厂验收规定
机械的运行条件	修理定额，包括人工、配件和消耗材料的定额以及费用定额
机械保养和修理的质量	收费标准和保修制度

2. 机械修理分类

机械修理根据其损坏原因和情况划分为正常修理和事故修理。正常修理又划分为：

（1）大修：是有计划进行的全面恢复性修理。机械使用到大修理间隔期后，其大部分零件甚至有些基础件达到极限磨损程度，使机械各方面性能显著下降，为此，必须进行一次全面、彻底的修理，全部解体检查每个零件，修复或更换不符合大修要求或免修的零件，按大修技术条件重新装配，基本上恢复原有的动力性能、经济性能和机件的坚固性能，全面恢复机械状况。

（2）中修：是对以内燃机为动力的机械，在两次大修之间，有计划进行的平衡性修理。新机或大修后的机械，经过一定时间的使用，有的总成磨损较快，有的总成磨损较慢，这种技术状况的不平衡，使机械不能协调一致的正常工作，为此，对发动机和另外1~2个总成进行大修，对其他各总成全面进行保养并排除发现的一切故障（不按零件分类检验的大修工艺进行修理，也不更换基础件，但主要零件应有一定的使用寿命和装配调整余量），以调整各总成之间的不平衡状态，恢复机械正常工作状态，尽可能地延长大修间隔期。

（3）小修：是一种运转性修理，主要是消除机械在运转中发生的临时故障和局部损伤。有些按自然磨损规律或根据总成的外部现象能预选估计到的小修项目，可集中组织计划性的小修作业，结合相应的保养进行。

3. 修理标志与送修条件

1)确定机械设备进行修理的基本条件(表 8-1-6)

2)确定机械设备应进行总成大修或大修的标志

(1)整机大修标志。以发动机总成为主,结合车架总成或者其他两个总成符合大修条件时可安排大修。在新机到大修及大修与大修之间,原则上不允许进行发动机大修,但如发动机总成与底盘和车身各总成之间的技术状况很不平衡时,可以例外地安排发动机大修。

机械设备进行修理的基本条件 表 8-1-6

部 位	发 动 机	底盘传动系统及工作装置
基本条件	动力性能低,经调整后仍觉无力,负荷量显著减少; 润滑油和燃料消耗量显著超过正常消耗; 运转时有不正常的杂音; 汽缸压力降低达不到规定标准 60%	传动系统、齿轮和轴承磨蚀变形过量,运转中有偏摆、歪斜、异响 转向和操作机械磨损、间隙过大、操作不灵 变速器齿轮换挡困难和跳挡 主要铆焊件松裂 履带行走机构磨损,继续使用将引起断裂 工作装置磨蚀、操作失灵、调整无效 机构出现故障、制动失效

(2)总成的大修标志。

①发动机总成:最大功率标准降低 25% 以上,或汽缸压力达不到标准压力的 75%(在发动机发热,水温在 70℃以上,转速在稳定怠速时测量),燃料和机油耗量显著增加者。

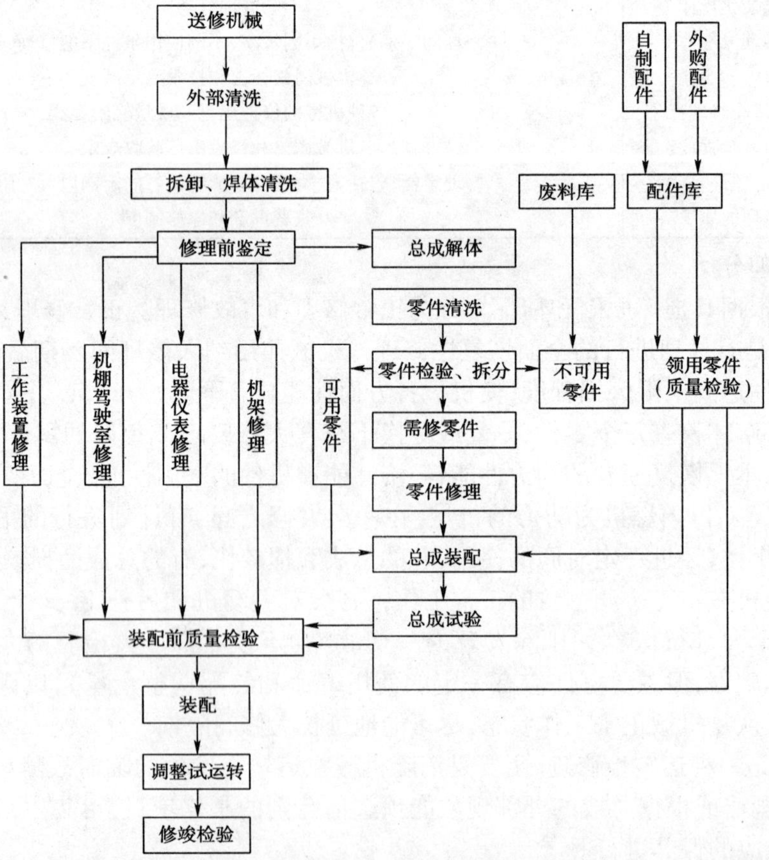

图 8-1-3 大修工艺流程图

②机架总成:主梁断裂、锈蚀、弯曲、扭曲变形逾限,大部分铆钉松动或铆孔磨损,主要焊缝开裂,必须拆卸其他各总成后才能进行校正、修理或重铆方能修复者。

③变速器总成:壳体破裂、轴承孔磨损逾限,或齿轮及轴出现恶性磨损,需彻底修理者。

④驱动桥总成:桥壳破裂、变形、半轴套管座孔磨损逾限,主减速齿轮恶性磨损,需要校正或彻底修理者。

⑤前轴总成:前梁裂纹、变形、主销孔磨损逾限,需要校正或彻底修理者。

⑥工作机构:主要零部件裂纹、变形、铰接孔磨损逾限,需要校正或彻底修理者。

4. 机械设备大修理流程

大修设备的工艺流程如图 8-1-3 所示。

第二节　施工成本管理

随着公路工程项目施工中机械化程度的不断提高,目前机械设备使用费约占到项目总价的 20% 左右,也就是说,能否做好机械设备的管理,有效降低机械设备的使用成本,与施工项目的进度、质量、成本有着密切的关系。而要做好机械设备成本管理,就要从经济定额、经济核算、统计和分析入手。

一、工程机械设备定额管理

1. 技术经济定额及作用

1)定额是编制、检查计划和控制进度的重要依据

在各种计划的编制中,都要直接或间接地以各种定额作为计算人力、物力、财力等资源需要量的依据。在生产施工过程中,定额也是向基层下达生产施工任务和组织指挥生产施工活动的基本依据。

2)定额是确定工程造价,核算成本和比较设计施工方案经济合理性的依据基本建设投资和工程造价是根据设计规定的工程规模、数量及所需要的劳动力、材料、机械设备消耗量及其他必须消耗的资金确定的。其中劳动力、材料、机械设备的消耗量又是根据定额算出来的。因此,定额是确定基本建设投资和工程造价的依据。同时,同一建设项目或工程项目的投资和造价的大小又反映了各种不同设计施工方案技术经济水平的高低。因此定额又是比较和评价设计施工方案经济合理性的依据。

3)定额是科学组织生产施工的必要手段

施工企业的各项工程是一种多行业多工种密切协作的生产活动。在这种活动中,定额起着十分重要的作用。计划部门要根据工程任务,按定额制定施工预算和施工组织计划。机务部门要按定额计划调配机械和筹集配件、材料、油料、组织保养与维修。工程部门要按定额检查统计工程量,掌握施工进度和质量。材料部门要按定额计算各种材料的需要量,保证及时供应。可见只有各部门都按统一的定额计划组织自己的活动,并密切配合,才能保质保量地完成工程任务。

4)定额是厉行节约,提高经济效益的工具

定额是评价和衡量各项工程任务完成好坏的尺子。定额可促使工程指挥人员合理地组织施工,促进人工和机械采用科学的作业方法,力争高工效,低消耗,千方百计提高经济效益。

5)定额是衡量机械管理水平和技术经济效益的重要尺度

定额规定了管理中，考察机械技术状况，使用效果，消耗水平，维修水平和操作人员工作成绩的基础和标准，综合反映了机械管理水平和技术经济效益。

因此，在机械计划、使用和维修等环节，必须加强定额管理，严格指标控制，把机械管理各方面的工作落实到物质效果上来。

2. 技术经济定额的分类

技术经济定额主要有以下6类：

(1)劳动定额(如单位产品的工时定额)；

(2)设备利用定额(如设备的产量定额)；

(3)物资消耗定额(如单位产品的原材料、油料、燃料、动力、替换设备消耗定额)；

(4)资金利用定额(如配件、材料储备资金定额)；

(5)费用定额(如管理费用定额、各级保修费用定额)；

(6)生产组织方面的定额(如生产周期、设备修理间隔期、停修期定额等)。

3. 技术经济定额的内容

机械技术经济定额的种类比较多，其含义各不相同，以下作以介绍。

(1)**年工作台班定额**　为机械在一年中必须完成的工作台班数。它根据机械的耐用总台班、折旧年限并考虑使用条件，生产班次等予以制订。

(2)**台班产量定额**　为机械在一个工作台班中应完成的合格产品的产量。它按机械规格型号，根据作业内容、作业条件等不同分别制订。

(3)**年产量定额**　为一台机械在一年内应完成的产量。它按机械规格型号，以综合施工生产条件而确定。年产量定额由台班产量定额乘以年工作台班数获得。

(4)**油料消耗定额**　机械在作业时，单位运转时间(一个台班)或单位产量、单位行驶公里所消耗燃油和润滑油的限额，应按施工特点、油料消耗的调查资料或计算结果分别制订。

(5)**保养修理用油定额**　在保养修理机械过程中清洗零件、试车等耗用的油料限额，一般应按保养修理的级别分别制订。

(6)**轮胎消耗定额**　为新胎到翻新和经过翻新到报废所应达到的使用期。一般以耐用台班或km计。它是考核轮胎管理、保养、翻新和操作人员对轮胎使用管理水平时定额。

(7)**工具配备和消耗定额**　为做好经常性的维修保养所必须配备的随机工具标准。如新机带有随机工具者，则按配备标准核查后再补充其不足部分。工具消耗定额可按耐用台班(或km)制订。

(8)**替换设备消耗定额**　机械的替换设备如蓄电池、电缆、运转皮带、钢丝绳、胶管、履带、刀片、锯条等消耗性材料的使用消耗定额。

(9)**保养修理费用定额**　为机械在保养、修理过程中的全部工料费用的定额。它是考核保修工时与费用水平的依据。定额应按机型、保修类别、工作条件等不同情况分析制订。

(10)**修理工时定额**　为完成每一次保养或修理作业时的时间限额；它是考核维修单位(班、组)的保修工效和进行定员工作的主要依据。它受保修广度、深度的影响，所以应分别按机型和保修类别制订，并须有各总成和单项工种的分项定额。

(11)**保养修理在厂期定额**　为机械进行保养修理时允许占用的时间。若保修安排组织不当，待料时间过长或在厂保养、修理的时间过长，就会使机械的完好率指标受到影响。所以它也是影响机械完好率的因素。应分别按机型、规格和保修类别制订。

(12)**保养修理间隔期定额**　机械保养与保养、大修与大修之间的间隔期定额是编制维修计划的重要依据，同时也是评价机械使用，保修质量的综合指标。应分机型制订不同的保养、修理间隔期。具体制订时，还可针对新、旧不同的机械采取相应的增减系数。

(13)**配件和消耗材料消耗定额**　是指机械在使用、保养和修理过程中耗用配件和各种消耗材料的定额。总的定额可按项目折算成金额制定，但主要项目必须逐项按数量制定和考核。保养和小修的消耗易损性配件定额可列入使用定额，按工作台班(或 km)制订。大中修消耗定额按修理类别制定。

(14)**机械台班费用定额**　是将机械的价值和使用、维修过程中所发生的各项费用，科学地转移到机械使用费中的一种表现形式。它是机械使用计费和施工单位实行单机单车(或班组)核算的依据。

4. 技术经济定额的制订方法

制定定额不仅是一项专业性、技术性很强的工作，而且是一项思想性、政策性很强的基础工作。制定定额应通过科学的测定，有一定的科学依据，而不能靠想象，凭主观意愿，这样制定的定额才能更准确，更实际。具体方法有以下 4 种：

(1)**经验估工法**　是由定额员或技术人员、工人根据生产中积累的经验，结合现实生产条件和工艺规程进行分析研究，用估计的方法来制订定额，优点是简便易行，省时，便于及时制订和修改。但这种方法对构成定额的因素，缺乏详细的分析和计算，科学性差，同时易受估工人员主观因素的影响，准确性差。

(2)**统计分析法**　是在进行同一生产中，参考过去相似生产的统计资料，进行分析整理，并考虑到当时生产条件的变化，来制订定额。此法简便易行，工作量小，比经验估工法有更多的资料依据，一般较准确。但必须有健全的原始记录和准确的统计资料为基础，否则无法进行统计分析。

(3)**比较类推法**　也称典型定额法，它是通过对同种生产的定额分析比较后来制订定额的。用这种方法，要求在同种生产中，选出几个有代表性的“典型”。然后对这些典型用经验估工、统计分析或技术测定等方法制订定额，即典型定额。以后同类生产的定额，就以典型定额类推来确定。此法较简便易行，工作量小，比经验估工法准确性高。

(4)**技术测定法**　又称技术定额法，它是对生产技术和组织进行分析研究，通过技术测定和计算，确定合理的操作程序和方法及工时消耗等，在挖掘生产潜力的基础上，结合制定技术组织措施来制订的定额。采用这种方法制订工时、定额时，一般按照工时定额的各个组成部分，分别确定其定额时间。由于确定时间所用的方法不同，可分为分析研究法和分析计算法两种。

分析研究法是测时和工作日写实的方法来确定工时定额各个部分的时间。分析计算法是根据定额进行计算。运用技术测定法制订定额，由于有充分的技术依据，所以其准确性较高。但比较复杂，工作量大，需用的人力和时间较多。

5. 机械台班费的制订

1)机械台班费组成的分类

机械台班费用分不变费用和可变费用两大类。不变费用又称固定费用，它与机械在台班期内的工作情况无关，不依地区条件而改变。可变费用是机械工作过程中直接发生的费用，随工作地区不同而变化(例如工资和材料价格的地区差别)。不变费用由国家统一下达，各地区无权变更。新的台班费用定额取消了原不变费用中的机械管理费。机械管理费归口列入工程费用定额的间接费和台班经常修理费中。另外，原维修费、替换设备工具及附具费、润滑材料及擦拭材料费合并列入经常修理费中。表 8-2-1 是机械台班费组成的分类表。

机械台班费组成的分类表　　表 8-2-1

不变费用	可变费用
1. 折旧费 2. 大修理费 3. 经常修理费 4. 安装拆卸及辅助设备费	1. 人工费 2. 动力燃料费 3. 养路费及车船使用税(在工地范围活动的机械不计此费)

2)折旧费的计算

折旧费指在规定的使用期限内陆续收回其原值的费用。

计算公式为:

$$台班折旧费 = \frac{机械预算价格 \times (1 - 残值率)}{耐用总台班} \tag{8-2-1}$$

(1)机械预算价格:由机械出厂(或到岸完税)价格和从生产厂(销售单位交货地点或口岸)运至使用单位机务管理部门验收入库的全部费用组成。即:

①国产机械预算价格 = 出厂(或销售)价格 + 供销部门手续费 + 一次性运杂费;

②国产运输机械(即汽车类)预算价格 = 出厂(或销售)价格 ×(1 + 购置附加费率) + 供销部门手续费 + 一次性运杂费;

③进口机械预算价格 = 到岸完税价格 + 增值税 + 外贸部门手续费 + 银行财务费 + 国内一次性运杂费;

④进口运输机械(即汽车类) = (到岸完税价格 + 关税 + 增值税) ×(1 + 购置附加费率) + 外贸部门手续费 + 银行财务费 + 国内一次性运杂费。

计算机械预算价格时所涉及的出厂价格、税费等,一般按下述取定:机械的出厂(或销售)价格可根据国家主管部门近几年公布的产品目录和价格浮动幅度并参考部分厂家询价和施工部门的资料经分析后合理制定;少数无法取得价格依据的机械,则按施工单位近年购入机械账面价格经分析后合理取定。

国产机械的供销部门手续费和一次性运杂费,取机械出厂价格的 7%。

进口机械的到岸完税价格可根据机械到岸价格、按国家公布的人民币外汇牌价折算后取定。

进口机械的关税、增值税、外贸部门手续费、银行财务费等,一般约占到岸价格的 21%。

进口机械的一次性运杂费,取到岸价格的 3%。

进口运输机械的购置附加费,按国家规定取为 15%。

(2)残值率:取为 2% ~5%。

(3)耐用总台班:为机械从开始投入使用至报废前所使用的总台班数。

$$耐用总台班 = 大修理间隔台班 \times 大修理周期数 \tag{8-2-2}$$

大修理周期:即使用周期,为机械在规定的耐用总台班内需要大修理次数 +1。

3)大修理费的计算

指机械必须进行大修理,以恢复其正常功能所需的费用。

$$计算公式为:台班大修理费 = \frac{大修理一次费用 \times (使用周期数 - 1)}{耐用总台班} \tag{8-2-3}$$

4)经常修理费的计算

指机械除大修理队外的各级保养(包括一、二级保养)、小修(即临时故障排除)和中修替换设备、随机工具和附具推销、润滑油脂、擦拭材料(布及棉纱等)、机械在规定年工作台班以外的维护管理费用等。

5）安装拆卸及辅助设施费

指机械在施工现场进行安装、拆卸所需的人工、材料、机械费（打桩、钻孔、机械桩架安装及拆卸则包括在工程项目内）、试运转费；以及安装所需的辅助设施费。辅助设施费包括安置机械的基础，底座及固定锚桩等项费用。至于大型机械的辅助设施（大型发电机、拌和设备、动力机的混凝土基础，散热器等）以及机械操作所需的轨道、工作台，不在此项费用内，在工程项目中另行计算。此项费用（指安装拆卸及辅助设施费）在有些机械上并不发生。

6）人工费

为随机操作人员的工作日工资（包括标准工资、附加工资和工资性津贴。不包括随机人员的辅助工资、工资附加费、劳动保护用品费用、探亲路费、施工津贴以及取暖补贴，这些费用在工程其他直接费和间接费中开支）；工资标准可按交通部行业规范《公路工程基本建设项目概算预算编制办法》（JTG B06—2007）的有关规定计算。

7）动力燃料费

为机械在作业或行驶中所耗用的电力、固体燃料（煤、木炭）、液体燃料（汽油、柴油）和水等。

一般按施工作业特点和燃料动力消耗量的统计资料经分析平衡后取定，若无法取得统计资料，则按燃油耗公式计算。

（1）燃油消耗计算式：

$$Q = \frac{N \times 8 \times G \times K_1 \times K_2 \times K_3 \times K_4}{1\ 000} \tag{8-2-4}$$

式中：Q——燃油台班消耗量，kg；

N——发动机额定功率，kW；

G——比油耗，g/（kW·h），对于汽油机，$G = 340.14$g/（kW·h）；柴油机见表 8-2-2 和图 8-2-1 所列。

柴油机比油耗表 表 8-2-2

发动机系列	85	95	105	110	115	120	125	135	146	160
G[g/(kW·h)]	285.71	258.50	272.11	272.11	265.31	258.50	258.50	244.90	285.71	244.90

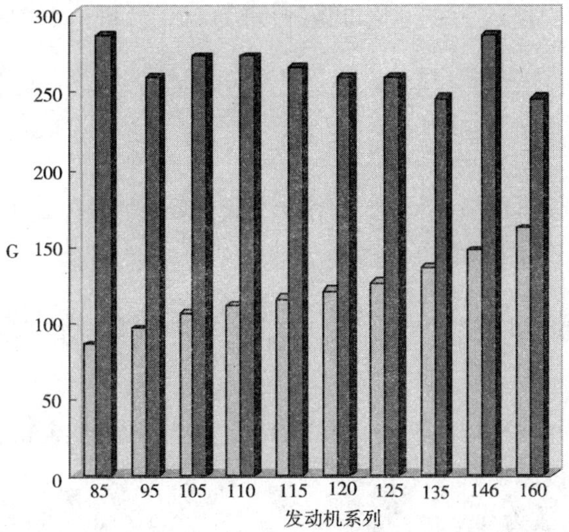

图 8-2-1 柴油机比油耗对比图

K_1——能力利用系数；

K_2——时间利用系数；

K_3——车速耗油系数，取 0.97 ~1.00；

K_4——油料损耗系数，取 1.03。

为简化计算，取定：$K_3 \cdot K_4 = 1.00$，故上式可简化为：

$$Q = \frac{N \times 8 \times G \times K_1 \times K_2}{1\,000} \quad (\text{kg}) \tag{8-2-5}$$

（2）电力消耗计算公式为：

$$Q' = \frac{N' \times 8 \times K_1 \times K_2 \times K_3}{K_4} \tag{8-2-6}$$

式中：Q'——电动台班消耗量，kW · h；

N'——电动机额定功率，kW；

K_1——电动机时间利用系数；

K_2——电动机能力利用系数；

K_3——低压线路损耗系数，取为 1.05；

K_4——电动机有效利用系数，取与 K_2 相对应值（可用内插法求值）见表 8-2-3。

电动机有效利用系数表　　表 8-2-3

负荷程度	荷载						
	0	1/4	1/4 ~ 1/2		1/2	3/4	1
K_2	0.20	0.50	0.60	0.70	0.78	0.63	0.88
K_4	1	0.78	0.80	0.83	0.85	0.88	0.89

8）台班养路费

台班养路费指机械安装规定向国家交纳的公路维护费用。

6. 台班费编制实例

以主机型号为 NFW220AV—DMZ（带 6DR—5C 自动找平）的沥青混合料摊铺机为例。基本数据：预算价格为 410 000 元；净残值率为 3%；耐用总台班为 2 400 台班；折旧年限为 16 年；年工作台班为 150；使用周期数为 4；大修间隔台班为 600 台班；大修理一次费用为 38 900 元；K 值取 2。

计算步骤如下：

1）折旧费

$$台班折旧费 = \frac{410\,000 \times (1 - 0.3)}{2\,400} = 165.71（元/台班）$$

2）大修理费

$$台班大修理费 = \frac{38\,900 \times (4 - 1)}{2\,400} = 48.63（元/台班）$$

3）经常修理费

$$台班经常修理费 = 48.63 \times 2 = 97.26（元/台班）$$

4）安装拆卸及辅助设施费

本机不发生此费用，故为 0

5）人工费

本机操作人员定额为 3 人,若按一个工作日工资(包括标准工资、附加工资、工资性津贴)3.07 元计算,则:

$$台班人工费 = 3 \times 50 = 150(元/台班)$$

6)动力燃料费

本机使用柴油作为燃料。经对实际应用情况的调查分析,该机燃料消耗量为 45 kg/台班,柴油价格若取 5.2 元/ kg 则;

$$台班动力燃料费 = 45 \times 5.2 = 234(元/台班)$$

7)养路费及车船使用税

本机不发生此项费用,故为 0。

将上述计算步骤 1 ~ 7 项相加,则得 NFW220AV—DML(带 6DR—5C 自动找平装置)沥青混合料摊铺机的台班费用定额为 692.6 元/台班。

二、机械设备的经济核算

施工企业的机械设备经济核算,主要借助于价值形式,计算在企业生产经营过程中与机械有关的各种劳动消耗和资金的占用,并与机械的生产经营成果相比较,从而对各种消耗进行监督和控制,降低机械设备使用成本,促使工程机械使用效率的提高,以尽可能少的消耗取得尽可能大的经济效果。

1. 实施机械经济核算的条件

(1)要有一套必要的、科学的机械技术经济定额资料。

(2)要有正确的计量保证。正确的计量是保证一切核算资料准确性的必要条件,也是保证原始记录可靠性的前提。因此,必须予以重视。

(3)要有完整、可靠的原始记录。机械使用维修等经济活动的原始记录,是进行经济核算的重要依据,必须完整、可靠。原始记录的形式、内容范围,在满足核算要求的前提下,应力求简化。各个职能部门下达的原始记录表格,要求计算口径一致,以免造成核算数据短缺或项目重复、矛盾等现象,

(4)要建立经济责任制。通过建立必要的经济责任制度,要达到:

①明确单位与单位之间,上、下级机构之间,单位与职工个人之间的经济责任。订立合同是明确双方责任、贯彻经济奖罚制度的良好形式,要彻底改变以前以行政手段管理企业时不承担或不追究经济责任的做法。不讲究经济责任,将使经济核算制流于形式,最后以失败而告终;

②机械使用的经济效益要与职工的物质利益正确地结合起来。要在增加集体收益的基础上增加个人收入。充分调动广大群众的积极性,使大家都来参与提高机械使用经济效益的工作,从而也使经济核算工作稳步、扎实地开展下去。

(5)要建立一套完整的经济核算班子。根据机构配备必要的专职、兼职核算人员。

机械的经济核算就是逐月逐台地核算机械收支盈亏情况。核算形式可分为单机(单车)或班组核算、单位工程的机械费核算以及维修班组核算等。机械的经济核算工作一般由施工单位的机务部门统一进行。核算时一定要按规定提取专项基金,如折旧费、大修理费等,不得以少提或不提等手段"制造"利润。

2. 单机单车和班组核算

凡有专人操作驾驶的大中型机械、汽车宜采用单机单车核算;由班组集体管理的大型设备或小型机具,宜采用班组核算。其核算方法有选项核算和全项核算。

(1)选项核算。只对机械使用费(台班费)组成项目的一个或几个重点或薄弱项目进行选择的核算,称为选项核算。例如:只对燃料费、经常修理费进行核算。这种核算方法比较简单,但不能全面反映机械使用的盈亏情况。此法多用于单项技术经济定额管理考核活动。

(2)全项核算。全项核算是对机械使用费(台班费)的全部组成项目进行核算。它可全面反映机械的盈亏情况,因而在实际经济核算中应用较多。其核算内容及管理办法是:

①收入费用,即机械计取的台班费或承担施工生产任务的经济收入。

②支出费用,包括机械按规定必须提取的折旧和大修理基金,以及机械在生产中发生的动力燃料、工资;补助、劳保、各级保养及临时故障排除,工具、附具、替换设备、润滑油脂、擦拭材料等一切费用支出。

根据收入和支出情况,计算出每台机械或每个班组的机械在本月的盈亏数,据此给有关人员予以奖励或处罚。通过核算,还可引导人们从盈亏中找出问题,采取降低相应项目费用的措施,以取得更好的经济效益。

3. 维修班组核算

核算内容主要是修理成本。根据工时、材料定额和实际发生的工时、材料成本核算其盈亏数,同时必须考核其质量指标。对保养、小修项目,应包括在单机或机组核算中,采用维修承包的方式,以促进维修人员与操作人员密切配合,共同提高机械使用的经济效益。

4. 核算后的奖励与处罚

进行了机械使用、维修经济核算后,须根据其收支盈亏情况予以奖励或处罚,以体现按劳分配、增产节约有奖,损失浪费有罚的原则。能否制订合理的奖罚办法并切实履行,不仅决定着机械经济核算工作的成败,而且对整个机务管理工作的顺利进行将产生重要影响。奖罚办法须根据实际情况,并在建立经济责任制时就应认真确定。一般对操作人员的奖罚做法是:在能够认真执行日常机务管理,技术措施的前提下,年终按节约或增收的部分提成奖励;若发生浪费或超支,应按浪费或超支予以适度经济处罚。

三、配件管理的统计与考核指标

1. 收发凭证和账、卡管理及领用汇总核算

(1)收发凭证的管理　收发凭证是收发配件的依据,也是统计、核算的根据,更是留存备查的档案资料,因此,应该妥善保管,未经批准不得任意销毁,并要注意防止受潮和虫咬鼠噬等。收发凭证都要求字迹清楚,不能涂改。如填写有误要修改时,修改人应在更改处签章,以示负责。凭证收发料和记账后,要定期整理,再按月份机型或凭证号顺序装订,同时应附封面,写明年月及凭证数量,以备参考。

(2)账卡管理　配件卡片及明细账,是记载配件收、发、存动态的原始根据,必须字迹清楚,不能用铅笔写,并不得任意涂改,如因填写有误,则更改时应用红笔在错处轻轻画一道线,在上方写正确的数字,更改人在更改处签章以示负责。

配件卡片或明细应有月、季、年终的结账。保证账、卡、实物、报表、金额数字等完全相符,做到五对口,使料账与财务账完全一致。以便分期统计和核对。

账本和卡片不要随意零星更换,到了年限需更换时,经有关领导同意后才能换。更换下来的旧账(卡)应完整妥善保管,不得遗失损坏,以备查考。

(3)领用汇总与核算　一般的施工单位都对机械实行单机单车(或班组)核算管理。这就要求配件管理人员定期将发出的配件按单机分别汇总起来,以便及时对各单机进行经济核算。

汇总时配件保管员应与备件统计人员以及账记账人员认真配合,以使总数字准确。

2. 配件管理的考核指标

备件管理工作的科学性很强,确定合理的储备范围、储备数量、储备时间以及备件资料的准备、管理等是较复杂的技术管理工作;而备件计划的编制、备件库的管理、备件储备定额等又是一项很重要的经济管理工作。因此必须加强备件技术经济指标的分析与考核。评价备件工作的主要技术经济指标一般有以下几项:

(1)备件储备资金周转率η:

$$\eta = \frac{\text{年备件消耗金额}}{\text{年平均储备金额}} \times 100\% \tag{8-2-7}$$

当$\eta_c < 30\%$时,说明所储备的备件和部件中,有部分是定额高而周转慢了,必须修订这部分的定额,采取措施,予以调剂、调拨、消除积压。

(2)备件周转加速率:

$$\text{备件周转加速率} = \frac{\text{去年和今年备件储备资金周转率差}}{\text{去年备件储备资金周转率}} \times 100\% \tag{8-2-8}$$

考核备件和部件周转加速率,是表示备件工作是否有所改进和提高,这是促进备件工作管理水平提高的一个可比因素。

(3)配件消耗率:

$$\text{配件消耗率} = \frac{\text{统计期配件消耗费用}}{\text{统计期完成产值}} \times 100\% \tag{8-2-9}$$

(4)配件资金周转期(天数):

$$\text{周转天数} = \frac{\text{期初库存金额} + \text{期末库存金额}}{2 \times \text{统计期消耗}} \times \text{统计期天数} \tag{8-2-10}$$

(5)配件资金占用率

$$\text{配件资金占用率} = \frac{\text{期末库存金额}}{\text{机械原值}} \times 100\% \tag{8-2-11}$$

四、机械设备统计和分析

机械设备统计的全过程包括:统计设计→原始资料→统计台账→统计报表→统计分析。

1. 统计设计

统计设计的主要内容有统计项目的拟定、指标的设计等,根据统计工作必须符合适用性原则的要求,用最少统计工作量去获得最有价值的数据,施工企业必需根据实际需要及所要研究的目的,拟定合适的统计项目及指标内容,这是决定统计工作效率的关键。

施工企业的统计项目及内容来自以下两方面:

(1)配合国家制定的统一报表及机关下达的单项调查的要求,拟定长期例行的统计项目及临时性的统计调查。当然,为了这一目的而取得的一切数据资料,不仅仅是为了经常性地向上级机关及国家反映本企业的经济活动情况,满足国民经济管理的需要,同时对本企业改善经营管理,提高经济效益也是十分有用的。

(2)企业为了自身经营管理的需要而拟定的统计项目,例如配合内部租赁制需要进行的单机核算数据的统计,为了提高关键设备的使用效率而进行的运转台时统计及故障统计等等。这类成果具有配合密切、针对性强等优点,在日益强调讲求经济效益的今天,企业自行拟定统计项目的工作量今后必将逐步增加。

2. 收集整理机械原始资料(原始记录)

(1)机械原始资料(原始记录)的作用　原始记录是机械管理的基础资料;是用经济手段管理机械的依据;是影响机械统计质量的决定因素。

(2)机械原始记录包括的内容　机械统计所需的原始记录,在实际工作中是由各种人员填定的,所以,存在于机械管理各个阶段。这便需由机械统计人员认真、耐心地去搜集和整理。机械原始记录的内容包括:

①属于机械固定资产的原始记录:新增机械的验收单,机械调拨单,机械交接清单,机械报废申请单等。

②属于机械使用的原始记录:交接班记录,技术试验记录,走合期记录,红旗设备评比检查记录,使用记录等。

③属于机械维修的原始记录:保养修理记录,大修技术鉴定单,保养修理任务单,修竣验收单等。

3. 机械统计台账

机械统计台账是大量分散的机械原始记录的汇总,是编制报表及核算工作的综合性登记表。主要有以下几种:机械台账、机械登记卡片,机械运转台账,机械保修台账等。在机械的固定资产管理中,已经设置了机械台账及机械登记卡片。为此,机械统计人员只需建立:

(1)机械运转台账。这是按月根据机械的运转记录分单机汇总运转台时的累计性总账。它可以把全部主要机械的运转台时的累计情况及时地集中在一起,查阅方便,一目了然。这是机务管理部门编制保修计划的主要依据,也是编制机械完好率、利用率及机械效率指标报表的资料来源。

(2)机械保修台账。这是按月根据机械保修记录分单机汇总保修情况的累计台账。它累计了机械的全部保修记录,是机务部门考核保修工作质量,进行保修管理的依据。

此外,根据需要,还可以建立红旗设备台账、油料消耗及轮胎更换等台账。所有这些,都可以针对某个目的集中地反映机械某一方面的情况。

4. 机械统计报表

机械统计报表是按统一规定的表格形式,统一的指标,自下而上定期地向上级机务部门报告的动态资料,是反映情况,积累资料的重要方法。

机械统计报表包括:

(1)机械使用情况(月报);

(2)主要机械效率情况(年报);

(3)机械技术装备情况(年报);

(4)主要工程机械化施工程度(年、季报);

(5)机械保修完成情况(月报);

(6)机械事故情况(月报)。

此外,还可以根据需要建立机械封存、多余积压、技术状况分类统计等内部统计报表,都可以使分散、庞杂的原始资料成为精炼的为某个特定的目的服务的数据资料。

机械的原始记录、统计台账及统计报表之间存在着密切的关系。机械原始资料是信息的来源,机械统计工作的质量与水平都是建立在这个基础上的。台账是手段、是一种有效的汇总整理方法,它可以及时地对原始资料进行中间性的整理与综合。统计报表是反映统计资料的一种方式,把经过整理的资料用报表形式反映出来,以满足各方面的需要。在这三个环节中,不论哪个环节做得不好,都会影响统计资料的准确性与及时性。失实的统计资料将产生有害的作用。

施工单位对机械统计资料要妥善保管,分别订出长期保管和定期保存的适当期限,不得随意毁损,需较长期保存的机械统计资料应由档案人员按规定存放,统计人员只准保存短期资料,且在人员有变动时,要办理交接手续。

5. 统计分析的方法与内容

1)统计分析的步骤

统计分析的一般步骤如下:

(1)确定目标,拟订方案。统计分析的目标就是分析中要解决的问题,确定了分析目标,分析才有方向,才能进一步拟订分析方案。分析方案的内容一般应包括所要分析的主要问题和所需资料的范围,以及调查的内容与方法等。

(2)收集资料,了解情况。统计分析所需的资料主要有:党和国家的方针、政策以及上级机关的指示和意图等;计划资料,主要是各级编制的,经过批准的计划、方案等;核算资料,主要是统计核算资料,也可以收集有关的会计核算与业务核算资料;其他资料,主要是通过调查研究所掌握的各方面的实际资料,以及统计分析所需要的对照资料等。

(3)进行分析,揭示矛盾。统计分析要坚持实事求是,一切从实际出发,要用发展的观点和科学的方法,对事物进行具体分析,深入地揭示矛盾。

(4)作出结论,提出建议。在统计分析的最终阶段,应依据分析的目标和要求,在进行周密分析的基础上作出结论,提出改进工作的建议。

2)统计分析的方法

(1)统计表分析法

统计表分析法,就是将经过整理的统计数据填在表格中并作出粗略分析的一种方法。其格式是多种多样的,因调查目的的不同而不同。如装备状况调查表,装备维修统计表、故障统计表等。过去我们使用的方法多属这种方法。它比较简单,可直接用表格中的数字分析问题;但计算分析不够精确,查找原因比较困难,也难以进行控制。因而采取的措施针对性较差,效果不好。如把统计表分析法和下面的分类法结合起来,就可以把原因分析得更清楚。

(2)分类分析法

分类法又叫分层法,是整理数据和分析问题的一种常用方法。所谓分类法就是把收集来的数据按不同目的加以分类,把性质相同,在相同使用和维修条件下的数据归纳在一起,使数据反映的事实更明显、更突出,便于找出问题,查明原因,以便对症下药。

分类法的基本类型主要有以下七种:

①按不同时间分。如按不同季节、不同的日期,不同的工作时间,不同的工作过程等分类。

②按业务部门或操作人员分。如按不同专业、工种、职务、技术熟练程度、文化程度高低等分类。

③按维修对象分。如按不同专业的维修对象、机械、装备、原材料等分类。

④按使用条件分。如按额定负载、环境条件等分类。

⑤按维修方式、方法分。如按预防、事前、事后等方式和定位、离位、人工作业、仪器检测等方法分类。

⑥按装备质量状况分。如按新品、可用品、待修品、废品等分类。

⑦按不同工厂产品、不同的使用单位,不同的使用维修条件等分类。

例如,某维修厂装配的机油齿轮箱与箱盖之间经常发生漏油。必须调查密封不好的原因,研究对策，通过现场调查知，本工序由 A、B、C 三人操作。认为漏油的原因是在涂粘结剂时三人的操作方法不同。此外，使用的密封垫是由甲、乙两厂分别造的，这也是漏油的原因之一。因此，可用分类法分析：按操作人员分析；按密封垫的供货单位分析。

将数据的调查结果列于表 8-2-4 和表 8-2-5 中。调查数 $N=50$，漏油发生率 19/50 = 0.38。因此，要想采取措施，就要首先找出漏油的主要原因。按操作者分，从表 8-2-4 中可得出 B 的操作水平比 A、C 都高的初步结论。

按维修操作者分类 表 8-2-4

操作者	有漏油	无漏油	发生率
A	6	13	0.32
B	3	9	0.25
C	10	9	0.53
合计	19	31	($N=50$)

按供货单位分类 表 8-2-5

供货单位	有漏油	无漏油	发生率
甲厂	9	14	0.39
乙厂	10	17	0.37
合计	19	31	($N=50$)

按供货单位分，从表 8-2-5 中可以得出乙厂生产的密封垫比甲的稍好。今后应以采用乙厂生产的密封垫为主，操作者 A、C 应向 B 学习。

3）动态分析法

客观事物运动是有规律的。通过统计分析掌握事物的发展趋势，就可以推断未来。所谓动态，就是现象在时间上的变化和发展。如果把反映某种现象在时间上变化与发展的一系列指标数值，按时间先后顺序排列，就形成一个动态数列。通过分析动态数列的发展速度和增减速度，是了解事物的变化过程，掌握发展趋势的重要方法。

（1）分析发展速度。发展速度是指一定时期内发展的快慢程度。由于采取的基期，即作为对比基础的时期不同，又可分为定基发展速度与环比发展速度。两者的关系如图 8-2-2 所示。

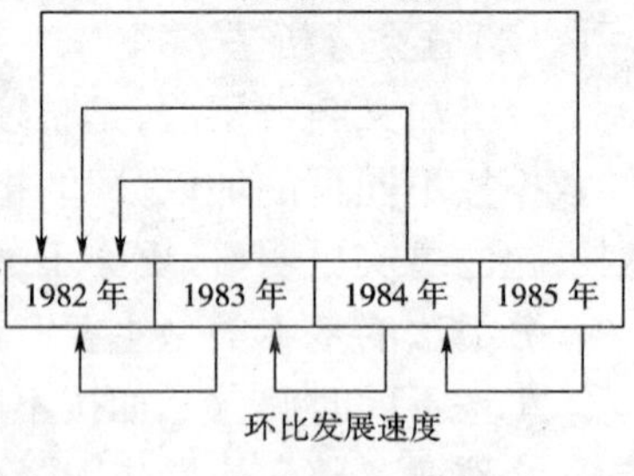

图 8-2-2　定基发展速度与环比发展速度关系图

例如，计算某单位 1982～1985 年货运量的发展速度，如表 8-2-6 所示。从表 8-2-6 可知，某单位从 1982～1985 年的货运量是逐年递增的。应结合实际情况，进一步分析递增的原因。

（2）分析增长速度。增长速度是说明在一定时期内增长的快慢程度；它是将相应的发展速度减去 1 或 100% 求得的。应用动态分析法可以预见事物未来的发展趋势和发展速度，为编制计划与制定规章制度提供依据，也可以反映当前中心工作的进度。

某单位货运量发展速度 表 8-2-6

项目	1982 年	1983 年	1984 年	1985 年
货运量 1×10^4t·km	280	290	300	330
定基发展速度(%)	100	103.6	107.1	117.9
环比发展速度(%)	—	103.6	103.4	110

(3)分析平均速度。事物运动受各种因素的影响。在这些因素中,有一般性的、普通起作用的因素,也有个别的、偶然起作用的因素。平均数,则是摆脱个别因素而对事物运动一般水平作出概括说明的数值。由于事物运动在各个时期所处的条件不同,因而速度也不一样。为了考察其在一个较长时期中逐年平均发展或增长的速度,需将逐个环比速度的差异抽象化,计算出平均速度。假设末期水平为 a_n,初期水平为 a_0,间隔年度为 n,则平均发展速度为:

$$\bar{X}_1 = \sqrt[v]{\frac{a_n}{a_0}}$$

而平均增长速度为:

$$\bar{X}_2 = X_1 - 1 = \sqrt[v]{\frac{a_n}{a_0}} - 1$$

通过分析平均速度,不但可以概括地比较与说明事物运动在各个时期的一般发展情况或增长情况,还可以为编制和分析长期计划提供依据。如根据长期的总的发展速度来确定年平均发展速度,即可作为编制年度计划的重要依据;在分析长期计划执行过程情况时,利用实际达到的平均速度与计划要求的平均速度对比,可以说明计划进行得是否均衡,还可以分析提前完成或超额完成长期计划的保证程度。

4)结构分析法

结构分析法是计算某一事物的各个部分在全体中所占比重的分析方法。它是以分组法为基础的。在分析中,常用结构相对数计算各个部分的数值对全体数值的百分比。通过结构分机可以分析事物内部结构的差别及其变化趋势和依存关系。

(1)分析事物内部结构的差别。分析事物的内部结构,可以了解内部结构存在差别的程度,为进一步分析产生差别的原因指明方向。例如,分析某工程队本年油料节约任务的完成情况时,可以按所属单位分组,分析各单位完成节约任务的差别。假定某部有三个条件大体相同的单位,分析结果如表 8-2-7 所示。从表 8-2-7 可知,某工程队本年如数完成了计划规定的油料节约任务。但是按单位分组后则表明,乙按规定完成了任务,甲没有达到指标,丙超额完成了任务。从各位完成节约数占计划工节约总额的百分比看,甲占的比重最大。通过分析,可以明确甲是进一步分析的重点,应找出它未完成计划的原因,究竟是管理方面的问题,还是由于计划指标偏离。这样,就能做到有的放矢。

分 析 结 果 表 8-2-7

单 位	实际节约数 (t)	计划节约数 (t)	各单位完成节约任务的%	各单位实际节约数占计划节约总额的%
甲	40	44	90.9	36.4
乙	36	36	100.0	32.7
丙	34	30	113.3	30.9
总额	110	110	100.0	100.0

(2)分析事物内部结构的依存关系。事物内部结构之间是互相联系、互相制约的。分析内部结构的依存关系,可以为正确评价各项指标创造条件。例如,分析农场的生产情况,可以按耕地质量分组比较。假定有甲、乙两农场,其结果如表 8-2-8 所示。

从表 8-2-8 的总平均亩产量看,甲比乙高。但是按自然条件把耕地加以分组,按耕地等级分析计算的平均亩产,乙则比甲高。因为甲的一级耕地占该农场耕地面积的 70%,因此,该农场总的平均亩产为157.5kg,而乙的一级耕地仅占该农场耕地面积的33%,二、三级耕地的比重均比甲大,因而总平均亩产仅为145kg。但按耕地等级分析,乙的一、二、三级耕地,其平均亩产均比甲高。可见,农场作物产量与耕地质量之间有着密切的关系。

分析结果 表8-2-8

耕地等级	甲农场			乙农场		
	耕地数		平均亩产(kg)	耕地数		平均亩产(kg)
	亩数	%		亩数	%	
一级	700	70	175	400	33	187.5
二级	200	20	125	600	50	130
三级	100	10	100	200	17	105
合计	1 000	100	157.5	1200	100	145

5)对比分析法

(1)对比分析法的原理

机械统计分析的基本方法是对比分析法。客观事物是具有内在联系的,是在对立的统一中发展的。人们只有在事物的相互联系中,进行分析研究,才能正确地认识事物。机械统计指标也是一样,单个机械统计指标数值往往说明不了什么问题,必须从相互对比中才能发现问题。一般来说,统计指标与统计指标之间,不同统计指标的变化规律之间都存在着某种正常的关系。这种关系虽然不能象数学函数关系那样严密,但也具有某种规律性或某种逻辑联系。如果通过对比分析,可发现不符合正常规律或正常关系的现象存在,即发现了矛盾或问题。正是这一点,就已经起到了统计分析的作用。例如:技术装备率的提高,相应地劳动生产率也应有所提高。这就是两个指标变化规律间的正常关系。到底提高多少,虽然不可能用非常简单、固定的比例关系来描述,但通过外单位、外系统甚至国外的实践经验资料,大致可以找到一个参考性的数据。如果本单位或本系统的情况与之相比出入太大,可以肯定这里面存在着某些不合理因素,证明尚有潜力可挖。

(2)对比分析方法的具体运用形式

①统计指标本身的表现形式就具有对比的属性　凡是一些以百分数形式表示的统计指标,如机械完好率、机械利用率、红旗设备率等,这类统计指标,即使不与其他指标相对比,其本身就具有对比的属性,在一定程度上就能说明一些问题。

②同一统计指标不同时期的前后对比　把同一统计指标在不同时期的统计结果互相对比,可以反映其变化发展的情况与趋势,并从中得出某些结论,所谓"不同时期"大致有以下两种形式:后期与前期(今年与去年;当月与上月等)以及现期与历史最高水平相比。特别是后者,由于历史最高水平是在本单位具体条件下已经做到的事,因此最具有说服力。同时,施工单位对自己的历史情况也最清楚,因此在查找具体原因时也最能切中要害,这一点在作对比分析时特别重要。

③与某一客观标准相对比　这也是常用的一种对比分析法,这个客观标准可以是国家规定的或上级机关下达的定额指标,也可以是外部门甚至国外的同类参考性指标。这些客观标准是别人已经做到的客观事实。通过对比分析,找出差距,作为改进工作的动力。或者找出优势的原因,为保持优势或进一步扩大优势指明方向。

④不同类统计指标之间变化规律的对比　这里说的不是统计指标本身,因为不同类统计指标之间是不能相比的,这里所说的是不同统计指标的变化情况之间的对比关系与正常规律

之间的对比。由于有关机械的各项因素之间有着内在联系;某一个因素的变化可以引起其他因素的相应的变化,通过对几项指标变化情况之间的对比,就能更深入全面地揭示出机械管理及其他有关方面存在的问题。

6. 设备统计分析的内容

通过机务统计,收集和整理企业有关机械设备经营活动的一切详细资料,这只是统计工作的第一步,更重要的是通过这些数字资料来说明企业机械设备经营活动的基本情况及其发展变化的规律性,作为指导机务工作的依据,为此就要进行统计分析。

机务统计分析的任务,主要是将统计中反映出来的各项技术经济指标完成数与计划数进行比较,全面检查各项计划的执行情况,研究和分析机械设备在一切活动中的成绩和薄弱环节,摸清客观规律,揭露矛盾,找出差距。提出解决问题的办法,用以指导和改进企业工作。

机务分析的内容是:

(1)根据工作时间、完成产量分析利用率,效率;

(2)根据使用情况分析机械化程度;

(3)根据完好情况分析不完好的因素和原因;

(4)根据装备情况分析机械设备技术状况变化情况;

(5)根据维修完成情况分析机修单位生产能力和停修期,质量,费用等;

(6)根据机械事故情况分析事故产生原因;

(7)根据机械使用情况分析各种油料,材料消耗情况和装备构成;

(8)根据机械完成指标好坏分析操作人员政治思想和技术能力的情况。

统计分析工作又可分为综合分析和专题分析。

综合分析:是对统计资料全面的分析研究,用以说明机械设备的经营活动的基本情况,发展趋势及规律性。如:全面分析机械完好率,利用率,效率的完成情况,研究机械可挖掘的潜力,这种分析的内容涉及范围宽、指标广、因素多、一般相隔一定时间搞一次。

专题分析:主要对某项专门问题进行集中而深入的分析。如:可以把机务管理中存在的某个关键问题(如机械事故增多,修理质量下降等),典型事例(先进事物,薄弱环节)或中心工作等作为分析内容。这样分析的内容涉及的面较窄,指标较少,它的特点是灵活多样,一事一议,简便易行,可根据需要经常进行。

第三节　施工安全管理

机械设备在取代手工工具而成为主要劳动手段的同时,大量的不安全因素也随之进入生产过程,如高压、高速、高温、噪声、粉尘、振动、辐射、有害排放物、电击电灼等因素均使事故发生的频度增加,范围扩大。在工程机械施工的过程中,由于安全装备的等级、防护条件、生产部署的稳定程度等均要差一些,并且大多数是露天作业,劳动条件差,作业分散、交叉施工、现场机械组合复杂,所以安全管理问题也就更加突出。

安全管理就是要在工程机械寿命的全过程中,采取各种形式的技术措施及组织措施,消除一切使工程机械设备遭到破坏;使人身健康与安全受到威胁;使环境遭到污染的因素或现象,避免事故发生,保护工人的人身安全及身体健康,提高工程机械运用的经济效益。工程机械的管理不仅仅单纯管机械,而且要管人、管环境。工程机械安全管理是一个综合系统的管理,即人—机—环境系统的管理。

一、安全管理组织

安全管理组织一般分直接兼职型、专职人员型、专职机构型及综合型四类。

1. 直接兼职型

这种管理组织，业务指令和安全指令都是由单位领导沿着行政线传递的，没有安全管理专职人员和机构。这种组织形式具有简单明确，易于管理等优点，但安全计划没有专职人员参谋起草，不利于把安全工作放到一定的位置上专门进行管理，一旦工作忙起来就难以顾及安全，整个安全规程、教育、检查、监督制度等得不到有效的贯彻与落实，其安全管理效果很难预料。

2. 专职人员型

这种管理组织优于直接兼职型，它配有专职人员管理安全工作，对安全计划可由专职人员监督实施，也能够开展正常的安全活动，但其主要弱点是难以得到第一线工作人员的协调配合，往往孤军作战，大部分时间用在巡视监督上，安全管理的组织协调功能得不到应有的发挥。

3. 专职机构型

这种管理组织具有健全的机构，充裕的人员，具有最高安全组织——安全委员会，能真正起到组织和协调作用，工作规范化，能制定出一套比较完整的计划实施方案，有完整的教育培训和安全管理制度、方针、政策，各种制度的贯彻渠道比较畅通，安全技术措施、整改计划能得到应有的支持，对提高事故的预防能力，减少伤亡事故能显示出较好的效果。

4. 综合型

为确保安全管理工作顺利、有效地进行，安全管理组织出现了一种新的综合型机构，它体现了党、政、工、团全面抓安全的全员、全过程、全方位安全管理的新特征。

为搞好企业的安全工作，安全管理组织最好选择专职机构型（当然，如有条件，综合型更好），它有利于全面深入地掌握企业经营管理与生产过程各环节的情况，及时预防和纠正违章失职行为，维护正常的安全生产秩序，同时，有利于发现生产、技术设备和管理上的薄弱环节，帮助企业领导合理调整生产，安排人、财、物等事项，控制事故和职业病的发生。因此，在企业中设置安全管理专职机构，是提高科学管理水平，保证生产持续、稳定发展的客观要求。国务院对安全管理机构的人员配备做了按职工人数千分之二到五的专门规定，这使安全管理在机构体制、人员配备方面有了保证。

二、安全操作规程

为了加强公路工程机械设备的安全使用管理工作，保证施工作业安全及施工质量，提高机械设备的完好率，各级机务管理部门和机械设备操作人员应认真贯彻执行以下安全操作规程：

（1）机械设备的操作人员必须严格遵守《公路筑养路机械操作规程》、《公路施工安全规程》、相关的公路工程施工规范，确保工程质量和安全生产。

（2）机械设备的操作人员必须经指定医院体检合格后，经过专业培训考试合格，获得有关部门颁发的操作证、驾驶执照或特殊工种操作证后，方可独立操作机械设备，不准操作与操作证不相符的机械设备。

（3）机械作业时，应按其技术性能要求正确使用，缺少安全装置或安全装置已失效的机械设备不得使用。

（4）保证机械设备上的自动控制机构、力矩限制器等安全装置、监测装置、指示装置、仪表装置、报警装置及警示装置的齐全有效。

(5)机械设备的安全防护装置必须可靠。在危险环境下施工,一定要有可靠的安全措施,要注意防火、防冻、防滑、防风、防雷击等。机械设备作业时,操作人员不得擅自离开工作岗位,不准将机械设备交给非本机人员操作,严禁无关人员进入机械作业区和操作室内。工作时,思想要集中,严禁酒后操作。

(6)操作人员及配合作业人员在工作中必须按规定穿戴劳动保护用品,长发不得外露,高空作业时,必须系安全带。

(7)对于违反操作规程、进行危险作业的强行调度和无理要求,操作人员必须立即要求纠正,并有权拒绝执行,任何组织或个人不得强迫操作人员违章作业。

(8)机械设备进入施工现场前,应查明行驶路线上桥梁的承载能力及隧道、路线桥及电气化铁路的通行净空,确保机械设备安全通行。

(9)机械设备在施工作业前,施工技术人员应向操作人员作施工任务及安全技术措施交底;操作人员应熟悉作业环境与施工条件,服从现场施工管理人员的调度指挥,遵守现场施工安全规则。

(10)配合作业人员,应在机械设备回转半径之外工作,如需进入机械设备回转半径之内时,必须停止机械设备回转,并可靠制动,同时注意机上机下人员密切联系。

(11)机械设备不得靠近架空输电线路作业,如限于现场条件,必须在线路近旁作业时,应采取安全保护措施;机械运行轨道范围与架空导线的安全距离应符合有关规定。

(12)机械设备在夜间作业时,作业区内应有充足的照明设施。

(13)在有碍机械设备安全及人身健康的场所作业时,机械应采取相应的安全措施,操作人员必须配备适用的安全防护用具。

(14)机械设备必须按要求配备经公安消防部门鉴定合格的消防用品。

(15)机械设备应按《公路筑养路机械保修规程》的规定,按时进行保养,严禁机械设备带病运转或超负荷作业。

(16)操作人员必须严格执行工作前的检查制度、工作中的观察制度和工作后的检查保养制度。

(17)操作人员应认真准确地填写运转记录、交接班记录或工作日志,多班作业要严格执行交接班制度。交接班时要交代清楚机械运转情况、润滑保养情况及施工技术要求和安全情况。

(18)机械设备在施工现场停放时,必须注意选择好停放地点,关闭好驾驶室(操作室),要拉上驻车制动装置,坡道上停车时,要打好掩木或石块,夜间应有专人看管。

(19)机械设备及施工车辆在公路和城市道路上行驶时,必须严格遵守交通规则及国家有关规定。

(20)公路工程机械设备应严格执行国家和劳动部门颁发的有关环境保护方面的规定。

三、工程机械设备的安全运行与安全运输

1. 工程机械设备的安全运行

工程机械设备的安全运行不仅直接影响到工程机械寿命,而且影响到国家和人民的生命财产安全,因此必须贯彻"安全为了生产,生产必须安全"和"合理使用,安全第一"的原则。从统计资料来看,97%的事故是可以预防的,而且在大多数情况下,机械设备安全事故的预防并不是一件在技术上特别复杂困难的工作,只有极少数的事故预防技术涉及到某些较为专门的

领域。

既然引发事故的原因是多种多样的，因此我们对事故的预防也应采取多方面的措施。

(1)明确机务管理部门的职责，使机务管理部门结合管理权限负责好日常安全管理工作；

(2)定期地对工程机械进行安全检查，对机械操作人员进行安全教育；

(3)制定并贯彻机械操作人员和电工操作人员的安全守则；

(4)通过制定、修订安全操作规程，采用安全装置，对车辆进行安全检查等手段完善机械安全管理的技术措施。

2. 机械的运输方式有：自行、拖带、装运、铁路运输和水运等几种。选择何种运输方式，要根据运输距离、机械行走装置的构造、机械的重量、交通路线和季节、气候等因素来综合考虑，在保证机械运输安全、经济的前提下确定某种运输方案。

1)自行转移

施工机械的自行运输方法最为简单，同时运费也较低。但这种运输方式仅适用于短距离，当运距大于20~30km时，特殊情况下才能采用。特别是履带式机械不宜长距离行驶，因为机械自行运输作长距离转移时，将引起传动装置的损坏及行走机构过早磨损。通常情况下道路和桥梁也是不允许的。

2)拖带运输

拖带运输指用牵引机车拖带被运的机械，而这些被牵引的机械必须具有轮胎行走装置和牵引杆，否则无法拖运。尽管被牵引的轮式机械的行走装置优于履带式，但大部分机械设计时仅考虑做短距离场地转移，没有制动装置或制动装置效能差，因此必须限速。做长距离拖运的机械，一定要有可靠的制动装置，否则，没有安全保证。拖带运输中应注意的事项：

(1)牵引速度不宜快，一般限制在20~25km/h左右，以确保安全。

(2)拖运机械在被运之前，对轮胎气压、制动系统、转向装置、拖杆、拖钩等，要做详细检查，如发现问题，经排除后才能拖运。

(3)在拖带运输超限时必须事先取得交通管理部门的允许和核发“通行证”后方可进行。

3)汽车装运

运距在50~200km以内时，最好将机械放置在平板拖车上或汽车上运输，因为这样机械不必拆卸可直接运输到工地上。运输时应注意事项：

(1)机械装车后必须固定牢靠，完全满足安全要求后，方可上路。

(2)为了防止碰上架空输电线，机械装车后，上面要放一根竹竿，万一与电线接触时，可及时感知，妥善处置。

(3)对超高、超宽或重型机械的运输，应先勘察道路，详细检查沿线的桥梁承载能力、路面宽度、坡度、弯道、立交桥和电气化铁路以及隧道、架空电线的限高等。如果在哪些方面存在问题，必须采取相应的措施并获得解决后方可装运。

(4)装运前，如被装运机械超宽超高时，要事先取得交通管理部门允许通行的“通行证”后，才可装运。

(5)机械设备在转移途中，严格遵守交通规则，服从交警的指挥。

4)铁路运输

铁路运输除按铁路规定办理外，托运单位应做好下列工作：

(1)铁路运输机械时，由于较长时间在露天停放，受到大气的侵蚀，金属表面容易锈蚀，因此，在关键部位，应涂上防锈油脂，在机身上覆盖防水布，并将其绑扎牢固。

(2)在装有发动机的机械上，将水和燃油放尽，工作部分(如水泵等)有水时也要放尽，以防冻坏机械。

(3)冬季应将蓄电池从机上取下，搬放在温暖的车厢中，以防冻坏蓄电池。

(4)重要附件和工具都应另行装箱或捆扎好，以防丢失。

(5)轮式机械要检查气压，必要时将气压充至标准。

(6)机械装上火车后，必须用铁丝将机械捆绑牢固，前后垫上三角楔木，以防在运输途中产生滑移。

5)水路运输

水路运输价格低廉，但运输时间长，在运输时应注意以下问题：

(1)应根据船舶运输的特点和要求进行。

(2)机械和车辆自行上下船舶时，应将船舶紧靠码头或趸船，并将缆绳拉紧系牢。

(3)机械装在船舱内或甲板上，左右前后重量要平衡，以防船舶倾斜。

(4)机械装船后，要用绳索固定，以防遇风浪颠簸时产生滑移。

(5)其他可参考铁路运输的要求。

四、机械事故的预防措施

1. 建立健全安全管理制度，切实做好制度的贯彻实施工作

(1)首先要贯彻好“安全为了生产，生产必须确保安全”和“合理使用，安全第一”的原则；建立专职安全机构，由专职人员负责机械安全管理工作，制定安全操作规程、安全责任制、安全考核标准和安全奖罚办法。

(2)各级机械管理部门应坚持对操作人员定期和不定期地进行安全教育，开展安全月活动，定期对操作人员进行安全技术考核。

(3)开展技术培训，提高操作人员业务素质和操作技能。

(4)坚持“三定”制度，严禁无证操作机械或非本机械操作人员未经批准乱开机械的情况发生。

(5)结合机械设备检查，定期对机械的安全使用、安全保护和安全指示装置，以及施工现场、操作工安全操作情况进行检查，发现问题及时处理，把事故苗头消灭在萌芽之中，杜绝事故的发生。

2. 认真做好机械的防冻、防洪、防火工作

1)机械的防冻

每年在冬季来临之前，要布置和组织一次设备越冬保养工作，对员工进行防冻教育，妥善安置越冬设备，落实越冬措施。特别对于停置不用的机械设备，要逐台进行检查，放尽发动机内、机械工作部分(如水泵等)的积水，同时加盖，防止雨、雪融水渗入，并在机械外部挂上“水已放”的牌子，同时标明检查日期。

2)机械的防洪

(1)雨季到来之前1个月，在河里、水上或低洼地带施工、停放的机械，都要进行一次全面检查，采取有效措施，防止机械被洪水冲毁。

(2)雨季开始前，对露天存放的停用机械要上盖下垫，防止雨水渗入锈蚀机械。

3)机械的防火

(1)机械操作、驾驶员必须严格按防火规定进行检查，做到提高警惕，消灭明火，发现问

题，及时解决，禁止用明火烘烤发动机。

(2)集中存放机械的场地内，要配备砂箱、灭火器等消防器材，禁止与工作无关人员入内。

(3)机械、车辆的停放，必须排列整齐，场内留有足够的通道，禁止乱停乱放，以免发生火灾时堵塞出路。

(4)机械在施工现场加注燃油时要有适当的防火措施，严禁加油时吸烟及附近有明火。

3. 加设安全装置

推土机、装载机、铲运机等设备，为了保护驾驶员在万一发生翻车时的人身安全，应该加装防翻车棚或设置安全带等。

五、机械事故的处理

工伤事故和交通事故由机械管理部门配合有关部门按规定处理；机械事故由机械管理部门负责处理，必要时请安全、人事部门配合。至于烧毁机械、车辆，或被破坏、盗窃等事故，应由保卫部门处理。处理的目的是为了分析原因，划清责任，找出规律，吸取教训。其处理方法如下：

(1)机械事故发生后，如有人员受伤，要迅速抢救受伤人员，在不妨碍抢救人员的条件下，注意保留现场，并迅速报告领导和上级主管部门，进行妥善处理。如发生机械事故隐瞒不报，对隐瞒者要严加处理。

(2)事故无论大小，肇事者和肇事单位均应如实上报，并填写"机械事故报告单"，如表8-3-1所示。一般事故报告单由肇事单位存查，大事故和重大事故报告单应在3日内报上级主管部门。

机械事故报告单 表8-3-1

填报单位　　　　填报日期：

机械编号		机械名称		规格型号	
使用单位		事故时间		事故地点	
事故责任者		职务		事故等级	
事故经过及原因					
损失情况					
单位处理意见					
上级审批意见					
备注					

单位主管：　　　　经办人：

(3)机械事故发生后，肇事单位必须严肃认真对待，按照"三不放过"的原则(即事故原因分析不清不放过、事故责任者未经处理和群众未受到教育不放过、没有防范措施不放过)对责任者进行批评教育。

(4)在处理过程中，对责任者要根据情节轻重、态度好坏和造成损失的大小分别予以批评教育、纪律处分、经济处罚，直至追究刑事责任和法律责任。对非责任事故也要总结教训。

(5)单位领导忽视安全生产，对人民生命财产不负责者，须追究领导责任，严肃处理。

(6)对长期坚持安全生产和采取措施消除隐患，避免重大机械事故发生的人员，要给予表彰和奖励。

(7)在机械事故处理完毕后，将事故详细情况记入机械履历书的"事故记录栏内"，以备查考。

思 考 题

1. 工程机械公路使用的原则是什么？
2. 机械设备管理的项目有哪些？
3. 机械设备保养项目有哪些？
4. 机械设备的维修有哪些方法？
5. 实施机械设备定额管理的作用是什么？
6. 机械台班费用定额的费用项目包括哪些？
7. 机械台班费用定额中的动力燃料费消耗量按哪些方法确定？
8. 安全管理的作用是什么？
9. 预防机械事故的措施有哪些？
10. 用平板拖车运输设备时注意事项有哪些？

参考文献

[1] 王定祥. 工程机械与施工用电. 北京:人民交通出版社,2001.
[2] 张宏春. 公路机械化施工与管理. 北京:人民交通出版社,2005 .
[3] 刘雅洲. 公路施工与养护机械. 北京:人民交通出版社,2005.
[4] 张铁. 工程建设机械监理. 山东:山东交通学院工程机械研究所,2006.
[5] 赵新庄,祁贵珍. 公路施工机械. 北京:人民交通出版社,2002.
[6] 朱保达. 工程机械. 北京:人民交通出版社,2000.
[7] 李文耀. 养护机械. 北京:人民交通出版社,2002.
[8] 杨士敏. 高等级公路养护机械. 机械工业出版社,2001.